西北大学“双一流”建设项目资助
Sponsored by First-class Universities and Academic
Programs of Northwest University

辽夏金社会史
论文选读

LIAO XIA JIN SHEHUISHI LUNWEN XUANDU

王善军　主编

西北大学出版社
·西安·

图书在版编目(CIP)数据

辽夏金社会史论文选读 / 王善军主编. —西安：西北大学出版社，2023.12（2024.3 重印）
ISBN 978-7-5604-5268-5

Ⅰ. ①辽… Ⅱ. ①王… Ⅲ. ①社会史—中国—辽宋金元时代—文集 Ⅳ. ①K240.7-53

中国国家版本馆 CIP 数据核字(2023)第 251380 号

辽夏金社会史论文选读

主编　王善军

出版发行　西北大学出版社
（西北大学校内　邮编：710069　电话：029-88302621　88303593）
http://nwupress.nwu.edu.cn　E-mail: xdpress@nwu.edu.cn

经　销　全国新华书店
印　装　西安博睿印刷有限公司
开　本　787 毫米×1092 毫米　1/16
印　张　19.5

版　次　2023 年 12 月第 1 版
印　次　2024 年 3 月第 2 次印刷
字　数　420 千字

书　号　ISBN 978-7-5604-5268-5
定　价　68.00 元

辽夏金社会史论文选读
编 委 会

前　言

自 20 世纪以来，随着新史学的产生和社会史研究的开展，学术界有关中国社会史的研究成果不断累积。辽夏金作为北方民族所建立的三个王朝，在社会形态、社会结构、社会习俗等多方面均具有明显的特色，长期受到学术界的关注，这就使得不少关于辽夏金的研究成果与社会史相关。进入 21 世纪，辽夏金社会史研究更是不断发展，日益繁荣。回顾以往历程，可以发现，这一领域学术成绩的不断进步，是通过多途径发展取得的。

首先，是研究领域的不断拓展。

辽夏金社会史研究的早期阶段，尽管多偏重史实介绍和考证，历史思辨不够突出，但学者关注的问题已包含了多个方面。信仰习俗方面，早在 1918 年即有日本学者松井等撰写的《契丹人的信仰》(《满鲜地理历史研究报告》第五）一文发表，冯家昇《太阳契丹考释》(《史学年报》1931 年第 3 期)、《契丹祀天之俗与其宗教神话风俗之关系》(《史学年报》1932 年第 4 期）等文，具体探讨了契丹的太阳崇拜、祭天与青牛白马图腾等信仰习俗，陈垣《南宋初河北新道教考》(北平辅仁大学 1941 年版）则探讨了金朝统治区内道教中全真、大道、太一三教的发展与信仰。物质生活方面，自 1922 年松井等发表《契丹人的衣食住》(《满鲜地理历史研究报告》第九）后，田村实造《论契丹族的服饰》(《考古学杂志》第 33 卷第 12 号，1943 年；第 34 卷第 7 号，1944 年)、鸟山喜一《金初女真人的生活状态》(《小田先生颂寿记念朝鲜论集》，京城大坂屋号书店 1934 年版）等又专文探讨了契丹族的服饰、金初女真人的生活状态等问题，程溯洛《女真辫发考》(《史学集刊》第 5 期，1947 年）考证了女真族的辫发问题。婚姻家庭方面，则有岛田正郎发表于 1942 年的《论辽代契丹人的婚姻状况》(《史学杂志》第 53 编第 9 号）等成果。冯家昇还与美国学者魏特夫（Karl August Wittfogel）合著了《中国社会史：辽》(美国哲学协会 1949 年版）一书，对辽代社会组织、经济生活、婚姻家庭等诸多方面进行了系统分析和详细论述。该书虽以社会史命名，但内容广泛，其实是首部用西方语言写成的中国王朝断代史。

尽管在20世纪中期以后的相当长一段时期内，因为特殊的政治背景及研究热点导向等因素，辽夏金社会史研究处于相对停滞状态，成果积累很少，研究领域甚至有所收缩。知名学者多集中探讨辽、西夏和金的社会性质与发展阶段问题，并就这三个王朝是奴隶社会还是封建社会，是否经历奴隶社会以及何时由奴隶社会过渡到封建社会等问题进行了长期争论。但至20世纪后期，改革开放大背景下，随着社会史研究的复兴，研究领域拓展明显。1988年，陕西人民出版社出版了宋德金《金代的社会生活》，吉林大学出版社出版了王可宾《女真国俗》。前者概括叙述了金代各阶级阶层的社会地位和生活、衣食住行、婚丧礼俗、宗教信仰、伦理道德、文娱体育、岁时杂俗等，考察了金代汉族与女真文化的相互影响和民族融合的历史趋势。后者探讨了辽金时期女真族的婚姻、家庭形态、社会习俗及一些具有民族特色的社会制度如氏族制、军事民主制、勃极烈制、猛安谋克制等。两书在主要体现以往社会史研究领域的同时，对问题有所深化和拓展。

此后，研究领域日益扩大，特别是进入21世纪以后，社会心态、自然环境、日常生活、医疗保健等不断进入研究者的视野。史金波《西夏社会》（上海人民出版社2007年版）涵盖农业、畜牧业、狩猎业、手工业、商业、借贷、社会结构、法律、职官、军队、文化教育、艺术、科学技术、宗教信仰、饮食、服饰、居室、行政区划和交通行旅、婚姻、妇女、生育和医疗保健、丧葬、礼仪风俗、西夏后裔等领域，显然比以往社会史著作涉及的范围更广。宋德金《辽金人的忠孝观》（《史学集刊》2004年第4期）、赵永春《试论金人的“中国观”》（《中国边疆史地研究》2009年第4期）等文已属于心态观念范畴，而熊鸣琴《金人“中国观”研究》（上海古籍出版社2014年版）讨论范围涉及正统观、社会心理及宗教语境等，符海朝《辽金元时期北方汉人上层民族心理研究》（中国社会科学出版社2016年版）则明确运用心态史学的研究方法，探讨辽、金、元时期北方汉人上层的民族心理。夏宇旭《金代女真人生存环境述略》（《满族研究》2014年第1期）等系列论文多涉及自然环境及其对辽金社会演变的影响。韩世明《辽金生活掠影》（沈阳出版社2002年版）着重叙述契丹、女真等民族的社会生活状况。杜建录《西夏社会文书研究》（上海古籍出版社2010年版）涉及文书所反映的多种社会关系。

其次，是多学科视角的渐趋融合。

辽夏金社会史所涉及的内容和相关的史料特点，决定了研究者除需要运用历史学的理论和方法外，还必须借助其他学科的理论和方法，才能不断取得突破性进展。因而，多学科视角不断为研究者所运用，并呈现渐趋融合的走向。

一是侧重考古学视角的研究。日本学者鸟居龙藏1941年发表的《契丹之角抵》（《燕京学报》第29期）一文，在钩稽文献的基础上，以物证史，以出土八棱白陶罐上绘制的图案，来探讨角抵。近些年的研究成果，更是十分重视以出土文字证史、实物证史、遗迹证史以及图像证史。俄罗斯学者捷连吉耶夫-卡坦斯基于1993年出版的《西夏物质文化》，在运用汉文、西夏文资料的基础上，使用了画像、壁画和艺术品等考古资料。张景明《中国北方游牧民族饮食文化研究》（文物出版社2008年版）结合考古学、民族学、社会学等视角，力图达到图文并茂、再现实景的效果。李清泉《宣化辽墓：墓葬艺术与辽代社会》（文物出版社2008年版）和刘未《辽代墓葬的考古学研究》（科学出版社2016年版）等，均立足于考古发掘资料，结合史料分析问题。

二是侧重历史语言学视角的研究。契丹文、女真文由于传世数量较少，大多数研究者专注文字本身，至多就其内容而提及社会史的一些问题，但也有学者侧重运用历史语言学进行社会史研究。爱新觉罗·乌拉熙春《从契丹文墓志看辽史》（松香堂2006年版）包含了三部分内容，分别为氏族与部落、皇族与外戚、习俗与文化，显然是一部从契丹文视角研究辽代社会的著作。她还著有《辽金史与契丹、女真文》（日本东亚历史文化研究会，2004年）、《爱新觉罗乌拉熙春女真契丹学研究》（松香堂2009年版）等著作，也同样以社会史问题为主要研究对象。相比而言，丰富的西夏文资料，为西夏社会史研究提供了更多的支撑。除史金波的多种社会史论著充分利用了西夏文资料外，韩小忙《从〈天盛改旧新定律令〉看西夏的婚姻制度》（《中国边政》1998年第140期）、彭向前《早期党项八大部西夏姓氏考》（《西夏研究》2014年第2期）等成果，也都是立足于西夏文资料展开的研究。

三是侧重民族学视角的研究。以民族学视角研究辽夏金史，受到学者的一贯重视，近二三十年，更是以融合民族学、人类学及其他社会科学视角为风气。任爱君《契丹四楼源流说》（《历史研究》1996年第6期）一文认为，在古代北方民族发展史中往往有一些风俗文化现象成为诸民族共同拥有的东西，契丹四楼即是如此。刘浦江、康鹏《契丹名、字初释——文化人类学视野下的父子连名制》（《文史》2005年第3辑）一文，用传统史学和文化人类学交叉的方法切入研究，成功揭示了契丹历史发展进程中的父子连名制的奥秘。作者还进一步论述了契丹人名字的汉文化烙印和辽朝统治下汉人名字的契丹化倾向，以及在族际交流背景下契丹人和汉人名字互化的深层次文化内涵，并且强调透彻了解契丹人名字习俗对理解契丹文化与汉文化融合的重要性。此文之后，刘浦江又发表《再论契丹人的父子连名制——以近年出土的契丹大小字石刻为中心》（《清华元史》第 1 辑，商务印书馆 2011 年版）一文，对契丹的父子连名制问题做了进一步的讨论。孙昊《辽代女真族群与社会研究》（兰州大学出版社 2014 年版）引入人类学的“族群”概念，对辽代女真的探讨颇具特色。

四是侧重社会学视角的研究。张国庆《辽代社会史研究》（中国社会科学出版社 2006 年版）论述了辽代的疆域与环境、生产力状况、民族、户籍人口、社区、家庭、社会阶层与社会群团、社会生活方式、社会激励与社会保障、社会问题与社会调控等。如果说该书使用社会学概念尚显生硬，那么其《佛教文化与辽代社会》（辽宁民族出版社 2011 年版）则运用宗教社会学视角更为圆融。在对辽代佛教僧官、寺职、法名、师号、具戒、供养、福田、经幢等具体要素进行考索的基础上，也论述了佛教对政治、经济、文学、艺术、民俗等方面的影响。刘晓飞《金代汉族家庭形态研究》（中国社会科学出版社 2021 年版）借鉴了家庭社会学的视角，研究内容包括金代家庭的基本形态、人际礼法关系、收支与经济管理、信仰以及家庭教育等方面。

再次，是专题研究的日益细化。

社会史研究内容广博，早期研究的专题较为宽泛，随着学术发展，基于学术积淀，启发于某些学术理论，研究专题日益细化。在社会组织、社会群体、姓氏名字等专题领域，均可明显窥见这一学术发展路径。

有关社会组织中的部落组织问题，岛田正郎《辽代社会史研究》（岩南堂书店 1952 年版），从制度的角度探讨了契丹的部族、遥辇帐、皇族帐、国舅帐、斡鲁朵、著帐户等问题。蔡美彪《契丹的部落组织和国家的产生》（《历史研究》1964 年第 5—6 期）一文，也较早探讨了契丹族的部落组织并深入分析了其发展为国家的过程。近年杨军连续发表《契丹部族组织中的石烈》（《黑龙江社会科学》2011 年第 6 期）、《“变家为国”：耶律阿保机对契丹部族结构的改造》（《历史研究》2012 年第 3 期）、《二世纪至十一世纪北族前国家时期的社会组织》（《历史研究》2018 年第 3 期）、《契丹社会组织与耶律阿保机建国》（《中国边疆史地研究》2020 年第 2 期）等文，对部族组织的结构及其变化，进行了相当细致的分析。

有关社会组织中的宗族组织问题，陈述《金史氏族表初稿》（《历史语言研究所集刊》第 5 本第 3、4 号，1935 年）、罗继祖《辽汉臣世系表》（《愿学斋丛刊》，1937 年）、桥口兼夫《关于辽朝的国舅帐》（《史学杂志》1939 年第 50 编第 2、3 号）等文，均侧重考证宗族的世系关系。此后，王民信《契丹外戚集团的形成》(《契丹史论丛》，学海出版社 1973 年版）一文探讨外戚集团形成问题；松浦茂《金代女真氏族的构成》(中国社会科学院民族研究所历史研究室编译《民族史译文集》1981 年第 10 辑）一文也论述了氏族的由来和构成。21 世纪以来，王善军《世家大族与辽代社会》(人民出版社 2008 年版）论述世家大族群体的构成及其社会作用，杜建录《论党项宗族》(《民族研究》2001 年第 4 期）一文分析党项族的宗族组织。随后，李玉君《金代宗室研究》(科学出版社 2016 年版)、史风春《辽朝后族诸问题研究》(人民出版社 2017 年版)、陈玮《西夏番姓大族研究》(甘肃文化出版社 2017 年版）等则进一步细化，研究对象分别限定为皇族、后族及番姓大族。

社会群体的研究，很早就受到学术界的重视，傅衣凌《辽代奥姑考》(《福建学院月刊》1934 年第 1 卷第 1 期)、《辽代的奴隶考》(《食货》1935 年第 1 卷第 11 期）等文已涉及妇女与奴隶群体，姚从吾《辽金元时期通事考》(《"国立"台湾大学文史哲学报》1967 年第 16 期）一文专论通事群体。近年来，对儒士、官僚等群体的研究细化明显。赵琦《金元之际的儒士与汉文化》(人民出版社 2004 年版）考述了大蒙古国时期中原各级统治机构、各地世侯和蒙古国诸王所起用或征召的儒士，以及在民间从事教学和著作的儒士。王德朋《金代汉族士人研究》(中国社会科学出版社 2006 年版）对汉族士人的来源结构、政治地位、精神面貌、文化贡献、社会生活、抗蒙作用等诸多方面作了论述。孟繁清《金元时期的燕赵文化人》(河北人民出版社 2004 年版)、饭山知保《另一种士人：金元时代的华北社会与科举制度》(浙江大学出版社 2021 年版）等，则专论区域社会的儒士群体。王明荪《金初的功臣集团及其对金宋关系的影响》(台湾政治大学《边政研究所年报》1979 年第 10 期）一文分析了功臣集团的构成、地位与影响。齐伟《辽代汉官集团的婚姻与政治》(科学出版社 2017 年版）主要从婚姻角度论述汉官集团。夏宇旭《金代契丹人研究》(中国社会科学出版社 2014 年版）论述金代契丹人群体，也侧重于其中的仕宦群体及其家族。汉人作为特定时期、特定政权内或特殊区域内的社会群体也受到学者的长期重视。从贾敬颜《"汉人"考》(《中国社会科学》1985 年第 6 期)，到刘兴全和吴炎《试论西夏政权中的汉人官僚集团》(《民族研究》1988 年第 4 期)，再到樊丽沙和杨富学《西夏境内的汉僧及其地位》(《敦煌学辑刊》2009 年第 1 期)，针对的群体范围不断缩小。

姓氏名字包含各民族文化信息，对认识辽夏金社会富有意义，也是较早受到学术界重视的专题。朱希祖发表于 1934 年的《金源姓氏考》(中山大学《文史学研究所月刊》第 2 卷第 3—4 期）一文，无疑具有开拓之功，可惜此后基本沉寂。时隔半个世纪，相关研究始不断赓续，研究对象日益具体。从契丹姓氏由来、女真姓氏集团到父子连名制、字辈排行以及赐姓等问题，探讨对象日益具体。特别是西夏文文献的不断发现与公布，使得西夏姓氏名字研究成果更为丰富。学术界除了对清人张澍《西夏姓氏录》一书多有补录修正外，还对官印姓氏、番姓汉译以及党项族的改汉姓等问题，进行了专门探讨。近年佟建荣《西夏姓氏辑考》（宁夏人民出版社 2013 年版）、《西夏姓名研究》（社会科学文献出版社 2015 年版）两书，更进一步对汉文蕃姓氏和西夏文姓氏作了具体探讨。

辽夏金社会史专题研究的日益细化，还体现在近二三十年陆续推出的各种多卷本专题类通史中。1998 年，作为《中国古代社会生活史》（10 卷本）丛书之一，中国社会科学出版社出版了朱瑞熙等撰写的《辽宋西夏金社会生活史》。随后，关于中国风俗、家庭、灾害、妇女、礼制等各类专题，不断涌现通史形式的多卷本著作，其中关于辽夏金部分，或独立成卷，或与宋、元合为一卷，但论述内容多自成体系。

“万里河山有燕赵，百年风气自辽金。”（苏天爵编：《元文类》卷六刘因《易台》，安徽大学出版社 2020 年版，第 113 页）元人刘因的这一诗句，正可说明辽夏金政权在中华民族发展过程中发挥的重要作用，而辽夏金社会史作为中国社会史的有机组成部分，我们必须将其放在中国历史的长河中，深入发掘和探索。因此，充分利用和继续扩大史料资源，开拓新课题，关注新领域，减少低层次重复，扩大学术视野，注重理论和方法，仍将是今后辽夏金社会史研究不断前进的有效路径。

目　录

姓氏名字篇

婚姻家庭篇

信仰习俗篇

文体娱乐篇

社会组织篇

社会组织是社会史研究的重要方面。辽、西夏、金三个政权作为由北方民族建立的王朝，其统治民族的早期社会组织，特别是从氏族社会走向国家过程中发挥重要作用的社会组织，对认识其王朝特点具有不可替代的意义，因而长期受到学术界的关注。社会组织篇所选三篇论文，分别探讨了契丹族由血缘氏族组织向阶级社会演进的情况、党项族各宗族首领成长为阶级压迫者的情况、女真族从血缘组织向地缘组织过渡并达成民族意识觉醒的情况。随着社会各阶级的成长，社会成员之间的血脉联系随即淡化，由亲属关系组成的氏族部落最终以不同的方式解体，并重组为新的组织形式，即国家，这是上述文章所提及的诸民族发展演变过程中所共同体现的历史规律。通过几篇文章，不难发现血缘关系让位于阶级关系是人类社会文明发展的基本走向，也提醒我们在进行历史研究时需要对其格外注意。

蔡美彪《契丹的部落组织和国家的产生》一文，梳理了契丹民族从部落组织到国家的发展过程，论述契丹民族出于其自身生存发展需要，几百年间，由松散的血缘亲属部落凝结为统一的国家。作者在讨论组织制度转变的同时，结合人类社会发展的共同规律，认为契丹民族的历史进程符合人类社会形态变革的规律。

契丹族早期分为八个部落，互相认同彼此间的血缘关系，但并无统一组织，各部落独立行动。出于防御外来侵袭和开拓领土的生存需求，八部逐步走向了军事联合，很快形成牢固的部落联盟，大贺氏脱颖而出，世任联盟长，统帅八部。至可突于以非联盟长身份掌握军事领导权，并能够有力地左右联盟选举时，大贺氏联盟时代便告终结。在唐朝的干预下，契丹各部落力量此消彼长，至迭剌部的涅里任军事首长时，遥辇氏的阻午成为新的联盟长，重建的联盟被称为遥辇氏联盟。此时的八部早已不是兄弟部落，血缘联系薄弱，但仍然保留了八部选举的形式，遥辇氏世为联盟长，涅里一族则世为军事首长。至唐室衰微，回鹘破亡，契丹始强，连年的征伐给契丹社会带来了大批外族奴隶，同时也催生了大量的本族奴隶，以血缘关系为纽带的氏族秩序崩溃，世选制逐渐演变为世袭制。至阿保机取代遥辇氏，建立阶级国家并设立“惕隐”时，特权阶级集团日益脱离氏族组织，即血缘关系日益被阶级关系所取代。阿保机效仿中原制度，如君王权力世袭、固定各部落居民属地、保留征服区的封建秩序、设立大法官等来应对契丹社会的阶级对立，促使契丹的氏族制时代彻底结束，初步产生了新的社会形态——国家。

作者运用唯物史观，探讨国家的形成。在血缘关系被冲击、氏族矛盾不可调和的情况下，氏族组织的上层逐步成长为世袭的统治阶级，并推动形成了阶级压迫的机关——国家。该文对于契丹民族发展的论述，符合马克思主义国家理论，是研究契丹社会早期历史的重要参考文献。

杜建录《论党项宗族》一文，以党项宗族势力为切入点，探讨党项社会和国家的实质，对党项大族的形成及分布作了梳理，论述了党项各部族宗族首领在地方治理、军事控制、土地占有上所拥有的权力，还提及党项夏国的奴隶来源，认为党项夏国的政权性质是封建政权，而非奴隶主政权。

党项羌为“汉西羌之别种也”，经过唐代的大迁徙，由八大部族演变成了五大部族，拓跋氏始终是其中的强族，后又经李继迁至元昊三代努力，建立了西夏政权。但党项各部族经由血缘氏族分化派生，未经强力整合，以血缘为纽带的强宗大族始终是一股强悍的势力，“一个强宗大族往往包括若干个乃至数十个中小家族”，党项宗族所统属的族帐少则数十，多则数千，血缘关系将他们联结起来，西夏和宋政权对党项家族大抵采取分化政策，但收效甚微。宗族首领世代相继，他们不是西夏政权委任的职官，但“蕃部族帐往往只认首领，而不认官府”，族人皆信服本族族长，故西夏政权需要借助他们来实现对部族的统治。各部落还拥有自己的武装力量，实际上是一个独立的军事实体，族内各级军事首领皆需要宗族首领委任，并听命于宗族首领，故西夏建国后皇族仍与豪强大族联姻，借以稳固统治。宗族首领占有氏族部落领地，族帐下散户成为其依附民，血缘亲属关系淡化，散户沦为宗族首领谋求经济利益的工具。党项宗族内部长期存在奴隶制度，宗族首领占有大量奴隶。西夏建国后，在血缘关系作用下产生的宗族首领，在族内继续享有至高权威和较高威望，在族外则成为本部族的代表，其与族内成员更重要的关系是阶级关系，不再是血缘关系。

在论述党项宗族及其首领在党项社会和国家的地位时，作者注重有几分材料说几分话，每一论点皆有具体史料作为支撑。如论及西夏建国后仍长期与豪强大姓联合专政时，举元昊联姻野利大族和外戚没藏讹庞专权的例子，使其论点扎实、可信。作者认为，党项宗族内部包含封建制和奴隶制两种经济成分，西夏建国后封建农奴制占据主导地位，党项西夏国是封建政权。该文在深入分析宗族实体组织的基础上，对西夏政权性质作出判断，对认识西夏社会和少数民族发展史具有学术价值和理论意义。

王可宾《女真人从血缘组织到地缘组织的演变》一文，从少数民族发展和社会组织演变的角度，回顾了女真社会由血缘氏族部落到女真民族共同体的过程，认为女真社会演变与私有财产的出现及“公共权力”的萌芽联系密切，在政治利益的驱使下，以血缘为纽带的氏族亲属关系逐步让位于以地缘为基础的共同政治诉求，最终形成具有共同民族意识并随后建立了金王朝的女真族。

作者将女真民族意识的成形分为三个时期。首先是迁移扩散时期，在此过程中，存留下来的氏族部落成长为新的政治实体，各氏族部落基本上是女真支系，其中尤以白号之姓为盛，后来建立金国的完颜部便是其中一支。伴随着完颜部的强盛，女真社会进入了联盟凝聚时期，完颜部首领对各部落“顺者抚之，不从者讨伐之”，几代经营之下，女真社会凝聚成为一个军事大联盟。在构成上，大联盟之内各部基本上都是女真人。在组织上，各地区联盟依附而又独立于完颜女真大联盟。此时，地缘关系影响着女真社会原始的血缘关系，并使之由血缘组织向地缘组织过渡。传至穆宗，取消了地区联盟，将生女真的整个地区直接归于完颜女真大联盟之下，后又以反辽斗争作为女真民族共同利益，实现了女真人的民族意识觉醒。女真社会基层组织由村寨发展到村寨—“谋克”，直到出现了更高一级的“猛安”，猛安谋克制度定型，由血缘关系组成的基层组织转化从属于地缘，“谋克”一词也由“族”“族长”和“乡里”“邑长”两层意思并存变得仅存后者，女真人从此“按地区来划分它的国民”，以统一民族的姿态进入文明社会。

在论述女真民族发展时，作者注重与易洛魁人和希腊人相比较，尊重民族发展的多样性。本文既是对女真民族形成和金王朝产生的探讨，也是对人类社会文明起源的思考，正如论文结尾所言，此文“对探讨文明的起源和民族的形成以及国家的产生，都具有重要参考价值”。

（田志光导读）

契丹的部落组织和国家的产生

蔡美彪

契丹族历史的确实记载始于公元 389 年，即北魏太祖登国三年。[1] 这时他们的母权制已然让位给父权制，开始走入文明的门槛了。但是，从这时到 916 年契丹国家的建立，中间又经过了五百多年。这段时期，起初是由于和中原王朝发生联系，后来是由于契丹建国后记录了先世的史实，我们现在才得以看到一批可贵的材料。虽然这些散见的材料远不完备、远不足以显示许多细节，但是经过爬梳，仍然可以看出契丹族从部落到国家的一个大致的发展过程。

在这篇文章里，我们打算依据历史时代的顺序，对契丹部落组织的发展变化和国家的产生过程，作一个初步的探讨。

一、早期的部落状况和大贺氏部落联盟

（一）早期的八部

契丹族历史开始见于记载的登国三年，正是契丹被北魏击破的一年。[2] 此后，他们即在潢水（今西拉木伦河）之南、土河（今老哈河）之北，渔猎牧畜。史称契丹"多为寇盗"，说明他们已进入父权制时代，展开对外掳夺了。

《魏书·契丹传》又记：

> 真君以来求朝献，岁贡名马。显祖时，使莫弗纥何辰奉献，得班飨于诸国之末。归而相谓，言国家之美，心皆忻慕。于是东北群狄闻之，莫不思服。悉万丹部、何（阿？）大何部、伏弗部[3]、郁羽陵部、日连部、匹黎部[4]、吐（叱？）六于部等各以其名马文皮入献天府，遂求为常，皆得交市于和龙密云之间，贡献不绝。

这里记悉万丹等七部，合以先此来北魏的酋长何辰所属部落，共为八部。这条材料说明，当时的契丹已有了对外的交换关系。但是，八部各自来"朝献"，各自与北魏交易互市，他们

还没有形成统一的组织。

契丹各部落各自和北魏相交易的事实，还可以从以下的材料得到说明。《魏书・显祖纪》记皇兴元年二月来朝的，只有具伏弗、郁羽陵、日连、匹黎尔等四部，并把他们和于阗、波斯等国并列。同书记皇兴元年四月，契丹具伏弗、郁羽陵、日连、匹黎尔、叱六于（原误作手）、悉万丹、阿大何、羽真侯等八部[5]“各遣使朝献”。他们虽然是偶然同时“来朝”，但仍然是各自“遣使”，也并不是统一行动。《魏书》及《北史》的《勿吉传》记述勿吉的邻人时，也把契丹各部落各自称为具伏弗国、匹黎尔国、拔（阿）大何国、郁羽陵国、羽真侯国。人们把契丹各部落看成各自独立的“国”，正是反映出他们当时还没有共同的领袖，各部落各自独立地对外行动。

但是，没有统一组织的契丹八部落，彼此之间却是保持着互为兄弟的血缘关系。这可以从契丹人的一个古老传说中得到证明。

这个广泛而长久流传的传说是，在不能记忆的时代，有男子乘白马沿土河而来，女子驾青牛沿潢河而来，至木叶山，“相遇为配偶，生八子。其后族属渐盛，分为八部”[6]。这个传说显然没有他们的历史那么古老，至多是反映着父权制时代迁来这里的一段记忆，就像迁到三河源头的蒙古人对他们的祖先孛端察儿的记忆一样。所以，我们可以推断，传说的产生，当是在北魏初年或者较早一些时候。

综合分析一下这些历史记载和历史传说，可以看到此时契丹部落的一些特征：

1. 他们此时早已超越了母系氏族制阶段，而以父系为中心。

2. 他们牢固地记忆着八部出自共同的男祖先，作为他们互有血缘关系的证据。

3. 八个部落彼此互为兄弟，但还没有进一步联合起来，形成统一的组织。他们各自独立地、分散地对外活动。

4. 八部各有自己的名称：（1）悉万丹、（2）阿大何、（3）具伏弗、（4）郁羽陵、（5）日连、（6）匹黎尔、（7）叱六于、（8）羽真侯。这些名称的实际含义我们现在还不清楚，依据现在仅有的契丹语的知识，它们或许不是崇拜的动物名，较大的可能是来自最初居地的小地名或者山川湖泊的名称。[7]

5. 他们的共同的祖先，却是同印第安人以动物命名的习惯相似，出自以白马和青牛作象征的两个氏族或部落。（直到契丹建立国家后，他们依然长久地保持着以白马青牛祭大地的习俗。）

6. 八部并不包括他们的母亲氏族，母亲氏族所属的部落乃是八部以外的别一个部落。

这里所能揭示的这些特征，在后来的历史发展中也还会得到证明。

（二）八部的军事联合

契丹各部落各自分散活动的状况，延续了很久，直到隋朝统治时期才开始有了新变化。《隋书·契丹传》留下一条很重要的记事：

> 开皇末，（契丹）部落渐众，遂北徙，逐水草。当辽西正北二百里，依托纥臣水而居。东西亘五百里，南北三百里。分为十部。兵多者三千，少者千余。逐寒暑，随水草畜牧。有征伐则酋帅相与议之。兴兵动众合符契。

《新唐书·契丹传》的下列记事，也可以看作是约略相同的时期：

> 射猎居处无常。其君大贺氏有胜兵四万，析八部。凡调发攻战则诸部毕会，猎则部得自行。

两书所记各有疏漏，互见异同，但都说明隋末唐初的契丹部落组织已向前发展了一步。这时的契丹以射猎畜牧为业，八部有兵四万，实际人口当已超过数倍。各部兵多少不一，即各部落大小不一，彼此之间有了或强或弱的区别。他们开始联合起来并且已有所谓“君”，即各部落共同的最高酋长。但是，他们还并不曾组成为各部落的永久的联盟，而只是暂时的松散的联合体。狩猎生产仍是“部得自行”。只是在对外征伐作战时，各兄弟部落的酋长才相与会议，共同行动。从而，共同酋长的权力也仅仅限于“调发攻战”“兴兵动众”。恩格斯在论到美洲印第安人的一个发展阶段时指出：“亲族部落间的联盟，常因暂时的紧急需要而结成，随着这一需要的消失即告解散。”[8] 隋末唐初的契丹人也正在经历着这样一个相似的历史发展过程。

这个过程是怎样发生的？史料并没有留下直接的记载。我们所能知道的是：6 世纪中叶以来，周围的强大邻人北齐、突厥和隋朝先后发动了对契丹的进攻，给予他们沉重的打击。[9] 防御外来侵袭的要求，显然是促使他们联合起来的一个重要因素；另一方面，史书所谓“契丹犯塞”“入抄”[10] 又表明，随着畜牧生产的发展和氏族部落的繁衍，居逐水草的契丹人正在日益要求开拓自己的领土，而这也必然促使他们联合起来，以便有力量逐走邻人。

契丹八部从分散活动走向初步的联合，并没有什么困难。因为按照一般惯例，互为兄弟的亲属部落，本来需要在对外作战中相互支援。一旦客观条件成熟，举出共同的酋长联合对外，乃是极其自然的事。在我们看来，这只不过是他们在部落组织的发展史上向前迈进了一小步。然而，这一小步的前进，却也经过了一个漫长的发展酝酿时期，它至少是经过了两百年。

不过，契丹人好像并没有再在这个暂时联合的阶段停留多久。当他们很快意识到联合起来的力量，而外部和内部的那些条件又在要求他们增强这种力量的时候，这个暂时的松散的联合就迅速地进一步发展成为固定的永世的联盟了。

（三）大贺氏部落联盟

契丹人最初的部落联盟是在唐朝初年形成的，由于联盟长的氏族是大贺氏，一般把这个联盟时代称为大贺氏时代。它一直延续到公元730年，即唐玄宗开元十八年。依据这个时代有关史料的考察，大贺氏部落联盟至少已经具备了以下特征。

1. 八部落组成为部落联盟，有共同的首长，即部落联盟长。联盟长统一指挥八部，并统帅八部对外发生关系。

《册府元龟》记唐贞观二年（628），契丹君长摩会“率其部来降”，大抵这时大贺氏联盟即已开始形成。次年，唐朝颁赐摩会鼓纛，而鼓纛从来是北方诸族部落联盟长的象征。贞观二十二年（648），唐朝进而在契丹设置松漠都督府，加给契丹君长窟哥松漠都督称号，赐姓李氏。契丹八部分置九州（匹黎分出赤山州），各部落长称刺史，俱隶松漠府，受窟哥统辖。[11]这里所谓八部分置九州，并松漠都督府大贺氏为十州，只是因为按照唐制度，总十州者才可授予相当大都督的称号[12]，而并不意味着契丹八部有了新的改变。揭开唐朝封建政治制度和封号的外衣，这里所反映的正是契丹八部统属于部落联盟长的事实。

在唐朝的史书上，再也看不见北魏时代那种八部各自行动的纪录了。整个大贺氏时代，他们和唐朝之间的行政的、军事的以及所谓“朝贡”和“赏赐”活动，一般都是经由“松漠都督”即部落联盟长，或者他所遣派的“使臣”。

2. 部落联盟设有议事会，联盟长由八部聚议选举产生，议事会也有权把他罢免。这里我们可以引述一段《新五代史・契丹传》的材料：

> 其部族之大者曰大贺氏。后分为八部。……部之长号大人。而常推一大人建旗鼓以统八部。至其岁久，或其国有灾疾而畜牧衰，则八部聚议，以旗鼓立其次而代之。被代者以为约本如此，不敢争。

相同或相似的记事，又见于《资治通鉴》《旧五代史》《契丹国志》《虏廷杂记》诸书。这个部落联盟长选举制的记事，是大致可信的。《辽史・世表》所谓邵固“国人共立之”也正是经由选举产生的明证。

3. 从上引材料中，我们还可以知道这个联盟已经负有领导八部畜牧生产的职责。曾经在辽朝做官的赵至忠还说：“或灾害不生，群牧孳盛，人民安堵，则‘王’更不替代。苟不然，共诸酋会众部别选一名为王。”[13]合以前引《新五代史》的材料，作为一种制度的纪录，可以看作是大贺氏以来即已形成的传统。

4. 八部各有部落长即唐朝所说的“刺史”，他们的权力似不甚大，需要服从联盟长的统一指挥，但他们都是行使选举权和罢免权的联盟议事会的成员。

5. 部落联盟长的被选举权并不是分属于各部落长，而是只限于大贺氏这一个氏族。分析一下历届联盟长之间的关系便完全可以说明这一点。自窟哥以来，除阿卜固族属失载外，李尽忠是“窟哥孙”，失活是“尽忠从父弟”，娑固是“李失活弟”，邵固“从父弟郁于”，郁于弟吐（咄）于。最后的一个联盟长娑固是“尽忠弟”，也是“吐（咄）于之弟”。[14]他们虽然还不是父子相承，却都是近亲的祖孙或兄弟。这里显然已经包含着君长世袭制的最初的萌芽。不过，现在他们还只能是经过部落联盟的选举而取得当选的优先权利，还不能作为他们不经选举而合法承继的证明。

这个世选为联盟长的大贺氏是从哪里来的，史书并无明白的记载。只是《新唐书·契丹传》的简短史料透露了一些消息：

> 窟哥有二孙，曰枯莫离，为左卫将军弹汗州刺史；曰尽忠，为武卫大将军松漠都督。

弹汗州或殚汗州即是阿大何部的异译。这条材料告诉了我们大贺氏当是阿大何部的一个氏族；但阿大何部并不等于大贺氏，阿大何部长也并不就是大贺氏联盟长，他们之间只是存在着互为兄弟的血缘联系。这就是说，并不是阿大何部长世选为部落联盟长，而是从这个部落中分立出来的一个氏族大贺氏拥有世选的特权，他的兄弟氏族仍然属于原来的部落。唐人史料把阿大何或弹汗和大贺分别译名，也正是多少反映了实际状况的区别。

关于大贺氏联盟本身，我们现在所能指出的，就是以上几点。下面，我们再对联盟八部以外的契丹部落作一些探考。

首先是孙氏问题。

大贺氏时代有一个重大的历史事件，即武则天万岁通天元年，唐赐姓名李尽忠的大贺氏联盟长，联合契丹别部长、唐朝所谓“归诚州刺史”[15]孙万荣，掀起了大规模的反唐战乱。孙万荣拥有强劲的军力并且已有自己的“家奴”[16]，想见孙氏是一个强大的部落。这个部落从何而来？它和大贺氏又有怎样的关系呢？对此，以下的史料为我们提供了线索。《旧唐书·则天皇后纪》：

> 契丹首领李尽忠与其妻兄归诚州刺史孙万荣杀都督赵文翙，举兵反。

《资治通鉴》卷二百〇五也说：

> 尽忠，万荣之妹夫也。[17]

由此可见，这个孙氏部落乃是和赐姓李的大贺氏通婚姻的部落。我们在分析八部起源时已经提到他们的母亲氏族当是属于八部以外的另一个部落。归诚州孙氏的存在正是对此提供了证明。孙氏的起源大概就是传说中的那个“驾青牛”的女儿氏族，他的后裔则可能是包括于后来世代和耶律氏通婚姻的审密（萧）。[18]

有一个值得注意的现象，即李尽忠败死后，他的联盟的残部曾经归由孙万荣统辖。这个现象显然并不能仅仅解释为由于他们是联合作战，而是在说明，不仅兄弟的儿子，而且姊妹的儿子也可以承袭或参与联盟事务的领导。所以，这个八部以外的孙氏就又通过血缘婚姻关系而和联盟组织密切联结在一起。

孙氏而外，大贺氏时代还有一些契丹部落在八部联盟之外独立自存。

《旧唐书·地理志》“带州”条：“带州，贞观十九年于营州界内置。处契丹乙失革部落，隶营州都督。万岁通天元年迁于青州安置。神龙初放还，隶幽州都督。”万岁通天元年就是李尽忠、孙万荣联合举兵的那一年。可知乙失革部不曾参与这次战役。这个部落在贞观十九年附唐设州，事在贞观二十二年八部设州之前，更可见它是八部联盟之外独自行动的另一个部落。曾有人认为它可能就是乙室活部，并且认为是大贺氏李失活所属的部落。这是难得通解的。李失活任联盟长附唐，晚在开元四年，而且像我们在前面所说明的，他本来是属于自阿大何部分出的大贺氏，与这个乙失革部显然无关。至于乙失活部，两唐书《地理志》明确记载唐朝设为信州，也不容与带州混同。这个乙失革部很有可能是后来并于审密的“乙室已”。

乙失活部是一个很重要的部落，往后我们将会看到它在历史上的重大作用。它最早见于记载是在孙、李举兵的万岁通天元年，唐朝在这年设为信州[19]，可见它也是未曾参与战事的别一个部落。如果乙失革确是后来的乙室已，那么，乙室活和乙室革则是大贺氏孙氏以外的另一对互通婚姻的部落。

再一个联盟外的较大部落，是唐朝设置的玄州。《新唐书·契丹传》称：“唐太宗伐高丽还军，契丹大酋辱纥主曲据又率众归，即其部为玄州，拜曲据刺史，隶营州都督府。”同书《地理志》“玄州”条又称：“贞观二十年，以（辱）纥主曲据部落置。”“曲据”《旧唐书·地理志》又作李去闾，这自然只是唐朝的一般赐姓，像孙万荣又称李万荣一样[20]，不可因此误解和赐姓李的大贺氏属于同一氏族。玄州之设早在贞观二十二年窟哥内属八部设州之前，《辽史·营卫志》把玄州列入窟哥松漠都督府十州，显然是修史者为举足十州之数，强为附会，并没有什么可靠的根据。两唐书《地理志》别列玄州于松漠都督府之外，隶属于营州都督。它不在十州之内，而是八部以外的别一个独立部落，是很清楚的。

除此之外，像这样在八部设州之前，已由唐朝分别设州的部落，还有武德二年设置的威州，贞观二年设置的昌州，贞观三年设置的师州，等等。他们或者是八部以外的独立部落，或者是从八部中流散、分化出来的部落氏族成员。所以，《旧唐书·地理志》说他们是“皆东北蕃胡，散处幽州、营州界内，以州名羁属之，无所役属”。

所有这些联盟以外的契丹部落的存在，显示了这样一个事实：大贺氏八部联盟的组成，形成了契丹人的基本核心，然而联盟还并不是包括了全部的契丹人。

这样，我们就又看到了大贺氏联盟的另外两个特点：

6. 和联盟长大贺氏世代通婚姻的孙氏（或审密）部落，不在联盟八部之内，但又通过血缘婚姻关系和联盟联系在一起。

7. 联盟以外，还有一些契丹部落独立自存，分散活动。这也就是说，契丹人组成了部落联盟，但是还没有进而发展成为统一的共同体。

最后，我们再来讨论一下唐玄宗开元年间联盟中出现的军事首长问题。

李尽忠、孙万荣反唐失败后，联盟部落凋散，依附到突厥麾下约二十年。玄宗开元三年（715）“尽忠从父弟”失活复又率部附唐。这时，大贺氏联盟中出现了一个新现象，即出现了一个地位仅次于联盟长的新职任。担任这个职任的，是所属部落不详的可突于[21]。唐玄宗承袭旧例，以契丹八部长为刺史，失活为松漠都督，又以契丹置静析军，失活号静析军大使，而可突于则加号“静析军副使”[22]。唐朝敕书和史书上依照藩镇用语，又称可突于为“衙官”“掌兵马”。[23]结合可突于后来的活动作考察，有理由认为他当是联盟长以下掌握了军事领导权的一个军事首长。

我们没有把军事首长列为大贺氏联盟的特征，是因为在可突于以前，我们并不曾看到这种职任，此前的联盟长同时就是军事首长。可突于任军事首长的年代，同时也就是大贺氏联盟走向瓦解的年代。这时的联盟，既不再像以前那样，由一个联盟长统管行政和军事，也不像易洛魁人那样，同时有两个平行的军事首长，而是既有一个主持联盟事务的联盟长，同时又有一个地位仅次于他的军事首长，斗争就是这样开始的。史称失活以下娑固、郁于、吐（咄）于、邵固等几个联盟长或为可突于所擅立，或为可突于所驱杀[24]，想见他已可以依靠军事权力左右联盟的选举，并且也可以不经联盟的罢免，而擅自把联盟长推翻。这就是说，这个职任确立后，就已开始破坏着部落选举制的传统惯例，开始了争夺权利的斗争。这个斗争的结果，是 730 年可突于另立别部屈列为长，从而推翻了大贺氏世选联盟长的特权，结束了大贺氏联盟时代。

二、可突于、涅里的变革与部落联盟的再建

（一）从可突于到涅里

可突于推翻了大贺氏，但还没有能够根本推翻氏族部落的旧制度，建立新制度。虽然如此，大贺氏联盟遭到了暴力的冲击，这显然在契丹历史上仍然具有重大的意义。可突于情不自安，率部投附突厥，由此引起一系列的历史事件，导致契丹部落组织的一次重大的变革。

本来唐朝当时对北边的基本政策，只是所谓“挟两蕃（契丹、奚）以制突厥”。他们所期望的不过是契丹依附在唐朝的一边，以抗御突厥的侵扰。所以，可突于一再挟势废立，仍然一再得到唐朝的认可而并没有问罪兴师。但当可突于背唐而依附突厥后，这就触犯了唐朝的基本利益。唐朝连续出兵，发动了对可突于的进讨。

在这个时期里，出现了一个影响深远的新事件，即前面提到的乙失活部落，在唐朝支持下崛然兴起。张九龄《曲江集》载有一件代唐玄宗草拟的敕书，称“契丹王据埒及衙官可突于、蜀活刺史郁捷等”[25]。“据埒”即是屈列，“蜀活刺史郁捷”即是乙失活部落长遇折或李遇折（或作李过折，误）[26]。这个敕书是较可信的原始文件，它告诉我们乙失活部作为联盟以外的别部，此时的势力和地位已足以和屈列、可突于相匹敌。《旧唐书·契丹传》说遇折“与可突于分掌兵马”，同书《张守珪传》说他“与可突于争权不协”，《册府元龟》说他是“契丹知兵马官”[27]，都说明他已拥有强劲的军事力量。

唐朝就是联合乙失活部长遇折的力量来消灭可突于的，开元二十二年，幽州节度使张守珪招诱遇折，斩屈列、可突于“及其支党数十人”。次年，封授遇折“北平郡王”“松漠州都督”[28]。他没有被加给“松漠府都督”称号，显然是由于松漠府十州经过几次乱战已难得恢复了。

乙失活部在消灭可突于的斗争中进一步强大起来，可是李遇折的“松漠州都督”也并没有持续多久，他随即被涅里所杀。涅里，《通鉴》作涅礼，“耶律俨《辽史》书为涅里，陈大任书为雅里”[29]。《通鉴》记此事称“契丹王过折为其臣涅礼所杀”[30]，而不称为别部，可见涅里当是乙失活或乙室活部的成员。辽人奉涅里为迭剌部的始祖，而迭剌部本来就是从乙室部（当即乙室活部）分出来的（详后）。

涅里杀遇折后，唐朝的敕书曾称他为“契丹都督”并说：“遇（原误作过）折既亡，卿初知都督，百姓诸处分复得安宁以否。……卿应有官赏，即有处分。”涅里依附于唐，大破突厥，从而得到唐朝的支持，又径称他为“松漠（《曲江集》作模，从《全唐文》校改）都督右金吾卫大将军”[31]。在唐朝看来，涅里即是遇折甚至大贺氏的继承人，但在契丹方面的实际状况是，涅里只是在战乱中统率军马，而还并没有重整联盟，选充联盟长的职任。开元二十五年，契丹由于背唐自立，被张守珪击破，窜居松漠。此后，才开始了重建部落联盟的任务。这个任务实际上是由涅里完成的，他充任了联盟的统兵马的军事首长，联盟长的职务则选任了遥辇氏的阻午。

我们缕述了这一段历史过程，就可以看到，从可突于到涅里，契丹部落联盟组织是在暴力斗争中经历了一次全面的改组。重建的遥辇氏联盟比起大贺氏联盟来，具有了许多新特点。现有材料也使我们有可能进行较为详细的考察。

（二）遥辇氏联盟的部落组成

这个遥辇氏新联盟是怎样建立起来的呢?

原来经过历次战乱，契丹部落已经大部凋散了。他们中间的一部分是在作战中被消灭，还有一部分是成为唐将的俘虏或降卒。如安禄山“养同罗、奚、契丹降者八千余人”[32]。唐朝给张守珪的敕书也说过“近者闻其家累，多并为我所得”[33]。再有一部分是氏族或部落降唐，以后就渐渐同化为汉人。例如唐朝著名将领李光弼的父亲楷洛便是率众降唐的契丹部长。[34]王武俊、张孝忠据说也是契丹或奚的酋长的后人。[35]大贺氏所从出的弹汗州，在开元四年内属，改名为“归顺州”[36]，以后依唐制度设置州县，大抵它的残存部分后来也逐渐同化为汉人了。

所以《辽史・营卫志》说：“当唐开元天宝间，大贺氏既微，辽始祖涅里立迪辇祖里为阻午可汗。时契丹因万荣之败，部落凋散，即故有族众，分为八部。”又说：“遥辇氏承万荣、可突于散败之余，更为八部。”所谓“更为八部”即新建的八部是怎样组成的?史籍虽然没有直接的记录，但是分析一下《辽史・营卫志》所载辽太祖阿保机时诸部的来源，即不难恢复它的概貌。

先把《辽史・营卫志》的有关记载摘录如下：

> 五院部：共先曰益古。凡六营。阻午可汗时与弟撒里本领之，曰迭剌部。……石烈四：大蔑孤石烈、小蔑孤石烈、瓯昆石烈……乙习本石烈。
>
> 六院部：……石烈四：辖懒石烈、阿速石烈、斡纳拨石烈、斡纳阿剌石烈。
>
> 乙室部：共先曰撒里本。阻午可汗之世，与共兄益古分营而曰领之，曰乙室部。……石烈二：阿里答石烈、欲主石烈。
>
> 品部：其先曰拏女，阻午可汗以其营为部。……石烈二：北哲里只石烈、南辖懒石烈。
>
> 楮特部：共先曰洼。阻午可汗以其营为部。……石烈二，北石烈、南石烈。
>
> 乌隗部：其先曰撒里卜，与其兄涅剌同营。阻午可汗析为二：撒里卜为乌隗部、涅勒为涅剌部。……石烈二：北石烈，南石烈。
>
> 涅剌部：其先曰涅勒。阻午可汗分其营为部。……石烈二：北塌里石烈、南察里石烈。
>
> 突吕不部：共先曰塔古里，领三营。阻午可汗命分其一与弟航斡为突举部。塔古里得共二，更为突吕不部。石烈二：北托不石烈、南须石烈。
>
> 突举部：共先曰航斡。阻午可汗分营置部。……石烈二：北石烈、南石烈。

上引记录中，五院和六院部是契丹建国后，辽太祖阿保机分迭剌部而设。把此部复原后，遥辇阻午可汗时建立的八部是：迭剌部、乙室部、品部、楮特部、乌隗部、涅剌部、突吕不部、突举部。[37]

从这八部的建立中，我们可以看到新建的遥辇氏联盟的一些基本特点。

1. 遥辇氏联盟的重建是严格地依照八部联盟的旧传统，把仅存的氏族部落分成八部，以足其数。乙室部中分出迭剌部，涅剌部分出乌隗部，突吕不部分出突举部。品部和楮特部则是“以其营为部”。《辽史·兵志》所谓“有耶律雅里者分五部为八”是符合实情的。这就是说，遥辇氏联盟承袭了八部组织的旧形式，但它绝不是大贺氏八部的简单恢复，而是重新组成的新分子。

2. 组成各部落的氏族，当即所谓“营”或“石烈”。每个氏族有自己的名称。每个部落至少要包括两个氏族。八部的状况是：乙室部原有八个氏族，分出六个组成迭剌部。突吕不部原有三个氏族，分出一个又划分为二而组成突举部。楮特部原来只是一个氏族，所谓“以其营为部”，当即把旧氏族分成两个而组成部落，所以只有所谓南北石烈之分，而并无各自的称谓。乌隗部和涅剌部原来是“同营”，大概是把原来的一个较大的氏族或胞族先分为二，再各分为二，而组成两个部落。所以，乌隗部两石烈也没有自己的名字而只有南北之分。涅剌部的“塌里”和“察里”，则有可能是同名异译，或者是属于一个胞族的两个氏族。至于品部也是“以其营为部”，可是两石烈却各有自己的名称。不过，细加考察就可以看出，它所包属的辖懒石烈和迭剌部的一个石烈同名。这可能是把原来乙室部的辖懒石烈划分为二，一个属于迭剌，另一个则拨出来补充组成新的品部，这种现象是可以理解的。恩格斯在分析印第安人部落时说：“要是某一个胞族的各氏族都灭亡了，那么，为平均起见，有时就从别的胞族中拨几个氏族去补充它。因此，我们在不同的部落中间，可以找到属于各个胞族的名称相同的氏族。”[38]我们在契丹人不同部落中所找到的，也正是与此相似的现象。

3. 由于这些部落有些本来是以前的氏族，部落名称只是原来的氏族名称，我们很难从这些部落中找到和旧部落的关系。不过，有一点是可以肯定的，即遥辇氏族八部中一定是包括有原属大贺氏联盟的部落氏族，也包括有联盟以外的部落氏族。这种复杂成分的存在，就使得遥辇氏联盟不再是像大贺氏那样，包括八个互为兄弟的部落。《辽史·营卫志》所揭示的，只是乙室和迭剌，乌隗和涅剌，突吕不和突举彼此互为兄弟。至于他们彼此之间，就未必也存在这种关系了。其他两部中，也只有品部的辖懒石烈和迭剌部有共同的渊源。遥辇氏联盟中这种血缘联系的薄弱也就构成了不同于大贺氏的又一个重要的新特点。

4. 我们在前面曾指出作为乙失活部长遇折臣属的涅里，当是乙失活部的成员。而辽人又尊奉涅里为迭剌部的始祖。这就更加说明迭剌部所从出的乙室部只能就是大贺氏衰弱时强大起来的乙失活部。在遥辇氏联盟八部的五个基本部落中，三个部落是以氏族为部落，突吕不部原有三族，只是乙室部原有八个氏族之多，是其中最强大的一部。从上面的分析中也可看出，不仅乙室部和由此分出的迭剌部两个部落，甚至他们所属的每一个氏族的力量，实际上也都已超过了其他多数新组成的部落。《辽史·百官志》称迭剌和乙室为“大部族”，其余六部为“小部族”，也正是反映了这种实际的状况。问题不仅在于各部落所属氏族的多少，而是在说明，这个新组成的遥辇氏八部联盟，其实是以战乱中强大起来的乙室部和迭剌部为中心，和其他一些战乱中溃散了的氏族部落的结集。[39]

（三）关于遥辇氏联盟长——可汗

新联盟也和旧联盟一样，有一位共同的联盟长。首任联盟长，就是前面提到过的遥辇氏阻午可汗。

关于遥辇氏的来源以及它和联盟部落的关系，都没有任何确切的材料。辽兴宗时萧韩家奴曾经上疏说：“先世遥辇洼可汗之后，国祚中绝。自夷离堇雅里立阻午，大位始定。”[40]据此可知阻午的祖先洼是一位著名的酋长。他肯定不是大贺氏，也不是乙失活的酋长。《辽史》编者推测他可能就是可突于所立的屈列[41]。这虽然有一定的理由，但可惜也没有足以证明的材料。

关于阻午可汗，我们知道的也很少。《辽史·世表》把他比之于《唐书》的李怀秀（《册府元龟》、两唐书《玄宗纪》及《通鉴》作“李怀节”），显然是出于附会。近来又有人把他比附于屈列，也还缺少确切的根据。[42]不过，作为洼的后裔，他在当时一定是一位具有当选资格的有声威的人物。

从这时开始，联盟长就正式采用了“可汗”称号。但这并没有什么重大的意义。和李尽忠曾经自称“可汗”一样，只是表示着背唐而自立，不再沿用唐朝加给的称号“都督”而借用突厥的“可汗”。这个称号的含义并不等于突厥汗国建立后改赋了新意义的“国王”而仍然是依照它的古老的本义相当于一个部落联盟长。

阻午以来的遥辇氏联盟长，也和大贺氏一样，需要经由八部选举。

依据耶律俨旧志编修的《辽史·礼志》中记录的一个古老的礼仪——柴册仪。它的主要内容大意是：选择吉日，设柴册殿，厚积薪木。“皇帝”由“八部之叟前导后扈”，拜祭太阳，乘马疾驰。“外威”即母亲氏族的长老御马。“皇帝”仆地，从者以毡复盖。然后，“皇帝”登高阜，受诸人拜，并说一些“有伯叔父兄在，当选贤者，冲人不德，何以为谋”的话，“群臣”再说一些“咸愿尽心”的话。随后即“燔柴告天”，以结束这个隆重的典礼。[43]

这里所说的“皇帝”自然是编者沿用辽朝建国后的称号，对话的文辞也经过汉人史臣的修润，但是仍然可以清楚地看出，这显然是一个八部选举联盟长的带有宗教色彩的传统礼仪。这个礼仪据说是由阻午可汗制定的。这至少意味着选举联盟长的仪式更加制度化、典礼化是从选举阻午可汗开始。《辽史·营卫志》和《兵卫志》都说是涅里立阻午，遥辇氏阻午之立无疑是得到涅里的支持，但他也是经过八部的选举才取得了联盟长的合法职位。

关于联盟长的选举，还有一点也是和大贺氏联盟相同，即当选者依照惯例只是遥辇氏一族。这样，不管遥辇氏是否是某一部的成员，但他们必然是从原属的部落中独立了出来，成为一个拥有世选特权的氏族。

综合上面的分析，新联盟的联盟长制度乃是旧联盟制度的继承和发展。

1. 遥辇氏八部联盟仍有一个联盟长作为联盟诸部落的共同领袖。

2. 联盟长经由八部选举产生并举行一定的宗教仪式。

3. 当选联盟长的限于遥辇氏一族。

（四）关于军事首长——夷离堇

《辽史·耶律曷鲁传》称，太祖阿保机曾自谓“昔吾祖夷离堇雅里以不当立而辞”。这所谓“不当立而辞”当然不是什么如史臣所文饰的“逊不有国”，而至少是基于两个方面的缘由。一方面是涅里杀遇折而统军，虽然曾从唐朝得到过“松漠都督”的封号，但并没有经过契丹部落的选举，因而是同传统的制度不相合的。另一方面是涅里选立遥辇氏后，自任联盟的军事首长——夷离堇，依然统领兵马，握有联盟的实际权柄。

夷离堇的称号可能是从这时才开始确立的，但是联盟军事首长制至少是在“静析军副大使”“衙官”可突于时就已建立了起来。不过，涅里以来的军事首长制在承袭旧制度的同时，又有了一些新特点。

1. 从涅里开始，军事首长的职能扩大了。《辽史·国语解》：“夷离堇，统军马大官。”同书《刑法志》说：“及阻午可汗，知宗室雅里之贤，命为夷离堇，以掌刑辟。”《太祖纪赞》又说他“刻木为契，穴地为牢”。这些记载当然还不能理解为契丹已建立了国家，但是说明，作为部落联盟军事首长的夷离堇，在拥有统军马大权的同时，又握有了裁判权。

2. 作为八部联盟的军事首长，夷离堇也需要经过八部选举才取得合法的地位。《辽史·耶律辖底传》载：“故事：为夷离堇者得行再生礼，罨古只方就帐易服。辖底遂取红袍貂蝉冠乘白马而出，乃令党人大呼曰：‘夷离堇出矣！’众皆罗拜。因行柴册礼，自立为夷离堇。”这是在后来遥辇氏联盟时代一段利用选举仪式诈取夷离堇职位的记事。这段记事却反映出，夷离堇的就职，依照“故事”，也需要和可汗一样的，举行再生礼[44]和柴册仪。这所谓“故事”，可以理解为阻午、涅里以来的一个传统的惯例。

3. 和选举可汗限于遥辇氏一族一样，联盟的夷离堇也仅限于迭剌部的涅里一族。我们在前面曾分析过遥辇氏联盟其实就是乙室部和若干零散部落氏族的结集。涅里又把乙室部削弱到两个氏族，而拨出六个氏族组成迭剌部。既然涅里的迭剌部是联盟八部中最基本的和最强大的一部，联盟的军马主要也就是迭剌部的军马，统军马的夷离堇由迭剌部涅里一族来迭充，也就是极其自然的了。后来的史实也证明，整个遥辇氏时代，选任夷离堇的只是涅里的子孙或他们的兄弟的子孙。

三、遥辇氏后期的社会变动和氏族部落组织的逐步革新

我们在前面考察了遥辇氏联盟建立时的一些新现象，如果按照这个线索追究下去，本来应该可以看到契丹国家建立前的完整的发展过程。可是，史料在这里中断了。涅里立阻午重建联盟，附于突厥，突厥衰亡后，又处在回鹘汗国的控制之下。天宝十载（751），安禄山再讨契丹，大败而回。[45] 此后不久，唐朝即有安史之乱。如《辽史・世表》所说："自安禄山反，河北割据，道隔不通，世次不可悉考。"唐人史书上再没有留下什么重要的纪事。这种情形，直到会昌二年（842），契丹再度附唐后，才又改变过来。

在这个时期里，契丹和唐朝的联系是很微薄的。虽然《册府元龟》自至德二年（757）至开成四年（839）之间，陆续有契丹首领来朝的纪录，但这显然只是一般的货物交易，而并没有从属的政治关系。[46] 也就是《新唐书・契丹传》所说："天子恶其外附回鹘，不复官爵渠长。"在这个时期里，契丹从回鹘那里也不曾接受到多少有益的影响。《册府元龟》记元和八年（813）有契丹"达干"来朝，九年有称"梅落"的首领来朝。[47] 契丹氏族长老的这两个称号，这里是最初见于记载。它显然不是直接来自突厥，而是来自回鹘语的"Tarkan""Buiruq"[48]。虽然有这样采用回鹘个别称号的事实，但是契丹的氏族部落组织并没有发生重大的变化。李德裕《幽州纪功碑铭》说："先是，奚、契丹皆有虏（回鹘）使监护其国，责以岁遗，且为汉谍。"[49]《通鉴》卷二四六也说："初，奚、契丹羁属回鹘，各有监使，岁督其贡赋。"大抵契丹处在回鹘的苛刻剥削和压迫下，发展只能是很迟滞的。

会昌二年（842）回鹘破亡，契丹新立可汗屈戌始又内附，接受唐朝的封号。此后六十年间，唐朝的统治正在走上日益衰弱的道路。契丹摆脱了回鹘的控制后，又得以减少了所承受的唐朝的压迫，处在一个前所未有的周邻强族逐个衰弱的新环境里，从而得到比较有利的发展条件。"咸通（860—873）中，其王习尔之（鲜质），再遣使者入朝，部落浸强。"[50] 光启（885—888）以后，即契丹遥辇氏痕德堇（钦德）可汗时，契丹社会随着内部分化的加剧，更呈现出新的发展。

（一）契丹社会阶级对立的形成

在这些年代里，契丹社会中发生了什么新变动呢？

显著的事实是，契丹在这期间不断展开了对外掠夺，从邻族那里掳掠到大批牲畜和奴隶。

契丹的对外掳掠是从征伐"异种同类"的奚人开始的。《新唐书・奚传》说："咸通九年

（868），其王突董苏使大都督萨葛入朝。是后，契丹方强，奚不敢亢，而举部役属。”《辽史·营卫志》更清楚地写道：“奚王府六部，五帐分，共先曰时瑟，……卒。其弟吐勒斯立。遥辇鲜质可汗讨之，俘其拒敌者七百户，摭其降者。以时瑟睦邻之故，止俘部曲之半，余悉留焉。奚势由是衰矣。”[51]遥辇氏并不是整个地消灭了奚部，而是在征服奚人后，俘虏回来大量的“部曲”。此后，阿保机父撒剌的为遥辇氏之夷离堇又“俘奚七千户”。对这些俘虏的处置是“徙饶乐之清河”[52]，即运回契丹本土作奴隶。

撒剌的之弟释鲁（一译述澜）展开了更大规模的对外掠夺。“北征于厥、室韦，南略易、定、奚、霫。”史称他“始兴版筑、置城邑、教民种桑麻，习织组”[53]。这其实就是说，他所掠夺的对象不仅扩展到北边诸族，并且已扩大到汉人农业地区，俘虏来大批的农民。这种情形到了光启年间痕德堇可汗代立后，就更加发展起来。《旧五代史》说，契丹这时“乘中原多故，北边无备，遂蚕食诸郡。达靼、奚、室韦之属，咸被驱役，族帐浸盛，有时入寇”[54]。

辽太祖阿保机是在唐天复元年（901）被痕德堇立为夷离堇的，从这年起，他便统率着契丹军马连年展开对周邻各族的大举掳掠。901 年，“连破室韦、于厥及奚帅辖剌，俘获甚众”。902 年秋七月伐河东代北，攻下九郡，“获生口九万五千，驼马牛羊不可胜纪”。903 年春伐女真，“获其户三百”，冬征蓟北，“俘获以还”。904 年，讨破黑车子室韦。905 年，进击刘仁恭，“拔数州，尽徙其民以归”[55]。

连年的征伐带来了重大的后果，契丹社会中涌进了庞大数量的新分子：奚人、室韦人、女真人和大批的汉人。他们不是任何一个契丹部落和氏族的成员，而是外族奴隶和被统治分子。以血缘关系为纽带的氏族制不知道管理外族人更不知道奴隶制，无法对他们进行有效的统治。外族人越来越多地出现，越来越严重地扰乱了氏族部落组织的旧秩序，促使氏族部落制日益走向了它的尽头。

促使契丹氏族制走向尽头的，不仅是外族分子的涌入并且还有本族奴隶的产生。

我们在前面说到孙万荣的战乱时，曾经引录《新唐书·契丹传》，说他被“家奴所杀”。那时已出现家内奴隶，是完全可能的。不过，依据现有材料，还无法确切判断他的性质和来源。

咸通以后，随着对外掠夺的发展，奴隶制不仅限于军事俘虏，同时也开辟了奴役本族人的可能。痕德堇可汗时，还在阿保机任夷离堇以前，就已有了所谓“籍没之法”[56]。蒲古只等三族谋害阿保机叔父，事觉，“籍没家属入瓦里”[57]。《辽史·国语解》称：“瓦里，官府名。宫帐皆设之。凡宫室外戚大臣犯罪者家属没入于此。”[58]蒲古只等三族在辽朝建国后曾被宥免，以为“著帐郎君”[59]，即为皇室服役的官奴婢的头目，原来瓦里的地位当更卑下。辽朝帝后宫帐和陵寝，也均有瓦里之设，以作为承应奴婢。所谓“没入瓦里”即是指犯罪者罚作特定的贵族奴隶，是可以肯定的。这里既是“没入家属”，可知当时氏族中早已出现了私有制的家庭。既称“籍没之法”，可知不仅是蒲古只一案的个别现象。犯罪者家属从原属的氏族中分离出来，以奴隶身份另有隶属，这种现象的逐渐发生，也就不能不造成氏族成员之间的对抗，不能不越来越深地给氏族制埋下隐患。

和奴隶制同时出现的，是显贵家庭和特权阶级的形成。

遥辇氏世选联盟可汗的惯例，事实上变成了他们的无可争辩的特殊权利。由世选制逐渐走向事实上的世袭制，这在世界上许多民族的历史上，都是可以看到的。单只这一点，就必然要培育出特权的显贵。而在契丹遥辇氏时代，又加上了一个新特点，像大贺氏和遥辇氏从联盟部落中分立出来一样，当选的可汗也从遥辇氏分立出来，形成特权的家庭。以至已经卸任和逝世的可汗，他的家庭后代也在联盟中永世地享有优越地位和特殊权利。这种权利直到辽朝建国后还一直保存了下来。《辽史・百官志》有“遥辇九帐大常衮司”，职务是“掌遥辇洼可汗、阻午可汗、胡剌可汗、苏可汗、鲜质可汗、昭古可汗、耶澜可汗、巴剌可汗、痕德堇可汗九世宫分之事”。每个可汗各保有自己的宫帐，每个宫帐又都有自己所统治的外族分子。[60] 如果和迭剌部夷离堇相比，可汗的宫帐只有微弱的力量。然而，在特权阶级形成的过程中，可汗宫帐分立的事实，却显然具有重要的意义。

更重要的事实是，军事首长夷离堇显贵家庭的形成。

迭剌部夷离堇即联盟的军事首长，虽然要经过选举，但涅里的后裔却拥有世选的特权。这里也同样包含着世袭制的萌芽，奠立了特权贵族发育的基础。综考《辽史》志表列传所载阿保机以前的材料，自阿保机四代祖耨里思以下，任迭剌部夷离堇的共十三人，二十四任。[61] 他们都是父子兄弟相承。辽朝建国后，所谓二院三房皇族显贵，就是他们的后代。大概他们也和可汗一样，任夷离堇的人便自形成永享特权的独立家庭。不过，这些显贵家庭的实际权势却要比可汗的宫帐超过很多。因为他们执掌过军马大权，对外征伐的发展加强着他们的权力，也使他们各自获得大量的牲畜和俘虏。不仅是军事首长夷离堇，而且他们的下级军事首领也从对外征伐中得到利益，从而成为大小不等的财富占有者和奴隶占有者。对外掠夺成为他们的职业和目的，他们也就随之成为富有的新贵族。

综括上面的分析，我们可以看到契丹氏族制度走向坟墓的一幅图景。

1. 大量外族分子和奴隶的涌入，冲决了氏族制度存在的前提。正如恩格斯所说：“氏族制度存在的前提，是一个氏族或部落的成员在纯系他们居住的同一地域内的共同生活。这种情形早已停止了，氏族和部落到处杂居起来了。在自由民中间到处都杂居着奴隶、被保护民及外国人。”[62]

2. “籍没之法”的成立，说明本族人沦为奴隶不再是偶然的现象，而形成为一种公认的既定法规，这就在同一氏族或部落的内部造成了氏族成员之间的对抗。这种情形的日益发展，原来调节氏族成员事务和执行人民意志的氏族部落组织也就必然要日益变成压迫和统治本族人民的组织。

3. 可汗和夷离堇从同一氏族或家族中选出和他们的家庭享有特殊权利的惯例，培育出了高居氏族部落之上的显贵。随着对外掠夺的不断胜利发展，军事首长和下级首领中培育出了财富和奴隶的占有者。这个经济上占统治地位的特权阶级势必要求成为政治上的统治阶级，同时也就要求氏族部落组织的旧机关变成掠夺与压迫邻族人民的机关，变成保护这个特权阶级的阶级利益和镇压被统治阶级的机关了。

（二）争夺夷离堇的斗争和氏族部落组织的革新

奴隶制的出现和阶级分化的后果，是旧秩序的被破坏和社会矛盾的不可调和。《辽史·耶律曷鲁传》记曷鲁对阿保机“劝进”说：“在昔夷离堇雅里，虽推戴者众，辞之而立阻午可汗。相传十余世，君臣之分乱，纪纲之统隳，委质他国，若缀旂然。羽檄蜂午，民疲奔命。兴王之运，实在今日。”这里所谓“君臣之分乱，纪纲之统隳”“羽檄蜂午，民疲奔命”，显然是经过了汉人史臣的文饰，但正反映出建国前夕的契丹社会已经日益陷入了一个“如蜩如螗，如沸如羹”的秩序混乱的局面，也就是恩格斯所说的“这种社会已经陷于自身不可解决的矛盾中并分裂为不可调和的对立而又无力挣脱这种对立”[63]的局面。

在这个局面里，咸通以来契丹迭剌部贵族之间先后爆发了三次争夺夷离堇权位的斗争。既然夷离堇的权位可以利用来在对外征伐中夺得财富和奴隶，争夺这个权位的斗争，也就不能不在契丹贵族中激烈地展开。伴随着这种权位斗争的发展，氏族部落的旧制度日益深刻地被破坏、被排斥、被革新。

1. 第一次争夺和决狱官的设置

第一次争夺夷离堇权位的斗争爆发在唐咸通中，即遥辇鲜质（习尔之）可汗时期。《辽史·太祖纪》说：

> 太祖，唐咸通十三年生。初，母梦日堕怀中，有娠。及生，室有神光异香，体如三岁儿，即能匍匐。祖母简献皇后异之，鞠为己子。常匿于别幕。涂其面，不令他人见。

这里把太祖阿保机出生的事迹写成了一段诞妄的神话，在这神话背后，却是隐讳了重大的史实。这可以从以下几段材料里揭示出来。

《辽史·后妃传》：

> 玄祖（阿保机祖父匀德实）简献皇后萧氏，小字月里朵。玄祖为狼德所害，后嫠居，恐不免。命四子往依邻家耶律台押，乃获安。太祖生，后以骨相异常，惧有阴图害者，鞠之别帐。

同书卷七三《耶律欲稳传》：

耶律欲稳，字辖剌干，突吕不部人。祖台押，遥辇时为北边拽剌（案拽剌为契丹语勇士，略与蒙古语及满州语的巴秃儿相当，此处用为显贵称号）。简献皇后及诸子之罹难也，尝倚之以免。

同书卷七五《耶律铎臻传》：

祖蒲古只。遥辇氏时再为本部夷离堇。耶律狼德既害玄祖，暴横肆益。蒲古只以计诱其党，悉诛夷之。

玄祖匀德实被害事，史料寥寥数条，但在当时必然是空前的重大事件。匀德实身为夷离堇，执掌兵马大权，竟然被害而死，以至寡妻和子孙逃匿突吕不部别帐始幸免于难，想见狼德集团具有强大的势力。狼德的族系身世不明，很有可能，狼德杀匀德实后，曾一度夺得夷离堇的权位。此点虽无直接的记载，但史称他"既害玄祖，暴横益肆"，并且蒲古只"以计诱其党"始能诛灭，想见他必曾一度夺得了联盟长以下的最高权力，执掌了军事权。消灭狼德的蒲古只是匀德实兄匣马葛的先人。他和匀德实不是直系嫡亲，但仍然是同一族系。这样，夷离堇的职位便又被夺回。

在此前后，遥辇氏部落联盟中出现了由通婚部落审密（萧）氏充任的"决狱官"。《辽史·萧敌鲁传》说："五世祖曰胡母里，遥辇氏时尝使唐。唐留之幽州。一夕折关遁归国。由是世为决狱官。""决狱官"是个新官职。原来氏族部落组织的裁判权现在已经不够了。这个新官职的设立，一方面反映着社会阶级矛盾的日益不可调和，另一方面也表明氏族部落组织为挣脱这种对立而开始革新自己，开始增强和自己相对立的职能——镇压和统治氏族部落的人民。

2. 第二次斗争和于越挞马的设置

蒲古只而后，选任夷离堇的依然是玄祖匀德实一系，只有蒲古只的后裔偶思曾经一度充当夷离堇的职任。在阿保机的父亲德祖撒剌的选任夷离堇之后，当选这个职任的是匀德实弟帖剌的后人罨古只，这时爆发了影响更为深远的第二次斗争。

关于这个斗争过程，我们在前面讨论夷离堇的世选制时，曾经引用《辽史·耶律辖底传》的材料略为提及。斗争是利用选举制的形式而破坏了选举制。当罨古只举行当选仪式时，他的异母弟辖底纠集党人，强行柴册礼而夺取了夷离堇的权位。这里还需要指出的是，辖底之所以能够这样轻而易举地取得胜利，是因为他得到了德祖撒剌的之弟具有声威的释鲁的支持。《辽史·耶律辖底传》说他"自立为夷离堇，与于越释鲁同知国政"。辖底取得权位后，实际上仍然受着释鲁的控制。

这次斗争所显示的后果是部落联盟组织又有了进一步的革新。

首先是“于越”的设置。《辽史·百官志序》说“于越坐而论议以象公师”。又“于越府”条：“大于越府，无职掌，班百僚之上，非有大功德者不授。辽国尊官，犹南面之有三公。”在契丹建国前，所谓“无职掌，班百僚之上”，其实就是部落联盟中职掌一切高于夷离堇和其他一切职任的“尊官”。支持辖底斗争胜利的释鲁便是首任的于越。史称他“总军国事”“当国”[64]，他的职位仅次于联盟长可汗，但是握有可汗所没有的军事和行政的实际权力，执掌兵马的夷离堇也从此听从于越的指挥。

其次是“挞马”即侍卫兵的设立，这是释鲁所创设的一种独立的亲信精兵。他们大约是从联盟军队中挑选出来，以备扈从，同时也是契丹军兵中的核心力量。阿保机作为释鲁的侄儿和亲信，被任命为“挞马狘沙里”，即侍卫亲军的首领[65]。这里很容易使我们联想到中国其他北方民族中的宿卫亲军，例如蒙古的“怯薛”，也很容易联想到古代德意志的“retinue”。不过，它和德意志侍卫兵不同的地方是，它这时的作用还不是“促进了国王的权力”，而是促进了即将取代可汗的于越的权力。

这样，于越释鲁就不仅有了实际上超过可汗的军事政治大权，并且有了一支实际上属于他私人支配的作战武装。他在任于越期间“北征于厥、室韦，南略易、定、奚、霫”，展开了广泛的对外征伐。《辽史·太祖纪》说他“始有广土众民之志”，显然他已为推翻遥辇氏联盟打下了基础。

3. 第三次斗争和阿保机的取代遥辇

然而，释鲁只是走到这里便停止了。他没有能够再前进一步，他的权势的极大增强，终于招致了有资格选充夷离堇的贵族们的激烈反抗。原来消灭过狼德集团的蒲古只等三族，纠结释鲁的儿子滑哥谋害了释鲁，夷离堇辖底逃奔到渤海。这已是遥辇氏痕德堇可汗的时候。

但是，释鲁的反对者也并没有因此而得逞。阿保机由于掌握着挞马精兵，击溃了蒲古只等三族。辖底出奔后，阿保机以侍卫兵的领袖进而成为军事首长夷离堇，控制了全部的兵马。从这年（901）以后的三年间，又在对外掠夺中进一步壮大了自己的势力。唐天复三年（903），他便成为“总军国事”的新的于越，并且兼任夷离堇的军职。这样，他便取得了部落联盟的全部军政大权，实际权力和经济力量都已大大超过了联盟的可汗痕德堇。取代遥辇氏，建立贵族专政的新国家，由这位最大的财富和奴隶的占有者，于越兼夷离堇阿保机来实现，也就成为历史的必然了。

阿保机取代遥辇氏可汗是在唐天祐四年（907）正月实现的。[66]在此以前的三年间，他继续攻伐北边的室韦、女真、奚、霫诸族，并且向南攻占了刘仁恭统治的汉地，史称他“得汉人多”[67]。此时的阿保机不仅继续获得大量的俘虏，并且继续攻占了汉人的农村和城邑。领土的扩展、幅员的广阔，更加暴露了氏族制度的无能为力，更加促进着国家的诞生。

然而，阿保机的取代遥辇还并不就是契丹国家的建成。

《辽史·太祖纪》称："(太祖)元年春正月庚寅，命有司设坛于如迂王集会埚，燔柴告天，即皇帝位。"这里的"王集会埚"，应当就是部落联盟选汗的传统旧址。"燔柴告天"即是举行选汗的传统礼仪"柴册仪"。阿保机即位后又随即宣布"皇族(阿保机家族)承遥辇氏九帐为第十帐"[68]，显然可见，他是在尽力向契丹人民表明，就像遥辇氏承袭大贺氏那样，他不过是遥辇氏的继承人。

阿保机的举动显然不仅是出于保存传统的习俗，更主要是由于贵族旧势力的强大。

这一点还可以从他的即位过程中观察出来，《辽史》说他的即位是由于"曷鲁等劝进"[69]。这个曷鲁是阿保机的敌人蒲古只一族的后裔，但从幼时便和阿保机"相与易裘马为好"[70]，结为兄弟。在阿保机为挞马狘沙里和夷离堇的年代，他始终是一名重要的辅佐。《辽史·耶律曷鲁传》详细记载了"曷鲁劝进"时和阿保机的对话。撇开汉人史臣的那些润饰之词，这至少是表明阿保机即位前曾事先谋取具有声威和权势的曷鲁的支持，借以抗拒那些反对他的势力。阿保机在事先也还争取到他的叔父前任夷离堇辖底的认可。辖底在乱事过后，又从渤海回到了契丹。"太祖将即位，让辖底。辖底曰，皇帝圣人，由天所命，臣岂敢当。太祖命为于越。"[71]这其实就是阿保机以"命为于越"作为他取代可汗的交换条件。同时，又以辖底的儿子迭里底(一作迭栗底)为迭剌部夷离堇。这时的于越和夷离堇当然已不同于阿保机所充任的于越和夷离堇，因为他取代可汗后依然把军政大权集中在自己的手里。然而，这个事实却清楚地说明，这时的阿保机还不得不对辖底父子采取给以最高权位的办法，来换取这个权势仅次于他的显贵家庭的支持。

旧势力的暂时强大，使阿保机推翻了遥辇氏，但还不能立即根本推翻氏族部落的旧制度，建立起阶级国家的新制度。但是，他取代遥辇氏并且保持大权后，便随即采取重要的新措施加强了他自己的权力，也为国家的创造进一步准备了条件。

"惕隐"的设立是阿保机即位后第二年的一项重要措施。"惕隐"又译"梯里已"，是所谓"掌皇族之政教"或"典族属"的新官。[72]它的职务当是管理迭剌部那些贵族的"政教"事务。首任的惕隐是阿保机的族弟剌葛(即撒剌)。这显然是一个重要官职，《辽史·百官志》把它列于仅次于于越的地位，是有理由的。它的设立进一步破坏了和代替了氏族部落组织的某些职能。既然氏族制度已经管理不了特权的显贵家庭，就需要设立起专门的新官职来进行管理。这不仅反映着这个特权阶级中的主要集团已经日益从氏族组织中脱离出来，而且反映着这个集团已经需要有专门官员来调节它的内部事务，借以维护整个集团和整个阶级的统治。当然，从阿保机来说，它也需要"惕隐"控制起那些显贵家庭，以便确保他们对自己的服从。

另一个新措施是即位第四年"秋七月戊子朔，以后兄萧敌鲁为北府宰相。后族为相自此始"[73]。

“宰相”名称的确立可能为时较晚，但早在阿保机即位前就已有了北府和南府的划分。《辽史・兵卫志》把二府之立归之于涅里，这也是有可能的。这就是把部落联盟的八部划分为以迭剌部为核心的一个集团和以其兄弟部落乙室部为核心的另一个集团。前一个集团还包括品部、乌隗部、涅剌部和突吕不部，共五部，隶北府。后一个集团还包括楮特部、突举部，共三部，隶南府。迭剌和乙室这两个最强大的部落成为南北府的特权部落，他们的贵族充任两府宰相，分别管理两集团的其他附属部落。“宰相”不是由部落选举而是由可汗任命，这样，就不只势必要侵犯各部落长的权利，而且在联盟存在的同时，又通过南北府而破坏了各部落平等议事的传统准则。

阿保机又前进了一步，即所谓“后族为相自此始”。现在受命为北府宰相的不是迭剌部贵族而是“后兄萧敌鲁”。他和阿保机的淳钦皇后是同母而异父，五世祖就是“世为决狱官”的胡母里。如果说萧氏或审密充任决狱官还可以解释为氏族制度时代以母亲氏族成员来裁决本族事务的习惯，那么，现在则完全是以北府以外的部落贵族来管理北府的五部。阿保机通过他的这个亲信贵族来加强自己的地位和权力，同时也就给了氏族部落旧制度一个更大的冲击。

还有一个措施极大地巩固了阿保机的地位，即侍卫兵组织的加强。阿保机的营帐设置了“宿卫军”或“腹心部”，“选诸部豪健二千余充之”[74]。统率这个侍卫亲军的是他的幼年亲信和支持者曷鲁、后兄敌鲁和敌鲁弟阿古只。“早隶太祖幕下”[75]的迭剌部贵族斜涅赤和曾经保护过阿保机祖母及其一家的突吕不部贵族欲稳也参加领导了这个侍卫兵的组织。[76]这显然是一支可靠的强劲的精兵。这个侍卫兵的作用已和以前的“挞马”不同，倒有些和德意志的retinue相似了。它不再是加强于越篡夺王位的力量，而是加强着阿保机这个新“皇帝”的力量，“他们促进了君王权力的出现。”（恩格斯语）

四、新旧制度的斗争和阿保机的建国

（一）两种势力的斗争

像世界各民族的历史所反复证明的一样，新制度代替旧制度的变革总是要伴随着激烈的斗争。旧势力不经过斗争的打击绝不会自甘消亡；新势力不经过斗争也不可能胜利地成长。在契丹社会里，虽然已经具备了社会阶级矛盾日益增长的基础和建立国家的客观需要，虽然邻近的汉人国家的存在给他们以巨大影响并且为他们提供了现成的模式和榜样，但是，契丹的国家也只能是经历了对旧势力的激烈斗争才在氏族制度的废墟上建立起来。

下面让我们用些篇幅简要地揭示一下这个斗争的过程。

激烈的斗争开始在阿保机取代遥辇的第五年（911）。为什么前四年没有爆发？汉人史料有一个传说是，契丹旧制，三年一选，以次相代。阿保机岁久不代，遂引起了诸部的“责诮”[77]。

这个传说可能包含着一些理由。更明显的事实是，阿保机即位后，“益以威制诸部”[78]，即日益改变旧制度以发展他的实际力量，增强他的专制权力，这就终于引起了旧贵族们的反抗。

反抗的主力并不是来自遥辇氏的后人，史称阿保机取代可汗后，“遥辇故族尤觖望”[79]。他们不满于可汗世选权利的丢失，但也只能是无可奈何的怨叹。因为他们手里早已没有了足以和阿保机相对抗的军事力量。反抗的主力也不是来自联盟中那些弱小的附属部落，因为自遥辇氏联盟建立以来，他们就根本没有相争衡的力量。只有《辽史・皇子表》的一条材料透露，阿保机即位后曾命皇弟剌葛讨破涅烈部（即涅剌部），[80]想见这个部落可能有过反抗的举动，不过，这次反抗的力量显然是极微弱的，它不堪阿保机的一击就失败了。

反抗阿保机的主力不是来自上述这些方面，而是所谓“变起肘腋”，即来自迭剌部阿保机的亲族。反乱的领袖是阿保机之弟，新任惕隐，讨破涅剌部的剌葛。同时纠结了诸弟迭剌、寅底石、安端等同具当选资格的贵族。911年的第一次反乱由于阿保机事先得知了消息，没有能够立即爆发起来。《辽史・太祖纪》说：“五年五月，皇弟剌葛、迭剌、寅底石、安端等谋反。安端妻粘睦姑知之，以告，得实。上不忍加诛。乃与诸弟登山，刑牲，告天地为誓，而赦其罪。出剌葛为迭剌部夷离堇。”本来任命为管理族属加强统治的惕隐现在成了纠结族属反抗统治的领袖。阿保机不加罪，反而登山盟誓，想见反乱者具有强大的社会力量。剌葛出任迭剌部夷离堇。惕隐官改任前任于越释鲁之子滑哥。滑哥曾与蒲古只三族谋害释鲁，显然也是属于反对派的有权势的人物。《辽史・滑哥传》说：“太祖即位。……虽知滑哥凶逆，姑示含忍，授以惕隐。”这里所谓“姑示含忍”，和对剌葛等“不忍加诛”一样，不过是对反对派旧势力的一个妥协。

然而，妥协没有也不可能制止反乱的继续发展，第二年七月就又有第二次乱事爆发。反乱的领袖还是剌葛和迭剌、寅底石、安端等人，但又得到了于越辖底的操纵和支持，新任惕隐滑哥也参预了乱谋。这样，阿保机以下的几个最重要的官员于越、惕隐和夷离堇便联合组成为一个强有力的反乱集团。这个集团的形成，对阿保机的威胁，无疑是很严重的。

反乱的发动也选择了一个有利的时机。这年秋，阿保机亲征西南诸部，命葛剌分兵攻平州。十月，阿保机还军时，剌葛在破平州后“以兵阻道”，企图对阿保机半途袭击。阿保机的对策，是值得我们注意的，他并没有立即展开反攻，反而是避免正面冲突，引军南移。随即在这一天举行了选汗仪式燔柴礼。更值得注意的是，燔柴的次日，反乱者即不得不“遣人谢罪”[81]。这段过程明显地表明，反乱的发动是公然举起了维护传统选举制的旗帜。当阿保机把这面旗帜夺到自己的手里，他们便失去了反抗的理由。

传统的选汗形式当然只可以利用暂缓冲突于一时，而不可能消灭旧贵族们的反抗。仅仅几个月后，第三次，也是规模更大的一次武装叛乱就全面爆发了。

这次叛乱的领导者还是那个反乱集团，一个新因素是，迭剌部的兄弟部落乙室部的贵族们也参加了进来，站在反乱方面，这就使叛乱具有了更加强大的力量。

叛乱爆发在第七年（913）三月。与前次不同，反抗者显然事先经过周密的部署并且公然采取了篡夺汗位的行动。剌葛一面派迭剌、安端等率军去谋杀阿保机，一面自行“具天子旗鼓”图谋自立。当阿保机发觉了密谋，拘捕迭剌、安端，自行率大兵去追剿剌葛时，剌葛的另一支叛军由寅底石率领一直去攻打阿保机的可汗营帐。这时留驻营帐的只有阿保机的淳钦皇后“阻险自守”。叛军焚烧了可汗的“辎重庐帐”，“纵兵大杀”[82]，并且夺去了作为可汗象征的旗鼓和祖先的“神帐”，阿保机即位后所兴建的明王楼也被焚毁。淳钦皇后派兵往救，仅得以把旗鼓夺回。

叛乱大规模有准备地突然到来，甚至使阿保机不得不借助外族的力量，即室韦和吐浑酋长的力量。在平定叛乱的过程中，他的“腹心部”侍卫军起了显著的作用。这年四月，萧敌鲁和阿古只率腹心部进击剌葛，与室韦、吐浑兵相配合，终于击溃了剌葛的叛军，夺回了“神帐”。剌葛、辖底等叛军首领被擒获到阿保机的面前。

这次和叛乱者的斗争前后延续了约两个月之久，战斗的规模是空前的。阿保机的士卒甚至“煮马驹采野菜以为食”“孳畜道毙者十七八”“器服资货委弃于楚里河，狼藉数百里”[83]。阿保机日后追述叛乱者的罪行说：“此曹恣行不道，残害忠良，涂炭生民，剽掠财产。民间昔有万马，今皆徒步，有国以来，所未尝有。”[84]显然可见，这是契丹历史上一次重大的战斗，契丹人民为此付出了沉重的代价。阿保机只是在经过了激烈的斗争后，才赢得了胜利。

研究一下阿保机对叛乱者的处置，也是很有趣味的。叛乱平定后，阿保机对“逆党六千人”，“各以轻重论刑”。对叛乱首领则首先处置了辖底，“命自投崖而死”，又处死了参加叛乱的乙室部人迪里古，然后在这年冬“见高年，议朝政”，“燔柴于莲花泺”[85]。这就是说，他再度召集氏族部落长老，举行了传统的选汗礼仪。

对于所谓“宗室”叛乱首领，则只是在举行燔柴礼后，在次年即914年才加以处置。处死释鲁之子滑哥是经过了“召父老群臣正其罪”。至于“首恶”分子皇弟剌葛和迭剌，仅是“杖而释之”。寅底石和安端甚至是“并释其罪”[86]，不加处置。这种异乎寻常的宽贷，当然不是如史臣所说，只是出于太祖的仁厚，而是再一次说明所谓“诸弟之乱”，是有着支持他们的强大社会势力，并且有传统的旧制度作为他们举行叛乱的根据。

那么，这究竟是一场什么样性质的斗争呢？

辖底在失败后曾对阿保机说：“始臣不知天子之贵，及陛下即位卫从甚严，与凡庶不同。臣尝奏事心动，始有觊觎之意。”[87]阿保机即位后南征北伐，日益显贵和富有，这显然会加速引起同具当选资格的贵族们篡夺汗位的奢望。然而，这至多只是说明了反乱爆发的一般起因，而并不是斗争的实质。阿保机是作为最大的奴隶占有者和旧制度的改革者而遭到反抗的，他进一步破坏了古老的氏族部落组织，日益走向建立奴隶主贵族专政的国家，破坏了部落世选制，日益走向建立君主世袭制，这就不可免地要和那些权势相当的贵族们发生利益冲突。反抗的贵族们要实现篡夺权位的企图就不能不同时力图恢复和保持部落世选的旧制度，以便他们自己获得当选的机会和权利。这样，不管他们是否意识到这一点，他们实际上就自觉或不自觉地和旧的社会势力结合到一起，成为旧制度的维护者和代表者。反乱之所以能够大规模地爆发，阿保机之所以一再利用旧传统，这就说明契丹社会中氏族制度的旧势力正在成为反乱者的支柱。当然，即使反乱得以成功，反乱的领袖们也终究要走向国家统治制度、君主专制制度的建立，而不可能使垂死的氏族部落制继续维持，这是历史发展的规律。但是，当他们公然打起维护旧制度的旗帜，举行对阿保机的叛乱时，叛乱和反叛乱的斗争，实质上就不能不是契丹社会中旧势力和新势力、旧制度和新制度之间的生死斗争。或者说，这个斗争正是在贵族内部之间的矛盾得到了最尖锐最深刻的反映。

（二）阿保机的建国

契丹国家是在阿保机消灭旧贵族势力的反抗后，在916年诞生的。阿保机从这年起到他逝世前的十年间，继续征服了北边的若干邻族，并且继续向南深入到广大的汉人地区，向东灭了渤海。在更大规模地展开对外掠夺的同时，在破坏了氏族制度的废墟上，逐步创立了契丹国家的新制度。在我们看来，最重要的是以下几点。

第一是世袭皇权的确立。916年，阿保机作为契丹奴隶主的总首领，仿照汉人王朝的体制，建元“神册”，采用“皇帝”称号。“曰大圣大明天皇帝”，“立子倍为皇太子”[88]。这样就正式宣告了部落联盟选举制的灭亡，宣告了世袭皇权统治的确立。如果我们后来还会看到选举礼仪“柴册仪”的举行，那只是说明氏族制时代的传统惯例和宗教仪式长久地保存了下来。

在皇帝的周围，相应地形成了一个统治机构。在取代遥辇后新设官员外，又添设了若干新官员。神册六年诏“正班爵”规定了各级官员的不同等级。

第二是对契丹各部落居民的地区性专制统治。前面说过，阿保机取代遥辇后，曾以八部以外的萧氏“世为北府宰相”，统治北府五部。现在又再进一步，改变了以乙室、楮特和突举等组成的南府集团的统治。《辽史・太祖纪》说：“南府宰相自诸弟构乱，府之名族，多罹其祸，故其位久虚。以锄得部辖得只里古摄之。府中数请择任宗室，上以旧制不可辄变。请不已，乃告宗庙而后授之。宗室为南府宰相自此始。”结合前举史实，这段记载显然是在说明，由于乙室部的贵族参与诸弟之乱而被诛，南府集团的事务曾一度由锄得部即楮特部人代理。现在阿保机改易“旧制”，“以皇弟苏为南府宰相”，统治以乙室部为核心的这个部落居民的集团。这就进一步摧毁了氏族部落的旧制度，以乙室等三部落以外的迭剌部贵族来进行对他们的统治。契丹八部两集团的居民由此完全成为由皇帝来任免的后族和皇族分别统治的居民。与此同时，各部落居民又都规定了固定的居地。《辽史・营卫志》和《兵卫志》明确记载着他的“镇驻”地区。这样，他们虽然仍旧保存着旧部落的称号，但实质上已经不同于旧时代的旧部落，而变成为“地域部落”了。或者说，它实际上已经变成为王国统治下一定地区的一级军事的和行政的组织。随之，各部的夷离堇，也由阿保机改称为“令隐”（来自汉语的“令尹”）变成南北府宰相直接统治下的一级国家官员。

第三是对被掳掠和被征服的外族分子的统治。阿保机对于被掳掠和被征服的北边渔猎游牧部落的居民，分编为隶属于契丹八部的新八部。鲜质可汗时俘虏来的奚七百户设为迭剌迭达部。此后所俘奚户分置乙室奥隗部和楮特奥隗部。又以所俘达鲁虢部，置品达鲁虢部。以征服的大小二黄室韦分置突吕不室韦部和涅剌摩古部。以俘掠的于骨里户六千分置乌古涅剌部和图鲁部。[89]这些依照北方部民传统惯例所组成的新部，显然已经根本不同于原来的旧部落，而多半是外族俘虏的编集。只有被征服的室韦的部民中可能还较多地保存着氏族间的血缘联系，但它们也显然破坏了旧部落的组合，被强制地拆散开来。这八个新组成的部落，各冠以契丹八部之名，由契丹八部贵族分别进行统治。他们实际上是一种被奴役的军事和行政的单位组织。他们也分别隶属于南北二府，由国家任命所谓“节度使”进行统治和管理，并且也各有固定的“镇戍”地区。

和契丹异种同类的奚族本来也是一个由五部组成的部落联盟，在一再被契丹俘掠后，残存的部民整个地被征服。阿保机时代，他们基本上维持着原有的部落组织，而并入契丹，成为契丹国家内的一个“大部族”。只是在以后的一个时期里，才逐渐改变了原来的组织。

至于俘虏来和迁移来的大量汉人，阿保机基本上是采取汉人的州县制度进行统治。《新五代史·四书附录·契丹传》说：“时刘守光残虐，幽涿之人多亡入契丹。阿保机乘间入塞，攻陷城邑，俘其人民，依唐州县置城以居之。”赵至忠《阴山杂录》也记：“梁灭，阿保机帅兵直抵涿州。时幽州、安次、潞、三河、渔阳、怀柔、密云等县皆为所陷，俘其民而归，置州县以居之，不改中国州县之名。”这样，在契丹统治地区里，阿保机先后设置有临潢县、霸城县、三河县、渔阳县、密云县、惠州、泽州和檀州。[90]在这些州县地区，俘虏来的汉人农民分别受着契丹贵族的统治和奴役，但是依然保存汉人习俗，从事农业生产。据说一个投降契丹的汉臣韩延徽在这里起了作用。《资治通鉴》卷二六九说他“始教契丹建牙开府，筑城郭，立市里，以处汉人，使各有配偶，垦艺荒田。由是汉人各安生业，逃亡者日少”。

阿保机灭渤海后，基本上保存了原有的封建秩序，改名东丹国，命皇子倍为东丹王。至于作战中俘虏来的渤海人，则与俘虏来的汉人杂居，也像对待汉人那样，设置州县统治。

第四是贵族的公共权力的创设。随着对外掠夺而发展起来的契丹军队，已经不是和本族人民相一致了。虽然在组织形式上最大限度地保留着原来的系统，但已经完全改变了氏族制时代的军兵的实质，变成了契丹贵族的一种公共权力，用以对外掠夺和防御，对内镇压奴隶，使之服从。在国家的中央，有以“腹心部”为核心的所谓“御帐亲军”。在各地区，设有贵族将领统率的“州县部族”军，有兵事则“传檄而集”。此外，在皇帝的左右，又有“宫卫骑军”的创设，“入则居守，出则扈从，葬则因以守陵”[91]，实际上是皇室贵族的特殊警卫队。

另一个重大事件是，契丹建国后随着文字的创造，开始制定了契丹的成文法，并且编纂了第一部“法典”。“刻木为契，穴地为牢”的时代过去了。神册五年，阿保机的从侄鲁不古和突吕不创制了“契丹大字”[92]。次年，阿保机“谓侍臣曰：‘凡国家庶务，巨细各殊，若宪度不明，则何以为治，群臣亦何由知禁。’乃诏大臣定治契丹及诸夷之法”[93]。制定法律的就是制造文字的突吕不。《辽史·突吕不传》说，他在这一年“受诏，撰决狱法”。可惜，这部决狱法早已失传，我们无由看到它的原貌了。曾经有人认为这是契丹的一部基本法典，后来辽朝历代的法律都是由此发展演变而来。[94]无论如何，有一点是可以肯定的，即成文法的出现是反映着巩固国家统治秩序的要求，用以维护奴隶主贵族的阶级利益和镇压奴隶。与此同时，契丹国家也设置了它的大法官——夷离毕。

一个实行阶级压迫的机关——国家，终于在契丹氏族制的废墟上建立了。在阿保机的时代，它已具备了国家的基本特征，但国家机构还只是粗具规模，直到他的继承者耶律德光统治时期，才逐步完备起来。这个国家的政治机构的组成，从汉人的封建国家制度中得到了多方面的影响。由于对外征伐和领域的扩张，日益众多的北方民族和汉族人民处在契丹的统治之下，契丹的社会关系和国家制度日益呈现出复杂的特点，并且随即在国家内部开始了奴隶制和封建制的斗争过程。所有这些，已然超出本文的范围，只好另文研讨了。可是，无可否认，阿保机的建国，在契丹历史上是一个划时代的大事件。作为阶级压迫的机关，国家的建立，结束了契丹的氏族制时代，进入了历史的新时期。

五、小结

我们已经论述了契丹族的部落组织和国家形成的历史发展过程。由于材料的残缺，特别是经济材料的不足，使我们对于经济发展中的许多具体情况还不能有清晰的了解。这里所勾画的只是一个大致的轮廓。现在，我们再依据这个轮廓，作一个简短的小结。

关于契丹氏族的起源和它的最初的组织形式，我们几乎是一无所知，现有材料主要是记载了父权制时代各部落的活动。现在，我们可以依据文中的论述，进一步讨论一下这些部落的起源和形成，即契丹从氏族到部落的发展道路。

恩格斯关于美洲印第安人的氏族部落组织，是这样描述的：

> 因为由于禁止氏族内部通婚，每个部落必须至少包括两个氏族才能存在。随着部落底增殖，每个氏族又分裂为两个或两个以上的氏族，这些氏族如今也成为独立的了。而包括一切女儿氏族的原始氏族，仍当作胞族而继续存在。……起初没有一

> 个塞奈卡人能够在胞族内部结婚的，但是这种习惯久已废置不用，如今只限于氏族罢了。塞奈卡部落有一种传说，“熊”与“鹿”两个氏族是原始氏族，其他氏族都是从这两个氏族派生的。[95]

契丹部落里也有一种传说，崇奉“白马”和“青牛”两个氏族是原始氏族，其他氏族都是从这两个氏族派生的；而且，也是禁止氏族内部通婚，由这两个氏族世代互通婚媾。所有这些，都是和塞奈卡的那些基本状况极其相似甚至相同。

不过，历史记载同时又告诉我们，契丹人好像并不是由这两个通婚的氏族形成为一个部落，而是由他们各自发展，平行地繁衍起来。显然是基于经济发展和人口增殖的原因，崇奉“白马”的原始氏族分裂成了若干独立的氏族，到了大贺氏，分裂为互为兄弟的八个氏族。再进一步地发展，这八个氏族又各自分裂和繁殖各自拥有二个以上的氏族。这时，原来的八个兄弟氏族就作为八个兄弟部落而存在。遵循着禁止氏族内部通婚的惯例，他们之间也禁止通婚，而是世代地和那个崇奉“青牛”的女儿氏族的后裔相婚配。至于这个原始的女儿氏族孙氏或审密的拔里（一作收里），它的内部组成和发展状况，我们很不清楚。但是，有一点是可以肯定的，即他们是独立地发展强大起来，和大贺氏平行存在，并且一直保持着传统惯例，和大贺氏通婚姻。

稍后出现的乙室活和乙室已，最初可能也是互通婚姻的两个氏族，但在大贺氏联盟衰落时，乙室活已经发展成为包括若干氏族的强大部落。一个有趣的现象是，大贺氏瓦解，遥辇氏联盟重建时，他们仍然遵照古老的组织原则，把来源于两对互通婚姻氏族的部落，分别开来，各自编组在一起。乙室活部分为两部，和大贺氏残存的氏族编在一起，组成新的联盟；而原来和乙室活部通婚的乙室已，原来和大贺氏通婚的审密，则另行编组在一起，形成新的审密[96]。辽朝建国后所谓皇族耶律氏和后族萧氏就是这样演变而来的。只是，那时他们早已丧失了氏族组织的原有的性质，成为来源于通婚氏族的两个特权的贵族集团——统治阶级中世袭的执政者了。

这样一条从氏族到部落的发展道路，不仅和印第安人有别，而且，在中国北方诸民族的历史上，也是仅见的。例如，稍后的女真和蒙古，较晚的满族，都不曾有过。

当然，这样一个发展道路只是表明父权制时代契丹部落起源和形成的一些特点，只是证明他们来源于氏族之间的通婚。像麦克林南所编造的什么族内婚和族外婚“部落”的对立，在这里也是根本不存在的。

至于在契丹部落组织里，我们并不是到处都发现胞族，这倒并不奇怪。因为即使在印第安人的部落中，按照恩格斯的说法，也是“多数缺乏胞族这种中间环节”[97]。

关于契丹从部落到国家的发展，归结一下本文的论述，可以看到这样几个段落：①各部落各自独立、分散活动的时期。在这个时期里，已经开始有一些对外的商品交易。②大贺氏联盟时期。渊源于共同祖先的八个兄弟部落结成了起初是暂时的、后来是永久的联盟，确立了联盟长世选的惯例。③遥辇氏联盟前期。重建的新联盟形式上仍然好像旧联盟，但实质上已是乙室、迭剌两个强大部落和一些零散小部落的结集，分编为以乙室、迭剌为中心并受它们控制的两个集团。联盟的军事首长，由迭剌部世选，从而奠立了特权贵族形成的基础。④遥辇氏联盟后期。契丹进入了一个飞跃发展的新阶段。契丹社会中早已孕育着奴隶制的因素，连年对外征伐的胜利，使得俘获奴隶的数量急剧增长，也加强着军事首长以及各级首领的财富和权力，社会阶级的对立日益明显地形成了。氏族内部的贫富差别演变成为氏族成员相互间的对抗，大批外族分子的涌入，也加速摧毁着氏族部落组织的职能。氏族制度终于走到了它的末日，国家产生了，并且由阿保机建立起来。

可以看到，以渔猎牧畜为生的契丹人和在爱琴海上从事商业贸易同时经营农业、手工业的雅典人走着不尽相同的道路，周邻各族的兴衰也对它发生了多方面的影响，使这条道路更加显得迂回曲折。从而，契丹部落组织的发展和国家形成的过程，也不像雅典那样单纯、那样典型。但是，就其基本点说来，契丹人从“不知国家为何物”的分散部落，走向建立联盟，这个联盟经历了它自己的离合变化，而当社会阶级对立形成后，终于推翻了氏族部落组织，而建立起阶级压迫的机关——国家。这正是纷繁复杂的历史现象中所体现出的人类社会发展的共同规律。

恩格斯写道：

> 这样看来，国家决不是从外部强加于社会的一种力量。国家也不是像黑格尔所断言的什么“道德观念的实质”，“理性底形象与现实”。国家乃是社会发展到某一阶段上底产物；国家乃是这种社会已经陷于自身不可解决的矛盾中并分裂为不可调和的对立而又无力挣脱这种对立之承认。为了使这些对立，这些经济利益相互矛盾的各阶级，不要在无益的斗争中互相消灭而使社会同归于尽，于是一种似乎立于社会之上的力量，似乎可以缓和冲突而把它纳于“秩序”之中的力量，便成为必要的了。这个从社会中发生、而又高居于社会之上而且日益离开社会的力量，便是国家。[98]

列宁说过，恩格斯“这一段话已经十分清楚地表明了马克思主义关于国家的历史作用及其意义的基本思想”[99]。契丹族的历史尽管带有许多具体特点，但它的国家形成的基本过程，却是再一次证明了马克思主义这个光辉的基本思想。

最后，还应该着重指出，契丹国家的建立并不是一个自发发生的过程，而是伴随着新制度和旧制度、新力量和旧力量之间的激烈斗争。在这里，契丹史要比上古罗马史具有有利的条件，现在保存下来的材料使我们有可能具体地看到结束氏族制度建立国家制度的斗争过程。如像本文所叙述的，这个斗争在契丹贵族内部得到最尖锐的反映，并且最后采取了暴力的形式。阿保机只是在经过艰苦的战斗，击败了维护氏族制的旧势力，才胜利地建立起契丹的国家。

国家是阶级矛盾不可调和的产物。但当条件成熟时，这个产物的出世还是经历了一个新旧制度之间的暴力斗争的过程。

马克思说："暴力是一切孕育着新社会的旧社会的产婆。"[100]恩格斯补充说："暴力是社会运动借以开辟道路并破坏僵死的硬化的政治形式的工具和手段。"[101]在阶级社会中，每一次社会形态的变革，国家从一个阶级转到另一个阶级手里，都是如此。契丹历史表明，它的国家的建立，也是如此。

原文刊载《历史研究》1964年第5—6期；
选自蔡美彪：《辽金元史考索》，中华书局2012年版

注释：

1. 登国三年为公元388年。——编者注

2. 参见［北齐］魏收：《魏书》卷二《太祖纪》及卷一〇〇《契丹传》，中华书局1974年版，第2223页；又见［唐］李延寿：《北史·契丹传》，中华书局1974年版，第3127页。参看陈述：《契丹史论证稿》第二篇第二节，山西人民出版社2014年版，第13—24页。

3.《魏书》卷一〇〇《契丹传》原作"伏弗郁部、羽陵部"。案，《魏书·显祖纪》两见契丹部名，均作具伏弗部、郁羽陵部。《册府元龟》卷九六九同。郁羽陵名又见《魏书·勿吉传》。《契丹传》郁字显是误连上读。《通典·边防典》《北史·契丹传》《辽史·营卫志》沿袭其误。今校改。又伏弗即具伏弗，省发声。《魏书·勿吉传》作"具弗伏"，伏弗倒误。《北史·勿吉传》同误。

4.《魏书》卷一〇〇《契丹传》原作"匹絜部黎部"。案，同书《显祖纪》《勿吉传》均作匹黎尔，凡三见。《册府元龟》卷九六九，一作匹黎，省尔字。一作"延尔黎"是"匹黎尔"之误写。《魏书·契丹传》当是原误黎为絜，经改正后又误分为二部。今校改。《通典·边防典》合而为一，作匹黎部，正是。又《北史·契丹传》沿《魏书·契丹传》之误，又改匹絜为匹洁，去原字更远了。《辽史·营卫志》"古八部"条全抄《魏书·契丹传》，误列匹絜与黎为二部，结果八部便少了一部。

5.《魏书》卷一〇〇《契丹传》所列契丹部名，实为何辰以外之七部。《显祖纪》"皇兴元年四月"条，列入羽真侯，则契丹八部原缺之一部，当可以羽真侯当之。若然，则何辰即是羽真侯部之酋长（莫弗纥）。羽真侯名又见《魏书·勿吉传》。

6. 语见［元］脱脱等：《辽史》卷三七《地理志一》，中华书局2017年版，第504页，参据《契丹国志》"初兴本末"条、《东都事略》卷一二三及范镇《东斋纪事》。又《辽史》卷三二《营卫志中》称："契丹之先，曰奇首可汗，生八子，其后族属渐盛，分为八部，居松漠之间。今永州木叶山有契丹始祖庙，奇首可汗、可敦并八子像在焉。"第428页。

7.《契丹国志》"族姓原始"条："契丹部族，本无姓氏，惟各以其所居地名呼之。"（［宋］叶隆礼：上海古籍出版社1985年版，第221页）可供参考。

8.〔德〕恩格斯著，张仲实译：《家庭、私有制和国家的起源》，人民出版社1954年版，第89页。

9. 参看《北齐书》卷四《文宣帝纪》、《周书》卷五〇《突厥传》、《北史》卷九四《契丹传》、《隋书》卷八四《契丹传》、《旧唐书》卷七五《韦云起传》、《册府元龟》卷九七七。

10.［唐］李百药：《北齐书》卷四《文宣帝纪》，中华书局1972年版，第57页；［后晋］刘昫等：《旧唐书》卷七五《韦云起传》，中华书局1975年版，第2631页。

11. 参看《新唐书》卷二一九《契丹传》、《册府元龟》卷九七七、《通鉴》卷一九九。

12.《新唐书》卷四九下《百官志四下》"大都督府"条原注："武德初，边要之地置总管以统军，加号使持节。……七年，改总管曰都督。总十州者曰大都督。贞观二年，去大字。"（［宋］欧阳修等：《新唐书》，中华书局1975年版，第1315—1316页）唐朝称契丹八部为九州，并松漠府为十州，显是勉符此制，以便加号窟哥，并非契丹部有所增益。又关于松漠府设州事，〔日〕田村实造氏（《唐代契丹族之研究》，见《满蒙史论丛》第一册）、〔日〕爱宕松男氏（《契丹古代史之研究》，日本京都大学刊，1959年）俱曾有所论列。爱宕氏以松漠府"本部"比之为唐朝设为带州为乙失革部。但据《旧唐书·地理志》，带州乙失革部于万岁通天元年"迁于青州安置"，是此部必非是年反乱的李尽忠部落甚明。关于乙失革部问题，将在本文下节试加说解。

13.［宋］司马光：《资治通鉴考异》引《虏廷杂记》，上海涵芬楼景印宋刊本。

14. 参据两唐书《契丹传》、《辽史》卷六三《世表》。娑固，《旧唐书·契丹传》作"失活从父弟"，今从《新唐书·契丹传》。

15. 并见两唐书《契丹传》。此归诚州含义不明。案，孙万荣为孙敖曹之后裔。敖曹于唐武德时内附，为辽州总管。贞观时，改威州，废总管。据《新唐书·地理志》，威州于万岁通天元年即孙万荣举兵之年，迁于幽州之境。可见万荣之归诚州必非此威州或旧辽州。同书同志于"契丹州十七府一"外，别列"归诚州"，但无任何说明。很可能即据"孙万荣"这一称号而增列，并不详其所在。或者，孙万荣之所谓"归诚州刺史"本来是一个虚衔，并无实州。存以待考。

16.《新唐书》卷二一九《契丹传》记万荣反唐事称："万荣穷，与家奴轻骑走潞河东。惫甚，卧林下，奴斩其首。"（第6169页）案，大贺氏时代有关家奴的记载，似仅此一条。

17. 百衲本《旧唐书·契丹传》作"万荣与王妹婿松漠都督李尽忠"。爱宕氏曾注意到"王妹婿"为费解，而加以论说（见前引书第208—209页）。今案，百衲本"王"当是"其"之误。检殿本正作"其"。《旧唐书·则天皇后纪》《通典·边防典》都明白说李尽忠"与其妻兄"孙万荣，则尽忠即万荣之妹婿，可证"其"字为是。《通鉴》有所本，非臆改。

18. 审密包括拔里（一作收里）与乙室己两族。乙室己当即乙室革，则拔里（收里）或即孙氏后裔。爱宕氏以松漠都督李氏比之于乙室革部，故立论与本文不同（见前引书第三篇）。

19.《旧唐书》卷三九《地理志二》，第1526页。

20. 参见《新唐书》卷二一五上《突厥传》、《旧唐书》卷三九《地理志》。

21. 可突于，两唐书《契丹传》、《旧唐书》卷一九九下《奚传》、《新唐书》卷一三六《乌承玼传》、《册府元龟》卷九九二均如此作。〔日〕松井等氏在所著《契丹勃兴史》（见《满鲜地理历史研究报告》第一），据《新唐书·信安王祎传》及《资治通鉴》，以为当作"可突干"（案，王鸣盛《十七史商榷》已有此说）。田村实造氏不从其说，仍作可突于（见前引）。岑仲勉近据《金石萃编》卷九〇《刘元尚墓志》以证可突于为可信（参见《突厥集史》上册 429—430 页）。衡以契丹语中的元音和谐律，亦当以作可突于为是。

22. 参见《新唐书》卷二一九《契丹传》、《册府元龟》卷九九二。

23. 参见《册府元龟》卷九九二、《曲江集》卷五《敕契丹王据埒可突于等书》、《旧唐书》卷一九九下《契丹传》。

24. 参看两唐书《契丹传》、《旧唐书》卷八《玄宗纪》、《新唐书》卷八〇《信安王祎传》、《册府元龟》卷九八六。

25. [唐]张九龄：《曲江集》卷八《敕契丹王据埒可突于等书》，上海古籍出版社 1992 年版，第 60 页。

26. 爱宕松男氏考订《曲江集》之“郁捷”乃“遇折”之异译（前引书，第三篇第四章），说颇精审，今从之。

27. 参见［宋］王钦若等编纂，周勋初等校订：《册府元龟》卷九六四，凤凰出版社 2006 年版，第 11174 页。［宋］司马光：《资治通鉴》卷二一四作“知兵马中郎”，中华书局 1956 年版，第 6809 页。

28.《旧唐书》卷一九九下《契丹传》。参看《资治通鉴》卷二一四及同卷《考异》。

29.《辽史》卷六三《世表》，第 1057 页。

30.《资治通鉴》卷二一四，第 6812 页。

31. 张九龄：《曲江集》卷九《敕松漠都督涅礼书》，第 62 页。

32.《资治通鉴》卷二一六，第 6905 页；《新唐书》卷二二五上《安禄山传》，第 6414 页。

33.《曲江集》卷八《敕幽州节度张守珪书》，第 59 页。

34.《旧唐书》卷一一〇《李光弼传》：“李光弼，营州柳城人。其先契丹之酋长，父楷洛。”（第 3303 页）《资治通鉴》卷二一五：“天宝五载夏四月癸未，立契丹酋楷洛为恭仁王。”（第 6871 页）

35.《旧唐书》卷一四二《王武俊传》，第 3871 页；卷一四一《张孝忠传》，第 3854 页。

36. 两唐书《地理志》。

37. 遥辇氏八部名，［宋］欧阳修：《新五代史》卷七二《契丹传》，中华书局 2016 年版，第 1002 页。又作但利皆部、乙室活部、实活部、纳尾部、频没部、纳会鸡部、集解部、奚嗢部。《通鉴考异》引《汉高祖实录》略同。前人或以此八部名与《辽史・营卫志》所记太祖诸部中之遥辇八部比对，然均未能尽惬。存以备考。

38.《家庭、私有制和国家的起源》，第 85 页。

39. 松井等氏前曾主张遥辇氏只是虚构的传说，并非史实（见松井前引书）。近来，爱宕松男氏对此提出驳议，是很有见地的（见爱宕前引书，第三篇第四章第五节）。但爱宕氏又以为遥辇氏契丹的含义只是背唐自立的“独立的契丹”，大贺与遥辇乃一脉相承（同上），则是把契丹部落组织中一次重大变革忽视了。

40.《辽史》卷一〇三《萧韩家奴传》，第 1597 页。

41. 参见《辽史》卷六三《世表》。

42. 参看爱宕前引书，第三篇第四章第三节。

43.《辽史》卷四九《礼志一》“柴册仪”条。“燔柴告天”语出［宋］李焘：《续资治通鉴长编》卷一一〇天圣九年六月丁丑条，中华书局2004年版，第2561页。参看陈述：《契丹史论证稿》第四篇第二节。

44. 再生仪乃柴册礼之组成部分，见《辽史》卷四九《礼志一》。

45. 事见《旧唐书》卷一九九下《契丹传》、《新唐书》卷五《玄宗纪》、两《唐书·安禄山传》、《资治通鉴》卷二一六。

46. 参看《册府元龟》卷九七二及卷九七六。

47.《册府元龟》卷九七二：“（元和）九年十一月，契丹达干可葛等二十九人来朝。”（第11250页）“（元和）九年十一月，契丹大首领梅落鹘劣来朝。”（第11250—11251页）又同书卷九七六：“（元和）八年十二月壬辰，帝御麟德殿召见契丹使达干可葛等，赐锦彩有差。”（第11296页）

48. 达干，《辽史》卷四六《百官志二》有“石烈达剌干”即本于此。洪钧：《元史译文证补》（光绪23年刻本）卷二七中云“达干之名，回纥并同突厥”，是。梅落，《辽史》作梅里，《册府元龟》及两《五代史》作梅里或梅老。关于此二名号可参看岑仲勉：《突厥集史》（中华书局2004年版）下册突厥阙特勤碑、毗伽可汗碑及注释，马洛夫（C. E. Марлов）：《古突厥文碑铭》（《Ламятники древнетюркской Лисъменности》）第374，427页字汇集援引论著。

49.［唐］李德裕：《会昌一品集》卷二《幽州纪功碑铭》，上海古籍出版社1994年版，第12页。

50. 参见《新唐书》卷二一九《契丹传》。《册府元龟》卷九七二作“懿宗咸通末，契丹王曰习尔之，累来朝贡方物”。按，《辽史·世表》采《新唐书》误习尔之为“习尔”，又比定于遥辇巴剌可汗，显出附会，不足为据。《辽史·营卫志》称鲜质可汗讨奚“摭其降者”，《新唐书·契丹传》称咸通习尔之时契丹“部落浸强”，同书《奚传》称，咸通时“契丹方强，奚不敢亢，举部役属”。衡以时间、史事及译名的音读，习尔之自当与鲜质相当。关于遥辇九可汗事，当俟另文详考。

51. 参看《新唐书》卷二一九《奚传》。

52.《辽史》卷一《太祖纪上》，第2页。

53.《辽史》卷二《太祖纪下》赞，第26页。

54.［宋］薛居正：《旧五代史》卷一三七《契丹传》，中华书局2016年版，第2129页。

55. 并见《辽史》卷一《太祖纪上》，第2页。

56.《辽史》卷六一《刑法志上》，第1038页。

57.《辽史》卷三一《营卫志上》，第419页。

58. 参看《辽史》卷四五《百官志一》“北面著帐官”条。

59.《辽史》卷四五《百官志一》，第790—791页；卷三一《营卫志》，第419页。

60.《辽史》卷四五《百官志一》“遥辇九帐大常衮司”条有“遥辇糺详稳司”。糺当作乣，即被统治的外族分子。容当另文说明。

61. 自耨里思以下之夷离堇，见于《辽史》者有肃祖耨里思（《世表》引耶律俨《纪》）、耨里思子洽昚（《皇子表》）、懿祖萨剌德子帖剌“九任迭剌部夷离堇”（《皇子表》，第1064页）、玄祖匀德实（《食货志》）、玄祖次子岩木“三为迭剌部夷离堇”（《皇子表》，第1065页）、岩木三子胡古只、未掇、楚不鲁（《皇族表》《耶律安抟》）、玄祖长子德祖撒剌的（《太祖纪赞》，又见《契丹国志·太祖纪》）、蒲古只“再为本部夷离堇”（《耶律铎臻传》，第 1367 页）、偶思“再为本部夷离堇”（《耶律铎臻传》，第 1367 页）、罨古只、辖底“自立为夷离堇”（《耶律辖底传》，第 1648 页）。此外，《辽史·太祖纪》赞云“萨剌德尝与黄室韦挑战，矢贯数札，是为懿祖”（第 26 页），是萨剌德亦曾任掌兵马之夷离堇。

62.《家庭、私有制和国家的起源》，第 161 页。

63.《家庭、私有制和国家的起源》，第 163 页。

64.《辽史》卷七六《耶律曷鲁传》，第 1347 页。

65.《辽史》卷一一六《国语解》：“挞马，人从也。沙里，郎君也。管率众人之官。”（第 1690 页）又，“挞马，扈从之官”（第 1694 页）。

66.《辽史》的《太祖纪》及《耶律曷鲁传》均称，唐天祐三年十二月，“痕德可汗殂（殁），群臣奉遗命请立太祖”（第 3、1346 页）。但《新五代史》卷七二《契丹传》则说：“八部之人以为遥辇不任事，选于其众，以阿保机代之。”（第 1002 页）《册府元龟》卷九五六说：“其王钦德政衰，有别部酋长阿保机最推雄劲，族帐渐盛，代钦德为王。”（第 11077 页）《新五代史》及《册府元龟》所载，似较可取。

67.《新五代史》卷七二《契丹传》，第 1002 页。

68.《辽史》卷一《太祖纪上》，第 3 页。

69.《辽史》卷一《太祖纪上》，第 3 页。

70.《辽史》卷七三《耶律曷鲁传》，第 1345 页。

71.《辽史》卷一一二《耶律辖底传》，第 1648 页。

72.《辽史》卷四五《百官志一》，第 783 页；卷一一六《国语解》，第 1691 页。

73.《辽史》卷一《太祖纪上》，第 4 页。

74.《辽史》卷七三《耶律曷鲁传》，第 1347 页。

75.《辽史》卷七三《耶律斜涅赤传》，第 1350 页。

76. 参预掌腹心部诸人均见《辽史》本传。

77. 参看《新五代史》卷七二《契丹传》，第 1002 页；《资治通鉴》卷二六六，案，汉人方面史料载阿保机之即位，有立九年不代，“盐池伏兵”杀八部大人之说。见《资治通鉴》《新五代史》等书。此传说似即来自阿保机代遥辇九年间，讨破涅剌部及击败诸弟与乙室部之反乱，而后即帝位建国家。汉人不详其事，而又敷衍传奇，遂多傅会。本文参照传说中所包含合理成分，而以《辽史》所载契丹史料为主要依据。又《新五代史》卷七二《契丹传》有汉人教阿保机不受代之说。《通鉴考异》引贾纬《备史》，又有李克用教阿保机“不受诸族之代”说。这些传说反映出唐朝和后梁封建国家的存在对契丹所必然产生的影响，是值得重视的。但是阿保机建国显然并不是决定于偶然的建言，而是决定于契丹历史发展中的那些必然的因素。

78. 语出《新五代史》卷七二《契丹传》，第 1002 页。

79.《辽史》卷七三《耶律海里传》，第 1353 页。

80.《辽史》卷六四《皇子表》“剌葛”条：“太祖即位为惕隐。讨涅烈部，破之。改为迭剌部夷离堇……性愚险，破涅烈部而骄。”（第 1066 页）案，此事《本纪》不载。涅剌部之反抗阿保机，只此一条透露了消息。

81.《辽史》卷一《太祖纪上》，第 6 页。

82.《辽史》卷一《太祖纪上》，第 7 页。

83.《辽史》卷一《太祖纪上》，第 8 页。

84.《辽史》卷一《太祖纪上》，第 10 页。

85.《辽史》卷一《太祖纪上》，第 9 页。

86.《辽史》卷一《太祖纪上》，第 9 页。

87.《辽史》卷一一二《耶律辖底传》，第 1648 页。

88.《辽史》卷一《太祖纪上》，第 10—11 页。

89.《辽史》卷三三《营卫志》，第 440 页。

90. 参看陈述：《契丹社会经济史稿》第一篇第二节。

91.《辽史》卷三五《兵卫志中》，第 458 页。

92.《辽史》卷二《太祖纪下》，第 18 页；卷七五《突吕不传》，第 1368 页。

93.《辽史》卷六一《刑法志上》，第 1039 页。

94.〔日〕泷川政次郎、岛田正郎：《辽律之研究》第二章第二节。

95.《家庭、私有制和国家的起源》，第 85 页。

96.《辽史》卷三二《营卫志中》："二审密，一曰乙室己，二曰拔里，即国舅也。"（第 431 页）参看同书《百官志》"大国舅司" 条，《后妃传》《外戚表》序。

97.《家庭、私有制和国家的起源》，第 86 页。

98.《家庭、私有制和国家的起源》，第 163 页。

99.〔苏〕列宁：《国家与革命》，《列宁全集》第 25 卷，人民出版社 2017 年版，第 374 页。

100.〔德〕马克思：《资本论》第 1 卷，人民出版社 1957 年版，第 949 页。

101.《反杜林论》第二编第四节《暴力论》。译文引自《列宁全集》第 25 卷，第 386 页。

论党项宗族

杜建录

宗族是具有血缘联系的共同体，它贯穿于党项社会和国家的全部过程。因此，在对西夏社会历史的探索与研究中，党项宗族研究乃是基本而且重要的课题。漆侠先生曾在《辽夏金经济史》[1]中注意到这个问题，笔者拟在先生研究的基础上，对此作进一步的探讨。

一

党项是我国西部一个古老的民族，长期居于今甘、青、川三省毗连的高山草地。《旧唐书·党项传》曰："党项羌，在古析支之地，汉西羌之别种也。魏晋之后，西羌微弱，或臣中国，或窜山野。自周氏灭宕昌、邓至之后，党项始强。其界东至松州，西接叶护，南杂春桑、迷桑等羌，北连吐谷浑，处山谷间，亘三千里。其种每姓别自为部落，一姓之中复分为小部落，大者万余骑，小者数千骑，不相统一。有细封氏、费听氏、往利氏、颇超氏、野辞氏、房当氏、米擒氏、拓跋氏，而拓跋最为强族。"唐朝初年，吐蕃奴隶主政权在青藏高原崛起，北上灭掉吐谷浑。在吐蕃的压迫下，党项拓跋等部陆续迁往陇右庆州等地。安史之乱后，唐朝尽撤河西戍军入卫京师，吐蕃乘虚攻占了河西陇右数十州之地，并经常与党项联合起来寇扰，唐政府为拆散他们之间的联系，将原属庆州的静边州都督府、原属夏州的乐容等六府党项部落迁往银州之北、夏州以东地区，从而完成了党项羌第二次大迁徙。

党项羌内迁后，仍然以族为单位，散处在陇右道洮、秦诸州和关内道的庆、灵、夏、胜等州境内。根据两《唐书》的《地理志》，设在陇右北部的党项羁縻州县有马邑州、乾封州以及临洮密恭县。此外，在陇右北部兰州附近，也有党项族帐迁入。麟德至永隆间（665—681），崔知温迁兰州刺史，"会有党项三万余众来寇州城"，知温开门诱敌，党项恐有伏，不敢进，既而援兵至，大破之。"党项余众由是悉来降附"[2]。此攻掠兰州以及"悉来降附"的党项羌必定在兰州附近。

内迁到关内道诸州的党项部族为数更多，仅唐王朝在这一地区侨置的党项羁縻州府就有：

芳池州都督府，寄在庆州怀安县界，管小州十：静、獯、王、濮、林、尹、位、长、宝、宁，并党项野利氏种落。

安定州都督府，寄在庆州界，管小州七：党、桥、乌、西戎州、野利州、米州、还州。

安化州都督府，寄在庆州界，管小州七：永利州、威州、旭州、莫州、西沧州、儒州、琮州。归德州，寄治银州界，处降党项羌。

云中都督府，党项部落，寄在朔方县界，管小州五：舍利、思璧州、阿史那州、绰部州、白登州。户 1340，口 5681。

静边州都督府，旧治银川郡界内，管小州十八[3]。

侨居灵、夏二州的党项部落比较多，《新唐书・党项传》载："天授中内附，户凡二十万，以其地为朝、吴、浮、归十州，散居灵、夏间。"开元十一年（723），唐朝镇压了康待宾的反抗斗争，迁河曲六州胡人于河南、江淮之地，党项遂入居六胡州。

唐代的大迁徙，带来了党项部族新的整合与分离，内徙前的细封氏、费听氏、往利氏、颇超氏、野辞（律）氏、房当氏、米擒氏、拓跋氏八大部，内徙后逐渐演变成细封氏、费听氏、折氏、野利氏、拓跋氏五大部，少了往利、颇超、房当、米擒四个，多了一个折氏，拓跋氏仍为强族。同时又出现了许许多多新的部族，如庆、灵之间的大虫族，庆州北面的野鸡族，丰州的藏才族等[4]。

五代宋初党项部族的分布略有变化。其一，"至五代时，吐蕃（主要指河陇地区的吐蕃——本文作者注）已微弱，回鹘、党项诸羌夷分侵其地，而不有其人民"[5]。其二，经过 200 多年的民族融合与斗争，有的党项融汇到吐蕃里面，有的吐蕃融汇到党项羌里面，以致宋人往往搞不清他们的族属，所谓"党项、吐蕃风俗相类，其帐族有生户、熟户，接连汉界，入州城者谓之熟户；居深山僻远，横过寇略者谓之生户。其俗多有世仇，不相来往，遇有战斗，则同恶相济，传箭相率，其从如流。虽各有鞍甲，而无魁首统摄，并皆散漫山川，居常不以为患"[6]。尽管如此，党项、吐蕃分布各有特点，大致庆、灵至银、夏、绥、宥以及麟、府、鄜、延诸州，以党项族帐为主，泾、原、秦、渭、河、湟诸州以吐蕃为主。

公元 982 年拓跋部大首领李继迁起兵地斤泽，经德明至元昊祖孙三代的努力，终于建立起西夏政权，奄有银、夏、绥、宥、静、灵、盐、胜、会、甘、凉、瓜、沙、肃数十州之地，从此揭开了党项历史发展的新篇章。

二

以血缘为纽带的党项宗族，经过若干代的繁衍发展，派生出许多支系，一个强宗大族往往包括若干个乃至数十个中小家族，如下表所列：

年代	宗族	支系数或名称	材料来源
唐至德至永泰间（756—765）	破丑族	三族	《新唐书・党项传》
同上	野利族	五族	同上
五代（907—959）	客户	三族	《五代会要・党项传》
同上	阿埋	三族	同上
同上	泥也	六族	同上
同上	野龙	十九族	《册府元龟》卷 999
雍熙二年（985）	宥州界咩兀族	十族	《宋史・党项传》
同上	岌伽罗腻族	十四族	同上
同上	兀泥族	三族	同上
宋太宗年间（976—997）	野狸族	十族	《宋史・郑文宝传》
端拱元年（988）	藏才族	东、中、西三族，藏才八族，藏才三十八族	《宋会要》方域二一；《宋史・党项传》
至道元年（995）	睡泥族	二族	《宋史・党项传》
同上	勒浪族	勒浪嵬女儿门、勒浪树李儿门	同上
至道二年（996）	女女族	女女忙族、女女梦勒族等四族	同上
咸平六年（1003）	原渭内附戎人八部	二十五族	《宋史・党项传》，又见《续资治通鉴长编》卷 55
景德元年（1004）	熟魏族	茄罗、兀赃、成王三族	《宋史・党项传》
天禧二年（1018）	樊家族	九门	《宋史・党项传》
天圣四年（1026）	康奴族	九门	《宋会要》兵一四之一七

既然党项宗族有主支、大小之分，因此，它所统属的族帐有多有少，多则数百帐乃至数千帐，少则只有几十帐，如下表所列：

年代	党项宗族数	属帐及各族平均帐数	资料来源
雍熙二年（985）	银、麟、夏三州归附 125 族	16000 余户（帐），族均 128 户（帐）	《宋史・郭守文传》
淳化四年（993）	边人 42 族	万余骑，族均 240 骑	《宋史・夏国传》
咸平元年（998）	兀泥族	领族帐 1500 户	《宋史・党项传》
咸平五年（1002）	麟州勒厥麻等 3 族	1500 帐，族均 500 帐	《续资治通鉴长编》卷 53
咸平年间（998—1003）	庆州乩等 170 余族	4000 余户，族均 24 户（帐）	《宋史・张凝传》

续表

年代	党项宗族数	属帐及各族平均帐数	资料来源
咸平六年(1003)	环庆内属戎人184族	4080户(帐),族均22户(帐)	《续资治通鉴长编》卷54
宋仁宗年间(1010—1062)	水令逋等17族	11000帐,族均647帐	《宋史·张守约传》
宝元二年(1039)	丰州藏才38族	10万众,2万余帐,族均526帐	《续资治通鉴长编》卷124
元丰四年(1081)	毚波给家等22族	1900余户(帐),族均86帐	《续资治通鉴长编》卷316

上述可见，党项宗族呈树冠状分布，众多个体族帐组成中小家族，若干中小家族支撑着强宗大族，所谓“每姓别自为部落，一姓之中复分为小部落”[7]。这种分化派生，既包括同一血缘氏族的繁衍发展，也有对其他部落的兼并征服，有的属自然派生，有的是统治者人为的分化瓦解。宋仁宗嘉祐六年（1061），贷命编管五门蕃部巡检苏恩，“仍分所管蕃部为八族，各推首领以主之”[8]。熙宁四年（1071）王韶言、俞龙珂等举族内附，授以殿直、蕃巡检，“又分其本族大首领四人为族下巡检，既分为四头项，自此可令不复合为一，免点集作过”[9]。西夏对党项家族的政策应该说也大抵如此。

外来族帐的入居，也是促使宗族派生与发展的重要因素，雍熙二年（985），“府州女乜族首领来母崖男社正等内附，因迁居茗乜族中”[10]。庆历四年（1044）范仲淹言：唐龙镇嘉舒、克顺等七族“旧属府州，比因边臣不能存恤，逃入西界，在今府州东北缘黄河西住坐，其地面与火山军界对岸。昨西贼大掠麟府界，人户悉居于彼，遂分为十四族”[11]。后周广顺二年（952）六月，“以府州党项泥乜六族防御使、归化将军泥香王子，又泥乜大首领拓跋山并为归德将军”[12]。泥乜族的外姓首领拓跋山，很可能就是外来入居的族帐，并取得了首领的地位。

派生与衍化出的中小族帐，起初大多留在大姓族内，但也有一开始就走上独立发展道路的。至道元年（995）七月，“睡泥族首领你乜逋令男诣灵州，言族内七百余帐为李继迁劫略，首领嵲逋一族奔往萧关，你乜逋一族乞赐救助，诏赐以资粮”[13]。可见在李继迁攻掠下，睡泥族首领你乜逋与嵲逋，各率所属分成两族，并走上了各自不同的发展道路。

三

党项宗族往往称某某家族，据宋人沈括记载：“昔人文章用北狄事，多言黑山，黑山在大幕之北，今谓之姚家族，有城在其西南，谓之庆州。”[14]文献上还有牛家、汪家、吴家、旺家、折家、苏家、韦家、媚家、封家、樊家、王家、狸家、延家、慕家，等等。他们一般由宗族首领的姓氏演变而来，慕家就相当典型。羌酋慕恩本为环州乌贵族蕃官巡检[15]，种落强盛，为知环州种世衡所用，蕃族有不附者，“即命慕恩出兵诛之”[16]。因而声名鹊起，所属部族遂以慕家或慕恩为名[17]。

有的部族以首领的姓名为号，前引睡泥族两首领你乜逋与嵬逋，在李继迁的攻掠下，各领所部分为你乜逋族与嵬逋族。景德元年（1004）“先叛去蕃官茄罗、兀赃、成王等三族及移军主率属归顺”[18]。元丰四年（1081）“兰州新归顺首领巴令渴等三族，领所部兵攻贼撒逋宗城”[19]。茄罗、兀赃、成王、巴令渴等族均以首领姓名为名。

有的部族则以居地为族名，如庆州白马川的白马族，延州金明县的金明族，庆州野鸡塞的野鸡族[20]，泾州西北大虫前后巉的大虫族[21]，延州茭村的茭村族[22]，庆历年间因茭村族首领名折马山，又称该族为折马山族[23]。

当然，不仅仅是家族以居地为名，也有居地以族称命名的。《宋史》卷三二三《周美传》载：夏人来寇，“美迎击于野家店，追北至拓跋谷，大败其众”。这里的“拓跋谷”，显然与党项拓跋部有关。

党项宗族不论大小都有首领，豪族大姓一般称之为大酋长、大首领，中小部族则称之为首领。在一个豪族大姓内，往往有一个或数个大首领和若干首领、副首领。至道三年（997）二月，“泥巾族大首领名悉俄，首领皆移、尹遇、崔保罗、没信，凡五人来贡马”。名悉俄等五人均为泥巾族的大小首领。咸平二年（999）十一月，“藏才八族大首领皆赏罗等来献名马”[24]。显然，在八族大首领之下，至少还有八个首领。这些大大小小的家族首领皆世代承袭，“父死子继，兄死弟袭，家无正亲，则又推其旁属之强者以为族首，多或数百，虽族首年幼，第其本门中妇女之令亦皆信服”[25]。宋人范纯粹也曾指出：“臣观边人之性，以种族为贵贱，故部酋之死，其后世之继袭者，虽雏稚之子，亦足以服老长之众，何哉？风俗使之然也。”[26]西夏谚语“哥哥继承家族，弟弟到处游宿”[27]，也说明了这个问题。

大小首领虽然是世袭的部族头领而非西夏职官，但在西夏社会政治经济生活中，起着非常重要的作用，对外代表本部族，对内统领所属族帐，西夏政权正是通过他们实现对部族的统治，蕃部族帐往往只认首领，而不认官府。这种具有特殊地位的首领一般都有“首领印”，传世的西夏“首领印”大多是二字印，印文为西夏文九叠篆书“首领”二字，印背刻受印者姓名及年款，有的干脆刻上“首领×××”，如天盛四年的两方印，背款一刻“首领酩玉嵬名势”，一刻“首领罗缚勒”。天盛五年印背刻“正首领酩西兀”，天盛十八年印背刻“首领酩布小狗山”，乾祐十二年印背刻“首领哲慧成”[28]。这些正好印证了文献关于首领、大首领的记载。

四

党项部落都有自己的武装力量，越是强宗大族，拥有和控制的武装力量也就越大越强，如：

原州属羌明珠、灭藏二族，兵数万，与元昊首尾，隔绝邻道。[29]

元昊将反，为金银冠佩隐饰甲骑遗属羌……于是东芟、金明、万刘诸族胜兵数万，悉为贼所有。[30]

西贼首领各将种落之兵，谓之“一溜”。[31]

秉常为母族所纂，诸梁擅兵，大酋数十名，拥兵汹乱。[32]

赵德明遣万子等四军主领族兵攻西凉府。[33]

知镇戎军李继和上言：“昨自天麻川杀卫狸族后，近界蕃部颇甚震慑。即令自本军西陇山外五百里已来，诸族皆乞点集军马，各于蕃界建立寨栅，戍守要害。”[34]

大大小小的宗族首领，实际上是各级军事首领，元昊“置十二监军司，委豪右分统其众”[35]。监军司设都统军、副统军、监军使各一员，均由宗族大首领充任[36]。

监军、统军等豪族大酋之下，为统领数百帐乃至上千帐的团练、观察、刺史。[37]《宋史·夏国传》曰：“凡正军给长生马、驼各一。团练使以上，帐一、弓一、箭五百、马一、骆驼五，旗、鼓、枪、剑、棍棓、粆袋、披毡、浑脱、背索、锹镢、斤斧、箭牌、铁爪篱各一。刺史以下，无帐无旗鼓，人各骆驼一、箭三百、幕梁一。”可见，团练使和刺史是西夏军职中两个基本界线，团练使以上属高级军职，由大首领担任，团练使至刺史属中层军职，刺史以下属低级军职。西夏文法典《天盛律令》中反映的行监、溜首领、盈能，大致属于中下层军事首领，统领数十帐的为小首领、舍监，为基层首领，《律令》对他们的派遣、任命有着明确的规定：“盈能、副溜有应派遣时，监军司大人应亲自按所属同院溜顺序，于各首领处遴选，当派遣先后战斗有名，勇健有殊功、能行军规命令、人□□□折服，无非议者。”小首领与舍监的任命，必须经“所属首领、族父等同意，自有二十抄者设小首领一人，十抄可设舍监一人”。由境外“引领本族部来投诚，自共统摄者，若统摄十抄以上，则当为所统摄军首领”[38]。

豪族大酋领通过层层的军事组织，实现对所属部族的控制，并在族内享有绝对的权威与较高的威望。前引“西贼首领各将种落之兵，谓之‘一溜’，少长服习，盖如臂之使指，既成行列，举手掩口，然后敢食，虑酋长遥见”。元符元年（1098）宋将折可适俘获天都统军嵬名阿埋与监军妹勒都逋，“其诸族帐首领见捕获此二人，接续扶携老幼争来投降，并欲依附都逋等”[39]。

既然宗族有着强大的军事力量，因此，要想建立和巩固西夏政权，必须加强对豪族大姓的控制，漆侠先生对此有非常精辟的论述，指出联络豪右、结婚大族为拓跋李氏建国的基本国策[40]。西夏建国后仍长期与豪族大姓联合专政。元昊联姻野利大族，“拽利王旺荣、天都王刚浪者，皆元昊妻之昆弟也，与元昊族人嵬名山等四人为谋宁令，共掌军国之政”[41]。元昊之后，外戚没藏讹庞专权，“朝廷岁赐谅祚金帛，四族常分其半，首领入贡，辄货易图利，故四族盛强”[42]。

五

党项宗族还是一个经济实体，在这个经济实体内，既有农奴劳动，又有奴隶劳动，包含着封建制与奴隶制两种经济成分。

党项内徙后，唐王朝即授以庆、灵一带田土，令部落“住坐”生息，后来随着生产的发展与社会的进步，原来归氏族部落公有的土地逐渐被宗族首领私人所占有。宋神宗元丰四年（1081）九月讨伐夏国敕榜曰：“其先在夏国主左右，并嵬名诸部族同心之人，并许军前拔身自归，及其余首领能相率效顺，共诛国仇，随功大小，爵禄赏赐，各倍常科。许依旧土地住坐，子孙世世，常享安荣。”[43]敕榜许党项首领“依旧土地住坐”，明确反映出宗族首领对土地的占有。

如果说西夏建国前党项宗族首领的私有土地主要从氏族部落领地转化而来，那么，建国后官僚贵族的巧取豪夺和土地买卖则成为宗族首领私有土地的重要来源。元昊卒后，国主谅祚年幼，没藏家族大首领、外戚没藏讹庞专权。他看到宋朝窟野河西地区田腴利厚，令党项细民播种，以所收入其家，“宴然自以为己田”[44]。这段记述西夏侵耕的文字，清楚地反映了宗族大首领没藏讹庞兼并土地的情况。

西夏中期以后，土地买卖频繁，成书于西夏仁孝乾祐二十一年（1190）的《番汉合时掌中珠》有“更变田地”的记述，天盛二十二年（1170）卖地文书也被发现[45]，《天盛律令》更有许多关于买卖土地的规定。从允许土地自由买卖“那一瞬间起，大土地所有制的产生，便仅仅是一个时间问题了”[46]。

宗族首领不仅占有大片土地，而且还统领着成百上千的族帐，这些族帐除部分在宗族的外衣下从事个体生产外，大多数依附于宗族首领。《宋会要辑稿》兵二七之二四：天圣六年（1028）十二月十一日，“诏陕西诸路缘边蕃部使臣首领人员等，如今后自作过犯，合断罪罚羊，令蕃部使臣首领人员等亲自出办送纳，即不得更于族下户上非理科敛”。又，同书兵二八之六：熙宁二年（1069）闰十二月，臣僚上言：“陕西沿边熟户，自来倚为藩篱，或闻边臣有徇私灭公者，以规财利，颇成困扰。盖城寨官吏受亲故请嘱，以来货给与蕃官，责限取直，倍称其利。蕃族首领可以更行减刻，亦所乐从。受弊者乃族下散户。”这两条史料很重要，前者是宗族首领将犯罪罚款转嫁给族下民户，后者是蕃族首领将高价货物，强行派给族下散户承买，以牟取利益。反映出宗族首领对族下散户的超经济剥削和压榨。

宋英宗治平年间（1064—1066），同知谏院吕诲在一道奏章中曾说：“逐部族今所存者，却有外来散户依附其间，或是连亲，或即庸力，混杂居处，例各年深。”[47]这些前来“庸力”与“连亲”的党项人，更是宗族首领的依附民，他们深受官府与宗族首领的双重压迫。《天盛律令》卷一五曰：“租户家主（当为宗族首领）有种种地租庸草，催促中不速纳而住滞时，当捕种地者及门下人，依高低断以杖罪，当令其速纳。”就说明了这一点。

除依附民外，宗族首领还占有大量的奴隶。党项内迁后，伴随着生产的发展与对外掠夺，逐步形成了奴隶制。西夏建国后在急剧完成封建制的同时，继续保留奴隶制。奴隶广泛存在于西夏社会，《天盛律令》载：“诸人所属使军、奴仆唤之不来，不肯为使者，徒一年。”[48]“诸人将使军、奴仆、田地、房舍等典当，出卖于他处时，当为契约。”[49]“诸寺庙、官堂、神帐中不许诸人住宿……若寺庙居士、行童、奴仆等应居寺中，亦当报职管处，应居则使居之。”[50]

党项夏国的奴隶来源主要有以下四个方面：

其一，战争掠夺。雍熙元年（984）三月丁巳，宋太宗谓宰相曰：“夏州蕃部并已宁谧，向之强悍难制者，皆委身归顺，凡得酋豪二百七十余人，种族五百余帐。十年以来，戎人所掠生口、羊马数万计，悉还其主。”[51]治平二年（1065）宋英宗要求谅祚“自今不可更行侵扰，所掠过生口，并须发遣，各还住坐”[52]。这些“生口”有的投到国有土地上，有的“为部落所得，或为主者转鬻”[53]。

其二，买卖奴隶。宋太宗淳化二年（991）六月，“禁陕西缘边诸州阑出生口”，同年七月，“诏陕西缘边诸州饥民鬻男女入近界部落者，官赎之”[54]。由皇帝亲自下诏处理陕西缘边“阑出生口”与饥民鬻男女人近界部落，说明汉人被卖到党项部落为奴的问题已相当严重。除因饥荒鬻卖为奴外，还有“沿边军民之逃者，必为熟户畜牧，又或以遗远羌，易羊马，故常没者数百人”[55]。

在党项宗族内部，也存在由于贫富两极分化，贫穷者被卖身为奴的社会现象。西夏天祐民安八年（1097）发生饥荒，“国中大困，民鬻子女于辽国、西蕃以为食”[56]。夏仁宗天盛年间（1149—1169），国内还存在奴隶市场，并得到法律的承认[57]。

其三，债务奴隶。西夏高利贷十分盛行，借债不能偿还时，其本人或家属须“出力典债”，变成债主人的奴隶。债务奴隶典押时间或长或短，或世代相承[58]。

其四，罪犯奴隶。罪犯奴隶大致有两类，一为刑徒或囚徒，二为籍没的重大罪犯家属，也即连坐的编管人员，如：“诸人议逃，已行者造意以剑斩杀，各同谋者发往不同地守边城无期徒刑，做十三年苦役。主从犯一样，自己妻子、儿女当连坐，当入牧农主中。”[59]他们或从事农牧业生产，或从事各种修造，或为官方“采金、熔银铁”[60]。

尽管党项宗族内部长期保留奴隶制，但西夏建国后封建农奴制占主导地位，这决定了党项夏国为封建政权，而不是奴隶主政权。

原文刊载《民族研究》2001 年第 4 期；
选自杜建录：《西夏史论集》，上海古籍出版社 2016 年版

注释：

1. 漆侠、乔幼梅：《辽夏金经济史》，河北大学出版社 1998 年第 2 版。

2. ［后晋］刘昫等：《旧唐书》卷一八五上《崔知温传》，中华书局 1975 年版，第 4791 页。

3.《旧唐书》卷三八《地理志一》，第 1410—1413 页。《旧唐书》卷一九八《党项羌传》：“其后吐蕃强盛，拓跋氏渐为所逼，遂请内徙，始移其部落于庆州，置静边等州以处之。”（第 5292 页）按，此静边州都督府为处党项而设。

4.［宋］欧阳修：《新五代史》卷七四《党项传》，中华书局 2016 年版，第 1032—1033 页。

5.［宋］薛居正：《旧五代史》卷一三八《吐蕃传》，中华书局 2016 年版，第 2144 页。

6.［元］脱脱等：《宋史》卷二六四《宋琪传》，中华书局 1985 年版，第 9129 页。

7.《旧唐书》卷一九八《党项羌传》，第 5290 页。

8.［宋］李焘：《续资治通鉴长编》卷一九五，嘉祐六年十月戊午，中华书局 2004 年版，第 4729 页。

9.《续资治通鉴长编》卷二二八，熙宁四年十二月戊辰，第 5556 页。

10.《宋史》卷四九一《党项传》，第 14140 页。

11.《续资治通鉴长编》卷一五二，庆历四年十月壬子，第 3709 页。

12.［宋］王溥：《五代会要》卷二九《党项羌传》，上海古籍出版社 2015 年版，第 464 页。

13.《宋史》卷四九一《党项传》，第 14142 页。

14.［宋］沈括：《梦溪笔谈》卷二四，中华书局 2015 年版，第 228 页。

15.《续资治通鉴长编》卷一三三，庆历元年九月丁未，第 3171 页。

16.《宋史》卷三三五《种世衡传》，第 10742 页。

17.《续资治通鉴长编》卷三一二，元丰四年四月丙子条：“环州属羌慕家族首领迎逋数纵火杀人，官不敢问，连结诸部欲为寇。”（第 7569 页）同书卷四八三，元祐八年三月乙未条注引李清臣与知定州许将小简云：“夏羌围环州，劫慕恩族。”（第 11471 页）慕恩为庆历年间羌酋，至元丰、元祐时遂以慕姓为族名。

18.《续资治通鉴长编》卷五七，景德元年九月丁亥，第 1255 页。

19.《续资治通鉴长编》卷三一六，元丰四年九月辛丑，第 7645 页。

20.［宋］李之仪：《姑溪居士后集》卷二〇《折渭州墓志铭》，中华书局 1985 年版，第 129 页。

21.《续资治通鉴长编》卷一三九，庆历三年正月丙子，第 3340 页。

22.《续资治通鉴长编》卷一二五，宝元二年十一月庚子，第 2941 页。

23.《续资治通鉴长编》卷一三五，庆历二年三月壬戌条：“茭村族三班殿侍折马山为三班奉职……丁卯，知青涧城种世衡请募蕃兵五千，左手虎口刺‘忠勇’二字，令隶折马山族，从之。”（第 3229 页）可见折马山族即茭村族。

24.《宋史》卷四九一《党项传》，第 14143 页。

25.《宋史》卷一四四《兵志五》，第 4755—4756 页。

26.《续资治通鉴长编》卷三八九，元祐元年十月戊戌，第 9472 页。

27. 陈炳应：《西夏文物研究》，宁夏人民出版社 1985 年版，第 350 页。

28. 参见白滨：《西夏官印、钱币、铜牌考》，《西夏文物》，文物出版社 1988 年版。

29.《续资治通鉴长编》卷一三八，庆历二年十月戊辰，第 3320 页。

30.《宋史》卷三二三《赵振传》，第 10462 页。

31.《续资治通鉴长编》卷一三二，庆历元年五月甲戌，第 3136 页。

32.［宋］苏轼：《经进东坡文集事略》卷四〇《代腾甫论西夏书》，文学古籍刊行社 1957 年版。

33.《续资治通鉴长编》卷六八，大中祥符元年三月戊辰，第 1528 页。

34.《续资治通鉴长编》卷五一，咸平五年二月己卯，第 1115 页。

35.《宋史》卷四八五《夏国传上》，第 13994 页。

36.《宋史》卷四八六《夏国传下》载：元丰五年"追袭其统军仁多丁"（第 14011 页），元丰七年"杀其首领仁多丁"（第 14014 页）。显然，西夏统军仁多丁为党项宗族人首领。

37.［清］吴广成：《西夏书事》卷一五："元昊以官爵縻下，沿边逐族首领管三、五百帐，悉署观察、团练之号。"

38. 史金波、白滨、聂鸿音译：《天盛改旧新定律令》卷六《行监、溜首领、舍监派遣门》，法律出版社 2000 年版，第 265 页。

39.《续资治通鉴长编》卷五〇五，元符二年正月己酉，第 12026 页。

40. 参见漆侠、乔幼梅：《辽夏金经济史》，第 208—212 页。

41.［宋］司马光：《涑水记闻》卷五，中华书局 1989 年版，第 88 页。

42.［宋］张方平：《乐全集》卷三六《谥曰康穆程公神道碑铭并序》，文渊阁四库全书本，第 1104 册，第 408 页。

43.《续资治通鉴长编》卷三一六，元丰四年九月乙巳，第 7650 页。

44.《续资治通鉴长编》卷一八五，嘉祐二年二月壬戌，第 4471 页。

45. 黄振华：《西夏天盛廿二年卖地文契考释》，白滨编《西夏史论文集》，宁夏人民出版社 1984 年版。

46.〔德〕恩格斯著，刘潇然译：《德国古代的历史和语言》，人民出版社 1957 年版，第 72 页。

47.［宋］赵汝愚：《宋朝诸臣奏议》卷一二五《吕诲〈上英宗请重造蕃部兵账〉》，上海古籍出版社 1999 年版，第 1379 页。

48.《天盛改旧新定律令》卷二〇《罪则不同门》，第 606 页。

49.《天盛改旧新定律令》卷一一《出典工门》，第 390 页。

50.《天盛改旧新定律令》卷一一《为僧道修寺庙门》，第 411 页。

51.《续资治通鉴长编》卷二五，雍熙元年三月丁巳，第 575 页。

52.［宋］佚名：《宋大诏令集》卷二三四《谕夏国泾原秦凤熟户弓箭手不可更行侵扰掠过生口并须发还诏》，中华书局 1962 年版，第 913 页。

53. 戴锡章编撰，罗矛昆校点：《西夏纪》卷一九，宁夏人民出版 1988 年版，第 440 页。

54.《宋史》卷五《太宗纪二》，第 88 页。

55.《宋史》卷二九一《王博文传》，第 9745 页。

56. [清] 吴广成撰，胡玉冰校注：《西夏书事校注》卷三〇，上海古籍出版社 2021 年版，第 370 页。

57.《天盛改旧新定律令》卷九《越司曲断有罪担保门》载："他人妻子被诉讼而诸司枷禁之，局分大小、都监、小监等侵凌时，徒十年……是仆隶及市场卖身价女，则徒六年。"（第 343 页）

58. 参见杜建录：《西夏高利贷初探》，《民族研究》1999 年第 2 期。

59.《天盛改旧新定律令》卷一《背叛门》，第 119 页。

60.《天盛改旧新定律令》卷二〇《罪则不同门》，第 611 页。

女真人从血缘组织到地缘组织的演变

王可宾

女真人从血缘组织到地缘组织的演变，和私有财产的出现与“公共权力”的萌芽，有着密切联系。它是探讨女真民族形成的课题，也是探讨文明起源的课题。本文仅就女真人从血缘组织到地缘组织演变过程的三个不同发展时期，社会组织某些层次的变化及其特点，作初步探讨。

一、迁移扩散时期

氏族部落，在其发展过程中的迁移和扩散，是常有的事，马克思在《摩尔根〈古代社会〉一书摘要》中，引用摩尔根的话说：“当人口的增加引起生活资料的不足时，剩余的人口遂移居到新的土地上，因为在每个氏族里面以及结合在一起的任何数目的氏族里面有着完备的政治组织，所以他们要在新的土地上建立起来都是很容易实现的。”并指出，“这是‘有组织的殖民’！”[1]女真人的迁移扩散过程，也大略如此，但由于后来已进入了父系社会，并且受到唐、高丽、渤海、契丹等周围先进民族的影响，其表现形式却具有自己的某些特点。

第一，女真人迁移扩散的过程较长，范围较广。女真人源出黑水靺鞨，五代时始称女真，原居住在松花江、黑龙江汇合处到东临大海一带。早在唐灭高句丽时，他们便已开始分散向南迁徙。及至辽大批南徙渤海人后，更加剧了他们的迁移活动。其中生女真的完颜部函普一支，直到献祖绥可时，始“定居于安出虎水之侧矣”[2]。这时，除五国部等仍居住在“本土”（今松花江流域依兰县以东至黑龙江入海处）外，其余各部已遍及“白山、黑水”各地。其迁移者依社会发展程度及与辽的关系，可分为熟女真、回跋女真和生女真三种类型。熟女真，名合苏款，即辽初迁往辽阳以南的系辽女真。生女真，分布在松花江两岸及长白山一带，保持了更多的政治独立。回跋女真，散布在前两者之间，以回怕川即今辉发河为中心，由咸州到松花江中游地带。[3]

第二，女真氏族部落在迁移扩散过程中，有了急剧的发展。女真人氏族部落发生、发展与变化的脉络，过去从未有人论及。结合民族学材料与女真发展历史，对文献有关记载加以综合分析，即可理出大概。《金史·百官志》谈到白号、黑号之姓，举出白号之姓有完颜等二十七姓皆封金源郡，裴满、徒单等三十姓皆封广平郡，吾古论等二十六姓皆封陇西郡；黑号之姓唐括、蒲察等十六姓皆封彭城郡。[4]这九十九姓及其分类，虽为章宗时之规定，却是女真氏族部落历史发展的缩影。原始的氏族，产生于“两合组织”。氏族之所以称其为氏族，就是因为它实行氏族外婚制，要实行外婚制必须有两个不同的婚姻集团。《金史·百官志》划分的白号与黑号之姓，究其本初，应该就是这样的一对婚姻集团，或同一部落的两个不同氏族。这个历史已是相当遥远的事了，后世的女真人早已不知其所以，但习惯上还保有白号之姓与黑号之姓的某些区别痕迹。如黑号之姓“蒲察”，与“撒哈良”音相近，而“撒哈良”之意为“黑或黑的”[5]。如“金俗好衣白”[6]等等。氏族部落的发展是不平衡的，黑号之姓后来逐渐衰微，仅有蒲察一大支系；而白号之姓却逐渐兴旺，发展为完颜、徒单、吾古论等三大支系。是以白号之姓一分为三，而尚白之俗也成了女真人一般的习惯。其他北方民族，也有以黑白划分集团的习俗，契丹有关“青牛、白马”的传说，大概其初亦属此类。

《金史·留可传》和《大金集礼》有关记载，还可进一步证实关于女真四大支系的推断。《金史·留可传》：“敌库德、钝恩皆叛而与留可、诈都合。两党扬言曰：‘徒单部之党十四部为一，乌古论部之党十四部为一，蒲察部之党七部为一，凡三十五部。完颜部十二而已，以三十五部战十二部，三人战一人也，胜之必矣。’”[7]这里讲的是穆宗年间的事，“两党”指敌库德、钝恩之党和留可、诈都之党，诈都为徒单部人，留可与敌库德是乌古论部人，而钝恩则是纥石烈部人。两党扬言的反完颜势力，为何仅云其党之徒单、乌古论，而不言纥石烈，却又多出一个蒲察？这大概就是因为女真人，原来除完颜这一大支系十二部外，也只有徒单、乌古论、蒲察三大支系三十五部。其一酋钝恩，虽为纥石烈部人，然纥石烈部是属徒单一大支系，即“徒单部之党”，故仅云徒单而不言纥石烈部。其四酋，虽无蒲察部之人，然“蒲察部之党”亦在完颜一大支系之外，是属可以调动起来参加反完颜的力量。又《金史·世纪》云：穆宗时，“自景祖以来，两世四主，志业相因，卒定离析，一切治以本部法令，东南至于乙离骨、曷懒、耶懒、土骨论，东北至于五国、主隈、秃荅，金盖盛于此。”[8]而《大金集礼》却云：“穆宗孝平皇帝，法令归一，恢大洪业，尽服四十七部之众。”[9]前者指其所治之范围，后省指其所治之部众，二者一事耳。这四十七部正与上述四大支系四十七部吻合，推断女真原有四大支系当不误。其实，由于历史发展和氏族部落的变化，穆宗时女真人的氏族部落早已改变了面貌，人们只是还记得其与四大支系四十七部之间亲疏远近的血缘关系而已，故仍作斯语。

女真人发展为四十七部之前，还曾经历过十六部和三十部两个阶段。《新唐书·黑水靺鞨传》：黑水靺鞨：“分十六落，以南北称。”[10]这就是说，在隋唐之际，女真人的先世，已经发展为十六部了。这里所说的“南北为栅”，大概也就是白、黑为号的区别。又《三朝北盟会编》谓：“唐时初称姓拏，至唐末部落繁盛，共有三十酋领，每酋领有一姓，通有三十姓。”[11]这里说的三十首领或三十姓，也就是三十部。《金史·阿疏传》云，世祖破乌春还，纥石烈部阿海率官属士民迎谒。世祖亦曰："吾与汝等三十部之人，自今可以保安休息。"另《辽史·圣宗纪》开泰元年正月、太平元年三月，《高丽史·显宗世家》三年二月，皆云女真三十部。而后者还记有三十部之姓，唯所列与《三朝北盟会编》互有异同。是以三十部之说，当为可信。至于《三朝北盟会编》谓唐时初姓"拏"，指的应是"拏懒"，也就是徒单一大支系的"纳阑"。那时也并非仅此一姓，只不过此一姓在完颜氏兴起之前甚盛而已。

《金史·百官志》所列九十九姓，也并非都是女真人。据陈述云，归于白号完颜一大支系的移剌答（耶律）是契丹皇族，光吉剌（广吉剌、弘吉剌）是附金的蒙古人；归于吾古论一大支系的黄掴（汪古、汪骨、雍古）出自沙陀突厥；归于黑号蒲察一大支系的蒙古（蒙括、蒙刮）也是附金的蒙古人。[12]他们虽在金廷统治下，却不属女真族系。这并不影响我们对女真氏族部落发展脉络的基本分析，而且从中还可反映出女真建国后，势力的发展变化。

第三，女真氏族部落面貌，也发生了新的改观。恩格斯谈到易洛魁人部落的第一个特征时说："有自己的地区和自己的名称。每一部落除自己实际居住的地方以外，还占有相当大的地区供打猎和捕鱼之用。"[13]在谈希腊人的氏族部落时也说："在阿提卡，共有 4 个部落，每个部落有 3 个胞族，每个胞族有 30 个氏族。"[14]女真人的氏族部落，初起大概也像易洛魁人那样。后来，由于社会的发展和受周围先进民族的影响，在迁移和扩散于"白山、黑水"广大地区的过程中，却逐渐地打破了原有氏族部落的界限，形成了大分散和小聚居的新局面。原有的氏族部落，不再以部落、胞族和氏族这样的三级结构聚居在一起了，部落或氏族仅保有它的名称，而其各个新老氏族或大家族，却分散各地成为一个个独自存在的新实体。这既和易洛魁人有根本区别，也与希腊人不同。据《金史》所载，完颜部有居住在安出虎（今哈尔滨东之阿什河）的函普-绥可一支；有雅达澜水（今拉林河附近）的洽鲁直-白答一支；有胡凯山（今尚志县大青山）的石鲁-劾孙-欢都一支；有耶懒水（滨临东海的雅兰河）的保活里一支；有曷苏馆（今盖县南）的阿古乃一支；还有泰神水（今朝鲜咸镜南道北部）完颜部；神稳水（今吉林省安图县之白河，一说为今牡丹江支流）完颜部；马纪岭（今牡丹江与绥芬河间的老爷岭）赫保村完颜部。徒单部有活剌浑水（今通河县境内的付拉荤河）徒单部；忒黑辟剌（可能是今忽兰河的一支流）徒单部；浑蠢水（今珲春河）徒单部。乌古论部有苏滨水（今绥芬河）的乌古论，有统门（今图们江）、浑蠢（今珲春河）合流处的乌古论。蒲察部有斡泯水（今通化东北哈密泥河）蒲察部；有世居安出虎水（今阿什河）的蒲察部等等。[15]以此，天会初年，穆宗第五子"勗等采摭遗言旧事，自始祖以下十帝，综为三卷。凡部族，既曰某部，复曰某水之某，又曰某乡某村，以别识之"[16]。

二、联盟凝聚时期

女真人散布“白山、黑水”这一广大地区之后，随着社会的发展，又进入了一个新的联盟凝聚时期。这个时期，生女真联盟的形成，是以完颜部函普一支为凝聚的中心。在始祖函普“为约”和献祖绥可颜“定居”之后，首先负起这一历史使命的是昭祖石鲁。他稍以“条教”为治，部落浸强，耀武青岭、白山，入于苏滨、耶懒之地，顺者抚之，不从者讨伐之。景祖乌古乃又继之稍役属诸部，自白山、耶悔、统门、耶懒、土骨论之属，以至五国之长，皆听命。后又经其于世祖劾里钵、肃宗颇剌淑、穆宗盈歌等努力经营，卒使分散各部，变成了一个统一的巩固的军事民主大联盟。是以《金史·世纪》云：“自景祖以来，两世四主，志业相因，卒定离析，一切治以本部法令，东南至于乙离骨、曷懒、耶懒、土骨论，东北至于五国，主隈、秃荅，金盖盛于此。”[17]

这期间，女真军事民主大联盟结构组成的显著特点，是它具有两个不同层次。大联盟，除函普一支直接领导的各部，不同地区还存在第二级的联盟。见于记载的，先后主要有：孩懒水（今牡丹江支流海浪河）乌林答部石显的联盟；[18]五国部（剖阿里、盆奴里、奥里米、越里笃、越里吉）的联盟；[19]阿跋斯水（又名阿不辛河，即今敦化北牡丹江支流之勒福成河）温都部乌春与窝谋罕联盟；[20]活剌浑水（今黑龙江省之呼兰河）纥石烈部腊醅、麻产兄弟与陶温水（今黑龙江省汤旺河）之民结成的联盟；[21]统门（今图们江）浑蠢（今珲春河）合流之地乌古论部留可与浑蠢水徒单部诈都及苏滨水（今绥芬河）乌古论部敌库德与阿里民忒石水（旧以为乌苏里江，实为阿敏水，在旧珲春境内）纥石烈部钝恩两党所结成的联盟；[22]星显水（今延边布尔哈图河）纥石烈部阿疏与同部毛睹禄勃堇的联盟。[23]还有完颜部桓赧、散达兄弟的联盟，[24]雅达澜水（今拉林河附近）完颜部洽鲁直-白达的七水诸部联盟，[25]耶懒路（雅兰河）石土门联盟[26]，等等。

或谓，这些多是反抗安出虎完颜部临时结成的联盟，不能看成是完颜大联盟下固定的二级地区联盟。这种情形确实有之，桓赧、散达兄弟的联盟就是如此，而留可与敌库德的联盟又是由两党结成的，其中的诈都又曾是阿疏诸部联盟之一。但从“太祖因致穆宗，教统门、浑蠢、耶悔、星显四路及岭东诸部自今勿复称都部长”[27]来看，这些地方还是存在着完颜大联盟领导之下的较为固定的第二级地区联盟。二级地区联盟，具有以下特征：

第一，地区联盟附属于完颜女真军事民主大联盟。他们遇到了困难，求助于大联盟。耶懒路完颜部石土门之父直离海部长，景祖时派部人复通宗系，后耶懒路岁饥，景祖与之马牛为助籴费。[28]阿跋斯水温都部乌春，景祖时岁歉与其族属来归，既而景祖知其果敢善断命为本部长，遣族人盆德送归旧部。世祖初乌春虐其部人，部人诉于世祖，世祖使人让之。[29]星显水纥石烈部阿疏勃堇，曾与徒单部诈都勃堇争长，肃宗治之，乃长阿疏。[30]他们有的曾与大联盟发生过武装冲突，但在冲突前后，皆听命于大联盟。如阿里民忒石水纥石烈部纳根涅、钝恩父子，世为勃堇。斡准部侵及其部，穆宗令纳根涅以本部兵往治之。但在其无端攻入乌古论部敌库德米里迷石罕城后，穆宗即派兵问罪，纳根涅畏罪遁去，追而杀之，而使其子钝恩复为部长。钝恩曾与他党共谋，失败被俘后又释之，诸部皆安业如初。[31]辽主也承认大联盟对他们的领导地位。昭祖石鲁浸强，辽主以惕隐官之。及至景祖擒五国蒲聂部节度使拔乙门，辽主以景祖为生女真部族节度使。[32]其后，世祖、肃宗、穆宗等皆袭是职。

第二，地区联盟又各是一个个政治实体，各有自己的首领，称之为"众部长""都部长"或"都勃堇"。有自己的信牌，可以驰驿讯事自为号令。[33]作战时有自己的不同颜色衣服和旗帜。如劾者（不是撒改子）围阿疏城，辽使使来罢兵，未到，"穆宗闻之，使乌林答石鲁济师，且戒劾者令易衣服旗帜与阿疏城中同色，使辽使不可辨。辽使至，乃使蒲察部胡鲁勃堇、邈逊勃堇与俱至劾者军，而军中已易衣服旗帜，与阿疏城中如一，辽使果不能辨。劾者诡曰：'吾等自相攻，干汝何事，谁识汝之太师。'"[34]有自己的势力范围。如七水部长洽鲁直一白答，服有雅挞懒水、拏邻（今拉林河）、麻吉等七水之人。[35]如乌春，盛时据有来流水（今拉林河）以南及匹古敦水（今阿什河东之蜚克图河）以北的广大地区。[36]有自己的政治军事中心。如乌春、窝谋罕联盟的窝谋罕城；腊醅、麻产联盟的直屋铠水营堡；留可、诈都与敌库德钝恩联盟的留可城、坞塔城、米里迷石罕城、钝恩城；阿疏联盟的阿疏城等等。[37]

第三，血缘关系仍是团结的重要纽带，但地缘关系已成为地区联盟的主要条件，出现了新的变化。大联盟之内的各部，基本上都是女真人，这是维系大联盟存在的重要纽带。留可、诈都与敌库德、钝恩两党扬言：徒单、乌古论、蒲察等三十五部，战完颜十二部，胜之必矣。[38]也是基于女真氏族部落原来的亲疏远近血缘关系。耶懒路完颜部保活里-石土门一支的联盟，与完颜大联盟的关系甚为密切。石土门招谕诸部使附于世祖，伐乌春、窝谋罕及钝恩、敌库德，石土门以所部奋力从战。及阿斯懑卒，大会其族，阿骨打亲往致祭，并计议伐辽之事。[39]这些，都是因为保活里与始祖函普原为兄弟。但是，女真人的二号四大支系四十七部，这时早已以其新旧氏族或大家族为单位分散各地，地缘关系日益成为各部之间结盟的主要条件。如窝忽窝出，本是今牡丹江流域的完颜部人，但在昭祖石鲁死后，却与孩懒水（今牡丹江支流海浪河）属于徒单一大支系的乌林答部石显结盟，攻夺石鲁之柩。[40]又如，参加留可、敌库德两党联盟的，有乌古论部、徒单部和纥石烈部以及奥纯、坞塔等部，他们虽是不同的各部，但都居住在今图们一带互为比邻的地区。[41]又如，大联盟直接控制的岭西（张广才岭以西）诸部，多有完颜之外的其他各部；而岭东各地区性的联盟中，亦有属于完颜部的。更为甚者，这时政治利益往往又胜于血缘关系。"世祖初立，跋黑果有异志，诱桓赧、散达、乌春、窝谋罕离间部属，使贰于世祖。"[42]跋黑系世祖叔父，是昭祖石鲁次室达胡末所生之庶子。桓赧、散达系国相雅达之子，亦属完颜部人，曾事景祖。而乌春则是阿跋斯水胡里改温都部人。他们之间的关系，正是政治利益高于血缘亲属关系的一个突出表现。女真各部之间的关系，不仅与易洛魁人的联盟大不相同，与阿提卡希腊人的联盟也不同。固然是由于女真人这时原有的氏族部落已分散于各地，但也表明，他们由血缘组织向地缘组织的过渡，已经迈出了一大步。

三、统一融合时期

这一时期，是以穆宗年间“用太祖议，擅置牌号者置于法，自是号令乃一，民听不疑矣”[43]为其开始的标志。而以太祖阿骨打袭位为都勃极烈的第二年，即1114年十月，“初命诸路以三百户为谋克，十谋克为猛安”[44]为其基本完成的标志。

这一时期，女真人经历了急剧变化。穆宗用太祖阿骨打之议，令“自今勿复称都部长”[45]，实际是取消了第二级地区的联盟。这一否定，是一个质的变化，它将生女真的整个地区直接置于统一的完颜女真大联盟之下。康宗七年（1109），“官属会议”作出决议，“令曰：‘今贫者不能自活，卖妻子以偿债。骨肉之爱，人心所同。自今三年勿征，过三年徐图之。’众皆听令，闻者感泣，自是远近归心焉”[46]。这是生女真政令的统一。康宗十一年（1113）十月，康宗即世，太祖阿骨打不待辽使来致袭节度使之命，自袭位称都勃极烈。[47]这是女真民族自觉成熟的开始。第二年，“召官僚耆旧，以伐辽告之，使备冲要，建城堡，修戎器，以听后命。”[48]应是军令统一的表现。

这一时期，由于大联盟的统一，开始形成的具有统一趋向的女真人的民族意识，在共同的经济、政治、文化生活中，尤其是在共同的反辽斗争中，得到了进一的加强，终于融合为一。共同的民族意识有诸多内容，政治上视民族共同利益为最高利益，则是突出表现。太祖阿骨打，自袭都勃极烈的第二年（1114）九月，率二千五百人进军宁江州。申告天地之后，“遂命诸将传梃而誓曰：‘汝等同心尽力，有功者，奴婢部曲为良，庶人官之，先有官者叙进，轻重视功。苟违誓言，身死梃下，家属无赦’”[49]。这是太祖阿骨打对诸将、有官者与庶人和部曲、奴婢的约束，亦是女真人各个阶层都具有抗辽的共同民族意识的反映，否则也决不会以此为誓。又，收国元年（1115）十一月，辽主天祚帝闻黄龙府有失，大惧，自将大军亲征。“下诏有‘女直作过，大军剪除’之语。女直主聚众，剺面仰天恸哭曰：‘始与汝等起兵，盖苦契丹残忍，欲自立国。今主上亲征，奈何？非人死战，莫能当也。不若杀我一族，汝等迎降，转祸为福。’诸军皆曰：‘事已至此，惟命是从。’”[50]这虽是阿骨打故作姿态以激励诸军，然亦反映出将抗辽斗争进行到底，乃是女真人共同的决心。

上述变化，皆属血缘关系转向地缘关系之后一时期突出的变化。然而，变化最深刻、影响最长远的则莫过于女真基层组织的变化。这个变化，早在第一个时期之末就已开始，而在三个不同发展时期，又各有不同特点。

首先，第一时期之末，在定居基础上出现了村寨。见于记载，较早的有献祖绥可徙居海古水，“人呼其地为纳葛里，‘纳葛里’者，汉语居室也。自此遂定居于安出虎水之侧矣”[51]。及昭祖石鲁之时，于岭东（张广才岭东）还见有逼剌纪村和马纪岭劾保村。[52]因此可以肯定，生女真地区在绥可前后，无论岭西还是岭东都已出现了定居的村寨，开始了由血缘组织向地缘组织的转化。

其次，于第二时期，在村寨基础上又出现了谋克和谋克组织。有关谋克的记载，最早见于世祖之时。肃宗与桓赧、散达战，失利，世祖闻之，“使欢都、冶诃以本部七谋克助之”[53]。次见于肃宗初年。率河（帅水）人唐括德温“曾祖石古，从太祖平腊醅、麻产，领谋克”。[54]实际上，谋克的出现要比这早些，大约在昭祖或景祖之时。因为这时各部已开始结成联盟，征战已“成了经常性的行当”[55]。作为军事首领的谋克，常与部长或族长为一人。《金史・兵志》云：“其部长曰孛堇，行兵则称曰猛安、谋克，从其多寡以为号。”[56]《三朝北盟会编》又把它们看成是“官”与“职”的区别。[57]这些是其区别，但只是形式上的区别，就其出现的根来看，部长或族长是从其血缘关系来讲的，而谋克后来则是从其地缘关系来说的。所以这样说，理由主要有二：

理由之一，从谋克一词本身的含义来看。《满洲源流考・国俗》有“穆昆”，注曰：“满洲语族长也。”[58]乾隆《金史・国语解・职官》亦作“族也”。[59]日人三上次男《金代女真研究》一书谓：“鸟山教授参照以上各说，认为谋克系由作为‘乡里、邑长’解的女真语 muke 变来的。白鸟博士则认为谋克与作‘族、群聚’讲的满语 muhun 的语义相同。这些说法大略相同，可知谋克有‘乡里、族、族长’等意思。”[60]鸟山与白鸟各执一端，而三上却不加分辨地认为大略相同。其实，“族”和“族长”是从血缘关系来讲的，“乡里”和“邑长”是从地缘关系来讲的，他们是两层意思。谋克一词具有这两层意思，正是其本身历史发展的反映。在血缘组织流行时，他是“族”或“族长”的意思；在地域性的村寨普及由血缘组织向地缘组织转化时，他又具有“乡里”或“邑长”这层意思；及至进入文明社会，便仅仅被视为“乡里”或“邑长”了。

理由之二，从村寨的规模和布局来看。马扩《茅斋自叙》云：“每三五里之间，有一二族帐，每帐族不过三五十家。”[61]这讲的是金初马扩与阿骨打行猎，于来流水东行五百余里一路所见。许亢宗《宣和乙巳奉使行程录》云：“一望平原旷野间，有居民数十百家，星罗棋布，分蹂错杂，不成伦次，更无城郭里巷，率皆背阴向阳，便于牧放，自在散居。”[62]这讲的是天会初年许亢宗于金都一二里之外，一路所见。另《高丽史》文宗二十七年的有关记载，与此大略相同，女真人村寨小者平均为五十户，大者有至一百六十多户。[63]这记的是景祖末年的情形。由此可知，及村寨普遍存在之时，一般村寨皆有一二族帐组成，每一族帐不过三五十家，一村也不过数十家；大者有至一百六十多户，当为三五族帐。马扩所说的“族帐”，从其规模和层次来看，应是大家族。这些聚集在同一村寨的几个大家族，可能原是一个氏族，也可能原属不同的氏族或部落。他们聚居一起，其中较有势力的大家族的族长，也就成了这个村寨，有时甚至包括附近几个村寨的首领。从血缘关系来讲，他是其大家族的族长和其部的部长；但从地缘关系来说，他又是这个村寨或附近几个村寨的谋克。

自从出现了同时具有地缘意义的谋克组织以后，氏族部落血缘组织的封闭性和狭隘性，便受到了前所未有的冲击。这种冲击，在婚姻关系上表现得尤为显著。氏族部落婚姻的戒条，是氏族的外婚制和部落的内婚制。这时，开始出现了异部之间的通婚。就完颜部函普一支的首领来说，前一时期从德帝乌鲁到献祖绥可，其妻室皆云“不知何部人”[64]。其实，可能仍是同部之人，后世避讳耳。但从这一时期开始，自昭祖乃至太祖，都是与异部联姻。其正室有属于徒单一大支系的徒单氏、拏懒氏；有属于乌古论一大支系的乌古论氏；有属于蒲察一大支系的唐括氏、蒲察氏。是以《金史·章宗元妃李氏传》云：“国朝故事，皆徒单、唐括、蒲察、拏懒、仆散、纥石烈、乌林荅、乌古论诸部部长之家，世为姻婚，娶后尚主。”[65]在一般女真人中，除继续流行同部为婚外，这时也出现了异部通婚，但习惯势力还是比较顽固的，所以天辅元年（1117）五月，阿骨打下命强令“自收宁江州已后同姓为婚者，杖而离之”[66]。异部之间通婚的出现，更加强了地缘之间的联系和统一的女真民族的形成。

最后，于第三时期之末，猛安谋克组织终于成为一种统一的全新的制度。猛安的性质与谋克组织一样，只是更高一级。宁江州战役之前，虽不见有关猛安的记载，但其一定在太祖“初命诸路以三百户为谋克，十谋克为猛安”[67]之前，就已经出现了。因为按此计算猛安当为三千户，而“猛安”一词本是“千”的意思。《金史·金国语解》亦谓：“猛安，千夫长；谋克，百夫长也。”[68]《三朝北盟会编》也说：“萌报（明安）千户。”[69]但其出现的时间可能要比谋克晚些。因为猛安是比谋克更高一级的组织，需要有一个发展的过程；在第二个时期还未见到动员上千的人参加作战，直到穆宗将伐萧海里始“募兵得千余人”[70]。另外，当时还存在地方一级的联盟，还有着都部长。猛安的出现，大约在穆宗末年，令“诸部自今勿复称都部长”[71]，也就是第三时期开始之时。猛安出现以后，更加剧了血缘组织向地缘组织的演变。及太祖阿骨打克宁江州还师之后，“初命诸路以三百户为谋克，十谋克为猛安”[72]，只是肯定了这一演变，并据需要做了适当的调整。这些做法，标志着女真人从血缘组织到地缘组织的演变已经完成。女真人从此便以全新的标准“按地区来划分它的国民”[73]，从一个统一的民族开始步入了文明社会。第二年，即公元1115年正月，便宣告了金王朝的建立。

通过以上论述，可以看到女真人的社会组织形式，从血缘组织到地缘组织的演变过程，具有三个明显特征：（一）经长期的迁移扩散，原有的氏族部落分散了；（二）在结成军事联盟的过程中，于大联盟之下还存在地区一级的联盟；（三）村寨和猛安谋克组织，最终代替了血缘组织。这些特征，与易洛魁人和希腊人均不同。因为女真人除了受周围先进民族长期影响之外，还与易洛魁人处于不同的发展阶段，而希腊人又仅仅聚集在阿提卡的一个狭小范围。因此这些特征，不应仅视为女真人所独有，在某种程度上也具有一定的普遍意义，对探讨文明的起源和民族的形成以及国家的产生，都具有重要参考价值。

原文刊载《辽金史论集》第二辑，书目文献出版社 1987 年版；
选自《女真新解——王可宾论文集》，吉林大学出版社 2012 年版

注释：

1.〔德〕马克思：《摩尔根〈古代社会〉一书摘要》，载《马克思古代社会史笔记》，人民出版社 1996 年版，第 122—366 页。

2.［元］脱脱等：《金史》卷一《世纪》，中华书局 2022 年版，第 3 页。

3. 参见［宋］徐梦莘：《三朝北盟会编》卷三《政宣上帙三》，上海古籍出版社 1987 年版，第 16 页。

4.《金史》卷五五《百官志一》，第 1312—1313 页。［元］姚燧《牧庵集》卷一七《南京兵马使赠正议大夫上轻车都尉陈留郡侯布色君神道碑》（人民文学出版社 2011 年版，第 276 页）所记数字与此相异，且谓陇西郡为黑号之姓。应以《金史》为准。

5. 金启孮：《女真文辞典》，文物出版社 1984 年版，第 296 页。

6.［宋］宇文懋昭撰，崔文印校证：《大金国志校证》卷三九《男女冠服》，中华书局 1986 年版，第 552 页。

7.《金史》卷六七《留可传》，第 1684 页。

8.《金史》卷一《世纪》，第 16 页。

9.［金］张玮撰，任文彪点校：《大金集礼》卷三《皇统五年增上祖宗尊谥》，浙江大学出版社 2019 年版，第 55 页。

10.《新唐书》卷二一九《黑水靺鞨传》，中华书局 1975 年版，第 6178 页。

11. 徐梦莘：《三朝北盟会编》卷三《政宣上帙三》，第 18 页。

12. 陈述：《金史拾补五种・金史氏族表》，科学出版社 1960 年版，第 2，9 页。

13.〔德〕恩格斯，中共中央马克思恩格斯列宁斯大林著作编译局译：《家庭、私有制和国家的起源》，人民出版社 2018 年版，第 98 页。

14. 恩格斯：《家庭、私有制和国家的起源》，第 114 页。

15. 参阅张博泉：《金史论稿》卷一，吉林文史出版社 1986 年版，第 59—80 页。

16.《金史》卷六六《完颜勗传》，第 1658 页。

17.《金史》卷一《世纪》，第 16 页。

18.《金史》卷六七《石显传》，第 1673—1674 页。

19.《金史》卷一《世纪》，第 5 页。

20.《金史》卷六七《乌春传》，第 1677—1680 页。

21.《金史》卷六七《腊醅传》，第 1681—1683 页。

22.《金史》卷六七《留可传》，第 1684 页。

23.《金史》卷一《世纪》，第 13 页。

24.《金史》卷六七《桓赧传》，第 1674—1677 页。

25.［清］长顺修、李桂林纂：《吉林通志》卷一二〇《金石志 · 金完颜娄室碑》，吉林文史出版社 1986 年版，第 1763—1770 页。

26.《金史》卷一《世纪》，第 2 页。

27.《金史》卷一《世纪》，第 14 页。

28.《金史》卷七〇《石土门传》，第 1721—1722 页。

29.《金史》卷六七《乌春传》，第 1677—1678 页。

30.《金史》卷六七《阿疏传》，第 1685 页。

31.《金史》卷六七《钝恩传》《留可传》，第 1683，1684 页。

32.《金史》卷一《世纪》，第 4—5 页。

33.《金史》卷一《世纪》，第 16 页。

34.《金史》卷六七《阿疏传》，第 1686 页。

35. 长顺修、李桂林纂：《吉林通志》卷一二〇《金石志 · 金完颜娄室碑》，第 1763—1770 页。

36.《金史》卷六七《乌春传》，第 1678 页。

37.《金史》卷一《世纪》，第 7，12，14，13 页。

38.《金史》卷六七《留可传》，第 1684 页。

39.《金史》卷七〇《石土门传》，第 1721—1722 页。

40.《金史》卷六七《石显传》，第 1673 页。

41.《金史》卷六七《留可传》，第 1684 页。

42.《金史》卷六五《跋黑传》，第 1642 页。

43.《金史》卷一《世纪》，第 16 页。

44.《金史》卷二《太祖纪》，第 27 页。

45.《金史》卷一《世纪》，第 14 页。

46.《金史》卷二《太祖纪》，第 24 页。

47.《金史》卷二《太祖纪》，第 24 页。

48.《金史》卷二《太祖纪》，第 25 页。

49.《金史》卷二《太祖纪》，第 26 页。

50.［元］脱脱等：《辽史》卷二八《天祚皇帝纪二》，中华书局 2017 年版，第 372—373 页。

51.《金史》卷一《世纪》，第 3 页。

52.《金史》卷六七《石显传》，第 1673 页。

53.《金史》卷六七《桓赧传》，第 1675 页。

54.《金史》卷一二〇《唐括德温传》，第 2760 页。

55. 恩格斯：《家庭、私有制和国家的起源》，第183页。
56.《金史》卷四四《兵志》，第1062页。
57. 徐梦莘：《三朝北盟会编》卷四《政宣上帙四》，第30—31页。
58.［清］阿桂等：《满洲源流考》卷一八《国俗三》，文渊阁四库全书本，第499册，第749页。
59.［清］乾隆：《钦定金史语解》卷六《职官》，文渊阁四库全书本，第296册，第161页。
60.〔日〕三上次男著，金启孮译：《金代女真研究》，黑龙江人民出版社1984年版，第134页。
61. 徐梦莘：《三朝北盟会编》卷四《政宣上帙四》引《茅斋自叙》，第30页。
62. 徐梦莘：《三朝北盟会编》卷二〇《政宣上帙二〇》引《宣和乙巳奉使行程录》，第145—146页。
63.〔朝〕郑麟趾：《高丽史》卷九《文宗世家三》，朝鲜太白山史库本。
64.《金史》卷六三《后妃传》，第1593页。
65.《金史》卷六四《章宗元妃李氏传》，第1626页。
66.《金史》卷二《太祖纪》，第32页。
67.《金史》卷二《太祖纪》，第27页。
68.《金史》之《金国语解》，第3050页。
69. 徐梦莘：《三朝北盟会编》卷三《政宣上帙三》，第18页。
70.《金史》卷二《太祖纪》，第23页。
71.《金史》卷一《世纪》，第14页。
72.《金史》卷二《太祖纪》，第27页。
73. 恩格斯：《家庭、私有制和国家的起源》，第189页。

社会群体篇

社会意义上的群体是指人们通过互动而形成的，按照一定的社会关系结合起来的集合体。社会群体是社会史研究的重要议题之一。一方面，相对于传统的专人研究而言，它关注的焦点由一个人转向一类人，避免了个案研究与普适性之间的不契合性；另一方面，从研究方法上来说，对社会群体的研究往往能够将碎片化的史料加以整合重塑，最大化地解读史料。

辽夏金社会群体的研究，一向受到学术界的重视。无论是血缘关系方面的宗族、家庭，还是关于性别年龄方面的妇女、儿童；无论是关于政治身份方面的贵族、奴隶，还是关于职业身份方面的士人、商人；无论是关于宗教信仰方面的僧道、信众，还是关于社会交往方面的通事、驿户，涵盖广泛，成果迭出，蔚为大观。

本篇所选三篇论文分别以通事、奥姑以及功臣为切入点，向我们展示辽、金，乃至于蒙元社会群体的若干侧面。

姚从吾《辽金元时期通事考》一文中的“通事”专指从事口头转述的翻译人员。尽管这一群体在人口数量方面很少，但在社会生活特别是政治生活和文化生活中起着重要的作用。在北方民族所建政权中，因族际交往的需要，这一群体的社会作用更显突出。辽朝开国君主耶律阿保机“解汉语”，“然绝口不道于部人”，避免部人效仿而沾染汉习，因此往往使用通事与使者会谈。辽太宗耶律德光灭后晋时，特别倚重通事，如以通事傅住儿与后晋降将张彦泽领军先入汴京，传宣命令，因此使通事无形中获得了很大的权力。“澶渊之盟”的成功，也与北宋使臣曹利用“能胡语”有很大关系。金朝建立后，派往汉地的女真官员多不通汉语，通事因之瞒上欺下，甚至有生杀予夺之权。最极端的例子，如萧肄向金熙宗译奏翰林学士张钧草诏，污以詈骂主上之罪而将其害死。蒙古初入主中原时期，高阶层的通事，多使用投降的汉化女真人；一般社会与中下层的通事，大多数是回回人。此时期之通事亦往往狐假虎威、作威作福。忽必烈时代则开始有计划地培养通事人才。虞集任经筵讲官时，为皇帝译述经典，感叹当时讲官翻译经史难达辞意的窘境。通观全文，作者不局限于一朝一代，而是贯通辽、金、元，进行长时段的分析，将散见各处的史料贯穿起来，使通事这一社会群体的出现、选任、作用等各方面的基本面貌得以呈现，这是以往单从专人研究很难揭示出来的，对碎片化的史料进行最大化解读。

傅衣凌《辽代奥姑考——母系社会遗迹之追寻》一文，挖掘辽朝女子地位高、权力大的零散史料，认为奥姑为母系社会及母权制时代的遗留痕迹。辽代施行姊妹继承法，表明在母系社会下，以女子姊妹相继承是合法行为。但其后因社会进化，女性渐失固有地位，男子渐起而代替。其实有关此问题的直接资料仅有一条，很难利用传统的史料考辨方法直接突破。作者另辟蹊径，以辽代“奥姑”特殊习俗为观察角度，思考其社会渊源，注重中国与世界民族早期历史的类比，从人类学角度宏观地去思考和探索辽代这一特殊群体，进而触及到妇女群体的社会地位这一大问题。此文是中国学界较早探究辽朝特殊社会群体和社会习俗的论文，为以后学界对资料稀少的问题进行深入研究提供了榜样。

王明荪《金初的功臣集团及其对金宋关系的影响》一文，主要讨论金初功臣集团的形成及其在金初朝廷内的地位与功臣集团影响金初对宋政策的程度两个问题。金初功臣集团主要由阿骨打家族（19人）、宗室（8人）、完颜部人（10人）、契丹人（2人）和汉人（2人）五部分组成。金初功臣集团中的辽人和汉人皆难影响中央决策。女真人中则尤以阿骨打家族权力较重，具体而言，则分别为以宗翰、希尹为代表的山西集团和以宗望为代表的华东集团，他们与致力于维护中央权力的官僚贵族等形成了三足鼎立的局面。从宋金海上之盟、金宋交恶，以及张邦昌伪楚政权和刘豫伪齐政权的建立，再到废齐和宋、宗弼南侵以及最后金宋划淮为界，都受到了金初各种功臣集团势力的影响。金初功臣集团左右了当时一系列重大决策，他们之间的争权与跋扈，也刺激了拥护中央集权的朝臣们，使金朝逐渐走上巩固君权的制度化道路。作者采用统计的方法，梳理了各种不同背景的功臣，归纳总结出他们分属不同的集团势力，并以金宋和战的具体史实为依据，分析不同功臣在其中的作用，全文架构宏大，强烈的问题意识驾驭了零散的史料，描绘出金初这一群体的丰富面相。

概括而言，社会群体篇所选的三篇论文都十分注重某一群体与社会变迁之间的关系。作者虽然都是从具体的史料切入，从而深入挖掘其研究对象与社会、政治的关系。但我们更应该重视，他们何以能够目光如炬地提出这一问题，从而见微知著、由小见大地揭示它们所代表的社会群体及呈现出的时代风貌。

（王振华导读）

辽金元时期通事考

姚从吾

一、通事、译史的性质与得名的由来

就一般服务公家的性质与职掌来说，从事语言文字翻译工作的人，可以区别为两大类：一曰通事，二曰译史。我国历史悠久，地广人众。辽金元时代（907—1368）契丹、女真、蒙古都是以边区强族凭借武力与机运，入主中原的。语言不通，文字不同，公私上下，接触广泛，因之翻译工作，在在需要；通事与译史的职责与地位，倍见尊重。兹就平日涉猎所及，将这一时期通事的活动，略考如次：

（一）就翻译工作的性质说，通事是专指口头转述的翻译，古称舌人或译者。舌人改称通事，大概在唐代末叶，或辽宋初年。南宋以后，始废舌人、译者，专称通事。日儒诸桥辄次编纂的《大汉和辞典》第11册“通事”下，列举有关通事的材料甚多，就这一粗浅的调查说，通事的得名，即在唐朝末叶。简单地说：通事一词，虽见于《周礼·秋官》，但意指“朝觐聘问”，后来引申为“谒见传达”。到了唐朝《启颜录》时代，虽说：“通传语言，堪作通事舍人”，但似乎尚没有通事的专称（暂时假定如此，余容再考）；译史是专从事文字翻译的人员，含义比较简单。本义自明，不烦申说。若我们把通事与译史比照德文、英文、蒙古文中的对译，他们的含义与性质，当更能明白。汉文中的通事（口头的翻译），德文作 Dolmetscher，英文作 Interpreter；译史是指从事文字类的翻译人员，德文作 Uebersetzer，英文作 Translator。蒙古话称口头的译者（通事或舌人）为 Kelmerci，汉文写作“怯里马赤”[1]，叶子奇的《草木子·杂俎篇》同。有时也写成“乞里觅赤”或“郄里马赤”。做文字翻译的人，《元史》称为译史，蒙古文称之为 Orcigulagci。蒙古文中，以前称翻译佛经的人为 Orcigulugci，也正合《元史》中译史的身份。

（二）据《元史》卷八五《百官志》记载，往往通事与译史，同时并列，可知他们的职掌，全然不同。大致通译语言的人，叫作通事。这类人大概只会说话，不一定认识文字。能兼通文字的人，职位较高，在他们中间，实在只占极少数。在政府机关中翻译文书的人，叫作译史。他们大都既能翻译文字，同时多数也能担任口头的传译。至于这两种人，有时混用，如叶子奇《草木子·杂俎篇》所说："立怯里马赤，盖译史也，以通华夷语言文字。"应是指少数译史又兼通事说的。

（三）把现在所说的翻译官（Interpreter），明明白白叫作通事，流行的《资治通鉴》最后几卷，就常常提到。例如卷二八五，公元946年耶律德光接受杜重威投降后，遣张延泽往取大梁（开封），那时候协助张延泽的傅住儿，就是一名通事。《通鉴》原文说"以通事傅住儿为都监。"又《通鉴》卷二八六说"契丹主（耶律德光）入封邱门，民皆敬呼而走。契丹主登城楼，遣通事谕之曰：'我亦人也，汝曹勿惧！会当使汝曹苏息！我无心南来，汉兵引我至此耳！'"这固然不能说是传译通事的始见，但这里的通事，是指"舌人"或口头的翻译人员，则是很显然的。

其次，宋人出使报告与杂记说到通事的书，如《黑鞑事略》："译而通之，谓之通事。"（见后）又如周密（1232—1298）在《癸辛杂识》中说："译者今北方谓之通事，南蕃海舶谓之唐舶，西方蛮猺谓之蒲叉，皆译者之名也。"《黑鞑事略》作于1237年，较《癸辛杂识》为早。可知当时用通事代替舌人已成定局，那时候南宋的人与华北各地人士都是一致承认的。

二、契丹建立辽朝时期的通事

（一）阿保机是一位中国通，但他有意不说汉话而喜用通事

契丹族建立辽朝（907—1125）的太祖阿保机，是文武全才，富有机智。就他的西交李克用，南制刘仁恭、刘守光父子，选用大批汉臣，兵入长城，南向争霸中原到处成功说，他应当是一位中国通。他的继任的人次子耶律德光亦然，所谓"中国事，我皆知之；吾国事，汝曹不知也"，出自德光无心的流露，实情确是如此。辽太祖天显元年（中原后唐明宗天成元年，公元926年）七月的时候，后唐明宗（李嗣源）新立，派遣专使姚坤到契丹告哀（报告庄宗的崩逝）。姚坤先到西楼（今热河林东县，时为契丹阿保机冬捺钵所在地），适逢可汗东征渤海国（首都忽汗城，今吉林宁古塔西南）。姚坤又赶赴渤海，在扶余城（今吉林农安县）以东的慎州（今永吉以北，旧名乌喇的地方）会见了阿保机。当时一代霸主阿保机与述律皇后亲自接见，会谈数次。阿保机吐露了南侵的野心，对于敌人李存勗的早死，喜极假啼；对于后唐征服西蜀，表示关切；对于新君李嗣源，则希望合作，但以获得镇州为条件。最后他得意忘形地说了一句不应当说的内心话："吾能汉语，然绝口不道于部人，惧其效汉而怯弱也。"[2] 这一段话也见于薛居正的《旧五代史》卷一三七，唯字句稍有出入。原文说："阿保机善汉语。谓坤曰：'吾解汉语，历口不敢言，惧部人效我，令兵士怯弱故也。'"这里牵扯到通事的问题，并且这一吐露，甚为重要。我们研究阿保机会说汉语，而有意不说的另一原因，就是他喜欢用通事。当时在契

丹主部下服务的通事很多，他们利用这些通事，随时侦知中原汉地的事情，但不需要自己动嘴去说汉话。还有一点，阿保机与姚坤这里的长篇谈话，没有提到通事。合理的推测是姚坤会讲契丹话，否则，即使契丹主习惯经常用通事传译汉语，习惯成自然，也就用不着再提通事了。

（二）耶律德光入汴时（949）崇信通事与通事作福作威的举例

《通鉴》记朱梁以后（卷一六六以后）的事，因为时代接近，所用材料多系原手记载（即同时代人的记事），故所记事实应与新旧《五代史》具有同等的价值。契丹太宗耶律德光于公元 946 年（开运三年）至 947（后汉天福十二年）之间，进兵开封的时候，曾重用当年服务军中的通事。

1. 开运三年（946）十二月杜重威既降，德光恨易州刺史郭璘常抗拒契丹兵，遣通事耿崇美诱降易州，郭璘遂为通事耿崇美所杀。

2. 同时遣张彦泽将二千骑取大梁（即开封），且安抚吏民，并遣通事傅住儿为都监，监彦泽军。张彦泽、傅住儿至大梁，住儿宣契丹主命，（晋）帝脱黄袍，服素衫，再拜受宣，左右皆掩泣。

3. 张彦泽、傅住儿纵兵大掠，贫民乘之，杀人取货，二日方止，都城（大梁）为之一空。契丹主怒张彦泽剽掠京城，并傅住儿锁之。宣示百官，皆言应死。己丑斩彦泽、住儿于北市。

4. 耶律德光至开封，晋百官素服待罪，契丹主命起、抚慰之。左卫上将军安叔千独出班胡语（说契丹话。安为沙陀人故习胡语）。契丹主曰："汝安没字耶？汝昔镇邢州（今河北邢台县），已累表输诚，我不忘也。"叔千拜谢，呼跃而退。[3]

5. 契丹主自封邱门入大梁，民皆敬呼而走。乃登城，遣通事谕之曰："我亦人也，汝曹勿惧。会当使汝曹苏息。我无心南来，汉兵引我至此耳！"[4] 凡此均可证明，通事一辞引用得普遍。

（三）辽宋澶渊盟约赖通事曹利用擅长契丹语得告成功

契丹与北宋弃战言好，两国最大的成功，是双方在公元 1004 年（宋景德元年，辽统和二十二年）澶渊盟约的缔结。从此北朝为弟，南朝为兄。北宋每年交付契丹银十万两、绢二十万匹（后增为银二十万两、绢三十万匹）作为常年的经济援助。实际上是用以换取两国间百一十六年（1004—1120）共存共荣的和平。著者近年来与日本学者田村实造教授共同研讨澶渊盟约长期奠定的原因。田村先生认为是北宋经援收了实效。我则认为实得力于以下的六个原因：（1）两国对峙已久，渐有修好的转念；（2）王继忠招亲后的沟通作用；（3）银绢起了经援引诱的实效；（4）曹利用会说契丹话，交涉进行顺利；（5）辽主战派萧挞凛的战死；（6）负气好战的太宗已死，真宗偏重守成。但仔细推究，经济资助与曹利用能说契丹话，实为最重要的原因。因为两国对峙，可战可和，和战关键，操在中间人的手中。语言相通，彼此没有隔阂，自可消除敌意，增加感情。现在好了，曹利用能说契丹话，可以和契丹的承天太后、辽圣宗坐下来谈谈了。这一点就我们今天对外交涉的经验来说，实在关系重大。[5] 曹利用可以说是出身通事，他就任宋朝北方沿边的走马承受。走马承受，用现在的话说，就是情报联络人员，与通事的性质是很接近的。

三、女真人建立金朝时期的通事

女真族自阿骨打改元收国，建立金朝起，到攻陷北宋首都东京止，前后仅十二年（1115—1127）。他们不但打垮了契丹人经营了 200 多年的辽朝，还彻底击溃了文化昌明的北宋，把疆域从哈尔滨向南扩张到淮水流域。东亚自大唐帝国（907）瓦解以后，东北民族逐鹿中原，虽说是前有契丹，后有女真。但是就武力南进的锐速，统治地域的广阔，都是后者胜于前者的。可是经过了这一次蕃汉大混合，女真族在武力方面的表现，虽甚卓越，而在文化方面却不免舍己从人，逐渐加入了中原儒教大同文化的集团。因为女真人兴起的迅猛，转变的迅速，他们初入中原期间有时表现出的粗野，遗留印象的残酷，也是契丹人与蒙古人所没有的。兹举洪晧《松漠纪闻》所述燕京通事陷害富僧与《金史》卷一一九《佞幸传》萧肄因口头改译赦文，诬杀张钧二事，作为示例：

（一）《松漠纪闻》：燕京通事陷害富僧的举例

1. 通事陷害富僧故事的原始形式[6]

金国之法，夷人（女真人）官汉地者皆置通事（原注：即译语官也，或以有官职人为之），上下重轻，皆出其手，得以舞文招贿，二三年皆致（钜）富，民俗苦之。有银珠哥大王（即银术可，《金史》卷七二有传；女真宗室，战功卓著，为衍庆宫功臣之一）者，（原注：银术者行第六十也）以战功贵显，而不熟民事。尝留守燕京（据《金史》七二本传，银术可天会十年到十三年，1132—1135，为燕京留守），有民数十家，负富僧金六七万缗，不肯偿。僧诵言："欲申诉。"逋者大恐，相率赂通事，祈缓之。

通事曰："汝辈所负不赀（赀音资。不赀，言不限也，意即甚多），今虽稍迁延，终不能免。苟能厚谢我，为汝致其死！"皆欣然许诺。

僧即（既）陈牒，跪听命。通事潜易他纸。译言曰："久旱不雨，僧欲焚身动天，以苏（困而得息曰苏）百姓。"银术（哥）笑，即书牒尾，称"塞痕"者再。庭下已有牵拢官二十辈，驱之出。僧莫测所以，扣之，则曰："塞痕，好也，状行矣。"须臾出郭，则逋者已先期积薪拥僧于上；四面举火，号呼称冤，不能脱，竟以焚死！

2. 故事的转述与解说

（1）《大金国志》的转述：这个通事陷害富僧的故事，宋宇文懋昭所辑的《大金国志》卷十二，在熙宗皇统五年（1145）“颁行皇统新律十余条”的下面，曾有转述。内容与《松漠纪闻》大致相同，仅在起首时，有所改易，并认为这是“国法”（女真法）严酷的举例。《大金国志》的原文如下：

大概国法酷严，北人官汉地者皆置通事，即译语官也。而通事之舞法尤甚，上下轻重皆出其手，招权纳贿，二三年皆致富，民俗苦之。有银朱哥大王者，以战多贵显，而不谙民事。尝留守燕京……至竟以焚死。（自“尝留守燕京”以下，至“竟以焚死”，与上节原文全同，从略）

（2）两种记事的比较：《松漠纪闻》说：“金国之法，夷人官汉地者，皆置通事”；《国志》改为“国法酷严，北人官汉地者，皆置通事”。又改“不熟民事”为“不谙民事”，“僧即陈牒”为“僧既陈牒”等。两相比较，颇觉后胜于前。又因立场不同，自然也改变了述事的口气。但就这个故事的全文说，《国志》是抄自《松漠纪闻》，情节显然，自无可疑。按：《大金国志》四十卷，旧题宋宇文懋昭撰。目下通行版本，有扫叶山房“四朝别史”本，与北平文殿阁国学文库等排印本。江安傅增湘先生在《藏园群书题记》初集卷二中，对此书曾有长跋。兹略采数语，以见梗概：“此书是否出于懋昭，要为可疑。余（傅氏）意此书不仅后人窜乱，或为元人所撰，因懋昭旧有此书，遂托其名以传世，而不悟其文字岁月之多抵牾也。”

（3）感想与批评：《松漠纪闻》所记这个通事作福作威，陷害富僧的故事，大致可信。第一，因为女真人占领北平，语言不通，蛮不讲理，欺凌降者，随便杀人。僧既富有，犹想放债图利，也是有取死之道的。第二，徐霆在《黑鞑事略》中说：“燕京市学，多教回回字及鞑人译语。才会译语，便效通事，便随鞑人行打，恣作威福，讨得撒花，讨得物事吃！”以《事略》比《纪闻》，通事的作福作威，如出一辙，所以说这位通事欺诈骗财的事是可信的。

（二）《金史》卷一二九《萧肄传》：萧肄借翻译赦诏陷害学士张钧

1.《金史》卷一二九佞幸萧肄（百衲本）的原文

萧肄，本奚人，有宠于熙宗，复谄事悼后（即悼平皇后，《金史》卷六三有传），累官参知政事。皇统九年（1149）四月壬申（应为十九日）夜，大风雨，雷电震坏寝殿鸱尾（一作蚩尾，屋脊之饰）。有火自外入，烧内殿帏幔，帝徙别殿避之。欲下诏罪己，翰林学士张钧视草。钧意：“欲奉答天戒，当深自贬损。”其文有曰：“惟德弗类，上干天威”及“顾兹寡昧，眇予小子”等语。

肄译奏曰："'弗类'是大无道；'寡'者孤独无亲；'昧'则于前人事弗晓；'眇'则目无所见；'小子'，婴孩之称。此汉人托文字以詈主上也！"帝大怒，命卫士拽钧下殿，榜之数百，不死，以手剑剺其口而醢之。赐肄通天犀带。

凭恃恩幸，倨视同列，遂与海陵有恶。及篡立，加大臣官爵，例如银青光禄大夫，数日，召肄诘之，曰："学士张钧何罪被诛？尔何功受赏？"肄不能对。海陵曰："朕杀汝无难事，人或以我报私怨也！"于是，诏除名，放归田里，禁锢不得出百里外。

2.《金史》卷一二九《萧肄传》的校勘与解说

上边所说的《萧肄传》，作者前次留学德国时，曾译成德文在《亚洲学报》（*Asia Major*）第九卷发表，作为外族入主中原时，中原地区曾付重大代价的举例。今举示三点，解释以外，并略作校勘。

（1）《金史》卷四《熙宗纪》与卷二三《五行志》关于皇统九年（1149）灾异的旁证。《金史》卷四《熙宗纪》，皇统九年说："四月壬申（三月初一是癸未，故壬申当为二十四日）……大风坏民居官舍，……死伤者数百人。"又说："五月戊子（当为六日）以四月壬申，丁丑天变肆赦，命翰林学士张钧草诏。参知政事萧肄摘其语以为诽谤。上怒，杀钧。"

（2）《金史》卷二三《五行志》："皇统九年四月壬申夜，大风雨，电震寝殿鸱尾坏，有火入帝寝，烧帷幔。上惧，徙别殿。"就《金史》之《熙宗纪》与《五行志》所说，女真皇帝熙宗，对这一次的天灾，甚为重视，且因恐惧，徙迁别殿。他的下诏罪己，自然很具诚意，但也是迫不得已。

（3）萧肄借译文陷害张钧，实属小人之尤，罪大恶极。可是原文女真话如何说法，我们现在已不能知道了。目下所知道的仍是女真语的汉文转译。现在我们依据汉文语意，试作如下的解说："弗类，是大无道"，那就是说"不成东西"。"寡者，孤独无亲"，意思是说"皇帝是孤家寡人"，或者是刚愎武断的独夫。"昧，则于人事弗晓"，即是说他是一个糊涂虫。"眇，则目无所见"，是一个看不见东西的瞎子。"小子，婴孩之称"，那就是一个无知无识的小孩子了。所以萧肄又综合地说了一句很不利张钧的话："此汉人托文字以詈（音荔，骂也。《辞海》引韵曰：正斥曰骂，旁及曰詈）主上也！"这样转译，对于一向狂傲不驯的金熙宗来说，自然要勃然大怒，亲自拔手剑杀死张钧了。

这一篇短文，就校勘说，尚有以下可资启示的地方。如"以手剑剺其口而醢之"，通行的武英殿刊本《金史》，均作"厘"。厘者，治也，福也，没有割的意思。所以殿本"以手剑厘其口"，是讲不大通的。因此清代研究金史的专家施国祁，在所著《金史详校》卷十即说："厘，当作剺。"当时廿四史的版本不完，百衲本《金史》不易得，现在的百衲本《金史》作剺。这一点可以证明百衲本的可贵。剺，音梨，画也，割也。剺面也就是画其面。剺其口，就是用手剑割其口，或画其口。

四、蒙古初入主中原时期的通事

（一）宋子贞对于蒙汉语言不通困难的认识

宋子贞《中书令耶律公神道碑》说："国家承大乱之后，天纲绝，地轴折，人理灭，所谓更造夫妇，肇有父子者，信有之矣！加以南北之政，每每相戾，其出入用事者又皆诸国之人，言语之不通，趋向之不同，当是之时，而公以一书生孤立于庙堂之上，而欲行其所学，戛戛乎其难哉！幸赖明天子在上，谏行言听，故奋袂直前，力行而不顾。然而其见于设施者，十不能二三，而天下之人固以钧受其赐矣！若此时非公，则人之类又不知其何如耳！"[7] 这一段议论很可宝贵，因为它能够将金元之际（1211—1259）中原由蒙古人入侵而引起的混乱情形告诉我们。

（二）《蒙鞑备录》与《黑鞑事略》中的译人与通事

1.《蒙鞑备录》一书内容共十七节，宋赵珙作。旧题孟珙撰，经王国维先生的考订，宋孟珙（《宋史》卷四一二有传）未尝出使蒙古，因此不可能会著此书。此书的真正作者，应为赵珙，曾充淮东制置使贾涉（《宋史》卷四〇三有传）都统司的计议官，于公元1221年（宋理宗嘉定十四年辛巳）曾奉贾涉之命，数度往返燕京蒙古军前，商洽议事，与此书中所述的年代事实均合。[8] 次为《黑鞑事略》，较《备录》更详细，内容分四十九节，系彭大雅与徐霆（1223—1237）两人所记，由徐霆合编而成。彭大雅觇国有识，徐霆亦记述得实。在公元1215年蒙古占领燕京（北平）以后，史料较少，旧《元史》又记载零乱。今幸得南宋使臣赵珙、彭大雅、徐霆诸家，以旁观者清的态度，记述当年蒙古人初入中原燕京的种种活动，实至为难得。王静安先生说这两部书，对于元朝初年历史研究的贡献，当不在《元朝秘史》与《亲征录》之下，实为确论。今将两书中关于译人与通事的记事，分别录出，以助研究。

2.《备录》中的译人，多为女真人。《备录》第六节"任相"条："首相脱合（即兔花）太师者，乃兔花太傅之兄。"这里的脱合，实为将相。"又有女真人，七金宰相，余者皆未知名，（大）率皆女真亡臣。"珙所见国王之前，有左右司二郎中，使人到则二人通译其言语，乃金人旧太守女真人也。

按：这里透露一个消息，就是元朝初年在蒙古中央任译人的，多半是女真人。证以《长春真人西游记》，公元1222年邱长春在西域雪山（在今阿富汗京城 Kabul 附近）谒见成吉思汗，当时真人为大汗讲道时，担任翻译的人，也即是太师耶律阿海。《西游记》原文说："师有所说，即令太师阿海以蒙古语译奏，颇惬圣怀。"可证耶律阿海的干才与得君。这件事值得注意的，即是蒙古初入长城以内，逐渐赶走了女真人，占领以燕京为重心的华北地区，但这时候蒙古政府中的主要译人，则都是没有南迁的女真人。

3.《黑鞑事略》中的通事。《黑鞑事略》中有下列三节，讲到通事与当时通事们在燕京的胡作乱为。又有一处，说道："回回人聪明，多技巧，多会诸国言语，真是了得！"我们觉得，在蒙古人初入中原时期，担任重要译人的，首推女真人，其次即是回回人。这里的回回，应是指畏兀儿人说的。《黑鞑事略》中说到通事的三节，均甚重要，分述如下：

（1）第十八节：其言语，有音而无字，多从借声，译而通之，译之通事。

（2）第二十四节："其事（应作其记事），书之以木杖，如惊蛇屈蚓，如天书符箓，如曲谱五凡工尺，回回字殆兄弟也。（以上彭大雅所记。以下徐霆所疏，原书低一格）"霆尝考之，鞑人本无字书，然今（1236）之所用，则有三种：

①"行于鞑人本国者，则只用小木，长三四寸，刻之四角。例如差十马，则刻十刻；大率只刻其数也。其俗：'淳而心专'，故言语不差。其法：'说谎者死'，故莫敢诈伪。（已故）虽无字书，自可立国。此（所用）小木，即古木契也。"

②"行于回回者则用回回字，镇海主之。回回只有二十一个字母，其余只就偏旁上凑成。"

③"行于汉人、契丹、女真诸亡国者只用汉字，移剌（即耶律的异写）楚材主之。却又于后面年月之前，镇海亲写回回字，云'付与某人'。此盖专防楚材，故必以回回字为验，无此则不成文书。殆欲使之经由镇海，亦可互相检泥（即互相约束、牵制、不使滥用作伪）也。'燕京市学多教回回字及鞑人译语。才会译语，便效通事；便随鞑人行打，恣作威福，讨得撒花，讨得物事吃。契丹女真原自有字，皆不用。"

（3）第三十节："鞑俗真是道不拾遗，然不免有盗，只诸亡国之人为之。回回又以物置无人之地，却远远'卓望'（远立而眺望），才有人触着，急来昏赖。回回之狡心最可畏，且多投巧，多会诸国言语，真是了得！"

就以上所选备录与事略所论译人与通事说，我们可以获得如下的印象：

第一，彭大雅所说："译而通之，谓之通事。"这或者即是通事得名的由来。

第二，徐霆所说："才会译语，便效通事；便随鞑人行打，恣作威福，讨得撒花（红包），讨得物事吃！"这也正是当年通事在燕京各地，作威作福的写照。就史料说，尤有价值。

第三，徐霆又说："回回多投巧，多会诸国言语，真是了得。"这一节所说，虽与译人或通事，无直接关系，但却透露了一个重要消息，就是，当年蒙古势力，初入中原，高阶层的译人或通事，多数是已汉化的女真人。一般社会与中下层的译人与通事，似乎大多数都是回回人。

五、元朝忽必烈时代（1260—1294）的通事

（一）忽必烈汗的重视通事

苏天爵《国朝名臣事略》卷八《许文正公衡事略》：“先生（许衡）每有奏对，或欲召见，则上（忽必烈）自择善译者，然后见之。或译者言不达意，上已领悟；或语意不伦，上亦觉其非而正之。”（以上元刻本，卷八，第 17 页）这件事可以证明忽必烈深切了解通事的重要，并知道他是如何的重视通事。

（二）他与许衡有计划地培养通事人才

根据以上的事实，我们得知忽必烈深知训练通事人才的重要性，同时他也曾用心地培植通事。《元史》卷一五八《许衡传》说：“帝久欲开太学。八年（1271）乃以许衡为集贤大学士兼国子祭酒（略如现在的大学校长），并亲为择蒙古及藩邸子弟（如安童，贺胜等），俾教之。”使他们成为好的通事，或了解中原文化、沟通中蒙文化的好的中间人。“衡喜曰：‘此吾事也。国人子视听专一，置之善类中，涵养数年，将必为国用。’乃选姚燧等十二人为伴读，待之如子弟，人人自得尊师之乐。”这件事，自然不是忽必烈的泛泛兴学校，而是很用心地、有计划地培植翻译，与培植沟通介绍蒙古文化与中原文化的人才。我们看了下边的一节，更可了然。

（三）贺胜等的不负教导

虞集《道园学古录》卷一三《贺丞相（胜）神道碑》说：“臣常以为世祖皇帝之知人善任使，何其始终之有道也！考诸惠愍（贺胜）之事，而益信焉。大臣之子在宿卫者，言语之间，其教固已密矣，察之固已详矣。然又以为未足，又必使之知经术焉，覃怀许文正公衡，方倡（导）儒学以佐治化。一时贵游之英俊，必遣使受学焉。其所成就，虽深浅不同，要（皆）各有可称述。”这一篇与上文合而观之，忽必烈与许衡曾经有计划地训练了一批蒙古与藩邸的聪明子弟，使通晓语言文字，经术儒学，以担当沟通两种不同文化的责任，自是很明显的。我们可以说，忽必烈的中统至元之治，相当成功，实在即是自培养通事做起。

六、《元史》虞集传所说经筵讲官（高等通事）给蒙古皇帝讲书的困难

我国旧日沿袭下来的政治制度，是君主专制政体，把君主看作一家之长，握有无上威权。因此君主的学识如何？对于一代的政治设施，自然有深切的关系。为补救君主学识的不足，高明一点的君主如西汉的宣帝（前 73—49）、唐朝天宝以前的玄宗（712—755），即想到延请国内

儒者，集会讲论经史（例如石渠阁的会讲），或设置侍读等官辅助皇帝研经论史。这种坐而论道、借古证今的习惯，行之稍久，即成为历史上的经筵制度。北宋以后，对经筵尤为重视。忽必烈的延接四方文学之士，也有讲经论史的意味。到了泰定帝（1324—1327），选任王结、虞集为经筵讲官，天子驾幸上都，二人常执经以从。但替蒙古皇帝讲经说史，需要翻译，自然讲官也变成了高等的通事。《元史》卷一八一《虞集传》载有一段他当经筵讲官（实际上即是通事）时，为泰定帝讲书的困难。这样的例子在正史中很难遇到，现在选述如下：

（一）虞集升任经筵讲官的经过

"虞集字伯生，宋丞相（虞）允文五世孙。……三岁即知读书，与弟槃皆受业家庭，出则以契家子从吴澄游，授受具有源委。大德初（元年为1297）除国子助教，即以师道自任。仁宗即位（1312）责成监学，拜台臣为祭酒，除吴澄司业。澄等皆欲有所更张，以副帝意，集力赞其说。有为异论以沮之者，澄投檄去，集亦以病免。未几除太常博士，迁集贤修撰。六年（1229）除翰林待制，兼国史院编修官。泰定初（1324）除（集）国子司业，迁秘书少监。天子幸上都（今多伦附近）以讲臣多高年，命集与集贤侍读学士王结（《元史》卷一七八有传）执经以从，自是岁常在行。"

（二）虞集传所说讲书的困难

《虞集传》中曾说到他讲书时解说润译的困难，亲切质实，照录如下："经筵之制，取经史中切于心德治道者，用国语（汉文）两进读。润译之际，患夫陈圣学者未易于尽其要；指时务者，尤难于极其情；每选一时精于其学者为之，犹数日乃成一篇。集为反覆古今名物之辨以通之，然后得以无忤，其辞之所达万不及一，则未尝不退而窃叹矣。"

（三）虞集自述甘苦的解说

1. 上文记述经筵讲官为蒙古皇帝讲书事，极有价值。有了这一段的记述，我们方能了解元朝时期的经筵讲官为蒙古皇帝讲说时，所遭种种困难的实在情形。

2. 这里列举实例，以说明一朝制度的内情，就史料说甚为难得。可惜《新元史》《蒙兀儿史记》都把这一节删去了。这也就是第二手材料不可用与没有价值的一个例子。

3. 经筵之制一段，不但可以使我们了解虞集为泰定帝讲书时困难的情形，也可以使我们了解汉臣为其他蒙古皇帝的讲官与进言时的困难情形。这一抽样的说明，十分可贵，应当加以注意。

原文刊载《"国立"台湾大学文史哲学报》1967年10月第十六期；
选自《姚从吾先生全集（五）》，正中书局1981年版

注释：

1. ［明］宋濂等：《元史》卷八五《百官志一》，中华书局 1976 年版，第 2124 页。

2. ［宋］欧阳修：《新五代史》卷七二《契丹传》，中华书局 2016 年版，第 1006 页。

3. ［宋］司马光：《资治通鉴》二八六，中华书局 1956 年版，第 9327 页。

4.《资治通鉴》卷二八六，第 9328 页。

5. 曹利用能胡语，见于杨仲良的《长编纪事本末 · 澶渊之盟篇》。此处所注出处有误，《长编纪事本末》并未明确记载曹利用能胡语，而在《续宋编年资治通鉴》中有“臣昜使胡，晓胡语”的记载。——编者注

6. 录自洪皓的《松漠纪闻》，辽海丛书本，第 10—11 页。

7. 苏天爵编：《元文类》卷五七，安徽大学出版社 2020 年版，第 1173 页。

8. 事见周密《齐东野语》卷一九“嘉定宝玺”条与《宋史》卷四〇三《贾涉传》。

辽代奥姑考

——母系社会遗迹之追寻

傅衣凌

“奥姑”一词，当未读到本文之前，我想，许有一些的读者会怀着疑问想，这到底弄什么玄虚呢？现在且先转过来说说我写本文的动机。三四年前，余读《汉书·地理志》载“齐襄公时，令国中民家长女不得嫁，名曰巫儿，为家主祠。嫁者不利其家，民至今以为俗”。极饶兴味。当时即推断为母系社会之遗迹，颇思类辑域中关于此种的记载，作系统的说明。嗣因忙于他业，遂弃置不复问。月前为搜集辽代奴隶制度史料之故，曾将《辽史》细读一过，见辽代社会组织有一特色，即女子地位特高，其权力亦颇大，如后妃可以掌兵政、从戎事。

> 辽以鞍马为家，后妃往往长于射御，军旅田猎，未尝不从。如应天之奋击室韦，承天之御戎澶渊，仁懿之亲破重元，古所未有，亦其俗也。[1]

可以建置行宫，行宫即斡鲁朵，为辽代特殊的政治单位，其中有城郭、有官吏、有人民，盖变形之封建组织，惟帝后得建立之。

> 蒲速盌斡鲁朵，应天皇太后置。兴隆曰蒲速盌，是为长宁宫，以辽州及海滨县等户置。[2]

可以立州县。

> 永州，永昌军，观察，承天皇太后所建。
>
> 仪坤州，启圣军，节度，……生应天皇后述律氏，适太祖。太祖开拓四方，平渤海，后有力焉。俘掠有伎艺者，多归帐下，谓之属珊。以所生之地置州。[3]

而公主亦得有自己的分邑，可以建州置军。

徽州，宣德军，节度，景宗女秦晋大长公主所建，媵臣万户，在宜州之北二百里，因建州城，北至上京七百里，节度使以下，皆公主府署，户一万。

成州，长庆军，节度，圣宗女晋国长公主以上赐媵臣户置，在宜州北一百六十里，因建州城，北至上京七百四十里，户四千。

渭州，高阳军，节度，驸马都尉萧昌裔建，尚秦国王隆庆女韩国长公主，以所赐媵臣建州城，显州东北二百五十里。辽制，皇子嫡生者，其女与帝女同，户一千。[4]

此种事实，似甚可怪。但我们晓得在古代时，曾有过女性中心社会的阶段，此时的女性掌管社会上的一切事情，不论政权、教权，胥受其支配。盖辽为游牧民族，崛起于塞外，去古未远，此种遗习之得有残留，殊无足疑。嗣读至《公主表》，见有“奥姑”之俗，始得一具体事实之证明，其词如下：

幼为奥姑。契丹故俗，凡婚燕之礼，推女子之可尊敬者坐于奥，谓之奥姑。[5]

我复见《太宗本纪》载有：“除姊亡妹续之法。”[6] 又得一强有力之佐证。试索此文的意义，则可以推知当此时代之前，辽代有施行姊妹继承之法，这就是表明在母系社会之下，以女子姊妹相继承认为合法的行为。但其后因社会的进化，女性渐失其固有地位，男子渐起而代替之。兹再征引各民族间之母系社会的遗迹，而与辽代奥姑之俗相照，并确知其为进化民族必经的阶段。

关于西洋方面，则有这一段神话：

“雅典”（Athenes）这个词，是从“米来夫”（Minerve）这个字来的，希腊人称为 Athena，根据费龙的意思，他其所以名为城市的理由如下：一棵橄榄树忽然在这个地方长起来了，那个地方忽然又出了一线泉水，这两种奇怪事惊慌了国王，国王就去问“得尔弗士”（Delphes）的亚波罗神（Apolon），看这两种奇事究竟是什么意思，并且应该怎么样办。神回答道：橄榄树的意思就是 Minerve，泉水的意思就是 Neptune，这就是要城市里的居民，于二名之中任取一名来做他们城市的名称。于是国王召集全体的公民——召集男子，同时也要召集女子——因为女子在公民之中是有表决权的。选举票收集以后，男子都是投 Neptune 的票，女子都是投 Minerve 的票，因为在这个城市里面女子比男子多一个人，所以应该选 Minerve 的名字了。到此时 Neptune 神却发怒了，用他的波涛来扰乱雅典人的土地，为平息这场风波，女子就要受三种的罚：第一，女子从此就没有在大会中的投票权；第二，女子所生的小孩，没有一个是可以用她的姓氏；第三，从此以后，女子不能够作雅典人。[7]

这段神话很明白地告诉了我们，女子是社会里的中心人物，女子不仅有政权、教权，并且其所生的子女还是用她的姓氏。

其在东方，汉唐时期的四裔民族，也有同样的习俗。据郑师许氏的考证云：

女权社会，在吾族无征，……若四裔民族则不然。马氏《文献通考·四裔考十六·东女》云："东女亦曰苏伐刺拿瞿咀罗，羌别种也。东与吐蕃、党项、茂州接，西属三波诃，北距于阗，东南属雅州罗女蛮、白狼夷；有八十城，以女为君。官在外者率男子为之，凡号令女官自内传，男官受而行之。王侍女数百，五日一听政。王死，以金钱数万纳王族，求淑女立之，凡二次为小王，王死因以为嗣。"其国在隋开皇六年及唐武德、贞观时均曾遣使入贡。其地约当今日西藏之西、和阗之南。据右文所载，宛然《镜花缘》中之女儿国也，又云："俗轻男子，女贵者咸有侍，男被发以青涂面，惟务战与耕而已。子从母姓。"非所谓女性本位而何？又同书《四裔考十九·乌桓》云："乌桓者，本东胡种也。汉初保乌桓山，因以为号。俗，怒则杀父兄，而终不害其母。以母有族类，父兄每相仇杀故也。"谓不害其母，以母有族类，则女性本位社会之有家庭组织，男性无之，尤为显而易见之事。[8]

上面所述，不过确证母系社会之存在。这里，我再把与辽代奥姑具有同样性质的齐国巫儿俗详论一下，借以互相比较。

《读律余谈》云："日本法律有女户主。以女子奉祭祀，而赘婿入女子之家，此为欧西法律所无。然各国宪法，每以女子承位，则亦女户主之理也。"《汉书·地理志》载：齐襄公时，令国中民家长女不得嫁，名曰巫儿，为家主祠。嫁者不利其家，民至今以为俗。是汉时长女主祠，亦名巫儿，巫儿不必齐襄之法。《秦策》曰：太公望，齐之逐夫。《说苑》亦言太公望，故老妇之出夫。夫而可逐、可出，则与日本之女户主无异。可知齐国早有巫儿之法也。《贾谊传》言秦地子长则出赘，本以避赋役。故秦汉之法，薄待赘婿，或加算、或遣戍。因赘婿无籍，以其妻之籍为籍。此其妻皆巫儿也。观此，知吾国旧法与日本同。宋程大昌《演繁露》载元丰六年，提举河北保甲司言：乞义子孙、舍居婿、随母子孙、接脚夫等，见为保甲者，候分居日，比有分亲属给半。诏著为令。此所谓舍居婿，即现行法律所谓招婿养老，日本《民法》所谓婿养子缘组。所谓接脚夫，即日本《民法》所谓入夫，乃以男子入寡妇之家。现行法律及公文书，无接脚夫之说，然乡俗数见不鲜，吾吴谓之填黄泥或爪脚黄泥。爪脚即接脚，接音闭口，例转幽宥，故认为爪脚；黄泥即巫儿，古音儿本读倪，倪宽即儿宽。巫儿转为黄泥，犹胡瓜转为黄瓜，无是公作亡是公耳。巫儿本义，为长女

> 主祀。巫者，女能事无形，以舞降神者也。《诗》曰：谁其户之，有斋（原文确为“斋”，疑误，应为“齐”）季女。[9]

此外，像《春秋公羊传·哀公六年》“陈乞谓诸大夫曰：‘常之母有鱼菽之祭，愿诸大夫之化我也。’”注云：“齐俗妇人首祭事。”《齐策》：“北宫之女婴儿子无恙耶？彻其环瑱，至老不嫁，以养父母。”这皆属于巫儿之类。这里值得注意的就是巫儿始为巫女之一种，齐国民家之长女，皆为巫儿，司一家之祭祀，实占家长的地位。此等女一生不出嫁，但因欲举子，故迎赘婿为配偶。而辽代之奥姑，则与此同俗，亦司婚燕之礼。当其坐于奥时，盖犹中国之以少女为“尸”，均受人们的尊敬，此明为母系及母权制之痕迹。其尚足本问题的佐证者，据近代学者的研究，知古代东胡等民族曾盛行一种萨满教，其祭祀时常为当家妇及好女子主之，而此“奥姑”若以今语释之，当即萨满教之当家妇及好女子。这可见中国境内母系社会之广泛。而奥姑之为母系遗迹，可信而有征。兹为时日关系，暂止于此，将来如续有所获，当再为报告。

原文刊载《福建学院月刊》1934 年第 1 卷第 1 期；
选自傅衣凌：《休休室治史文稿补编》，中华书局 2008 年版

注释：

1.［元］脱脱等：《辽史》卷七一《后妃传》，中华书局 2017 年版，第 1329 页。
2.《辽史》卷三一《营卫志上》，第 413 页。
3.《辽史》卷三七《地理志一》，第 505 页。
4.《辽史》卷三七《地理志一》，第 507 页。
5.《辽史》卷六五《公主表》，第 1105—1106 页。
6.《辽史》卷四《太宗纪下》，第 53 页。
7.〔法〕沙尔·费勒克著，许楚生译：《家族进化论》，大东书局 1930 年版，第 163 页。
8. 郑师许：《汉唐时代四裔民族之妇女地位》，《新中华》1933 年 8 月。
9. 吕诚之：《中国宗族制度小史》，中山书局 1929 年版，第 71—73 页。

金初的功臣集团及其对金宋关系的影响

王明荪

一、前言

完颜阿骨打于公元1114年举兵反辽，经宁江州、出河店之战，大败辽军。次年，阿骨打称帝为金太祖，建元收国，继续对辽展开全面的战争，至1125年辽亡。十年之间，新兴的女真民族，将北亚之强敌契丹帝国灭亡，不可谓不速。《金史》上说：

> 原其成功之速，俗本鸷劲，人多沉雄，兄弟子侄，才皆良将，部落保伍，技皆锐兵。加之地狭产薄，无事苦耕以给衣食，有事苦战可致俘获，劳其筋骨以能寒暑。征发调遣，事同一家，是故将勇而志一，兵精而力齐。一旦奋起，变弱为强，以寡制众，用是道也。[1]

当然，辽政的衰困也是主要原因。就金人本身而言，襄助阿骨打攻战策划的核心人物，也是所以制胜的主力，这些人物即为本文所论之功臣集团。辽亡之后，金又与北宋的势力接触，接着攻灭北宋，又与南宋相峙，其间关系的发展，并不因初期灭辽，功臣集团扮演的角色终止。

本文讨论的重点：一是在于金初功臣集团的形成，及其在金初朝廷内的地位；二是金初对宋的政策上（1142年以前），功臣集团影响的程度。讨论金宋关系，多以宋室的立场来看，实则金宋初期的关系，仍要多以金人为决定者，宋人则多在被动的争取地位，而金室的决策，恐怕还是要受到功臣集团所左右。

二、功臣集团的形成

金初的功臣集团，是金世宗时思念开国创业的艰难，以群臣中功勋最著者，将图像置于衍庆宫，共收有廿一人，[2]同时又有亚次功臣廿二人，[3]遂共有四十三人之多。他们都有各方面的才能与贡献，也是女真初起时的核心，可比之于金初三朝的智囊团，实际上他们许多人还握有中央朝政的决策之权。在这个庞大的集团中，担当主要任务的，以及在金初朝廷内占有重要地位的，还是以前者衍庆功臣为主，他们对金初内外朝政的影响极重。但由于政坛上的争权，一些政争失脚之人，虽然原应是属于初期的功臣集团之人，后来也就未被列入其中。现在综合金初所形成的功臣集团，略作一整理。

首先在《三朝北盟会编》中，记载了阿骨打初起时的人物：

> 用粘罕、骨舍、兀室为谋主，参与议论，以银珠割、移烈、娄宿、阇母等为将帅。阿骨打有度量善谋，粘罕善用兵好杀，骨舍刚毅而残忍……兀室奸猾而有才：自治女真法律文字，成其一国。[4]

这不但指出了阿骨打集团的重要成员，也粗略地描写了各人之专长才能。然而人物引介太少，因此就《金史》衍庆宫功臣的名单，再稍作条列。这些人物大都在阿骨打家族之中，这个特点正如前面所说的“兄弟子侄，才皆良将”之故。

（一）阿骨打家族部分

1. 习不失。或辞不失，为太祖堂叔。战将。后期多与太宗居守。[5]

2. 阿离合懑。亦为太祖堂叔。战将。熟悉祖宗谱牒及旧俗法度等。[6]

3. 谩都诃。太祖堂叔。屡从征伐，参与国政，为亚次功臣。[7]

4. 完颜杲。本名斜也。太祖母弟，战将。对辽的作战有极大贡献，都统内外诸军及太祖诸子征伐，太宗即位时为辅政。[8]

5. 撒改。太祖之堂兄。为国相并战将，长于用人，能驯服诸部，他是景祖长子系统，地位甚高。[9]

6. 斡鲁。太祖之堂兄弟。战将。[10]

7. 阇母。太祖异母弟。战将。为攻辽宋之主力。[11]

8. 蒲家奴。太祖堂弟。随杲攻辽为主将。[12]

9. 完颜昌。本名挞懒，太祖堂弟。战功极高，掌方面之政，定中央决策，但因谋反被诛，故衍庆宫中无名。[13]

10. 完颜勗。本名乌野，昌之弟。好学有才，能战。多在中央理政，倡女真之汉化，历事四朝，地位甚高。[14]

11. 宗幹。本名斡本，太祖庶长子。能战且有智谋，辅助太宗国政，议礼制度，讲求修治之道。[15]

12. 宗翰。本名粘没喝，讹为粘罕。太祖堂侄，为撒改长子。为金初统兵方面主将，并定中央决策，是围汴灭宋的主帅之一。[16]

13. 宗望。又作斡离不，太祖次子。如同宗翰为方面主将，伐宋政策的创始者，亦为围汴灭宋主帅之一。[17]

14. 宗弼。又作兀术，太祖四子。常为攻宋前锋主将，屡次南下攻宋，多在方面，后掌全国兵权。[18]

15. 宗雄。本名谋良虎，太祖之侄。文武双全，善谈多智，好学嗜书。通契丹大小字，与宗幹共立法定制。[19]

16. 宗隽。本名讹鲁观，太祖之子。因谋反被诛，名不列衍庆宫。[20]

17. 宗磐。本名蒲鲁虎，太宗长子，权位甚重，因谋反被诛，名不列衍庆宫。[21]

18. 宗敏。本名阿鲁补，太祖之子。为金初留守后方之重镇，熙宗时领三省事，地位甚高，但未列入衍庆宫。[22]

19. 宗宪。本名阿懒，为撒改之子。知书有见识，亦有战功，为金初之谋臣，但名未入衍庆宫。[23]

（二）宗室部分

1. 银术可。为金初极重要之战将，太祖决意反辽，即受其启发，在对辽宋的战史上，有很辉煌的功绩。[24]

2. 斡鲁古。主要贡献在于对辽作战的功绩。[25]

3. 突合速。主要贡献在于对北宋作战的功绩。为亚次功臣。[26]

4. 阿离补。为景祖后人。灭辽、宋有功。为亚次功臣。[27]

5. 拔离速。银术可之弟。战将。为亚次功臣。[28]

6. 阿鲁补。为景祖后人。多智略而勇于战，对辽、宋作战多倚其功。为亚次功臣。[29]

7. 婆卢火。为安帝五代孙。助太祖平服诸部，伐辽亦有大功。为亚次功臣。[30]

8. 完颜杲。本名撒离喝。婆卢火之族，胡鲁补山之子，世祖之养子，主要功绩为对南宋征战，握方面兵权。[31] 他与斜也同名杲。

（三）完颜部人部分

1. 欢都。太祖前之开国功臣，历事世、肃、穆、康四朝，出入四十年，征战在前，而广延大议多用其谋。为纪念其功，进为亚次功臣。[32]

2. 希尹。本名谷神，欢都之子，征伐有功，制女真大字，多谋而权重。[33]

3. 娄室。重要战将，尤以对宋之征伐最著。[34]

4. 石土门。勇敢善战，质直孝友，助世祖平服诸部，太祖时攻高丽、伐辽，功尤多。为亚次功臣。[35]

5. 完颜忠。本名迪古乃，石土门之弟。参与反辽之决策，为政治良才，又屡有战功，深受太祖器重。[36]

6. 习室。石土门之子。对辽、宋作战有大功，兵镇怀、孟，平盗招亡。[37]

7. 完颜仲，本名石古乃，娄室义子。通女真契丹汉字，有才而能应对，长于外交。为亚次功臣。[38]

8. 活女。为娄室义子。战将。亚次功臣。[39]

9. 斜卯阿里。早期破高丽，善舟楫，故江淮用兵无役不从，性忠直而多智略。为亚次功臣。[40]

10. 乌延蒲卢浑。勇健过人，功在对宋之战。为亚次功臣。[41]

（四）契丹人部分

1. 大臭。本名挞不也。辽阳人，先世仕辽。太祖反辽时被俘，降金后以勇敢为名将。为亚次功臣。[42]

2. 赤盏晖。其先世仕辽，慷慨有志略，降金后功在伐宋诸役，也是治理地方之人才。为亚次功臣。[43]

（五）汉人部分

1. 刘彦宗。字鲁开，宛平人，贵族世家，六世仕辽为宰相。彦宗降于金太祖，佐宗翰及宗望，裁决州县之事，太宗伐宋时，主持燕京军政，俨然汉人中之领袖。[44]

2. 韩企先。燕京贵族，韩知古九世孙。继刘彦宗后为汉人领袖，太宗拜为宰相，议礼制度，损益旧章，奖励后进，甄别人物，太宗誉为汉人宰相最贤者。[45]

以上简单的条列中有添增的少数几人，用来在观察金初政坛的核心人物，并不全在功臣名单之内，而本文据《金史》所载之功臣，也尚有六人未引介，如韩常、蒙适、乌林荅泰欲等人，因《金史》中未列专传，且此六个亚次功臣，在本文所论金初的决策上，并无重大之影响，故容后再翻查补辑，就此暂略。

三、功臣集团权力地位之分析

上述五部分的功臣集团中，几乎全为女真人。辽人及汉人仅各得二，在金初朝廷中自然尽为女真之天下。辽人二功臣，本人出身并不显贵，降金后皆以效忠而勇战有功。大臭在天德年间为海陵帝所倚重，可谓颇有权势，但全是政治争斗的因素，而且他在金初三朝，于中央并无举足轻重的权势。

汉人二功臣皆华北世胄，刘彦宗与左企弓等仕辽汉人，同降于金太祖，独彦宗器遇之。当辽末之世，降金汉人极多。华北燕云一带，处于外族势力之下的情形是可常见的，在国史中察看，这还是长期的现象。辽金之际，燕云遭受外族长期的统治，即使是两元政策，也仍是在北亚的王庭之下，故而汉人仕辽与仕金并不觉得有何不同。在天辅四年（1120），金破辽上京，有毛子廉、卢彦伦等人之降。次年，金定辽中京，有韩企先等人，又次年破燕京，则有刘彦宗、左企弓、时立爱等人。刘、韩之所以受知遇，而名能列衍庆宫，一则因家世显贵；二则板荡输诚，了无芥蒂；三则本身才能出众，堪当重任；四则恐二人为当时汉人集团之领袖。况且金初收辽境汉土汉民，岂能不用一、二汉人领袖而安抚之？故而汉人集团中，以他们二人的条件最好。借用行政人才的办法，对征服者而言，是必要的措施，当时用之治理新征服的土地，始能配合汉人治汉地的良才。辽初与金初所用之汉人，皆为典型代表。

刘彦宗初期受到的重用，在于宣慰辽地的官民，使之能安顺而勤于稼穑。太宗大举伐宋之时，以之领汉军，并节制汉地的重心燕京，辅助宗望的经略汉地。从《金史》中看来，他可能还是金初对汉地（包括北宋）政策的汉人最高顾问，[46]但却死得早些，天会六年（1128），即北宋亡后次年死去。在此前他曾建议复立赵氏以承中原大统，但未被采纳，可见对宋的中央决策上，以彦宗这样身份的汉人领袖，也不能有所左右。[47]

韩企先初辅宗翰于山西，接着替代了刘彦宗的宰相之职，但在天会四年之前的宰相，都是金人征服汉地的权宜之制。太祖初定燕地，始用汉官宰相，用以赏赐降顺的汉人，如刘彦宗、左企弓、时立爱诸人；金的中央朝廷仍用女真官号的宰相。汉地宰相之职权，不过汉地选授调发租税，皆承制行之，而后受完颜杲、宗幹等的劝告才有了修改。[48]天会十二年（1134），企先拜尚书右丞相，才真开始受太宗倚重，凡典章制度，多出其手，备受推崇。

综观汉人集团，如刘、韩、左、时诸人，皆不过金初用以治汉人官政民事，务农积谷，内供京师，外给转饷。地位既高，亦受雅重，对于些许政事有着影响力，但在整个女真朝廷内，没有什么重大的决策之权，因为他们主要被用作高级行政人才及智囊。他们的权势，还得依附在经营汉地的将领贵族们之下。如此，在金初也采行了辽人的两元政制：华北汉地与东北女真本土是两套办法，韩企先是华北的首长，代表汉式制度的行政体系，主其行政之权，至 1134

年时，才升为女真中央的宰相。然而，他对政策之决定是否拥有大权，倒很值得怀疑，尤其是在对外的政策上。

女真人的集团中，在政绩与战功上，全都有很大的表现，尤其金初的天下，全凭争战打下来的，论功则大多不相让，但细察在中央朝廷的决策上，还是以阿骨打家族握权较重。现以要者略作分析：

景祖长子劾者家系的，有太祖之堂兄弟撒改、斡鲁、及撒改二子宗翰、宗宪等。撒改是景祖长孙，而景祖时以长子劾者治内，以次子劾里钵治外。劾里钵后袭位为世祖，再以次传位给其兄肃宗、穆宗；劾者为长而不得立，穆宗时因以其子撒改为相国。而后世祖长子乌雅束继之为康宗，康宗之后为其弟太祖阿骨打。太祖反辽前称都勃极烈，而与撒改分治诸部。[49]这里可以看出撒改的家世与地位，无怪稍后的宗翰，能凭其父祖家世，权倾一时，独霸山西。而后斡鲁与宗翰皆请勿割山西地予宋，也是在保留其家系的权势。[50]撒改是伐辽决策的启发者，太祖正位，又是领导女真各部的劝进者，地位仅次于太宗吴乞买，仍拜国相如故。他可以说是凝聚完颜本部人马向心力的主要人物，也是拥有相当实力的集团。这支家系，从金初前后的历史来看，乃是要以撒改之子宗翰为领导核心；其余尚有斡鲁，他破辽平高永昌，收女真诸部，败西夏等，战功显赫。[51]蒲家奴为景祖三子系统，他屡破辽兵，召讷亡命，长于农经土地。[52]亦为翊戴太祖的劝进功臣。[53]当宗翰为西北西南两路都统时，此二人俱为之副，[54]而当宗翰伐宋之时，这都统之职就交给了斡鲁。[55]

另有欢都之子完颜希尹。欢都是太祖前完颜部之重臣，历事前四朝，[56]希尹除其家世外，能兵战且有才，制女真大字，常随宗翰征伐，当宗翰入朝时，希尹则权西南、西北两路都统，代摄山西军政。[57]《燕云奉使录》中说宣和四年（1122）宋人赵良嗣出使金营时，希尹正为宗翰之副帅。[58]在《金史》本传中记载灭北宋前，希尹似乎只是功高的战将，其实宋人记载阿骨打早与之共议军国大政，且为用事之人。[59]对中央有决策定议权的尚有宗翰在内，但希尹为宗翰之左右手的记载，也屡见不鲜。[60]

完颜杲为太祖母弟，早年都统女真中外诸军，经略河北汉地，宗翰、宗幹、宗磐等皆为之副，他是消灭辽朝的统帅。太宗即位，他与宗幹共辅国政，二人皆为女真朝廷之重臣；[61]太宗曾有意传位于杲，惜杲早死。

太祖庶长子宗幹，以率先勇战为名，又能常给太祖以适当的建议，他始终是金初三朝中央的柱石。初期他似乎偏向于结纳宗翰集团，当辽天祚帝穷迫于山西时，宗翰欲追袭之，而都统诸军的完颜杲意不能决，宗幹则劝从宗翰之意。[62]他翊戴太宗之后，[63]又与宗翰等拥立了熙宗，[64]并为此二朝的辅政领三省事。金初礼制官名、服色、庠序选举，皆启自于他，[65]看来他是个有心使金朝廷走上正轨的政治家，也是拥护中央皇权的大臣，结交宗翰，是有借其力以固中央之意的。

宗翰早年即以勇战闻名，曾为劝进太祖称帝之功臣。太祖对他的重视，由二事可见：攻辽之中京，群臣反对，而太祖独用宗翰之策；及追辽主于山西，太祖许以便宜行事之权。及驻军云中，时太宗即位，诏以"寄尔以方面，当迁官资者以便宜除授，因以空名宣头百道给之"[66]，可知他在山西的权势。伐宋之时，他已是左副元帅总领西路兵马，东路则为宗望，《北征纪实》中说燕京一带由宗望主之，云中、西北一带由宗翰主之。[67]此二帅的权势，《金虏节要》以东朝廷、西朝廷称之，最足说明；[68]似乎宗翰稍强，"阿骨打既死，粘罕专于军事"。[69]宋人的记载也大都偏重于他，除了屡次提及他在太祖、太宗朝内，能参与决策外，再看《茅斋自叙》中也有很长的记载，并说马扩及辛兴宗使金，在探索宗翰有无南侵之意，这些都足以明白这位"元帅相国"的地位。[70]最能说明他的权势的，还是以与宗幹及其心腹希尹的共立熙宗之议，太宗竟也以"宗翰等皆大臣，义不可夺，乃从之"[71]。《神麓记》中说"粘罕、悟室利于幼小易制，宗幹系伯父续其母如己子也，遂共赞成其事"[72]，看来他们似乎都有蓄谋的。及熙宗即位，宗翰先是拜太保尚书令领三省事，明是高升，独拥相权，实是收其兵权，去其西朝廷。他是这集团的核心人物，完颜希尹为尚书左丞相兼侍中，高庆裔为左丞，萧庆为右丞。[73]宋人对宗翰、希尹等的失去山西势力，很有见地：

> 故以相位易其兵柄耳，然二酋皆桀黠之魁，而亶（熙宗）遽能易其兵柄者何哉？盖二酋于（绍兴）四年夏自白水泊入见虏主吴乞买，值刘豫有寇江（原缺一字，疑为南字）之请，闲居本土，故至是亶能徙而易之，加之二酋在燕云则有众，乞买虽欲易之不可得也。[74]

至于高、萧二人则"皆粘罕之腹心也，故置之于内，不欲用之于外"[75]。不久，高庆裔有罪伏诛，宗翰也接着病死。[76]而山西集团的完全瓦解，要在天眷三年（1140）赐死希尹，并杀其子以及萧庆，[77]留守太原的宗翰部将银朮可，也早于1135年罢兵权而迁中书令。[78]这显然是对宗翰山西集团有计划的阴谋，或者说女真初兴，占领汉地，使新政权的领导阶层渐分成两大集团，即中央的君主官僚与地方的军阀贵族对立，产生彼此势力消长的冲突，而宗翰集团之瓦解，即为君主和官僚集团在进行强化中央集权之成就。[79]

在这中间扮演极重要的角色，当为宗幹。他先拉拢有实力的宗翰以固中央，而乘机又以中央收其兵权，当希尹一度外放之时，[80]见于太宗之子宗磐集团的野心日炽，他乃又召引希尹，以及另一将领宗弼（兀朮），诛除宗磐集团之后，接着再彻底摧毁残余之山西集团。若说宗幹是巩固中央集权的，另外还有一个拥护中央的要人，即完颜昌之弟勗，他本身好学有才，写了三卷女真先世的实录，在朝中与北方名儒韩昉等相处，受汉化颇深，有意建立一个汉式的中央王庭，这由他的谏章中可以看出其受汉化思想的影响颇深，公元1137年他是熙宗的宰相。[81]当其兄完颜昌在奏请划地归宋之策时，他大为反对，"挞懒（昌）责勗曰：他人尚有从我者，汝乃异议乎？勗曰：苟利国家，岂敢私耶？"[82]这足见他是拥护中央皇权的。然则，中央君权在熙宗时期仍为不振，“宗翰、宗幹、宗弼相继秉政，帝临朝端默”[83]，到宗弼死后，功臣集团亦多物故，但熙宗之后裴满氏又干政，以致熙宗“内不能平，因无聊纵酒，酗怒手刃杀人”[84]，终至引起完颜亮之弑立。

宗翰集团势力之瓦解，还与另一个贵族集团之敌对有极大关系。景祖五子盈歌（穆宗）之子完颜昌，太宗长子宗磐，以及太祖之子宗隽等三人为首的集团。宗磐自以为太宗长子，有心于大位。初，太宗有意于其弟杲，照女真之习惯法兄弟相传，以之为继位之人——谙班勃极烈，但公元 1130 年杲死，故继位之人选应在宗磐。宗翰等人力争，才使熙宗继为谙班勃极烈，前面也提到宗翰与太祖系家人，和拥中央之朝臣合作，以与宗磐集团相抗。及宗翰山西集团受挫，则熙宗朝廷又复受到宗磐等之压力，太祖系的宗幹、宗弼及宗翰之弟宗宪，宰相完颜勗等，联合诛除宗磐集团。[85] 而后宗弼、宗敏，相继辅政中央领三省事，他们都是太祖系人。[86]

再看宗磐集团的野心专权之实，在熙宗初继帝位时，以宗幹、宗翰、宗磐三人并领三省事，不久宗翰死，宗幹失去有力奥援，宗磐则日益跋扈，形成“位在宗幹上”[87]。他曾在熙宗面前拔刀向宗幹，又阴结完颜昌及宗隽，共同对付山西集团。时希尹为相，“大政皆身先执咎”[88]，熙宗之立，“宗磐心不能无动”“知谋出于王（希尹后封陈王），憾焉，至是交恶深矣，会东京留守宗隽、左副元帅挞懒来朝，皆党附宗磐，同力以挤王出为兴中尹，宗隽代为左丞相”[89]。在此前，曾先对付了宗翰的心腹智囊高庆裔，“宗盘（磐）欲挫粘罕，故先折其羽翼”[90]。

完颜昌出身显赫的扬割太师（盈歌）之家，早年战功甚巨，随宗望伐宋，后为元帅左监军，经营华东、江北一带。公元 1127 年华东（东朝廷）的宗望死后，宗辅继之，公元 1137 年，昌乃继为左副元帅独揽华东军权。[91] 他曾与宗翰共议立刘豫为齐帝，[92] 又与宗磐共创划地归宋之举，俱见其权势之盛。后文将分析这中间的关系。

以上是对金初功臣集团中，对中央及地方政策最具影响力的山西、华东两大将领贵族集团，以及致力维护中央权力的官僚贵族，他们的权势地位，和三者间的关系略作分析，下文则透过金宋初期关系，来看这些功臣集团的影响力。

四、金宋关系及金初对宋的政策

金宋关系影响到当时国际政治的，要从“海上联盟”开始。阿骨打起兵反辽的次年，燕人马植降宋，献“约金攻辽”之策于童贯。他是辽国大族，其降宋原因是虑辽将亡，或者是“得罪于其（辽）国”[93]。降宋时间则记载不尽相同，考诸史料及近人之研究，应在宋徽宗政和五年（1115）春夏之际。[94] 他改姓名李良嗣，宋赐赵姓，其献策主在图燕云之地，这也正是宋人立国以来始终欲行之国策，但自太宗北伐失败后，一直只求能与辽国维持相安，也无力恢复。至此时宋室的态度仍持谨慎，童贯在渐掌兵权后，朝中如良嗣等主战派亦抬头。公元 1117 年情况有了改变，除郭药师的降宋，备言女真势力的扩张之外，又有不少边臣附和图燕之策。[95]次年，马政浮海使金，作试探性的接触，于是宋金间的秘密外交开始。关于宋金海上联盟之详情，不在此叙述，[96]要指出的是联盟外交，虽由宋室主动，但最终的结果，却因外交的疏忽与军事上的失利而变成了被动。宋人要求所有五代石晋之割地，没有完全如愿，反而耗费了大量钱财物资，又暴露宋室之积弱，以及给予金人侵凌之借口。

金人对于海上联盟，是基于对付共同敌人之故，态度上较为合作，但也未完全实践宋人之条件，由金宋往返数次的交涉之中，看出金人对宋人的决策上，除阿骨打外，尚有宗翰、希尹、蒲家奴等人，他们都可随时建议，以及与宋使谈判。[97]公元1122年，宋人伐燕失败，金对宋的国力有了了解，态度也开始转变，对于允归的宋地有食言之意，又复大肆掠夺勒索，宋室以巨额金帛换来燕京六州空城。即令如此，宋室的主政者仍要执行联金的政策，朝中持相反意见的也大有人在，如张舜民、宋昭的奏议，[98]郑居中、邓洵武等人亦反对。[99]盟金或盟辽的议论皆有，宋室还是选择了前者，却未料及遭到亡国之失。

公元1125年，金人两道攻宋，以最简单的原因来说，即金人得宋之虚实，欲用武力以遂其掠夺之志。但宋室也确给予金人入侵的借口，在《陷燕录》中说得相当透彻：

> 失燕人之心者三，致金人之寇者三，……何谓失燕人之心者三？一换官、二授田、三盐法。换官失士人之心，授田失百姓心，盐法并失士人百姓心。……
>
> 何谓致金人之寇三：一张觉，二燕中户口，三岁币。[100]

前者说明了宋人对燕地治理上的失策，后者说明了宋室对金外交上的失策。到公元1127年，宋室和战不定中，汴京沦陷，造成徽、钦二帝北狩的“靖康之祸”，终使北宋继辽亡后也草草结束。

此时金人对所得中原汉地的政策，可以宗翰、宗望的态度表现出来：“自古有南即有北，不可相无也，今之所议，期在割地而已”[101]。宗翰又曾表示：

> 天生华夷，自有定分，中国岂吾所据？天人之心，未厌赵氏，使他日豪杰四起，中原亦非我有，但欲以大河为界，内许宋朝用大金正朔。[102]

当金人饱掠北去，就立了傀儡政权的张邦昌为楚帝，而邦昌之立即由宗望、宗翰、完颜昌等将领贵族的决定，可见金人对宋的政策确由他们所掌握。这个政策的决定，一则说明了金人对中原汉地的政治兴趣并不积极，二则也说明了金人未有充分准备与把握，来治理中原，后来立刘豫的齐国，也多半如此。“金之初兴，天下莫强焉，威制中国，大概欲依辽初故事，立楚、立齐，委而去之。”[103]所谓辽初故事，就是指辽太宗耶律德光立石敬瑭为儿皇帝之事，也或许鉴于辽太宗后来灭石晋，而入主中原的失败，[104]不敢再轻易蹈覆辙之故，但为应对这时国际关系之剧变，立傀儡政权，也不失为权宜之策。

至于张邦昌之始末，史料甚多，兹不讨论。[105]及南宋高宗即位，楚政权消失后，金宋关系又为之大变。高宗以主战之李纲为相，大事整备抗金，虽然他旋即罢相，黄潜善、汪伯彦等主和派得势，但金廷已决议用兵，图消灭赵宋。河北金将欲罢陕西之兵而并力南伐，当时夏人及西辽皆在西北，宗翰即以此力争，实则亦恐其西朝廷势力空虚，结果太宗采西守南攻之策，宋金战事再度展开。[106]此时为金天会五年，宋建炎元年（1127），就《节要》中所记金兵的部署，实力相当雄厚，[107]到公元 1130 年刘齐建立，金宋双方的战争，始终以金人占上风。金人进攻主力在华东，尤以宗弼之兵锋最锐，直追宋高宗走杭州、明州、温州而入海，金兵追之不及北返。这期间金太宗曾下诏说“俟平宋，当援立藩辅，以镇南服，如张邦昌者”[108]，这又是欲行间接统治。刘豫被册立为子皇帝，是金对宋的策略，而参与此决策者，则为山西的宗翰与华东的完颜昌，[109]他们二人却是彼此暗中争权倾轧的政敌。

金的政策原想以军事上的胜利，彻底消灭南宋势力，直接或间接宰制中国，故当宗弼追高宗不及北返时，宗翰再议南伐，但宗弼身历南侵战役，以为此时士马疲困，粮储不丰，江南水土不宜，伐则无功。[110]刘豫本有替宋之意，又得宋人徐文率领的一支水军投降，也力议及时南进，最后遭到宗弼、右副元帅宗辅的反对。金兵主力乃转向陕西，遂有大败宋军的富平之战。在华东的完颜昌，则受命抚定江北，他南侵时也曾得一不敢轻宋之教训。[111]故而金立刘豫，可“以汉制汉”，齐国介于金宋之间，可为缓冲区，又可消弭中原汉人反金之心理，用齐军以对付南宋，金兵可攻守自如，并顾及后方，重要的恐怕还是金人仍没有治理中原之把握。陕西河南之地遂交由刘豫立国以治之。

自刘齐之立国至废除，宋与金、齐间，有三次较著的战争；公元 1131 年的和尚原之战；[112]公元 1134 年的仙人关之战，大仪之捷等；[113]公元 1136 年，齐军败于藕塘。[114]这阶段中，宋军已有不少战果，金、齐欲灭南宋之企图，是愈不易达成了。

刘齐的表现，甚为金人不满，当初定立之策的金太宗及宗翰已死，山西集团消沉，宗磐与完颜昌结党专权。刘豫既是“朝廷厌其无能为也”[115]，又复失去金廷中之后台，加上得罪了完颜昌，因为昌“每认山东以为己有，其立刘豫也，不能收功于己，又尝怒豫不拜，深有悔吝之意”[116]。金朝廷的对外政策，乃于此际有了急剧之转变。

“废齐和宋”或“划地归宋”，是金宋初期关系的一件大事，就这件事之始末看来，[117]还是以金人为主导，除前文已扼要述其原因，在此还有值得注意的。金人主持这个政策的当权派，宗磐有政治野心，他内结宗隽，外结完颜昌，排挤山西集团，一时握有中央内外大政。刘豫之废，固然是金朝廷内功臣集团政争的牺牲品，也实因金人军事上的优势未能底定中国，从而转向结纳南宋，以求新局面的展开。完颜昌是宗磐的主要武力后盾，公元 1137 年为左副元帅、鲁国王，独霸华东，割地归宋，就是他先允宋使王伦的。王伦在金宋关系的角色，很受古今人士的重视，讨论此一问题，[118]一则以见华东集团的权势，二则以见历史上个人的势力，有时确也能支配一个时代的局面。

就宋人方面的几则重要资料来看，王伦之使金，是为迎回徽宗的梓宫，同时也负有宋高宗“河南之地，上国既不有，与其付刘豫，曷若见归”的使命。他虽出身“侠邪无赖，年四十余尚与市井恶少群游汴中”[119]，他的走上仕途据《遗史》所载是靖康之际，汴京百姓喧乱，他凭其纵横之才，及市井关系，而能抚定城中百姓。[120]他的交际手腕，难怪与完颜昌的谈话，颇能影响废齐和宋的政策。[121]

但很快地，华东集团就遭到瓦解，前文已述及此。拥护中央之朝臣及山西集团联手，以谋反之罪名除去宗磐，再敉平完颜昌，划地归宋就此结束。

当宗磐集团被诛除之后，宗弼掌握军权为都元帅，再度与完颜杲两道攻宋，很快地恢复了刘齐的地盘，并倾力攻宋，打算再次以军事摧毁南宋。宋人一则力抗金兵，一则全意求和，以秦桧主其事。在金朝的廷议是：

> 太师宗幹以下皆曰：构蒙再造之恩，不思报德，妄自鸱张，祈求无厌，今若不取，后恐难图。上（熙宗）曰：彼将谓我不能奄有河南之地，且都元帅久在方面，深究利害，宜即举兵诛之。[122]

虽然金兵渡淮，但宋人也颇有战绩，如刘锜顺昌之捷，岳飞郾城之捷，张俊、杨沂中及刘锜的柘皋之捷，吴璘的陕西固守等。金人在军事上的优势，如同以往的数次渡江，仍不足以克制南宋。宗弼乃许停战，划淮水为界，金宋又恢复和谈。宗弼替代过去山西、华东集团，对金廷之决策有重大的左右力量。

公元 1141 年，南宋收韩世忠、张俊、岳飞三大将兵权，以至杀岳飞，而金宋和议也已达成。在宋人方面对于和议的讨论资料甚多，从绍兴七年（1137）刘豫被废，金人行划地归宋之策时，朝臣的讨论逐渐浓烈，反对者如韩世忠、王庶、曾开、赵鼎、胡铨、尹焞、梁汝嘉等人。赞成和议者，如赵雍、施庭巨、莫将、勾龙如渊等人，[123]甚至名将张俊亦附和议。[124]就南宋在和议之前，一般的国情来说，盗贼、义兵四起，但叛服无常，宋人要费极大的力量来敉平召抚，民生受赋敛繁重、胥吏刻薄、官兵骚扰而凋敝，国家财政匮乏，兵力衰疲，又将帅不协，文武失和。[125]在《大事记》中的一段记载，颇令人重视：

> 建炎之初，内有（李）纲，外有（宗）泽，此可为之一机也，而汪（伯彦）、黄（潜善）以主和失之。绍兴之初，内有（赵）鼎、外有（张）浚，此又有为之一机也，而秦桧以主和失之。……若（吕）颐浩、（朱）胜非，虽内有平贼之功，而外但为避

狄之谋。……诸大将惟（岳）飞、（韩）世忠可倚大事，……若（刘）光世之沉酣酒色，不喜恢复，每每退屯；而（张）俊不受行府之命，……但与（杨）沂中为腹心，以附秦桧之和议而已。……盖汪、黄坏之于事势未定之时，而（秦）桧坏之于事机垂成之日。[126]

就上述之说法及南宋的大致国情来看，确属不利。但宋人的屡次力阻金兵，并非将帅不可恃，尤其金宋长期的战争，宋军显然御敌的经验丰富，故在和议前宗弼的渡江，并不能像南宋初的顺利，"能守而后能战，能战而后可和"[127]。宋室本身确有许多重大缺失，建炎初恐宋人未必能守，绍兴中则大致可守可战，但若恢复北宋旧疆而御金人之不犯，也恐怕是当时的条件尚为不足。金人亦如此，要完全消灭南宋，也恐怕未必可能。双方的和议达成，或许是当时实际的需要吧！

宋人抗金，但始终不忘请和。和议似乎一直在宋中央朝廷有极大的"决心"，南宋在绍兴十二年前的和议，至少有十七次之多。[128]高宗的和意坚定，也足以令人相信。

五、结论

北亚民族（广泛的便称）兴起，与中原汉民族间的关系，在国史的研究上，是个长期而相继发展的关系，从所谓"五胡乱华"到北魏的建立，是北亚民族入据中原并建立国家的开始。在十世纪中到十二世纪初，辽、金的相继立国，草原势力又复大举凌压中原。华北汉人，不论士民，他们与外族入侵者之间，在生活、文化上的歧异与融和，即所谓"胡汉"问题，是很值得重视的问题。而外族与汉人在对抗期间，不论是在长城、在河北、河南、江淮等，彼此间相持的态度与策略，亦是值得讨论的问题，本文之目的即在于此。

女真初兴灭辽与北宋，全赖功臣集团为核心，这集团系以女真人为主。值得注意的两个汉人集团代表，他们与大多数华北的汉人一样，世代居于外族势力之下，由于"以汉治汉"的关系，他们深受器重，仕辽与仕金而却不以宋室为归属。他们充分地影响了女真中央的官僚，对于金的制度礼仪上，直接或间接地带给其汉化。若女真能有大量的或较多的汉人集团支持，用之先治理河北汉地，那么以后金人的直接统治中原之地，而不用傀儡政权的可能性是相当高的。

金初草创，中央集权未得完备，帝王需要有势力的贵族相辅。及经略宋地后，更形成将领贵族的揽权一方，造成功臣集团势力的成熟，他们也就左右甚或支配了中央的朝政。而其彼此间争权的结果，就影响了金宋之间的关系以及金对宋的政策。

北宋对金初期的主动外交（联金灭辽），可以说是种乘火打劫的态度，但不意本身不足恃强，金反欺其弱而亡其国。宋朝图燕之举并非绝对不可，但无治燕之策，及防金之力，北宋终遭失败。南宋可说是大部分人都极怕金人，高宗意在求和，力抗金人，除保命外，还带有以守战求和的策略。和议能够终于达成，以当时的时局和双方的国情，固然是实际的情形，对南宋而言，恐怕还是不幸中的大幸。

最后值得一提的是，金初功臣集团的争权与跋扈，刺激了欲使国政走上轨道建立中央集权的朝臣们，他们皆是有心之人，共同致力于此。另外，也使海陵帝继熙宗之位后，积极地提高君权，巩固中央，渐渐促成金帝国制度化的发展。

原文刊载政治大学《边政研究所年报》1979 年第 10 期；
选自王明荪：《辽金元史论文稿》，台北槐下书肆 2005 年版

注释：

1. 参见［元］脱脱等：《金史》卷四四《兵志》，中华书局 2022 年版，第 1061 页。
2. 参见《金史》卷七〇《习室传》，第 1724 页。
3. 参见《金史》卷八〇《阿离补传》，第 1925 页。
4. 参见［宋］徐梦莘：《三朝北盟会编》（以下简称《会编》）卷三，上海古籍出版社 1987 年版，第 21 页。
5. 参见《金史》卷七〇《习不失传》，第 1717—1719 页。
6. 《金史》卷七三《阿离合懑传》，第 1775—1776 页。
7. 《金史》卷六五《谩都诃传》，第 1645 页。
8. 《金史》卷七六《完颜杲传》，第 1847—1850 页。
9. 《金史》卷七〇《撒改传》，第 1713—1714 页。
10. 《金史》卷七一《斡鲁传》，第 1733 页。
11. 《金史》卷七一《阇母传》，第 1742—1745 页。
12. 《金史》卷六五《劾孙附传》，第 1643 页。
13. 《金史》卷七七《挞懒传》，第 1875—1878 页。
14. 《金史》卷六六《完颜勖传》，第 1658—1660 页。
15. 《金史》卷七六《宗幹传》，第 1851—1852 页。
16. 《金史》卷七四《宗翰传》，第 1799—1805 页。
17. 《金史》卷七四《宗望传》，第 1807—1812 页。
18. 《金史》卷七七《宗弼传》，第 1863—1867 页。
19. 《金史》卷七三《宗雄传》，第 1782—1785 页。
20. 《金史》卷六九《宗隽传》，第 1704 页。
21. 《金史》卷七六《宗磐传》，第 1839—1840 页。

22.《金史》卷六九《宗敏传》，第 1709—1711 页。

23.《金史》卷七〇《宗宪传》，第 1715—1717 页。

24.《金史》卷七二《银术可传》，第 1762—1763 页。

25.《金史》卷七一《斡鲁古传》，第 1737—1739 页。

26.《金史》卷八〇《突合速传》，第 1915—1917 页。

27.《金史》卷八〇《阿离补传》，第 1924—1925 页。

28.《金史》卷七二《拔离速传》，第 1769—1770 页。

29.《金史》卷六八《阿鲁补传》，第 1696—1698 页。

30.《金史》卷七一《婆卢火传》，第 1740—1741 页。

31.《金史》卷八四《完颜杲传》，第 1997—1998 页。

32.《金史》卷六八《欢都传》，第 1691—1694 页。

33.《金史》卷七三《希尹传》，第 1789—1790 页。

34.《金史》卷七二《娄室传》，第 1753—1757 页。

35.《金史》卷七〇《石土门传》，第 1721—1722 页。

36.《金史》卷七〇《完颜忠传》，第 1723 页。

37.《金史》卷七〇《习室传》，第 1724—1725 页。

38.《金史》卷七二《完颜仲传》，第 1760—1761 页。

39.《金史》卷七二《活女传》，第 1757—1758 页。

40.《金史》卷八〇《斜卯阿里传》，第 1912—1915 页。

41.《金史》卷八〇《乌延蒲卢浑传》，第 1917—1918 页。

42.《金史》卷八〇《大臭传》，第 1921—1923 页。大臭应为渤海人，但作者未单列渤海人部分，而将之归入契丹人部分。——编者注

43.《金史》卷八〇《赤盏晖传》，第 1919—1921 页。

44.《金史》卷七八《刘彦宗传》，第 1881—1882 页。

45.《金史》卷七八《韩企先传》，第 1889—1990 页。

46.《金史》卷七八《刘彦宗传》，第 1881—1882 页。

47. 参见《金史》卷三《太宗纪》，第 62—63 页。

48.《金史》卷七八《韩企先传》，第 1889 页。

49.《金史》卷七〇《撒改传》，第 1714 页。

50.《金史》卷七一《斡鲁传》，第 1737 页。

51.《金史》卷七一《斡鲁传》，第 1733—1737 页。

52.《金史》卷六五《劾孙附传》，第 1643—1644 页。

53.《金史》卷七四《宗翰传》，第 1799 页。

54.《金史》卷七一《斡鲁传》，第 1736 页。

55.《金史》卷七一《斡鲁传》，第 1737 页。

56.《金史》卷六八《欢都传》，第 1694 页。

57.《金史》卷七三《希尹传》，第 1790 页；及《会编》卷一九引马扩《茅斋自叙》，第 139 页。

58. 参见《会编》卷一一，第 76 页。

59.《会编》卷二，第 14 页；卷四，第 24 页；等等。

60.《会编》卷一二，第 87 页；卷三，第 21 页；卷一一〇，第 804 页；等等。

61.《金史》卷三《太宗纪》赞曰："天辅草创，未遑礼乐之事，太宗以斜也，宗干知国政。"（第 72 页）

62.《金史》卷七四《宗翰传》，第 1800—1801 页；卷七六《宗幹传》，第 1852 页。

63. 参见《金史》卷三《太宗纪》，第 54 页；及卷一九《世纪》，第 443 页。据《会编》卷一八"宣和五年六月十九日"引《金国太祖实录》，以粘罕等遥奉吴乞买为帝。

64.《金史》卷四《熙宗纪》，第 77 页。

65.《金史》卷七六《宗幹传》，第 1852—1853 页。

66.《金史》卷七四《宗翰传》，第 1801 页。

67. 参见《会编》卷二四，第 179 页。

68.《会编》卷二四，第 182 页。

69.《会编》卷二四，第 181 页。

70. 参见《会编》卷二二，第 160—161 页。

71.《金史》卷七四《宗翰传》，第 1805 页，但《熙宗纪》及《世纪补》，载有宗辅予其事。

72. 参见《会编》卷一六六所引，第 1196 页。

73. 参见《金史》卷四《熙宗纪》，第 79 页。

74. 参见《会编》卷一六六所引《金虏节要》，第 1196 页。

75. 参见《会编》卷一六六所引《金虏节要》，第 1197 页。

76. 参见《金史》卷四《熙宗纪》，第 80 页。

77.《金史》卷七三《希尹传》，第 1790 页。

78.《金史》卷七二《银朮可传》，第 1763 页。

79. 参见陶晋生：《完颜昌与金初的对中央政策》，载于《边疆史研究集——宋金时期》，台北商务印书馆 1971 年版。

80. 参见《金史》卷七三《希尹传》载"天眷二年罢为兴中尹"。此处"天眷二年"应为"天眷元年"——编者注

81.《金史》卷六六《完颜勗传》，第 1658—1659 页。

82.《金史》卷七七《挞懒传》，第 1877 页。

83. 参见《金史》卷六三《悼平皇后传》，第 1598 页。

84.《金史》卷六三《悼平皇后传》，第 1598 页。

85.《金史》卷七〇《宗宪传》，第 1716 页；卷六六《完颜勗传》，第 1659 页；卷七七《宗弼传》，第 1866 页；等等。

86.《金史》卷七七《宗弼传》，第 1868 页；卷六九《宗敏传》，第 1709 页。

87.《金史》卷七七《挞懒传》，第 1877 页。

88.《金史》卷七三《希尹传》，第 1790 页。

89. 参见徐炳昶：《校完颜希尹神道碑书后》，《史学集刊》1936 年第 1 期，第 3—18 页。

90. 参见《会编》卷一七八，第 1289 页。

91.《金史》卷七七《挞懒传》，第 1876 页。及《金史》卷一九《世纪》，第 446 页。

92. 参见《金史》卷七七《刘豫传》，第 1872 页，及《挞懒传》，第 1876 页；《会编》卷一四一，第 1027 页；等等。

93. 参见［宋］王称撰，孙岩诚、崔国光点校：《东都事略》卷一二一《宦者传》，齐鲁书社 2000 年版，第 1052 页。

94. 参见赵铁寒：《宋金海上之盟始末记》，《大陆杂志》第 25 卷第 5、6、7 期；徐玉虎：《宋金海上联盟的概观》，《大陆杂志》第 11 卷第 12 期。

95. 参见《会编》卷一，第 3—8 页。

96. 参见赵铁寒：《宋金海上之盟始末记》；徐玉虎：《宋金海上联盟的概观》。

97. 参见《会编》卷二及卷四、卷一一、卷一三等。

98. 参见［宋］赵汝愚：《宋朝诸臣奏议》卷一四〇、卷一四二，上海古籍出版社 1999 年版，第 1586—1587、1602—1604 页。

99. 参见《会编》卷一，第 3—4 页。

100. 参见《会编》卷二四，第 175—176 页。

101. 参见《会编》卷七一及九七（第 536、714 页）皆有此种记载。

102. 参见《会编》卷七一，第 536 页。

103. 参见《金史》卷一八《哀帝纪下》，第 437 页。

104. 参见拙作：《契丹与中原本土之历史关系》，政治大学《边政研究所年报》第 9 期，1978 年。

105. 参见朱希祖：《伪楚录辑补》，台北正中书局 1955 年版；《金史》卷七七《张邦昌传》；［明］陈邦瞻：《宋史纪事本末》卷五八，中华书局 2015 年。

106. 参见《金史》卷七四《宗翰传》，第 1799—1800 页。

107. 参见《会编》卷三，第 19 页。

108. 参见《金史》卷七七《刘豫传》，第 1872 页。

109. 参见《金史》卷七七《刘豫传》，第 1872 页；并参见《宋史纪事本末》卷六七《金人立刘豫》，第 687—697 页。

110. 参见《金史》卷七七《刘豫传》，第 1873 页。

111. 参见《会编》卷一四五，第 1057 页；及《建炎以来系年要录》卷四三，中华书局 2013 年版，第 915—933 页。

112. 参见［元］脱脱：《宋史》卷二六《高宗纪三》，中华书局 1985 年版，第 484 页。

113. 参见《宋史纪事本末》卷六九《吴玠兄弟保蜀》，第 708—710 页；以及《宋史》卷三四六《韩世忠传》，第 11364 页。

114. 参见《宋史》卷二八《高宗纪五》，第 527 页。

115. 参见《金史》卷七九《王伦传》，第 1907 页。

116. 参见《会编》卷一八二及一九七，第 1317，1421 页。

117. 参见《宋史纪事本末》卷六七《金人立刘豫》，第 687—697 页。

118. 参见陶晋生：《完颜昌与金初的对中央政策》。

119. 参见《金史》卷七九《王伦传》，第 1907 页。

120. 参见《会编》卷七〇，第 528 页。

121. 参见陶晋生：《完颜昌与金初的对中央政策》。

122. 参见《金史》卷七七《宗弼传》，第 1866 页。

123. 参见［宋］佚名撰，孔学辑校：《皇宋中兴两朝圣政辑校》卷二三、二四，中华书局 2019 年版；《会编》卷一八三至一九一等。

124. 参见《宋史》卷三六九《张俊传》，第 11475 页。

125. 徐玉虎：《宋金海上联盟的概观》，《大陆杂志》第 11 卷第 12 期。

126. 参见佚名撰，孔学辑校：《皇宋中兴两朝圣政辑校》卷二四，第 780 页。

127. 参见《宋史》卷三五八《李纲传》，第 11251 页。

128. 参见金毓黻：《宋辽金史》第七章，台北乐天出版社 1971 年版，第 79 页。

物质生活篇

物质生活的研究，主要包括衣食住行等方面。较早涉及这一领域的研究成果，是日本学者松井等1922年发表在《满鲜地理历史研究报告》第9期的《契丹人的衣食住》一文。此后，相关研究成果不断出现，特别是最近三四十年，相关论著日益丰富。专著即有宋德金《辽金西夏衣食住行》（中华书局2013年版）、王青煜《辽代服饰》（辽宁画报出版社2002年版）以及俄罗斯学者捷连吉耶夫-卡坦斯基所著的《西夏物质文化》（东方文学出版社1993年版；汉译本，崔红芬、文志勇译，民族出版社2006年版）等。论文则从总论性到就物质生活的某一方面进行的研究，积累日益增多，涉及的问题越来越全面，也越来越具体。物质生活篇从这些成果中，选取了3篇论文。

《春水秋山考》是傅乐焕1942年发表的代表作《辽代四时捺钵考五篇》中的一篇。该文的探讨对象是《辽史》中多次提到的春水和秋山的地点及其与春捺钵、秋捺钵的关系。在史料匮乏且尚无出土资料可资参照的情况下，作者从基本材料出发，通过深入考辨材料得出结论。在《春水考》中，作者先把在《辽史》本纪部分出现的春水地名加以列表，共得12条。本纪之外，《辽史》中有关春水的记载还有两处：一为《皇子表》，一为《大公鼎传》。通过对比、分析史料，作者得出了一系列结论。随后，作者列出《营卫志》中有关春捺钵条，分析春捺钵之所在与辽帝在春捺钵之活动。作者引用了宋人张舜民《使辽录》的记载，还引用金人赵秉文《春水行》对辽春捺钵活动为捕鹅进行了论证。在《秋山考》中，作者列出《营卫志·秋捺钵》条，对秋捺钵之地点伏虎林的具体位置进行考证，认为《营卫志》中称伏虎林在永州，应是把“庆”误记成了“永”。为了进一步证实这一论点，作者对永州相关史料进行检阅，发现永州为冬捺钵地点，且此地地平多沙，不适宜狩猎。通过论证，在材料对比与分析中说明了问题的答案。

作者恰当地使用民族学知识与历史记载相结合的方法，并使用民俗学方法对问题进行分析。这在材料稀缺的情况下，有利于深入理解材料中的历史信息。如，作者发现《辽史》中多有“如春州”的记载。辽无春州，此处春州是长春州的简称。作者认为“其一部分之意义，即相当于春水”。用以佐证的当代习俗是：以前在北平之北海公园有湖，有溜冰场，为冬季运动最佳地点。朋友们互相邀约“去北海”，其实际意思并非是去公园，而是去溜冰。又如某人说去南北极，其意义为去两极地探险。所以史书中说去春州，实际意义是趋春水。

此文的学术价值，不仅仅局限于对辽代帝王出行地点的具体考实，更在于通过观察契丹君臣的日常出行活动，敏锐地揭示出四时捺钵“乃契丹民族生活之本色，有辽一代之大法，其君臣之日常活动在此，其国政之中心机构在此”。由此，辽代的北南面建官、蕃汉人分治等种种政治特色，均可据此考其本源。

史金波《西夏的饮食制度与风尚》一文，比较全面地论述了西夏各阶层的饮食制度，并将饮食与阶级矛盾、婚丧、节日以及民族融合等问题相联系，不仅视野开阔，而且通过理论分析，能够得出对饮食问题的理论性认识。

作者首先分阶层论述不同群体的饮食状况。西夏贵族的饮食，尽管其质量尚不可与中原贵族等同，但也日渐趋于中原化，可以用豪奢来形容。百姓的饮食，农区以粮食为主，牧区则以乳肉为主，但饮食生活都处于低水平，不得不经常采食野菜，甚至因无粮食维持最基本的生活而借高利贷，并形成恶性循环。士兵的饮食，平时和战时都依靠自备食粮，只有从“豪族”中选出的皇室卫队等成员，才由国家供给粮食。僧人、道士的饮食，主要靠政府施舍。僧人一般素食，粮食和蔬菜是其主要食物。随后，作者分析了西夏人的婚丧、节日饮食和宴客习俗以及医药和饮食的关系。出于节约粮食的考虑，西夏法律不主张在婚丧事中屠宰牧畜、大吃大喝，甚至在巫术祭典时也不准用各种食馔作巫。西夏食品可以入药，可以作为辅料和药引，与中原的药膳也有相似之处，受中原地区的影响很大。最后，作者总结了西夏多民族饮食的特点，并侧重论述各民族饮食习惯的变化及其相互影响。如主体民族党项，虽仍保留了游牧民族特征，但其变迁趋势表现为生户仍保留原本的生活习惯，熟户则转向以粮为主的农业生活。汉族的饮食习惯虽然会影响其他民族，但也会被其他民族所影响。而吐蕃和回鹘也都因生存环境的改变，以及受本地人民的影响渐渐改变。该文的基本结论，是西夏境内各民族饮食风尚的交融，体现了民族融合的趋势。

该文考证翔实，层次清晰，在全面把握基本史实的基础上进行理论概括和总结，结论令人信服。作为较早全面论述西夏饮食的专题论文，该文所涉及的问题和体现出的研究思路，对此后的进一步研究具有一定的引导意义。

《女真初起时期之寨居生活》一文，是林瑞翰发表于20世纪50年代的作品。该文分为8个部分，分别为宋使行程录中有关女真村寨之记载、《金史》中有关女真初期村寨史料之举例、村寨屋宇之制度、《金史》中有关女真初期城堡之记载、农耕、炕床、社会习俗、政治形态等，总体风格是注重实证。

作者首先根据史料中的一些集中记载，举例说明女真村寨制度的存在；随后考辨村寨屋宇制度、村寨与城堡之关系；接着论述女真民族的农耕生活以及其特有的炕床就寝之睡眠方式，并补充因生活原始而具有的若干奇风异俗以及由于其初起而存在的“君臣之分不严”的小国寡民政治形态。全文以丰富的史料，有力地证明了文献中的“聚落”“寨”“村”“城”，均是女真以室屋为居的定居地点。建立在这样的定居生活基础上，女真人只能是“平居则务耕耘，农隙则时出围猎”。由此得出结论，即女真初期，系以村寨为活动中心之农耕民族。

该文大量引用史料，以史料相互印证，作者的阐释多是点到为止。尽管因受时代条件限制，对于金人所撰史料引用较少，但对宋元人编撰的史料，则搜罗丰富。如宋人编撰的《宣和乙巳奉使金国行程录》《大金国志》《三朝北盟会编》，元人编撰的《宋史》《金史》等。再加之作者所论各部分的问题，相对独立，因此全文的结构和论述便略显松散。不过，若细究作者思路和论证方式，便可发现，该文尽管表面看似松散，罗列史料，实则环环相扣，步步深入，论证相当全面。

（王军营导读）

春水秋山考

傅乐焕

引 言

《辽史·营卫志行营序》云：

> 长城以南，多雨多暑，其人耕稼以食，桑麻以衣，宫室以居，城郭以治；大漠之间，多寒多风，畜牧畋渔以食，皮毛以衣，转徙随时，车马为家；此天时地利所以限南北也。辽国尽有大漠，浸包长城之境，因宜为治，秋冬违寒，春夏避暑，随水草，就畋渔，岁以为常，四时各有行在之所，谓之捺钵。

继又分记四时捺钵之所在，及辽帝在各捺钵之行动云：

> 春捺钵曰鸭子河泺。皇帝正月上旬起牙帐，约六十日方至。天鹅未至，卓帐冰上，凿冰取鱼。冰泮，乃纵鹰鹘捕鹅雁。……弋猎纲钓，春尽乃还。夏捺钵无常所。……四月中旬起牙帐，卜吉地为纳凉所。五月末旬、六月上旬至。居五旬，与北南臣僚议国事，暇日游猎。七月中旬乃去。……秋捺钵曰伏虎林。七月中旬自纳凉处起牙帐入山射鹿。……冬捺钵曰广平淀。……其地饶沙，冬月稍暖，牙帐多于此坐冬。与北南大臣会议国事，时出校猎讲武，兼受南宋及诸国礼贡。

则所谓捺钵者，初见之似仅为辽帝弋猎网钩，避暑消寒，暂时游幸之所。宜无足重视。然而夷考其实，此乃契丹民族生活之本色，有辽一代之大法，其君臣之日常活动在此，其国政之中心机构在此。凡辽代之北南面建官，蕃汉人分治，种种特制，考其本源，无不出于是。且其制亦不限于契丹一族。金元清，亦自北起，生活习俗大同，捺钵遗迹，尚可考见。徒以正史记载过简，挂漏太多，且其制复与吾国以汉人为中心之传统习俗，绝不相似，故治史者多未注意及之，兹试对此重要史实，略加说明，或可为治辽金元史者之一助欤？

一、春水考

《辽史》中频见诸帝幸春水记载，其水何在，则所未详。兹先辑录有关春水之文如下，俾便考索：

年纪	正月	二月	三月
重熙三年	辛卯如春水		
重熙十一年	丁亥如春水闰月射虎于侯里吉		
重熙廿二年	乙巳如混同江	庚辰如春水	丙寅如黑水
重熙廿三年	己巳如混同江猎双子淀	壬辰如春水	丁亥幸太弟重元帐
大康二年	己未如春水庚辰驻跸双泺		
大康四年	庚辰如春水	乙丑驻跸扫获野	
大康九年	辛丑如春水		
大康十年	辛丑如春水		
大安十年	如春水		
寿隆二年	甲午如春水乙卯驻跸瑟尼思		
寿隆三年	丁亥如春水癸卯驻跸双山		
寿隆六年	丁亥如春水		

以上为见之《本纪》者，此外表传中各一见。《皇子表》兴宗子和鲁斡之栏：

> 天祚即位，弛围场之禁。和鲁斡请曰："天子以巡幸为大事，虽居谅阴，不可废也。"以上为然，复命有司促备春水之行。

《大公鼎传》：

> 徙长春州钱帛司都提点。车驾如春水，贵主例为假贷。公鼎曰："岂可辍官用，徇人情。"拒之。

通《辽史》一书，所见春水一词，已备录于此。据《本纪》诸条，此词仅见一、二两月，可知与春季特有关系；据和鲁斡之语，时以春水之行为大事，虽居谅阴不废，可知其事相沿已旧，久成风习，《天祚纪》中虽无幸春水之文，而有幸春水之实。由《大公鼎传》，贵主"例"

假贷长春州官钱，亦可知驾幸春水为故常，春水宜去长春州不远。就史载春水一词本身，吾人可得之观念，大体至此。

据上引《营卫志》辽帝四时各有捺钵，春季自应在“春捺钵”。今按其“春捺钵”条云：

> 春捺钵曰鸭子河泺，皇帝正月上旬起牙帐，约六十日方至。天鹅未至，卓帐冰上，凿冰取鱼。冰泮，乃纵鹰鹘捕鹅雁。晨出暮归，从事弋猎。鸭子河泺东西二十里，南北三十里，在长春州东北三十五里。四面皆沙埚，多榆柳杏林。皇帝每至，侍御皆服墨绿色衣，各备连锤一柄，鹰食一器，刺鹅锥一枚，于泺周围相去各五七步排立。皇帝冠巾衣时服，系玉束带，于上风望之。有鹅之处举旗，探骑驰报，远泊鸣鼓。鹅惊腾起，左右围骑皆举帜麾之。五坊擎进海东青鹘，拜授皇帝放之。鹘擒鹅坠，势力不加，排立近者，举锥刺鹅，取脑以饲鹘。救鹘人例赏银绢。皇帝得头鹅荐庙，群臣各献酒果，举乐。更相酬酢致贺语，皆插鹅毛于首以为乐。赐从人酒，遍散其毛。弋猎网钩，春尽乃还。

辽帝既以春季至春水，春水宜与此春捺钵有密切关系。于此应特别注意这二事：第一，此春捺钵之所在地，如为辽帝每年所临幸，则春水应即春捺钵所在。第二，辽帝既专以春季趋春水，其地自特宜于春游，则辽帝在春捺钵之行动，应即其所以趋春水之目的。

关于第一点，志云：“春捺钵曰鸭子河泺。……鸭子河泺东西二十里，南北三十里，在长春州东北三十里。”叙述固极明晰。然证以《本纪》之文，二百年中“鸭子河泺”之名，竟未一见。而统计历年幸临较频者有鸭子河、混同江、长春河、挞鲁河、鱼儿泺、潢河、山榆淀、延芳淀、鸳鸯泺、萨隄泺、土河诸地，其中尤以鸭子河、混同江、挞鲁河、鱼儿泺、长春河诸处为最多。混同江为鸭子河改名，长春河乃挞鲁河改名，（详后引《圣宗纪》文）故实际辽帝临幸最频处为鸭子河（混同江）、挞鲁河（长春河）、鱼儿泺，二河一泺。此数地尚有一显著差别，即鸭子河（混同江）悉见正月，长春河、鱼儿泺则或见正月，或见二月。此两河一泺，果何地为春捺钵之确实所在？

按《地理志》，“长春州，本鸭子河春猎之地”。是辽之长春州即以鸭子河春猎地而建，显见鸭子河为春猎要地，与《本纪》之频幸鸭子河之记载合，春捺钵即设其地，自甚可能。然《营卫志》又明记春捺钵在“东西二十里，南北三十里”“水泺”（大池、湖）之旁。宋王易《重编燕北杂录》亦谓，辽帝“春捺钵多就长春州东北三十五里泺甸住坐”，虽未举出泺甸名称，亦确信系“泺甸”，而非河流。如望文生义，认鸭子河泺为鸭子河附近之一水泺，故名鸭子河泺，世人即举河名，该其泺称，似最可通。然《营卫志》既特标泺名，何二百年之《本纪》中，其名竟未一见？殊不可解？

挞鲁河，《地志》于上京属下河流中列其名，未详属何州何地。按宋曾公亮《武经总要》

云："踏弩河流入鸭子河。"当亦在长春州境。证以其改名长春，益觉可信。《圣宗纪》："太平四年二月，己未，猎挞鲁河。诏改鸭子河曰混同江，挞鲁河曰长春河。"河与州名同，而州因春猎建，似此长春（挞鲁）河与春猎，以至春猎时之根据地春捺钵，亦不无关系。

鱼儿泺，《地志》未详所在。其名每与长春河连书。《圣宗纪》："太平五年三月，如长春河鱼儿泺。其水一夕有声如雷，越沙冈四十里别为一陂。"知在长春河附近。辽帝春幸最频之鸭子河、挞鲁河、鱼儿泺三地，又以幸鱼儿泺之次数为最多，而三者中亦唯鱼儿泺始合《营卫志》《燕北录》所记春捺钵之"泺"的条件。然仅据此两点，遽谓春捺钵在鱼儿泺，自尤不能厌人意。

综上所述，辽代春捺钵究在鸭子河、挞鲁河，抑鱼儿泺，尚不能断言。然无论三者中任一地，为其确址，其与本文所拟研考之春水，就表面视之，除均在长春州境一点相合外，实如风马牛之不相及。然则此春水岂亦犹鸭子河、挞鲁河、鱼儿泺，为辽帝春季时临幸之长春州境一水，抑别有解释？尚不能明。

关于第二点，《志》载有钩鱼捕鹅两事。宋张舜民《使辽录》亦谓："辽人打围，一岁各有处所。正月钩鱼海上，于冰底钩大鱼。二月、三月放鹘，号海东青，打雁。"是两项行动中，尤以捕鱼一事为言辽史者所熟知。盖以天祚末年混同江钩鱼宴上，当造阿骨打（金太祖）叛辽之因；而一般记载"钩鱼"者，每误为"钓鱼"，校史者喜道其事，从而治史者熟闻钩鱼之事；又，宋程大昌《演繁录》中详书钩鱼方法，《演繁录》甚流行，钩鱼亦因以广得流传。此外一点尤为重要者，即捕鱼记载，居于每岁之首，读史者开卷先睹，印象特深。然观乎此专记辽帝春季行动之"春捺钵"条，于钩鱼叙述固极简略，于捕鹅反言之特详。且明言天鹅未至时捕鱼，似钩鱼之重要，远逊于捕鹅。此点最可注意。

考春水一名亦习见《金史》，一翻《金史》诸帝《本纪》，春水之幸，数见不鲜。金赵秉文有《春水行》诗云：

> 光春宫外春水生，驾鹅飞下寒犹轻，绿衣探使一鞭信，春风写入鸣鞘声。龙旂晓日迎天仗，小队长围圆月样，忽闻叠鼓一声飞，轻纹触破桃花浪。内家最爱海东青，锦鞲掣臂翻青冥，晴空一击雪花堕，连延十里风毛腥。初得头鹅夸得隽，一骑星驰荐陵寝，欢声沸入万年觞，琼毛散上千官鬓。不才无力答阳春，羞作长杨侍从臣，闲与老农歌帝力，欢呼一曲太平人。[1]

诗题《春水行》，所写全为捕鹅之事。则春水即捕鹅之水也。详其捕鹅之方法，捕得后献朝以及从官称觞插毛头上种种风习，悉与前引《营卫志》所志辽代情形符合。岂《辽史》中之春水，亦指捕鹅之水乎？然秉文金人，金辽情形安知不有变革？今再有《辽史》本身证之，乃知捕鹅确为辽代旧习，春水即捕鹅之水，金袭辽捕鹅之事，故亦袭用春水之名。

《辽史·道宗纪》：

大康元年正月，乙酉，驻跸大鱼泺。丁亥，以获鹅，加鹰坊使耶律杨六为工部尚书。

大康五年三月，辛未，以宰相（张）仁杰获头鹅，加侍中。

此以获鹅而得重赏者。又《穆宗纪》：

应历十五年三月癸巳，虞人沙剌迭侦鹅失期，加炮烙铁梳之刑。

此以捕鹅而遭苛罚者，其赏之重与罚之苛，均为特别重视其事之表现。捕鹅须用海东青鹘，辽有五坊之官，专司饲养。而海东青辽本国不产，须求之国外。《辽史·部族表》："重熙二十一年，使诣五国及鼻骨德乌古敌烈四部捕海东青。"《萧乐音奴传》："监障海东青鹘。获白花者十三，赐榾柮犀，并玉吐鹘。"迨辽末，金人叛辽，海东青之营求，为其主要原因之一。《三朝北盟会编》卷三云：

又有俊鹘号海东青者，能击天鹅，……出五国。五国之东，接大海，自海东而来者，谓之海东青。小而俊健，爪白者尤以为异。必求之女真，每岁遣外鹰坊子弟趣女真，发甲马千余人，入五国界，即海东巢穴取之，与五国战斗而后得。其后女真不胜其扰。

《金史·太祖纪》亦记其事，可证《会编》所言不妄：

初，辽每岁遣使市名鹰海东青于海上，道出境内，使者贪纵，征索无艺，公私厌苦之。康宗尝以不遣阿疏（金人亡入辽者）为言，稍拒其使者。太祖嗣节度，亦遣蒲家奴往索阿疏，故常以此二者为言，终至于灭辽然后已。

不特辽帝自差人网捕，辽属国亦多以此为贡品。《太宗纪》："天显七年十一月丁未，阻卜贡海东青鹘三十连。"一连犹云一只也。[2] 天显去辽始兴未远，可见此俗由来已久。

《道宗纪》："清宁七年四月辛未，禁吏民畜海东青鹘。"《张孝杰传》："帝谓孝杰可比狄仁杰，赐名仁杰。乃许放海东青鹘。"是知当时视畜海东青为特权，一般臣民，不得饲养。

宋姜夔《白石诗集》有《契丹歌》，题下原注云："都下闻萧总管自说其风土如此。"歌云：

契丹家住云沙中，耆车如水马若龙，春来草色一万里，芍药牡丹相间红。大胡牵车小胡舞，弹胡琵琶调胡女，一春浪荡不归家，自有穹庐障风雨。平沙软草天鹅肥，胡儿千骑晓打围，皂旗低昂围渐急，惊作羊角凌空飞。海东健鹘健如许，鞲上风生看一举，万里追奔未可知，划见纷纷落毛羽。平章俊味天下无，年年海上驱群胡，一鹅先得金百两，天使走送贤王庐，天鹅之飞铁为翼，射生小儿空看得，腹中惊怪有新姜，元是江南经宿食。

据此，则捕鹅为契丹旧风，无可疑矣。

明乎捕鹅为契丹民族旧风，试重读《营卫志》之所记，始可充分得其真义。《营卫志》所记，完全以捕鹅为中心。鸭子河泺者，捕鹅之泺也。捕鹅之时节，即天鹅出现之季令，在二、三月，故牙帐自冬捺钵起后约六十日方至其地。天鹅未至前，即牙帐离冬捺钵后，达春捺钵前（自正月上旬至二月中旬）之月余光阴，先“卓帐冰上，凿冰钩鱼”。钩鱼为春游次要的、附带的行动，故《营卫志》未为详载。《营卫志》本节描写本极明晰，第以世人预有春猎即钩鱼之成见横亘胸中，牢不可破，过度轻视，甚至根本忽略捕鹅之事，致此明显史实，毕陈目前，而不能见。《大金国志》尝言：“契丹有国以来，承平日久，无以为事，每岁春，放鹅于春水，钩鱼于混同江。”所言亦简而得要。旧日屡读此文，仅觉为混同江钩鱼得一证，而于放鹅春水一点，茫然若无所睹，甚矣成见之误人也。

依上所述，则春水即捕鹅之水。反观前列春水表，计十二条中，系于正月者十条，系于二月者二条。其系于二月者，次数虽少，实为最符实际之书法。然其他十次均系正月，正月固非捕鹅时节，初视之似为春水，即捕鹅之水一说之反驳。然细察之，凡混同江列于前者，春水可见于后，春水列于前者，其后绝不再见混同江。（合观下列春州及鱼儿泺两表，此点尤明。）即春水可以包括混同江，混同江不能包括春水。乃知《辽史》此等书法，实视捕鹅重于钩鱼，春水重于混同江之结果。试举近事以为比例，譬如某甲由重庆经贵阳，至昆明，以昆明为目的地。报章志其行踪，可于离重庆去贵阳时，云“赴贵阳”，于由贵阳去昆明时，又云“赴昆明”，但亦可于其初离重庆时径记“赴昆明”，而略去贵阳。凡春水列于正月者，其事与此正同。

《辽史・本纪》中又时见诸帝幸春州事，钩稽为下表：

年纪	正月	二月	三月
重熙七年	辛丑如混同江	庚午如春州乙亥驻跸东川	壬寅如蒲河淀
清宁五年	春如春州		
清宁七年			庚戌幸春州
大安四年	庚戌如混同江	己丑如鱼儿泺己亥如春州	
寿隆四年	壬子如鱼儿泺		庚午幸春州
乾统二年	如鸭子河	辛卯如春州	
乾统三年	辛巳朔如混同江戊申如春州		

续表

年纪	正月	二月	三月
乾统八年	如春州		
乾统九年	丙午朔如鸭子河	如春州	
天庆元年	钩鱼鸭子河	如春州	
天庆二年	己未朔如鸭子河	丁酉如春州(幸混同江)[3]	
天庆四年	如春州		

辽无春州，此春州乃长春州之简称。此诸项中，愚意其一部分之意义，即相当于春水。数年前，尝居北平。北平之北海公园有湖。冬季，湖水大冰，有溜冰场，为冬季运动最佳之地。友朋相约，每云“去北海”，实际意义非谓往游公园，乃适北海作溜冰戏也。又如南北两极圈莅临其地者率以探险，今言某人去南北极，本意恒指其探险之行动也。此处之春州，亦当作如是观。春水在春州境，谓去春州，实际言趋春水也。但此非谓以上各条全部相当于春水。如重熙七年、大安四年、寿隆四年诸条，疑所指均为春州本义。

春水究指何水乎？《营卫志》固明言在鸭子河泺。然如前所论，除《营卫志》外其名竟未再见，而与鸭子河泺最应有关之鸭子河乃捕鱼而非捕鹅地点。今既确知春捺钵时期主要行动为捕鹅，捕鹅时季在二、三月，以及捕鹅地点在水泺，循此通观史文，合乎三项条件，最要者有鱼儿泺焉。下表尽录全史所见鱼儿泺各条：

年纪	正月	二月	三月
太平二年	如纳水钩鱼	辛丑朔驻跸鱼儿泺	甲戌如长春州
太平五年	乙酉如混同江	如鱼儿泺	如长春河
重熙五年	甲申如鱼儿泺		
重熙九年	庚申如鸭子河	驻跸鱼儿泺	
重熙十三年	戊辰如混同江	庚戌如鱼儿泺	
重熙十六年	己卯如混同江	庚申如鱼儿泺	丁亥如黑水泺
重熙十九年	壬寅如鱼儿泺		己酉驻跸息鸡淀
重熙廿一年	辛亥如混同江	如鱼儿泺	
清宁二年	幸鱼儿泺		
清宁四年	如鸭子河钩鱼	庚戌如鱼儿泺	
咸雍元年	甲子如鱼儿泺		
咸雍八年	甲申如鱼儿泺		

续表

年纪	正月	二月	三月
大康三年	癸丑如混同江	己丑如鱼儿泺	
大康七年		甲子如鱼儿泺	
大安三年	乙卯如鱼儿泺		
大安四年	庚戌如混同江	己丑如鱼儿泺己亥如春州	
大安五年	癸未如鱼儿泺		
大安七年	壬戌如混同江	己亥驻跸鱼儿泺	丙戌驻跸黑龙江
寿隆元年	己亥如混同江	乙亥驻跸鱼儿泺	
寿隆四年	壬子如鱼儿泺		庚午幸春州
寿隆五年	乙巳如鱼儿泺		
乾统四年	戊子幸鱼儿泺壬寅猎木岭		

持此与前列春水、春州两表合观，鱼儿泺与春水、春州之特点全同：即或次正月，或次二月，凡次二月时，正月必载混同江等钩鱼地，次正月时，则混同江等地绝不见。然则鱼儿泺岂鸭子河泺乎？

鱼儿泺当今何地，不易确言。旧说均谓今洮儿河为挞鲁河（长春河），松花江为鸭子河（混同江），大致可无问题。洮儿河于大赉县（黑龙江西南境）北入嫩江，更南流至大赉县南与松花江合流。其将入嫩江之前，聚为大池，名月亮泡。清曹廷燮以之拟鸭子河泺。曹氏尝亲履其地，所著《东北舆地图说》云："查纳喇萨喇池今通呼月亮泡，与(《辽史》)《营卫志》所载鸭子河泺东西二十里，南北三十里相符合。" 如鸭子河泺确即鱼儿泺，予愿接受曹氏之说，如鸭子河泺与鱼儿泺为两地，予姑指月亮泡为辽之鱼儿泺。

如月亮泡确即鱼儿泺，鱼儿泺即鸭子河泺。今观其水当洮儿河（长春河）之尾闾，去入松花江（鸭子河）之处不远，就其源言，自为洮儿河（长春河）之泺，就其流言，亦可谓松花江（鸭子河）之泺。然则鸭子河泺一名之所由生，岂亦犹系彭蠡于长江，列长山于渤海者耶？

春水一名虽主要指鱼儿泺，亦可加于其他水泺。上举《本纪》诸项，经一一以其前后相关地名核之，知寿隆六年一条，即别有所指。按《道宗纪》云：

> 寿隆五年七月辛亥，如太牢古山。闰九月丙子，驻跸独卢金。
>
> 寿隆六年正月丁亥，如春水。四月癸卯，如炭山。五月丙戌，驻跸纳葛泺。

辽寿隆五年当宋哲宗元符二年。李焘《续资治通鉴长编》卷五一五云：

元符二年九月甲寅，河东经略司奏：乞更不牒问北主近边打围。从之，北主以今岁至西京，并边打围，去代州边境止十里至五七里。……

是岁，北主于云中甸受回谢生辰、正旦国信礼。

辽代地名其本国人习称者与见之宋人记载者每不相同。是年《辽史》云独卢金，《长编》作云中甸，名虽有异，地实相同。文彦博《潞公集》卷七《赠国信毕少卿仲衍》诗有云："朔风不度龙沙远，只向云中讲信回。"仲衍使辽在元丰二年，当辽大康五年。检是年《辽纪》道宗亦驻跸独卢金。知独卢金与云中甸确指同一地点。独卢金《辽史》不详所在，由前后相关地名准之，知在西京境内。今悉又称云中甸，云中为辽西京大同府倚郭县，云中甸即谓云中县境郊野之地。

太牢古山在辽西京南境，近宋代州北界。宋熙宁中宋辽有河东地界之争，辽将萧迂鲁尝屯太牢古山以示威。[4]炭山即今察哈尔石头城子（沽源县北）黑龙山支脉之西端。[5]纳葛泺余比定为今热察交界（中部而偏北）之达里泊。合此数事观之，道宗于寿隆五年七月如太牢古山打围，最南至于去宋代州北境十里至五、七里之地点。九月间北去，驻跸于西京（今大同）附近之独卢金（云中甸），即在独卢金受宋贺使礼。六年正月戊辰朔，道宗以丁亥（二十日）离西南极边之独卢金，四月又出见于西方之炭山，则其间所至之春水，决非长春州境内之鱼儿泺。

以此春水前后地名绳之，知所指乃辽西南境之鸳鸯泺。《道宗纪》："清宁八年十月，驻跸独卢金。十二月幸西京。九年正月，幸鸳鸯泺。"又："咸雍九年九月，驻跸独卢金，十月如西京，十年正月，如鸳鸯泺。"又："太康五年十月，驻跸独卢金。六年正月，如鸳鸯泺。四月，猎碳山。"可证鸳鸯泺为独卢金、炭山道上之要地。鸳鸯泺多产水禽鹅鸭，元周伯琦《上京扈从诗后序》云：

（自）察罕脑儿由此转西至怀秃脑儿，……曰平陀儿，曰石项河儿，土人名为鸳鸯泺。其地南北皆水泺，势如湖海，水禽集育其中，以其两水，故名鸳鸯。或云水禽唯鸳鸯最多。……

故就鸳鸯泺之地位，就临幸其地之时间，以及就其地之特点言，《辽史·道宗纪》寿隆六年正月如春水之春水，乃指鸳鸯泺也。

不独由以上推论，可知寿隆六年正月之春水，乃指鸳鸯泺，尚有确凿，可以佐成吾说。《辽史》卷九八《耶律俨传》：

寿隆六年，贺幸鸳鸯泺。召至内殿，访以政事。

知道宗于寿隆六年确曾赴鸳鸯泺。而是年本纪所载道宗游幸诸地中（正月春水，四月炭山，五月纳葛泺，七月沙岭，九月藕丝淀），唯春水一名足以当比鸳鸯泺，故此春水指鸳鸯泺，决无可疑。

《辽史》记载诸帝幸鸳鸯泺者计有下列诸次：

圣宗时七次（统和二十年三月，二十一年正月，二十二年正月，二十四年正月，二十五年二月，开泰九年二月，太平六年正月）。

兴宗时四次（重熙六年正月，十一年二月，十四年正月，十八年正月）。

道宗时五次（清宁六年正月，九年正月，咸雍四年正月，十年正月，大康六年正月）。

天祚时六次（乾统五年二月，天庆八年正月，九年二月，十年二月，保大元年二月，二年二月）。

如略加注意，可见圣宗时萃于统和二十年至廿五年（中仅二十三年未前往），天祚时萃于天庆八年至保大二年，是各有其缘由。前者将于下文延芳淀节论之，后者则以是时辽之东方半壁，已归金有，天祚西迁，不得不改就鸳鸯泺行猎矣。

清乾隆时纂修之《口北三厅志》卷二于辽金以来鸳鸯泺沿革论述颇详，逐录于下：

> 案《宣镇志》，鸳鸯泺在云州西北百余里境，其水停积不流，自辽金以来为飞放之所。今考赤城边外，实无此水。又考《北地朔漠图》，鸳鸯泺在兴和北。《金史·地理志》抚州柔远县有昂吉里，又名鸳鸯泺，则明时所称集宁海子，今呼昂古立脑儿者，明即金之鸳鸯泊是也。蒙古言昂古立犹华言鸿雁，义颇相类，且昂古与昂吉字画亦相近，安知前史无传写之误耶？

按其地今仍称昂古立诺儿，在察哈尔尚义设治局（旧大青沟）之北。

除鱼儿泺、鸳鸯泺外，辽帝春猎地点尚多，如萨隄淀、山榆淀、大鱼泺、黑水泺、延芳淀、长泺均是。唯其重要性远非鱼儿泺之比。此数地当今何所，太半无考，仅延芳淀与长泺，大略可指。附述于下。

（一）延芳淀

《辽史·地理志》南京析津府“漷阴县”条：

> 本汉泉山之霍村镇。辽每季春弋猎于延芳淀，居民成邑，就城故漷阴镇，后改为县。在京（同文本作县，今从百衲本）东南九十里。延芳淀方数百里，春时鹅鹜所聚，夏多菱芡。国主春猎，卫士皆衣黑绿，各持连锤、鹰食、刺鹅锥，列水次，相去五七步。上风击鼓，惊鹅稍离水面，国主亲放海东青鹘擒之。鹅坠，恐鹘力不胜，

在列者以佩锥刺鹅，急取其脑饲鹘。得头鹅者例赏银绢。

明徐昌祚《燕山丛录》亦载：

漷县西有延芳淀，大数顷，中饶荷芰，水鸟群集其中，辽时每季春必来弋猎。打鼓惊天鹅飞起，纵海东青禽之。得一头鹅，左右皆呼万岁。

昌祚原书未见，此从厉鹗《辽史拾遗》转引。厉氏谓昌祚人实误。《四库总目》称“其书成于万历壬寅，有昌祚自序，谓因辑《太常寺志》，得征州县志书，因采其所记成此书”。此段当本旧日志书，《地志》谓淀方数百里，《丛录》则云大数顷，相差甚远。就捕鹅者排列水周成圆形一事推之，其水不宜过大，疑《丛录》所云，较得其实。（《地志》方数百里之里字，抑或为亩字之误。）又《地志》称辽帝“国主”不合史法，疑此系元人据辽代以后记载修入者。

辽漷阴县金仍为漷阴县，元升漷州，明初降漷县，清顺治间废县并入通州。通州即今北平东之通县。今通县南境尚存漷县故城。北平在其西北约七十里，与辽志两地相去九十里之说，大体相合。（辽宋里约当清里五之四。）元人入据中国，岁猎漷州柳林海子，或即辽延芳淀旧址欤？[6]

据《本纪》，辽帝幸延芳淀计有：统和七年春、十二年正月、十三年正月、十八年二月、二十年正月，五次。集中于圣宗一代，尤其统和前半。此盖特有缘由。试与上论鸳鸯泺节合观，即可明了。鸳鸯泺之幸，最早次在统和二十年三月，延芳淀之幸，最末次在同年正月，两者适可衔接。统和二十年以前不见鸳鸯泺，统和二十年后亦不再见延芳淀。意者圣宗于二十年正月在延芳淀飞放，三月趣鸳鸯泺，大致到鸳鸯泺后，认为胜于延芳淀，自后遂舍延芳淀而改趋鸳鸯泺也。延芳淀、鸳鸯泺于辽均为南境，是则自统和十二年起，迄二十五年止，十余年间，圣宗春猎几尽在南境。考其时辽宋交兵累年，圣宗多驻南京，长春州相距过远，往返不便，乃就近于延芳淀、鸳鸯泺举行春猎焉。

（二）长泺

《续资治通鉴长编》卷八一载宋大中祥符六年晁迥使契丹，见辽圣宗于长泺，尝观其捕鹅，归国后记云：

泺多野鹅鸭，辽主射猎，领帐中骑，击扁鼓，绕泺惊鹅鸭飞起，乃纵海东青击之，或亲射焉。辽人皆佩金玉锥，号杀鹅杀鸭锥。每初获即拔毛插之，以鼓为坐，遂纵饮，最以此为乐。

所志捕鹅情形，可与前引诸说互证。长泺所在，《辽史》未详。宋曾公亮《武经总要》云："长泺周围二百里，泺多野鹅鸭，辽主射猎之所。道出中京之北四日程。经榆林馆、饥乌馆、香山子馆，南（东）北，即长泺也。"其言实本自宋绶之《上契丹事》。宋氏原疏具存《长编》。疏云："自中京东北行，六十里至羖攊河馆，又七十里至榆林馆，又七十里至讷都乌馆，又七十里至香山子馆。香山子馆东北又三十里即长泺。"则长泺在中京东北三百里。疏又云："自香山子馆至木叶山二百四十里。"辽中京即今大名城，木叶山当在锡拉木伦河、老哈河合流点附近。长泺位处两地之间，略偏于北，当在今热河建平县北，敖汉旗或奈曼旗境内。奈曼旗境有工程庙泡子（一名乌兰浪泡），方位合，略嫌偏北，是否即其地，未敢实指也。

《长编》卷九七宋绶《上契丹事》云：

> 蕃俗喜罩鱼，设毡庐于河水（当作冰）之上，密掩其门，凿冰为窍，举照之，鱼尽来凑，即垂钓竿，罕有失者。

又程大昌《演繁录》卷三"契丹于达鲁河钩鱼"条云：

> 达鲁河钩牛鱼，北方盛礼，意慕中国（中原）赏花钓鱼，然非钓也，钩也。……达鲁河东与海接，岁正月方冻，至四月而泮。其钩是鱼也，北主与其母皆设次冰上，先使人于河上下十里间以毛网截鱼，令不得散逸，又从而驱之集冰帐。其床前预开冰窍四，名为冰眼，中眼透水，旁三眼环之不透，第斫减令薄而已。薄者所以候鱼，而透者将以施钩也。鱼虽水中之物，若久闭于冰，遇可出水之处，亦必伸首吐气。故透水一眼，必可致鱼，而薄不透水者将伺视也。鱼之将至，伺者以告北主，即遂于斫透眼中，用绳钩掷之，无不中者。即中，遂纵绳令去，鱼倦即曳绳出之，谓之得头鱼。头鱼既得，遂相与出冰帐，于别帐作乐上寿。

此辽人春猎次要行动钩鱼之方法也。附载于此，聊备参考。[7]

二、秋山考

《辽史》中又频见秋山一地，惟确实所在，亦未明言。兹亦先将全史有关秋山记载，辑录于下：

年纪	七月	八月	九月
应历十年		如秋山幸怀州	
保宁三年		甲戌如秋山	壬子幸归化州甲寅如南京

续表

年纪	七月	八月	九月
保宁八年		丁未如秋山	己巳谒怀陵
统和十一年		如秋山	
开泰四年	幸秋山	自八月射鹿至于九月复自癸丑至于辛酉连猎于有柏碎石太保乡应松山诸山	
开泰六年	辛亥如秋山		庚子还上京
太平四年	如秋山		
重熙六年	癸卯如秋山		
重熙九年	丁丑如秋山		
重熙十五年	丁酉如秋山		
重熙二十年	如秋山		驻跸中会川
重熙廿一年	甲子如秋山戊辰谒庆陵辛未如庆州		己未谒怀陵甲子谒祖陵
重熙廿三年	甲戌如秋山		
重熙廿四年	壬子如秋山次山次南崖之北峪		
清宁三年	乙酉如秋山		庚子幸中会川
咸雍十年	丙辰如秋山癸卯谒庆陵		庚戌幸东京癸亥祠木叶山
太康二年	戊辰如秋山		己卯驻跸藕丝淀
太康三年	乙丑如秋山丁丑谒庆陵	辛丑谒庆陵	
太康七年	戊子如秋山丙申谒庆陵	辛卯射鹿赤山	
太康八年	甲午如秋山		庚寅谒庆陵丁未驻跸藕丝淀
大安四年	庚申如秋山	庚寅谒庆陵	
天庆三年	幸秋山		驻跸藕丝淀
天庆六年	猎秋山		丙午谒怀陵
天庆七年	癸卯猎秋山	丙寅猎狨斯那里山	
天庆八年	猎秋山		

又《游幸表》载：

保宁元年八月，如秋山。

统和十五年八月，如秋山。

开泰八年七月，如秋山。障鹰于缅山。

重熙五年八月，如秋山。猎于炭山之侧。

天庆四年八月，如庆州。射鹿于秋山。

又《耶律良传》：“会猎秋山。良进《秋游赋》。上嘉之。”《萧韩家奴传》：“会有司奏，猎秋山熊虎伤死数十人。”

观此，辽帝临幸秋山次数，不为不多，是宜为辽代名山之一，然史竟不详其所在。汇观上引诸事，可获得以下数观念：第一，秋山仅见七、八两个月，七、八两月外绝不见。第二，辽帝在秋山之主要行动为射猎。第三，《辽史》凡书畋猎某山某地，只云“猎某山”或“猎某地”，此通读《辽史》可灼然见者。惟书秋山均作“如秋山”或“幸秋山”，与一般书例不同。（《天祚纪》亦作猎秋山，盖末世不明史例所致。）第四，辽帝去秋山之先，或猎秋山之后辄谒庆陵，或幸庆州。

根据以上记载，可作如下之推测：第一，七、八两月为辽帝射鹿之季候。辽帝既特以七、八月趋秋山，秋山宜为多产麋鹿，适合秋猎之所。第二，《辽史》书秋山异于常例，则其山应与寻常之山不同。第三，辽帝去秋山辄去庆陵或庆州，庆陵亦在庆州境，则所谓秋山者应与庆州关系特切。

按《营卫志・秋捺钵》云：

秋捺钵曰伏虎林。七月中旬自纳凉处起牙帐入山射鹿。伏（原作“及”，误）虎林在永州西北五十里。当有虎据林伤害居民畜牧，景宗领数骑猎焉。虎伏草际，不敢仰视。上舍之。因号伏虎林。每岁车驾至，皇族而下分布泺水侧，伺夜将半，鹿饮盐水，令猎人吹角效鹿鸣，即集而射之，谓之舐硷鹿，又名呼鹿。

则辽帝去秋捺钵之时间以及在秋捺钵之行动，与去秋山者全同，则秋山与秋捺钵所在之伏虎林如非一地，亦宜相去不远。然伏虎林在永州，而据上所述，秋山应去庆州较近，两地一在上京之西北，一在上京之东南，应无若何关系。兹姑置《秋捺钵》之记载不论，专就秋山一词本身给予吾人印象，作进一步探考。

《辽史・地理志》“庆州”条云：

本太保山、黑河之地，岩谷险峻。穆宗建城，号黑河州。每岁来幸，射虎障鹰，军国之事，多委大臣。后遇弑于此。统和八年，州废。圣宗秋畋，爱其奇秀，建号庆州。……有黑山、赤山、太保山、老翁岭、馒头山……黑河。[8]

据此，庆州乃多山宜猎之所，穆宗终年徘徊于此，圣宗亦时幸其地。州境有黑山、赤山、太保山诸山，《契丹国志·穆宗纪》亦载穆宗频幸黑、赤、太保诸山狩猎云：

> 穆宗性好游畋，穷冬盛夏，不废驰骋。万机事繁，蕃汉诸臣共莅之。帝不以屑意。如京东（应作西）北，有山曰黑山、赤山、太保山，山水秀绝，麋鹿成群，四时游猎，不离此土。

以《穆宗本纪》考之，历年秋月狩猎处有黑山、赤山、拽剌山、凤凰门、天梯山、玉山诸山。诸山均在上京西境（后庆州境内，或附近），《国志》举赤山、黑山诸名，仅列其著者耳。

其实不特穆宗一朝秋猎在庆州西诸山，穆宗后诸帝历年秋月亦以至此一带（尤以庆州属之黑山、赤山、拽剌山）为最多。读者试取后文《辽史游幸表证补》[9]逐年秋月下记录观之即明，无庸繁引。总之，庆州西境诸山乃辽帝秋猎最主要之地点。

庆州西境诸山既为辽代秋猎最要地点，而由前论，知秋山与庆州关系特切，及秋山所指非一般之山，准以辽人称春猎之水为春水之例，吾人不难推想秋山即秋猎之山，最要者乃指此庆州西境之诸名山，如赤山、黑山等。[10]必如此，《辽史》中之若干记载，始可解释。如开泰四年八月条云：

> 开泰四年七月，幸秋山。自八月射鹿至于九月，复自癸丑至于辛酉，连猎于有柏、碎石、太保、响应、松山诸山。

寻绎文义，此“幸秋山”与“自八月射鹿……松山诸山”，共指一事，甚为明显。再以下列数例比核之，秋山之义尤显。

> 重熙十六年秋七月，幸庆州。自是月至于九月，日射猎于楚不沟、霞列、系轮、石塔诸山。

此条与前条意义全同。“幸庆州”即“幸秋山”，亦犹前文之以“春州”代“春水”。（注意其“幸”庆州、“幸”秋山，与“猎”诸山，“幸”“猎”字用法之不同。）又应历八年条：

> 秋七月，猎于拽剌山，迄于九月，射鹿诸山，不视朝。

拽剌山亦在庆州，沈括所谓庆州西有连山日夜来者是也（见《梦溪笔谈》卷二四）。是条如为之加“幸庆州”，即等于上一条，加“幸秋山”，即等于更上一条。总之，逐鹿射虎，瞬息数百里，不能必在一山。辽帝秋猎多在庆州西诸山，时人不易确言猎于某一山，姑以秋山一名总称之耳。

秋山既指庆州境诸山，其地与上引《营卫志》秋捺钵所在之伏虎林，究有关无关乎？据史所载，两地一在上京西北，一在上京东南，似不相涉，已详前论。然辽帝在两地之时期及行动既全部相合，终不应毫无关系。伏虎林一名，遍检《辽史》，除《营卫志》此条外，别无所见。今仅存之辽别史王鼎《焚椒录》有云：

清宁二年八月，上猎秋山。（懿德）后率嫔妃从行在所，至伏虎林。

又云：

国俗君臣尚猎，故有四时捺钵。上（道宗）既擅圣藻，而尤长弓马，往往以国服先驱。所乘马号飞电，瞬息百里，常驰入深林邃谷，扈从求之不得。后患之，乃上疏谏曰："……顷见驾幸秋山，不闲六御，特以单骑从禽，深入不测。"

据此，伏虎林实射猎秋山时之根据地，然则《营卫志》"伏虎林在永州西北五十里"者，其"永"州乃"庆"州之误，可以断言。（永州圣宗时始置，《志》云景宗猎虎其地，亦是破绽。此尚可解以原猎于后日永州之境，修史者据后日之实而言。然永州为冬捺钵所在，秋捺钵不应亦在此。在其地处潢、土二河合流点，遍检《景宗纪》，毫无临幸土、潢河一带痕迹。又秋猎目的在射猎野兽，必须于山林深邃、禽兽繁殖处为之。永州地平多沙，绝不宜猎。前乎景宗之穆宗猎庆州，后乎景宗之圣宗后诸帝亦猎庆州，秋捺钵自景宗——或景宗前——下迄道宗——或道宗后——未易地址，自必设于最习至之地点，非庆州莫属矣。凡此数点亦可证永州为庆州之误。）

庆州诸山虽为辽代最要秋猎地，称曰秋山，另有其他秋猎地点，亦得称秋山。是亦犹春水，不专指鱼儿泺一地。前列包含秋山诸条，或专据《本纪》，或专据《游幸表》，如取《表》《纪》同月记载合观之，此点即可明了。如：

(一)应历十年	[纪]八月，如秋山。幸怀州。	[表]八月，次三石岭，呼鹿射之。
(二)保宁三年	[纪]八月甲戌，如秋山。	[表]八月，射鸭于惠民湖。猎于平地松林。猎于辽河之源。
(三)太平四年	[纪]七月，如秋山。	[表]七月，猎平地松林。
(四)重熙六年	[纪]七月癸卯，如秋山。	[表]七月，射鹿于耶里山。
(五)重熙廿一年	[纪]七月如秋山，谒庆陵。如庆州。	[表]七月，击鞠。观市。幸圣济寺。
(六)重熙廿三年	[纪]七月甲戌，如秋山。	[表]七月，击鞠。
(七)统和十五年	[纪]八月丁酉，猎平地松林。	[表]八月如秋山。

以是七条中，第一条三石岭所在不详。然《纪》云如怀州，或即在怀州境。第二、三、七，三条均猎平地松林。《地理志》上京境内有平地松林，州属未详。曾公亮《武经总要》"平地松

林”条“东至怀州四十里”，又“怀州”条“西至平地松林四十里，北至潢河十里，河北至上京百五十里”。据此，平地松林在怀州境，潢河之南，上京在其东北，相去约二百里。《本纪》及《游幸表》载猎平地松林次数不少。第四条，耶里山疑即拽剌山，第五、六两条仍猎庆州，表均载击鞠，按庆州有鞠场，此书击鞠，略畋猎也。

由此观之，怀州属之平地松林，亦为秋猎要地之一，亦得称秋山。平地松林为平地，亦称秋山，则秋山几等于秋猎之意义矣。又《游幸表》载：

> 重熙五年八月，如秋山。猎炭山之侧。

此秋山指“炭山之侧”甚明。故曰秋山绝不限称庆州一地之山也。

春水之目的在捕鹅，秋山之目的在射鹿。前引《营卫志》“秋捺钵”条，言之已详。为省读者翻检起见，再节引有关数语于此：

> 七月中旬自纳凉处起牙帐入山射鹿。……伺夜将半，鹿饮盐水，令猎人吹角效鹿鸣，既集而射之，谓之舐硷鹿。又名呼鹿。

据此，则射猎之方法似先诱以盐，继赚以声。“舐硷”与“呼鹿”为一事件中之两动作。然据一般记载，二者似为截然不同之两事。《辽史·国语解》有“舐硷鹿”条，谓“鹿性嗜咸，洒硷于地以诱鹿，射之”。似仅舐硷一举，已足达到诱鹿目的。别有记呼鹿者，亦不曾涉及舐硷。赵秉文《呼群鸣鹿图》诗云：

> 麑班剥落错古锦，麚角轮囷生肉芝，呦呦谁见呼群态，忆在秋山扈从时。（其一）
> 霜林枫叶动秋山，谁道呦呦物性闲，同类呼群更媒祸，世间何处不黄间。（其二）

所记虽为金时情形，辽代状况，宜无大差。辽呼鹿有专人。《穆宗纪》：“应历十八年九月己亥，猎熊。以唤鹿人铺姑赐（耶律）夷腊葛。”此辈人时多以女真人充之。《圣宗纪》：“统和九年八月戊寅，女真进唤鹿人。”《三朝北盟会编》卷三：“（女真）精射猎，……以桦皮为角，吹作呦呦之声，呼麋鹿射而啖之。”又云：“辽主岁入秋山，女真尝从呼鹿。”五代末叶之胡峤所作《陷北记》已记之云：“女真善射，多牛鹿野狗。其人……常作鹿鸣，呼鹿而射之。”可知此为女真民族之特技。满族为女真后裔，此种特技尚保而未失。每年清帝木兰秋狝哨鹿，即此呼鹿之遗风也。清高宗有《哨鹿赋》《后哨鹿赋》之作，详言“哨鹿”情形。《哨鹿赋序》云：“我皇祖昔喜哨鹿，朕冲龄随侍，习闻其事。年来乃亲试为之。”皇祖清圣祖也。高宗生长中国，故对此民族故风已渐感生疏。《热河志》卷四八《哨鹿序》云：

哨鹿以秋分前后为期。鹿性于秋前牝牡各为群，中秋后则牝分群而求牡也。哨鹿择林壑深幽兽群总萃之所。至期，上于昧爽前出营旌门外，燎火以俟，随从侍卫以次而留。从者不过数十骑，皆屏息单行，不闻声响。既至其所，各戴鹿首为导。其哨以木为之。随机达变，低昂应声。鹿即随至。

又清查慎行《人海记》云：

哨鹿之说，《辽史》已有之，但未详其说，今特志之。每岁于白露后三日，猎者衣鹿皮，戴鹿头，天未明潜伏草中，吹木筒作声。牡鹿闻之，以为求其偶也，遂踊跃至，至则利镞加焉，无得脱者。

降至近代，松花江下游之赫哲族，尚以“呼鹿”及“舐硷”方法，猎捕麋鹿。[11]

三、结语

综上所论，辽主每年春秋两季必趋某水某山行猎，乃名春猎之水为春水，秋猎之山为秋山。春猎最要地在长春州之鱼儿泺，秋山最要地在庆州西境诸山。最初春水秋山之称或专指此两地，嗣则以之泛称一切春秋狩猎地点，最后则几成为春猎秋猎之代名词。宋许采《陷燕录》(《三朝北盟会编》卷二四引）记天祚命燕僧造玫瑰，曰，“往岁天祚于‘春水秋山’外，最以此扰民。”即全用作行猎之义。至金代，此种用法尤为普遍。《金史》卷四三《舆服志》“金人之常服”条：“其从春水之服，则多鹘捕鹅杂花卉之饰，其从秋山之服，则以熊鹿山林为文。其长中骭，取便于骑也。”是其最著者。

此文得赵秉文诗之启示者实多，今再录赵氏《扈从行》一诗以为本文之结束：

马翻翻，车辘辘，尘土难分真面目。年年扈从春水行，裁染春山（衫？）波漾绿。绿鞯珠勒大羽箭，少年将军面如玉。车中小妇听鸣鞭，遥认飞尘郎马足。朝随鼓声起，暮逐旗尾宿，乐事从今相继躅。圣皇岁岁万机暇，春水围鹅秋射鹿！

［**附记**］日人池内宏《辽代春水考》(《东洋学报》第6卷第2号）又津田左右吉《达鲁古考》(《满鲜地理历史研究报告》二）及《关于辽代之长春州》(《东洋学报》第7卷第1号）均尝于辽之春水秋山有所论列，顾皆未能得其要领。关于春水，二氏均以长春河拟之，同误。秋山，池内指为太保山，津田谓“猎主一般秋猎地集中于庆州附近之黑山，事实上秋山乃此山总名，赤山黑山（狭义的）以及太保山乃其局部之名，辽帝大体每秋射猎其间”。其论已较池内

有进步，然仍未得其确义也。

原文刊载《历史语言研究所集刊》1942年第10本第2分，为《辽代四时捺钵考五篇》之一，引言部分原位于全文篇首；选自傅乐焕：《辽史丛考》，中华书局1984年版

注释：

1.［金］赵秉文：《滏水集》卷三，四部丛刊初编本。

2. 连或作联，为称鹰鹘之单位，自唐以来习见应用。［唐］刘禹锡《梦得集》卷二三汝州进鹰状“连奉笼母鹰六联”；《太平广记》卷四六〇“刘聿”条“裂裳而击鹰足，一臂上击三联，透身而下”，均用联字。罗福成《女真译语二编》，所收明女真酋长贡表，多有进贡海东青若干连云云，又《朝鲜世宗实录》卷三“上王赐马二匹，鹰子二连”，可知迄明代尚以之为专称鹰鹘之词。至何以称连尚不能明。《三朝北盟会编》卷一五：“兀室遣人将到称一连，云：旧例交割银五十两五分者皆不曾受（原注：分谓钱），直到五十一两方受，今来此秤系五十一两，贵朝秤却只五十两，莫如别作一连五十两五分秤。”是秤亦以连计。凡养鹰鹘必有所系，而锤亦系于秤，连联之称，或因于此。

3. 此“幸混同江”即正月“如鸭子河”，一事之复出。

4.［元］脱脱等：《辽史》卷九三《萧迂鲁传》，中华书局2017年版，第1515页。

5.〔日〕箭内亘：《辽代之汉城与炭山》，《东洋学报》第11卷第3号。

6.［宋］李焘：《续资治通鉴长编》卷七九载王曾《上契丹事》谓“出（燕京）北门，过古长城、延芳淀，四十里至孙侯馆”。孙侯馆即今北平东北之孙河镇，则延芳淀当在燕京东北近四十里之处。然漷阴固在燕京东南，决不可易，或王氏误志欤？又旧说辽延芳淀有二，一即此南京所属，一在东京，后说系根据《圣宗纪》“(统和四年十月）辛亥，命皇族庐帐驻东京延芳淀”之文，从而推测“(统和十三年九月）丁卯，奉安景宗及皇太后石像于延芳淀”条，所指亦即东京之延芳淀。愚按，辽延芳淀仅南京属下有之，其统和四年条东京之“东”字乃“南”字之讹，此观其上下文可断言者：“统和四年十一月甲辰，出居庸关，……辛亥，命皇族庐帐驻东京延芳淀。壬子，诏以敕榜付于越休哥，以南征论拒马河南六州。乙卯，幸南京。”辽君出行例以北面契丹官全体及南面汉官一部自随。所谓皇庐帐者原当扈从圣宗，今圣宗南幸，先命之往驻南京近郊之延芳淀也。

7. 今松花江下游之赫哲族尚有冰底捕鱼之事。赫哲族为辽金时五国部后裔，五国部与女真族居地毗邻，生活习惯，大体相类。凌纯声先生《松花江下游的赫哲族》中，记其冰底捕鱼事甚详。其“冰底网鱼”条云：松花江在九月间封江，他们于十月间始下网捕鱼。封江以后的鱼，一如开江时，集于江滩小溜处。渔户择滩边先凿两大冰眼，每眼长约五尺，宽三尺，两眼相距约六十丈，再以两眼为起点，凿一百二十个小冰眼，每眼长约三尺，宽二尺，成一个椭圆形。各小眼相距约一丈。凿冰眼须一日毕事，需渔户十二人。次日下网。渔夫十二人或十五人先将网之两端，各系一长一丈二尺的木杆，先掷入下流的大冰眼中，再用一头有两叉的木杆，拨准方向，送达至第一小冰眼，另有一人在第一小冰眼处送江绳杆，同时用一小木杆将冰底的绳索挂在小冰口。以下流大冰眼为起点，同时向双方小冰眼输送，至两系绳杆

到达上流大冰眼时，渔夫在下大冰眼下网，同时在上冰眼收网，则在冰眼范围以内之鱼，可尽行入网。又“冰上叉鱼”条云：“松花江结冰厚至四五尺，渔户凿四尺见方冰眼一个，上搭草棚一间，四面不透光线。渔夫逆流坐在冰穴之旁。鱼来至暗处，游泳甚迟，或竟不动，渔夫以鱼叉掷之即可得鱼，有时鱼大竟能带叉而逃，连人落在江中。所以鱼叉须用绳系在屋梁，渔夫腰间系绳。1929年有一在俄境的赫哲人，腰间忘掉系绳，即为大鱼带去。”（“中央研究院”历史语言研究所1934年版，第86页）

8.《地理志》谓庆州乃圣宗所建，误。据《兴宗纪》，圣宗崩后葬庆陵，即陵置庆州。

9.《辽代四时捺钵考五篇》第四部分为该表。——编者注

10《陈襄使辽语录》记回国途中辽伴使杨益诚告，其君七月上旬渐往秋山打围。按是年（宋治平四年，辽道宗咸雍三年），《游幸表》七月栏载“猎于赤山”。又《大金国志》谓契丹主每岁秋猎黑岭秋山，是为秋山可指赤山黑岭之证，但执此而谓秋山专指赤山黑岭则误。

11. 参见凌纯声先生：《松花江下游的赫哲族》，第88页。

西夏的饮食制度和风尚

史金波

西夏在长期发展过程中养成了自己的饮食习惯，有一定的制度，甚至某些饮食制度在法律上有严格的规范。在物质生活条件较差的中世纪封建社会中，“饮食”是极为重要的问题，受到人们的极大重视。在目前所能见到的为数不多的西夏世俗著作中，相当一部分记载有与西夏饮食有关的问题。如西夏的重要韵书《文海宝韵》有很多条与饮食有关；大型西夏文类书《圣立义海》共十五卷，其中有七卷直接与饮食有关；《番汉合时掌中珠》与饮食相关的词语集中在词语最多的“地用下”和“人事下”两部分中；在西夏文《三才杂字》三品中饮食词语在“地”“人”二品中；在西夏汉文《杂字》中的“斛豆部”“果子部”“农田部”“诸匠部”“器用物部”“禽兽部”内都集中了西夏饮食的内容。饮食在任何社会都具有重要地位，在西夏的文化载体中大量记录与饮食有关的内容，说明上述西夏著作的作者是面向社会的，是务实求真的，他们不像有的封建社会的文人那样，只讲道德，讳谈物质。这在一定程度上反映了西夏的饮食风尚和饮食思想。当然，西夏的饮食风尚不是一元的、简单的、不变的，而是多元的、复杂的、发展的。西夏的饮食受到所处的自然条件、生活环境的制约，又与当时的社会生产、生活有直接关系，还受到阶级和民族的影响。此外，它还要和社会礼仪的需要和宗教信仰的规范相适应。

一、贵族的饮食

和任何阶级社会一样，早期党项人贵族的饮食质量比普通百姓要高，但比生产发达、生活条件优越的中原地区的贵族饮食就是小巫见大巫了。宋太宗曾对作为李继迁使臣的张浦说：“戎人（指党项）贫萎，饮食衣被粗恶，无可恋者，继迁何不束身自归，永保富贵？”[1]用饮食、衣被来诱惑党项贵族以达到使其归降的目的，是宋朝统治者的招降办法之一。对党项最高首领招降不成，便以利啖诱党项各部首领。宋景德元年（1004）宋真宗诏谕李德明党项诸部“能率部下归顺者，受团练使，银万两，绢万匹，钱五万缗，茶五千斤”。真可谓待遇丰厚，既有实惠，又有名位，但此举收益不大。西夏景宗元昊时，张元、吴昊在西夏为显官后，“以穷沙绝漠、饮食居处不如中国”，“日夜说元昊攻取汉地，令汉人守之，则富贵功名、衣食嗜好皆如所愿”[2]。西夏的汉族谋臣也并不安于西夏较低的饮食居住水平，向往着汉族地区的更为丰富的饮食和居住生活。

随着西夏社会的发展，贵族对财富的聚敛也在加剧，加之中原地区统治者奢侈生活的影响，西夏贵族的饮食生活越趋中原化。西夏后期编著的《圣立义海》在卷一五“贫富名义”中说：“人有贫富：富人财物众多，衣食无忧。”[3]《掌中珠》中描绘：“富贵具足，取乐饮酒，教动乐……乐人打诨，准备食馔……设宴已毕。”西夏文《三才杂字》中也有“夜夜设宴，朝朝祭神”的词语，当然这都是达官贵人的生活。

西夏皇帝是西夏最大的贵族，他的饮食要求十分精美和安全可靠。对西夏皇帝饮食制作在《天盛律令》中有严格规定，“内宫待命等头项门”中有：“御供之食馔、其他用度等应分取准备者，当速分之，好好制作，依数准备。稽缓、盗减、制不精等时，罪依以下所定判断。一等：御供之用度分取准备迟者，当比殆误文典罪情各加一等。一等：制作御膳中选择不精及贡献中种种不足等，徒二年。不依时节贡奉、迟缓及是否美味所验不精等，一律徒一年。御膳已毕，经过远路往进，运输中盗减时，无论多少，徒六年。钱价甚多，则与盗减御供用度罪比较，从重者判断。一等：所准备御供用度，管事处已领时盗减者，当比内宫内外行盗各种罪情再加一等。”“和御供膳及和御药等中，不好好拣选、器不洁净等，一律徒二年。”甚至规定皇帝所用器皿如有人使用也要关进监狱，“御供之膳、药、酒等种种器中，不许他人饮用。若违律，是现用器则徒三年，是备用器则徒一年”[4]。更有甚者，对在皇帝的食品中混入杂物者，要按“十恶罪”的“大不恭”处以极刑。《天盛律令》规定：“御食混撒杂物时，不论主从当以剑斩，自己妻子及同居子女等当连坐，入牧农主中。妇人之子女勿连坐。”[5]北京图书馆藏一部西夏文佛经前有一幅《西夏译经图》，绘安全国师白智光主持译经和西夏惠宗皇帝、梁氏皇太后亲临译场的情景。图下部皇帝、皇太后前的桌上放置精美的食品和饮料，表现了皇家的豪华生活气派。

虽经若干朝代，西夏皇帝仍然保持着饮乳的习惯。供给皇帝乳制品的是群牧司直接管理的专门的御供圈牧者，皇帝出行时要在圈牧者中派遣若干，跟随皇帝，及时供给皇帝食用。[6]

文献记载，有的贵族身居高位，却能保持清廉，饮食十分俭朴。如仁宗朝中书令濮王嵬名仁忠，为官清正，饮食俭朴，“已与家人日食粗粝而已”[7]。当然这种为官者在西夏贵族中寥若晨星。

西夏的官员出差公干其饮食标准有具体的规定。如每年京师派员到牧场进行校验牲畜时，官员及随从等之人马食粮当自官方领取，不能从牧场取用，否则以贪赃罪判断。同时具体规定了肉食和食粮的标准，肉食以“屠”表示，一屠应是指屠杀羊一只。分别规定：检校大人七日一屠，每日米面四升，其中有米一升；二马中一马七升，一马五升；一童仆米一升。案头、司吏二人共十五日一屠，每日米面二升；一匹马五升。行杖一人每日米一升。检视一人十五日一屠，每日米面二升；马五升。[8]一个普通官员外出供给的粮食是跟随童仆和行杖的4倍，官员七日可屠一羊，而童仆和行杖无任何肉食，官员食肉和食粮的标准远远高于童仆和行杖。西夏法典还规定了问难磨勘者等局分大小和大校验畜者大小局分的禄食次第，与上述规定大同小异。[9]

这一方面反映出西夏社会中贫富不同的阶层在饮食上的巨大差异，另一方面也反映出西夏的下层人民实际饮食水平之低。检校大人只是普通官员，那些高级官员的生活水准与普通平民的差距可想而知。西夏法典还严格规定："供给官之种种食谷中，不许损减斤两。若违律损减时，量其钱价，以偷盗法判断。"[10]

西夏政府维护上层统治者的利益，是无微不至的。西夏中期以后，国中多世禄之家，都以奢侈相攀比。西夏文献记载以及文物考古发掘出的银钵、银碗、金莲花盘、金碗、金觥、玉斝等器物，表明西夏贵族饮食的豪华和讲究。这种侈靡之风使阶级矛盾尖锐化，对西夏政权的巩固十分不利，以至仁宗不得不于天盛十五年（1163）下令禁奢侈，以遏制上层社会的腐化之风，减少政府的财政消耗，缓和日益加剧的阶级矛盾。[11]

二、百姓和士兵的饮食

西夏的百姓饮食比较简单，农区以粮食为主，蔬菜为辅，肉食很少；牧区则以乳肉为主，粮食为辅。但无论是农区还是牧区，饮食生活都处于低水平。前面提到西夏不少地区自然条件粗恶，自然灾害经常发生，战争连年不断，严重影响着食品的生产。食物的匮乏受害最大的是普通百姓，西夏人食不果腹的现象经常发生。《圣立义海》中说："穷人财物不多，衣食不足。"[12]西夏人以借贷粮食度荒，以野菜充饥，甚至乞讨度日，更有甚者卖儿鬻女，这都是对西夏贫民饮食生活的真实写照。

西夏《文海》中有"稗"一词，其注释为："大麦、小麦中杂草稗子之谓。"[13]这种农作物地中的草类植物，果实细小，一般都作为畜草，然而在西夏却把它归入谷物食品中。

西夏文《三才杂字》"谷"类中有"蒿稗"一词，西夏本汉文《杂字》在有关食品的词目中也有"稗子"一词，说明西夏人将稗子也作为粮食作物。西夏文书也反映了西夏平民的粮食匮乏状况。

西夏人民春夏无食，不得已只能去典当，受高利贷的盘剥。从西夏黑水城出土的一件天庆十一年（1204）的汉文典当契可以看出，典当人兀女浪粟以自己的袄子裘典到大麦五斗、小麦五斗，三个月后要用一石三斗五升来赎。利息大麦、小麦分别是三分和四分。又一典当人刘折兀埋以马毯一条典到小麦五斗，三个月后要还小麦七斗，也是四分利。[14]有的三个月的利率竟高达 50%，这是高得惊人的高利贷。西夏黑水城出土一件光定末年（1223）的谷物借贷文书，借贷人耶和小狗山借小麦三石，三个月后本利交四石五斗，三个月的利率高达五分。[15]在西夏这种高利贷契约不是个别的。西夏的贫困户缺乏食粮在三个月左右，基本的饮食生活得不到保障。他们为了糊口度日，不得不去借高利贷。可以想见借贷人在秋收交完高利租税以后，还能剩多少粮食，第二年的春天和夏天又怎样度过。西夏的高利贷使贫穷人的饮食生活雪上加霜。宋代的文献记载了西夏人民缺少食物的情况："西北少五谷，军兴，粮馈止于大麦、荜豆、青麻子之类。其民则春食鼓子蔓、醎蓬子，夏食苁蓉苗、小芜荑，秋食席鸡子、地黄叶、登厢草，冬则畜沙葱、野韭、拒霜、灰蓧子、白蒿、醎松子，以为岁计。"[16]西夏人一年四季都食野生植物似乎不完全可靠，但从记载可以反映出西夏人民生活艰辛，饮食水平很低，野菜、野草是他们经常的补充食品。西夏谚语《新集锦合辞》中有"穷人菜米水冲稀"，"无佳餐吃稀饭"[17]。《天盛律令》规定："诸院官私不用地界生长野草、野果等时，诸家主当依所出工分取，不许于地边围置标记。"看来西夏政府鼓励人们充分采集野生植物，以补充食物的不足。[18]《圣立义海》也记载："八月末，储干菜。"[19]

西夏境内有因无食而行乞者。西夏文谚语《新集锦合辞》中有："乞者同来难得食。"[20]意思是乞丐同到一处乞讨难以得到食物，从侧面反映出西夏有较多的乞丐。有时人们因饥荒乏食竟至卖子女换食品。如西夏天祐民安八年（1097）"国中大困，民鬻子女于辽国、西蕃以为食"[21]。

除农民自己种粮自己食用外，西夏不种粮食的人如官员、军人、城中的手工业者、商人等，需要国家供给或卖给粮食。西夏法律规定："诸官民等执领单来领粮食时，依次当先予旧粮食，不许予新粮食、徇情及索贿等。"并详细规定了违反条律留旧予新时，予者和领者都要受到处罚。[22]根据这项条律可知，一般的西夏非农业人员都是吃往年库存的陈粮，很难吃到当年的新鲜粮食。

《碎金》中有"姻友茶酒先，亲食米面堪"。表明在西夏普通百姓接待亲戚时是先敬茶、酒，然后用普通米面食品招待。

西夏的士兵平时和战时都是自备食粮，所以西夏的军队一般没有廪给。但有的士兵要由国家长期供给粮食，如"御园内六班直"是皇室的卫队，"选豪族善弓马五千人迭直"，由国家"月给米二石"[23]。每日合廪给米六升多，如果仅就食用来说，其标准是很高的，这些米可能是禄米，所有的费用包括吃、用、养家等项都包括在内。

三、僧人、道士的饮食

西夏崇尚佛教，同时也兼礼道教。在《天盛律令》中往往佛道并称。僧人和道士都是宗教专门职业者，他们不从事生产，其食品要靠劳动人民供给。从现有的文献可知，西夏的宗教中佛教势力最大，僧人数量最多。西夏僧人和道士靠政府和广大信徒的布施来维持生活。一般来说，僧人和道士不劳而食，不交纳租税，不服劳役和兵役。一些人为逃避税役争当僧道，致使政府不得不从严掌握僧道的度牒，以限制僧道的数量，控制不劳而食的人员数量。[24]僧人一般素食，粮食和蔬菜是他们的主要食物。西夏法律规定在寺庙内禁止杀生，捕捉禽鸟，如果违律，处以六个月的徒刑。[25]后来藏传佛教传入，当时西夏信仰藏传佛教的僧人是否荤食不得而知。

僧人、道士的饮食主要靠政府施舍。特别是寺庙有法事活动时政府要布施钱物。《碎金》中有："和尚诵经契，斋毕待布施。"如崇宗天祐民安五年（1094）重修凉州护国寺感通塔时，政府"特赐黄金一十五两，白金五十两，衣着罗帛六十段，罗锦杂幡七十对，钱一千缗，用为佛常住。又赐钱千缗，谷千斛，官作四户，充蕃汉僧常住"[26]。

值得注意的是除赐给僧人大量钱和粮食外，还有 4 户"官作"，即寺庙所属的农户。可见寺庙中占有土地，有类似农奴性质的农户为之耕作。

寺庙在作法事活动时，还往往作大斋会，或向僧人舍饭，称之为"饭僧"；有的还要给无食的穷人舍粥饭，称之为"济贫"。西夏重修凉州塔时曾"饭僧一大会"，仁宗天盛十九年（1167）为纪念太后逝世周年印制佛经的发愿文中，记载有"作法华会"，并"施贫救苦"。仁宗乾祐十五年（1184）仁宗六十寿辰时，在印经发愿文中记录了多种法事活动，其中有"放千种施食""饭僧济贫"。在仁宗乾祐二十年（1189）作大法会时记载了"奉广大施食""饭僧""济贫"等事。仁宗后期在印制《圣观自在大悲心总持》等经的法事活动时"遍施供设之法筵"，"放施食于殿中"。在天庆二年（1195）皇太后罗氏为仁宗去世三周年所作的印经发愿文中，记录了三年之中大规模的佛事活动，其中有"大会斋一十八次""散斋僧三万五百九十员""设贫六十五次"[27]。

五谷丰登，食品充盈是人们的共同愿望。西夏统治者在作佛事活动时祈求粮食丰稔是一个重要内容。如西夏大庆三年（1038）《大夏国葬舍利碣铭》中有愿"仓箱之麦菽丰盈"[28]。

天盛十九年（1167）权臣任得敬为祈求病愈，在施经发愿文中，祝愿"岁稔时丰"。这个制造分裂、给西夏统治集团内部和人民都带来危害的人物，在病重时也要在佛祖面前祝愿，希望粮食丰收。西夏晚期神宗光定四年（1214）御制印经发愿文中祈愿"百谷成熟"[29]。

西夏灭亡后，在西夏故地印制西夏文《金光明最胜王经》，其流传序中仍然祝愿"百谷具成熟，万物丰稔归"[30]。

四、婚丧、节日的饮食和宴客

西夏的婚姻确定，一是过彩礼，即聘资；二是饮酒吃饭，即设婚宴。《天盛律令》记载：

“诸人为婚时已予应允，酒食已饮者，嫁资未转传则不算换为婚。嫁资多少已取，则取多少一律算实在为婚。其中为婚非乐意，则不许彼此强令食婚酒食，予大小聘资。”[31]

西夏的“为婚”即相当于订婚，看来在西夏订婚的关键是嫁资，只要交付了嫁资，即便只是一部分也算是订了婚。从中还可以看出，吃“为婚酒食”虽然不是订婚的先决条件，但也是订婚的一个重要过程。西夏的法律不主张在婚丧事中屠宰牧畜，大吃大喝。《天盛律令》中规定：“诸人出葬时以畜做陪葬者当退回，不允屠杀。若违律屠杀时，承诸人屠杀自有牛、骆驼、马之罪。”[32]在丧葬期间对饮食也有严格规定，人在父母、丈夫死后，须服三年丧服，在孝礼未尽时，不准赴他人宴席，违律者要杖十三杖[33]。西夏还流行巫术，但西夏法典明确规定不准用各种食馔作巫[34]。这大概也是出于节约粮食的考虑，可能有人作巫使用较多食馔，形成食物的浪费，政府才专门为此作出法律上的规定。

一般来说，节日和饮食有密切关系。西夏的节日很多，但目前的资料尚难作出全面统计。西夏年年于四月三日祭祀。祭祀用牲畜，有所谓“神马”“祭牛”“神牛”，西夏人对神畜的崇拜表明了神畜在西夏人心目中和社会生活中的作用。[35]《圣立义海》中在月份一节中仅存的七月至十二月的材料，其中记载了部分节日：七月十五“设置道场，神圣、僧人聚日是也”，即中原地区的中元节；八月秋季中月“国内演戏游乐”，这与中原地区的八月中秋节相一致；“九月九日斟酒饮，民庶安乐”，与中原地区的重阳节同时；“九月十五，神圣聚日，兴禅事日，帝德民孝，敬奉天王”；十月“季初国宴：十月冬季国宴，臣宰献慧，牵马，国人射雕”；腊月三十夜“辞旧岁、迎新年”，就是农历春节[36]。这里有的直接写明了饮食风习，有的没有直接记载，但这样的节日显然与饮食有重要关系。

亲戚、朋友之间的往来宴请待客本来是私人的事情，但西夏政府对此仍有具体规定。《天盛律令》中规定：“国中诸人转送宴筵礼、亲戚礼物法：殿上坐节亲主、宰相等三十缗，诸节亲主、次、中等臣僚等二十缗，此外任职有官者十缗，庶人五缗，同品价者赠筵礼时，依此法之内计量送。”又说：“其中婚姻彩礼，食物馈赠及本族至亲互相帮助等，勿算转筵礼。”[37]

西夏宴请饮食时有禁忌。《天盛律令》规定：“诸人设宴、下葬、家来大□客等，其间行饮食时，不许将臀部尻骨全置。若违律置者，当出钱五缗，以予举报者。”一般的宴请饮食的禁忌只是约定俗成的习惯，明载于法律条文，还有处罚措施，这就不是一般的忌讳，而可能是一种特殊的忌讳。西夏设宴在食馔的种类上有具体的限制，这是为了避免铺张浪费。西夏中期以后曾有奢侈之风，西夏法典提出了针对性的措施。《天盛律令》卷二〇中有“诸人以汉筵、熟食为丧葬筵等，准备食馔，心口菜十五种以内，唇喉二十四种以内，又树果品共二十四道以内行之，依不同次第，一种种分别计算，不许使过之。若违律诸人举报时，举赏钱五缗，当由设筵者出予举者”[38]。何谓“心口菜”？何谓“唇喉菜”？目前尚难作出准确的解释，但从中可以看出，对宴请的食品种类和数量作出如此具体的限制也是西夏饮食风尚的一大特点。

五、医药和饮食

原来党项人“病者不用医药，召巫者送鬼”[39]。后来随着社会的发展进步并受到其他民族特别是汉族的影响，医药渐被使用，形成并发展了西夏的医药学。[40]从已经发现的西夏药方来看，西夏的医药与饮食关系极大。

在西夏食品可以入药。《天盛律令》中规定了库存生药耗减数量，其中所记药材中有的就是粮食，有的是蔬菜或代食品，如虹豆、赤小豆、荜豆以及茴香、菟丝子等。[41]西夏汉文《杂字》“药物部”中所列药物有龙眼、荔枝、生姜等，都是食品。[42]1971年在甘肃武威发现的一批西夏遗物中有一件西夏文写本药方，内列药名有椒、秫米，也属食品之类。[43]俄藏黑水城文献中的一种西夏时期汉文医药著作《神仙方论》内，有治暴赤眼如桃玉龙膏，其中有杏仁、白砂糖；石脂丸中有干姜，也都是食品。[44]

西夏制药过程中往往以食品和饮料作辅料。如黑水城出土的一件西夏文草书药方中有四白丸，“捣药为细末，以酒、面糊和丸”；豆蔻香莲丸，“蒸米为丸”；返阳丹，“与面糊混为丸”；芷黄丸，“以酒、面糊为丸”；治齿牙痛药，“以盐净齿，以醋漱口”[45]。西夏时《神仙方论》中的医方与上述西夏文医方形式相同，在制作时也常使用食品作辅料。如治脾胃不和姜和丸，“生姜、面糊为丸”；治疾左瘫右痪神妙痪服丸、治肾脏风及风互流注潘家黄耆丸、治伤风鸡冠花丸，“酒煮面糊为丸”；治赤白痢赤石脂丸，“为细末，面糊为丸”。以上多用面糊和酒。西夏法典规定和合药剂用酒在库中存放，十两中允许耗减二两。[46]看来西夏和合药剂用酒数量不少，对其入库、出库的耗损要作出专门规定。

食品和饮料还可以作药引。上述西夏文药方中四白丸，“二次以温酒下，一次洗米汁下”；薯费柏皮丸，“饭汤汁中饮”；豆蔻香莲丸、芷黄丸，“空腹时蒸米汁中饮”；返阳丹，“空腹时温酒中饮”；治妇女乳痛，“以热酒饮”；天雄散，“温酒中饮，白米汁亦可”。上述《神仙方论》中姜和丸，“生姜汤下”；神妙痪服丸，“清茶下”；石脂丸，“年汤下”；龙虎丹，“以生姜酒化下”。

西夏医方还注明用药时对饮食的禁忌。如西夏文医方中蓣薯柏皮丸、豆蔻香莲丸，“禁食油腻热食”；芷黄丸，“禁肉、荞麦”；治口疮，“禁油腻”。汉文医方中香鸽散，“食后忌食茶汤”；治大风疾，“忌食生冷油腻”。

不难看出，西夏的医方受中原地区的影响很大，其医药也和中原地区一样，与饮食有密切的关系。

六、西夏时期多民族饮食的特点

西夏是个多民族的王朝，其饮食自然具有多民族的特点。就一个民族来说，其饮食特点也不是一成不变的，由于生产的发展，食品种类的增加，或由于居住地点的迁徙，食品种类的变更，或由于其他民族的影响，食品来源扩大以及制作方法的丰富等，都能引起膳食结构和制作方法的变化。

（一）党项族的饮食特点和变化

党项民族是西夏的主体民族，原来是游牧民族，饮食上具有游牧民族的食乳肉、饮茶酒的习惯。后来因地域的迁徙和社会的发展，党项人的饮食也逐步多样化。从西夏的兵役制度可知，西夏的征兵是在族帐中按家庭男丁的数量来抽征的。可知直到西夏后期党项族多数仍然从事畜牧业，他们按族帐而居，其饮食依旧保留着游牧民族的特征。

党项民族来到北部地区后，大部分保留原来的生产和生活方式，中原王朝称他们为生户；另一部分进入农业地区，从事农业生产，即以农产品为主要食品，被称为熟户。前述西夏卖地契中的卖地人其姓氏是党项姓，他本是党项人。他们的生活食品当然是以粮食为主。西夏文《碎金》中曾概括党项人中的一部分山讹人的特点是，“山讹嗜荞饼”。山讹是西夏党项人中骁勇善战的一支，他们原来应是以畜牧业为主，当时以嗜食荞麦饼而闻名，说明他们以粮为主的饮食结构的变化。

党项的贵族，特别是在城市中为官的统治者，包括饮食在内的生活已经逐渐趋同汉族贵族。当然他们也保留着某些乳肉类食品的特殊需要。

（二）汉族的影响

汉族在西夏不是主体民族，却是主要民族。西夏境内究竟有多少汉族，目前不得而知，也许其数量并不比党项族少。他们对西夏社会发展的影响是巨大的。他们掌握着比较先进的生产技术，在生活上也相对比较优裕。汉族的生活方式成了党项族和其他民族学习的榜样。汉族的饮食与当时中原王朝北方地区的汉族没有什么差别。只不过他们生活在西北畜牧业比较发达的地区，特别是世代和从事游牧的少数民族居住在一起，饮食上也会或多或少地接受少数民族的影响，比如增加乳肉类食品的摄入等。

（三）吐蕃、回鹘民族的影响

吐蕃也是农牧业兼营，食用青稞、杂粮及畜肉、乳、酥等。原来吐蕃人在青藏高原的饮食习惯是“接手饮酒，以毡为盘，捻麨为碗，实以羹酪，并而食之”[47]。后来吐蕃人活动领域扩大，仍有着本民族的饮食特点：“喜啖生物，无蔬茹醯酱，独知用盐为滋味，而嗜酒及茶。”[48]在西夏，吐蕃人分布很广，除西部比较集中外，“自仪、渭、泾、原、环、庆，及镇戎、秦州暨于灵、夏皆有之，各有首领，内属者谓之‘熟户’，余谓‘生户’”[49]。由于生存环境的改变，他们的饮食习惯也会发生变化，如有的地区不适宜种植青稞，他们会食用其他粮食食品。吐蕃人这样大范围的分布和与党项族相近的饮食习惯，对在西夏范围内显现少数民族饮食风尚会有重要影响。

回鹘也是以游牧为主，饮食以畜产品为主。西夏文《碎金》在突出西夏境内几个民族的特点时，用“回鹘饮乳浆”一句来代表回鹘的主要习俗特征，说明回鹘当时的食品确实是畜产品。在所处瓜州、沙州、甘州等农业地区“以橐驼耕而种”，回鹘的农业在河西的绿洲地区值得重视。值得一提的是回鹘的瓜果质量好，产量高，对西夏的饮食有很大影响。回鹘还是将中亚的食品传入西夏乃至中原地区的通道。西夏文献记载的“回鹘瓜”“大食瓜”就是典型的例证。

（四）饮食风尚的交融

西夏作为一个多民族地区，有长达两个世纪的历史，党项族、汉族、吐蕃、回鹘等几个主要民族的政治、经济、文化、社会生活各方面互相交流，互相渗透，互相亲和，相沿成习，使这一地区呈现出文化习俗上的民族深层次交融的局面。西夏《天盛律令》是一部用之于西夏各民族而皆准的王朝法典，包括饮食在内的很多法律规定各民族都要遵守，这些共同的饮食制度说明在西夏已经有一个各民族共同规范的统一要求，这是多民族长期交融的结果。

原文刊载《历史科学与理论建设——祝贺白寿彝教授九十华诞》，
北京师范大学出版社 1999 年版

注释：

1.［清］吴广成撰，胡玉冰校注：《西夏书事校注》卷五，上海古籍出版社 2021 年版，第 69 页。

2. 吴广成撰，胡玉冰校注：《西夏书事校注》卷一六，第 206 页。

3.〔俄〕克恰诺夫、李范文、罗矛昆：《圣立义海研究》，宁夏人民出版社 1995 年版，第 93 页。

4. 史金波、聂鸿音、白滨译注：《天盛改旧新定律令》卷一《内宫待命等头项门》，法律出版社 2000 年版，第 433 页。

5.《天盛改旧新定律令》卷一《大不恭门》，第 127 页。

6.《天盛改旧新定律令》卷一九《畜利限门》，第 580 页。

7. 吴广成撰，胡玉冰校注：《西夏书事校注》卷三六，第 447 页。

8.《天盛改旧新定律令》卷一九《校畜磨勘门》，第 585 页。

9.《天盛改旧新定律令》卷二〇《罪则不同门》，第 613—614 页。

10.《天盛改旧新定律令》卷二〇《罪则不同门》，第 604 页。

11.［元］脱脱等：《宋史》卷四八六《夏国传下》，中华书局 1985 年版，第 14025 页。

12.《圣立义海研究》，第 93 页。

13. 史金波、白滨、黄振华：《文海研究》，中国社会科学出版社 1983 年版，第 398 页。

14. 陈国灿：《西夏天庆间典当残契的复原》，载《中国史研究》1980 年第 1 期。

15.〔俄〕克恰诺夫：《哈拉浩特出土西夏文谷物借贷文书》，载《东方文献年鉴》，1972 年。〔日〕松泽博：《西夏文谷物借贷文书之我见》，载《东洋史苑》第 46 号，1996 年。

16.［宋］曾巩撰，王瑞来校证：《隆平集校证》卷二〇《夏国》，中华书局 2012 年版，第 603 页。

17. 陈炳应：《西夏谚语》，山西人民出版社 1993 年版，第 24 页。

18.《天盛改旧新定律令》卷一一《草果重讼门》，第 413 页。

19.《圣立义海研究》，第 53 页。

20. 陈炳应：《西夏谚语》，第 11 页。

21. 吴广成撰，胡玉冰校注：《西夏书事校注》卷三〇，第 370 页。

22.《天盛改旧新定律令》卷一五《纳领谷派遣计量小监门》，第 511 页。

23.《宋史》卷四八五《夏国传上》，第 13995 页。

24.《天盛改旧新定律令》卷一一《为僧道修寺庙门》，第 402—411 页。

25.《天盛改旧新定律令》卷一一《为僧道修寺庙门》，第 410 页。

26. 史金波：《西夏佛教史略》，宁夏人民出版社 1988 年版，第 252 页。

27.《西夏佛教史略》附录一，第 259—274 页。

28.《西夏佛教史略》附录一，第 231 页。

29.《西夏佛教史略》附录一，第 261 页。

30.《西夏佛教史略》附录一，第 231—312 页。

31.《天盛改旧新定律令》卷八《为婚门》，第 309 页。

32.《天盛改旧新定律令》卷二《盗杀牛骆驼马门》，第 155—156 页。

33.《天盛改旧新定律令》卷二〇《罪则不同门》，第 604—605 页。

34.《天盛改旧新定律令》卷七《杀葬赌门》，第 290 页。

35.《天盛改旧新定律令》卷一九《畜患病门》，第 582 页。

36.《圣立义海研究》，第 52—55 页。

37.《天盛改旧新定律令》卷六《军人使亲礼门》，第 252—253 页。

38.《天盛改旧新定律令》卷二〇《罪则不同门》，第 608 页。

39.［元］脱脱等：《辽史》卷一一五《西夏传》，中华书局 2017 年版，第 1676 页。

40. 史金波：《西夏文化》，吉林教育出版社 1986 年版，第 200—201 页。

41.《天盛改旧新定律令》卷一七《物离库门》，第 550—551 页。

42. 史金波：《西夏汉文本〈杂字〉初探》，载《中国民族史研究》（二），中央民族学院出版社 1989 年版。

43. 史金波：《〈甘肃武威发现的西夏文考释〉质疑》，载《考古》1974 年第 6 期。

44. 此件保存在俄罗斯科学院圣彼得堡东方学研究所，见《俄藏黑水城文献》第五册。

45. 此件保存在俄罗斯科学院圣彼得堡东方学研究所，见《俄藏黑水城文献》第十册。

46.《天盛改旧新定律令》卷一七《物离库门》，第549页。

47.［后晋］刘昫等：《旧唐书》卷一九六上《吐蕃传上》，中华书局1975年版，第5220页。

48.《宋史》卷四九二《吐蕃传》，第14163页。

49.《宋史》卷四九二《吐蕃传》，第14151页。

女真初起时期之寨居生活

林瑞翰

一、宋使行程录中有关女真村寨之记载

女真为我国东北民族，与契丹毗邻，但其生活方式则与契丹不同。契丹为纯粹之游牧民族，膻酪为浆，穹庐为居，逐水草以为生而不务耕耘。女真则不然，方其初起时，即营固定之寨居生活，平时以种植为业，围猎为辅。女真初期之村寨，颇见于宋人记载，而钟邦直《宣和乙巳奉使行程录》所载尤详：

> 第二十五程自梁鱼务百单三里至没咄寨。没咄小名孛堇，汉语为官人。……第二十九程自咸州九十里至同州。自咸州四十里至肃州，又五十里至同州。离咸州即北行，州平地壤，居民所在成聚落。耕稼殆遍，地宜穄黍。……第三十一程自信州九十里至蒲里孛堇寨。……第三十三程自黄龙府六十里至托撒孛堇寨。……第三十四程自托撒九十里至漫七离孛堇寨。……第三十五程自漫七离一百里至和里闲孛堇寨。漫七离行六十里即古乌舍寨，寨枕混同江湄。……过江四十里宿和里闲寨。第三十六程自和里闲寨九十里至句孤孛堇寨。自北而南，莫知远近，界隔甚明，乃契丹昔与女真两国古界也。界八十里，直至涞流河，……河阔二十余步，以船渡之，五里至句孤寨。自此以东，散处原隰间，尽女真人，更无异族。……第三十七程自句孤寨七十里至远河寨。第三十八程自远河寨四十里至蒲挞寨。……第三十九程自蒲挞寨五十里至馆。行二十里至兀宝郎君宅。……又行三十里至馆。馆惟茅舍三十余间，墙壁全密，堂室如帟幕，寝榻皆土床，铺厚毡褥及锦绣貂鼠被，大枕头等。……次日，馆伴同行可五百里，一望平原，旷野间有居民数十家，星罗棋布，纷揉错杂，不成伦次，更无城郭里巷，率皆背阴向阳，便于牧放，自在散居。又一二里，命撤伞，云近阙。复北行百余步，有阜宿围绕三数顷，并高丈余，云皇城也。[1]

按《三朝北盟会编》(以下简称《会编》)所载钟邦直《行程录》脱误甚多，此乃据陈乐素校补本考录。[2]钟邦直以宣和乙巳年（宋宣和七年，金天会三年）奉命使金，所著《行程录》系其沿途所目击，言金初女真民族寨落里程分布之情形甚详。此外，杨尧弼《伪豫传》云："阜昌元年（宋建炎四年），豫依仿金虏法，乡各为寨，推土豪为寨长。"[3]亦可为寨落系女真民族固有文化之佐证。

二、《金史》中有关女真初期村寨史料之举例

钟邦直所见女真民族之寨落，虽已晚在金太宗之世，然女真民族之寨居生活，实远在其初起时期即已开始。关于此点，不难自《金史》之记载中寻其线索。《金史》卷一《世纪》：

> 黑水（即今之黑龙江，据称为女真起源处）旧俗，无室庐、负山水、坎地梁水，其上覆以土。夏则随水草以居，冬则入处其中，迁徙不常。献祖乃徙居海古水，耕垦树艺，始筑室有栋宇之制。人呼其地为纳葛里，纳葛里者，汉语居室也。自此遂定居于安出虎水之侧矣。

金初无文字记载，其先世事迹悉据传闻。女真之室居生活，是否始自献祖之世，时代湮远，殊难考索。要之远在立国之前，即知树艺筑室，自无可疑。至昭祖以后，而村寨庐室之制渐备。《金史》卷一《世纪》：

> 昭祖稍以条教为治，部落浸强。辽以惕隐官之。诸部犹以旧俗，不肯用条教。昭祖耀武至于青岭白山。……（还）至姑里甸，得疾。迨夜，寝于村舍，有盗至，遂中夜启行，至逼剌纪村，止焉。

同书卷六七《石显传》："昭祖殁于逼剌纪村。……昭祖之徒，告于蒲马太蛮与马纪岭劾保村。"又同卷六七《桓赧散达传》载桓赧散达之叛云："世祖将出兵，闻跋黑食于驼满村，死矣。乃沿安术虎水（即安出虎水）行，且欲并取海故术烈速勃堇（即孛堇）之泉而后战。……桓赧散达俱以其属来降。卜灰犹保撒阿辣村，招之不出。撒骨出据阿鲁绀出村，世祖遣人与之议和。"又同传："(撒骨出）纵兵俘略邻近村墅。"同书卷一《世纪》："桓赧散达之战，部人赛罕死之。其弟活罗阴怀忿怒。……久之，因其兄柩至，遂怒而攻习不出。习不出走避之，攻肃宗于家，矢注次室之裙，著于门扉；复攻欢都。欢都衷甲拒于室中，既不能入，持其毡门而去。"同书卷七一《婆卢火传》："辞勒罕伪降，遂略马畜三百而去，复勒部掠二十五寨。(辞勒罕之乱)"同书卷六〇《钝恩传》："(穆宗遣）斡赛冶柯来问状，(钝恩）止苏滨水西纳木汗村，纳根涅止苏滨水东屋迈村（时纳根涅强募苏滨水居民为兵，故穆宗遣使按问也)。"又同书卷二

《太祖纪》载伐温都部之役云："（太祖）与乌古论部兵沿土温水过未邻乡，追及跋忒于阿斯温山北泺之间，杀之。军还，穆宗亲迓太祖于霭达村。"又《金史》载乌春之叛，亦数提女真各部之村落：

乌春来攻，世祖拒之。……乌春舍于阿里矮村滓不乃（孛堇）家，而以兵围其弟胜昆于胡不村。[4]

斡勒部人盃乃，旧事景祖，至是亦有他志，徙于南毕恳忒村。……世祖获盃乃，释其罪。盃乃终不自安，徙居吐窟村。……世祖驻军屋辟村以待之。[5]

（腊醅等乘乌春、窝谋罕为难）结陶温水之民，浸不可制。其同里中有避之者，徙于苾罕村。[6]

又《金史》卷八一《温迪罕蒲里特传》："隆州移离闵河胡勒出寨人也。"[7]
以上诸例，皆言及某村、某寨，此与契丹之以族帐分别部落者迥然有别矣。

三、村寨屋宇之制度

女真初期，其寨落、屋宇之制究竟如何？虽文献不足，难以详考，然就现存史料，亦可略窥其大概。按《金史》卷六六《完颜勗传》：

勗采摭遗言旧事，自始祖以下十帝，综为三卷。凡部族既曰某部，复曰某水之某，又曰某乡某村以别识之。

以水、乡、村为部族之识别，则一部所居必不止一乡一村，部族之大者，必且包数水流域而分居之。按《勗传》，有乡有村，然考诸《金史》，除卷六三《威顺皇后传》云"都葛活剌浑水敌鲁乡徒单部人"[8]，余多标明某村而罕言某乡，乡、村之制，孰大孰小？或名异而实同？其详则未能知也。

《金史》中或曰村，或曰寨，而宋人记载则统谓之寨。《会编》卷三云："其俗依山而居，联木为栅。"又《大金国志》卷一〇《熙宗纪》谓女真国主"所居四外栽柳，以作禁围"。无论其为联木或栽柳，要之其村落围垣皆非土筑，故宋人名之为寨，而不以城郭称之。

女真村寨，有酋长一人，即《行程录》所谓孛堇，《金史》作勃堇，《会编》亦作勃极烈。"勃极烈，统官也，犹中国言总管云。自五户勃极烈，推而上之，至万户勃极烈，皆自统兵。缓则射猎，急则出战。"[9]孛堇、勃堇与勃极烈，皆读音之转，其实同耳。钟邦直《宣和乙巳奉使金国行程录》云：孛堇，没咄小名，非也。按《行程录》凡于女真寨落，率云某某孛堇寨，则孛堇自为称号，非人名甚明，《会编》以孛极烈为官称，是也。按寨落有大小，故孛堇所辖户数多寡亦自不同也。

至于屋宇之制，《会编》卷三云："屋高数尺，无瓦，覆以木板。或以桦皮，或以草绸缪之。墙垣篱壁，率皆以木。门皆东向。"似甚简陋。按我国东北多茂林巨木，以木建屋，亦地理使然。其门则有扉有毡[10]，门毡之制未明，当系著于门上之曲柄，以便启闭者。又按《国志》卷一〇《熙宗纪》，女真之初，国主"屋舍车马衣服饮食之类，与其下无异。金主所独居惟一殿，名曰乾元"。则乾元殿之建筑，自异常制。钟邦直《行程录》云：

> 木建殿七间，甚壮，未结盖，以瓦仰铺及泥补之。以木为鸱吻，及屋脊用墨，下铺帷幕，榜额曰乾元殿。阶高四尺许，阶前土壇方阔数丈，名曰龙墀。两厢旋结架小韦屋，幕以青幕。以坐三节人。殿内女真兵数十人，分两壁立，各持长柄小骨朵以为仪卫，日役数千人。四面兴筑，已架屋数千百间，未就，规模亦甚侈也。

据钟邦直所见，乾元殿规模亦甚宏丽，故张棣谓"其城邑宫室，类中原之州县廨宇"[11]。但较简陋耳。

四、《金史》中有关女真初期城堡之记载

女真初期，除村寨外，另有城堡，《金史》中不乏其证。《金史》卷一《世纪》云：

> 星显水纥石烈部阿疏、毛睹禄阻兵为难。穆宗自将伐阿疏。撒改以偏师攻钝恩城，拔之。阿疏初闻来伐，乃自诉于辽，遂留劾者守阿疏城，穆宗乃还。……会陶温水，徒笼古水纥石烈部阿阁版及石鲁阻五国鹰路，执杀辽捕鹰使者，辽招穆宗讨之。阿阁等据险立栅。方大寒，乃募善射者操劲弓利矢攻之，数日，入其城，出辽使者数人，俾之归。统门，浑蠢水之交乌古论部留可，诈都与苏滨水乌古论敌库德起兵于米里迷石罕城，纳根涅之子钝恩亦已去，于是两党作难。（穆宗三年）八月，撒改为都统，解不失、阿里合懑、斡带副之，以伐留可、诈都、坞塔等；谩都诃、石土门伐敌库德。撒改欲先平边地城堡，或欲先取留可，莫能决。乃命太祖往钝恩将援，留可乘谩都诃兵未集而攻之。石土门军既与谩都诃会，迎击钝恩，大败之，降米里迷石罕城。获钝恩，敌库德释弗杀。太祖度盆搦岭，与撒改会，攻破留可城。留可已先往辽矣。尽杀其城中渠长，还围坞塔城，坞塔已先亡在外，城降于军，诈都亦降于蒲家奴，于是抚宁诸路如旧时。

是女真初起时期有城堡之证。女真城堡，亦犹女真村寨，率以酋长之名名之。如阿疏所治之城曰阿疏城，钝恩所治之城曰钝恩城，又如留可城、坞塔城等皆是。余例散见纪传尚多，兹

不毕举。

今按上引《世纪》云阿阁版等“据险立栅”，以拒穆宗之兵；其下又云穆宗募善射者操弓缶，攻之数日，乃入其城。则所谓城堡者，仍以木栅为之，非如中原之以砖石筑也。然则女真初期，城寨之制似无区别。今复举数例以证其说。《金史》卷八〇《斜卯阿里传》云：“契丹兵数万攻胡里特寨，阿里以八谋克兵救之。”同传云：“来州、隰州兵围明里特城，闻阿里来救，即解围去。”上引二条，所记实为一事，来州、隰州兵即契丹兵；胡里特城即胡里特寨。同传之中，或曰城，或曰寨，则“城”“寨”但因时而异其称耳。又《国志》卷二《太祖纪》云：“天辅六年春，升皇帝寨曰会宁府。……先是女真之初，无城郭，止呼曰皇帝寨。……至是改焉。”然则会宁府盖因皇帝寨而改称，亦系以寨为城之证，时方专意以伐辽，但易其名，固未遑兴筑城郭也。与《金史·斜卯阿里传》互证，益知其可信。

综上所论，吾人不难得一概念：女真民族初期之聚落，无事平居则曰村寨，有事增修以资战守，则曰城堡；村寨城堡，其实一也。又按《金史》卷七一《斡鲁传》云：“康宗初，……高丽筑九城于曷懒，……斡鲁亦对筑城兴高丽抗，出则战，入则守。”一筑九城，其简陋可知，殆亦据险立栅以设防者耳。

五、农耕

邑居与游牧最大之区别在于，前者以农耕为业而后者以畜牧为生。吾人不难自史料中检出女真民族农耕生活之记载以为其证。《金史》卷七〇《石土门传》：“耶懒路完颜部人，世为其部长。……耶懒岁饿，景祖与之马牛为助粜费。”同书卷二《太祖纪》：“康宗七年，岁不登。民多浮莩，强者转而为盗。”又同书卷七〇《完颜忠传》：“（天会）二年，以耶懒地薄斥卤，迁其部族于苏滨水，仍以术实勒之田益之。”皆其例也。此类例证亦散见于宋人记载中。《会编》卷三：“自契丹东北隅，土多林木，田宜麻谷，以耕凿为业。”又《会编》卷四引马扩《茅斋自叙》云：“自过咸州至混同江口以北，不种谷黍，所种止秆子，春米旋炊粳饭。”又云：“自过嫔辰州东京以北，绝少麦面。每日各以射倒禽兽荐饭。”然则无论其所产为谷黍或麦秆，其依农耕为生则一也。又《会编》卷三云：“饮食则以糜酿酒，以豆为酱，以半生米为饭，渍以生狗血及葱韭之属，和而食之。下粥肉味无多品，止以鱼生、獐生、间用烧肉。冬亦冷饮。欲以木碟盛饭，米盆盛羹。下饭肉味与下粥一等。饮酒无算，只用一木勺子自上而下，循环酌之。”又《会编》卷四引《茅斋自叙》：“遇阿骨打聚诸酋共食，……人置稗饭一碗，加匕其上，列以斋韭、野蒜、长瓜、皆盐渍者。”描述女真民族之饮食情形尤详。然则女真民族之以农耕为业，自难置疑也。

女真既以农耕为业，军兴时颇知屯田以佐军食。屯田之例，《金史》记载甚多。如卷二《太祖纪》天辅六年二月诏伐辽诸将："汝等提兵于外，克副所任。……山后若未可往，即营田牧马，俟及秋成，乃图大举。"又卷一九《宗尧传》："（天会五年）十一月，分遣诸将伐宋。帝发自河间，徇地淄青。……时东作方兴。留大军夹河屯田而还。"皆为其例。《国志》卷一〇《熙宗纪》亦云："挞懒久居潍州，回易屯田，遍于诸郡。"可为佐证。其视契丹之以"打草谷"（契丹每出军、不带够粮、以纵掠为食，号曰打草谷）充军食者，迥然异趣矣！

除上举实例外，又可自观念方面以证女真民族对农业之重视。《金史》卷三六"国初即位仪"条："收国元年春正月壬申朔，诸路官民耆老毕会，议创新仪，奉上（太祖）即皇帝位。阿离合懑、宗翰乃陈耕具九，祝以辟土养民之意。"[12]类似之记载亦见于《金虏图经》，可与《金史》互证："每春正，击土牛，父老士庶，无老幼皆观于殿之侧。"[13]又《金史》卷七三《宗雄传》云："既而与蒲家奴按视泰州土地，宗雄包其土来奏曰：'其土如此，可种植也。'上从之。由是徙万余家屯田泰州，以宗雄等言其地可种植也。"耕具、土牛，皆为农业社会之象征，女真既以之为仪礼，足见其对农业观念之深刻。宗雄按视土色而知耘植之宜否，若非农耕民族，何能熟稔如此？

六、炕床

女真寨居生活之另一特色为炕床之设备。所谓炕床，即钟邦直《行程录》中之土床。《会编》卷三云："环屋为土床，炽火其下，与饮食起居其上，谓之炕，以取其暖。"又《会编》卷四引《茅斋自叙》："阿骨打聚诸酋共食，则于坑（炕、茅齐自叙皆作坑，以其为土筑也）。上用矮台子，或木磐相接。"又《会编》卷一六六引张汇《金虏节要》："乾元殿……远壁尽置火炕，平居无事则锁之；或开之，则与臣下杂坐于炕。"《大金国志》卷三九《初兴风土篇》亦云："穿土为床，煴火其下，而寝食起居其上。"综合上引史料，可知炕床之筑法及其功用之大概。盖炕床以土为之，一边连垣，一边有火门，以便启闭，中空如盒。可以炽火。天寒时煴火以取暖，天暖时闭锁火门，则阴凉如初。炕床既与垣壁土地相连，其为定居文化之产品，自无可置疑。

炕床乃女真民族特有之文化，以其地寒，非炕寝不足以取暖也。其后女真民族入据中原，炕床亦随之流行于中国。宋、金之世，士大夫咏炕者甚多。元好问《中州集》卷一〇有朱弁《炕寝三十韵》：

> 风土南北殊，习尚非一躅。出疆虽仗节，入国暂同俗。淹留岁再残，朔雪满崖谷。御冬貂裘敝，一炕且跧伏。西山石为薪，黝色惊射目。方炽绝可迩，将尽还自续。飞飞涌立云，焰焰积红玉，稍疑雷出地，又如风薄木。虽容鼠栖冰，信是龙衔烛。阳曦助喘息，未害摇空腹。惠气生裤襦，仍工展拳足。岂惟脱肤鳞，兼复平体

粟。负暄那用诧，热热定思沃。收功在岁寒，较德比时燠。虽余炙手焰，宁有烂额酷。矧当凝沍辰，炎帝独回毂。玄冥真退听，祝融端可录。嗟乎亦何者，万里歌黄鹄。偃仰对窗扉，妍暖谢衾褥。壮怀羞灶媚，晚悟笑突曲。因思堕指人，暴露苦皲瘃。频年未解甲，蹈此锋刃毒。遥知革辂中，旰食安豆粥。陪臣将命来，意恳诚亦笃。有奇不能吐，何术止南牧？君心想更切，臣罪何由赎？此身虽自温，此志转烦促。论武贵止戈，天必从人欲。安得四海春，永作苍生福。聊拟少陵翁，秋风赋茅屋。

弁字少章，宋吉州团练使。建炎元年（金天会六年），为通问使使金见留。此诗即为使金时寝炕有感而作。按其开首便云："风土南北殊，习尚非一躅。生疆虽仗节，入国暂同俗。"则炕寝乃女真之特俗甚明。又赵秉文《夜卧炕暖》云：

京师苦寒岁，桂玉不易求。斗粟换束薪，掉臂不肯酬。日粜五升米，未有旦夕忧。近山富黑墼，百金不难谋。地炕规玲珑，火穴通深幽。长舒两脚睡，暖律初回邹。门前三尺雪，鼻息方齁齁。田家烧榾柮，湿烟沍泪流。浑家身上衣，炙背晓未休。谁能献此术，助汝当衾裯。[14]

秉文，号闲闲，仕金至礼部尚书。此二诗对炕床之功效备极颂扬，描述详尽，居南方而未当见炕床者，读此二诗，当可窥其大概。

七、社会习俗

女真初起，其社会生活尚滞留于原始之阶段，若干原始民族之奇风异俗仍未泯除。兹举其尤著者如下，或有助于吾人对女真原始社会之研究。

（一）以草纪年。《会编》卷三："其人不知纪年，问之，则曰：'吾见青草几度。'以草一青为一岁。"此俗与蒙古之习俗相似，盖初民既无文字，又无历法，故以草青计时也。

（二）以物易物。《会编》卷二〇引钟邦直《行程录》："买卖不用钱，惟以物相易。"

（三）呼鹿。《会编》卷三："辽立秋岁入山，女真常从呼鹿、射虎、捕熊，皆其职也。其法：'以桦皮为角，吹作呦呦之声，呼麋鹿射而啖之。'"盖效麋鹿鸣声诱其同类而后射之也。亦女真特技，他民族罕能为之。

（四）围猎。女真虽以室屋为居，种植为业，然农耕之暇，亦时出围猎。阿骨打尝谓马扩曰："我国中最乐，无如打围。"[15]打围即团体之围猎。《会编》卷二二四引《金虏图经》"田猎"条云：

虏人无他，技所喜者莫过于田猎。昔都会宁之际，四时皆猎焉。亮徙焉，以都城之外皆民田，三时无地可猎，俟冬月则出，一出必逾月，后妃亲王近臣皆随焉。与猎则以随驾之军密布四围，名曰围场。

述围猎之情形甚详。又李俊民《降虎诗》有“秋风渐高秋草衰，空山校猎千骑围”[16]之句，亦颇能描写围猎时之景象。按女真初期，文化低落，无论其耕作技术或方法，必甚简陋；兼以东北土壤肥沃，但经播种，即可坐待秋获，故能四时行猎而无间也。

（五）烧饭。《会编》卷一六五引《金虏节要》：“绍兴四年冬，虏主吴乞买以病死……五年之春，方告诸路郡邑，立吴乞买之灵，抛盏烧饭，虏俗也。”盖烧饭亦女真之特俗。《会编》卷三亦言及之，且较《节要》为详：“死者埋之而无棺椁。贵者生焚所宠奴婢、所乘鞍马以殉之。所有祭祀饮食之物，尽焚之，谓之烧饭。”此俗实即古代之殉葬。《节要》所云抛盏，即《会编》所谓尽焚祭祀饮食之物，但所言较为简略耳。

（六）尚巫。《会编》卷三：“其疾病无医药。尚巫祝。病则巫者杀猪狗以禳之，或车载病人至深山大谷以避之。”按《会编》卷三云：“兀室奸猾而有才。国人号为珊蛮。珊蛮者，女真语巫妪也，以其通变为神。”巫即古代之祭司，亦即宗教之代表者。巫实际上统治初民之精神生活，女真对巫之崇敬，亦初民社会之特色之一。

（七）剺面。剺面在女真为悼亡之意，亦女真特俗之一。《会编》卷九八引赵子砥《燕云录》：“丁未（宋建炎元年，金天会五年）七月初三日，二太子（斡离不）往御寨，离燕山七百里，到凉殿，病伤寒亡殁。酋首皆剺面号泣，其尸载来燕山。”又《会编》卷三：“其死亡则以刃剺额，血泪交下，谓之送血泪。”又阿骨打起兵抗辽时，亦聚诸酋豪，以刃剺面，盖示必死之心，用以激众也。

（八）烝报。女真初期，行烝报婚制，其例颇见于宋人之记载。《会编》卷三云：“父死则妻其母，兄死则妻其嫂，叔伯死则侄亦如之。故无论贵贱，人皆有数妻。”《会编》卷一九七引洪皓《松漠纪闻》：“兀室第三子挞挞，……劲勇有智，力兼百人……正月十六日，挟奴仆十辈入寡婶家。烝焉。”同书卷一六六引《神麓记》：“宗斡系（熙宗）伯父，续其母，如己子也。”子侄既可烝其母婶，则兄报弟妻，在女真习俗自视为当然。《金史》卷六四《贞懿皇后传》，亦谓“旧俗：妇女寡居，宗族接续之。后乃祝发为比丘尼，号通慧圆明大师。”盖若不祝发为尼，虽以后妃之尊，犹不能拒宗族之烝报也。但自女真入据中原，濡染汉化以后，对其烝报婚制之习尚颇自耻讳。世宗即位诏，至谓海陵烝淫无耻，罪大恶极。[17]然而欲盖弥彰，吾人反可由此窥其先世之烝报婚俗。其实烝报亦初民社会习尚之一，汉人脱离初民社会既久，故颇引为异也。

八、政治形态

女真初期，政权尚未集中，君臣之分不严。《会编》卷一六六引《金虏节要》：

> 初，女真之域，尚无城郭，星散而居。虏主完颜晟（金太宗）常浴于河，牧于野，其为君草创，斯可见矣！盖女真初起，阿骨打之徒为君也，粘罕之徒为臣也，虽有君臣之称而无尊卑之别，乐则同享，财则同用，至于舍屋、车马、衣服、饮食之类，俱无异焉。

而诸部并立，不相统属。《会编》卷三：

> 女真，古肃慎国也。本名朱理真，番语讹为女真。……有七十二部落，无大君长。其聚落各酋豪分治之。

又同卷：

> 自柬沫之北，庸江之东北，地方千余里，户口十余万。散居山谷间，依旧界外野处，自推雄豪酋长，小者数百户，大者数千户，则谓之生女真，极边远而近东海者，谓之东海女真；多黄发，鬓皆黄，目睛绿者，谓之黄头女真。……种类虽一，居处绵远，不相统属。自相残杀，多争雄长。

按《金史》卷一《世纪》云："诸部犹以旧俗，不肯条教。"所谓条教，乃昭祖所颂之约束。诸部以旧俗不肯遵其约束，亦为女真初期诸部并立，不相统属之明证。

若将以上诸篇史料，相互印证，可知《会编》卷三中之"聚落"，即钟邦直《行程录》中之"寨"，亦即《金史》中之"村"或"城"。吾人不难由是得一明晰之概念，即女真初期，系以村寨为活动中心之农耕民族。无论村寨之或大或小，各有君长，并立分治而不相统属。其政治组织颇类似古代之城邦。又因初民时代，君权未张，君臣杂处，名分不严，民性朴实，不知华饰，平居则务耕耘，农隙则时出围猎。小国寡民，可为女真寨居生活之写照。

原文刊载《大陆杂志》1956年第12卷第11期

注释：

1.［宋］徐梦莘：《三朝北盟会编》（以下简称《会编》），卷二〇，上海古籍出版社1987年版，第144页。

2. 参见《"中央研究院"历史语言研究所集刊》第六本第二分陈乐素著《三朝北盟会编考》上《宣和乙巳奉使行程录校补》，1936年。

3.《会编》卷一八一，第 1310 页。

4.［元］脱脱等：《金史》卷一《世纪》，中华书局 2022 年版，第 7—8 页。

5.《金史》卷六七《乌春传》，第 1679 页。

6.《金史》卷六七《腊醅麻产传》，第 1681 页。

7. 按《金史》，河原作阿，今据《金史详校》改正。

8.《金史》卷六三《威顺皇后传》，第 1594 页。

9.《会编》卷三，第 18—19 页。

10. 见上引《金史》卷一《世纪》。

11.《会编》卷二四四引张棣《金虏图经》“京邑”条，第 1750 页。

12.《金史》卷三六“国初即位仪”条，第 885 页。《金史》卷七三《阿离合懑传》略同。

13.《会编》卷二四四，第 1750 页。

14.［金］赵秉文：《滏水集》卷五，四部丛刊初编本。

15.《会编》卷四引《茅斋自叙》，第 31 页。

16.［金］李俊民：《庄靖集》卷一，文渊阁四库全书本。

17. 详见《金史》卷六《世宗纪》。

姓氏名字篇

辽宋夏金时期作为多民族政权并立，汉族、契丹、党项、女真等民族的文化交融空前发展的历史时期，姓氏名字包含着丰富的文化信息。研究各民族姓氏变迁和姓名文化，不仅对认识民族文化的发展不可或缺，而且对认识中华多元一体文明格局的形成，也具有重要作用。因此，辽夏金的姓氏名字问题，长期受到学术界的重视，相关成果不断涌现。

本部分的三篇文章，分别探讨了契丹父子连名制问题、早期党项八大部西夏姓氏问题、金朝早期姓氏和郡望问题。我国具有最古老的姓氏传统，姓氏发展与民族演进关系密切，各民族早期姓氏的考订与相关问题探究，对认识民族文明早期部落阶段的发展演变和社会形态演化均具有重要意义。对契丹、党项、女真等民族早期姓氏、姓名文化及其相关问题的探究，对辽夏金早期历史的研究乃至人类文明初期的历史研究都具有重要启示，这也提示我们可以通过姓氏这把文化密钥开启对各民族早期历史发展变迁的研究。

刘浦江、康鹏《契丹名、字初释——文化人类学视野下的父子连名制》一文，用传统史学和文化人类学相结合的方法，在发掘出不为人所知的曾客观存在于契丹历史发展进程中的父子连名制文化现象基础上，成功揭示了父子连名制的奥秘。

作者首先对契丹大小字石刻史料进行了充分比对，发现契丹人的名字全称由两部分构成：小名与第二名，契丹人的某些父子的第二名和小名之间，存在着词法意义上的相同形式的关联，父亲的第二名与其长子的小名是同根词，第二名词尾附加成分具有特殊规律。由此揭示，在契丹族的历史上，曾存在某种从不为人知晓的父子连名制。但是这究竟是一种什么类型、什么形式的连名制呢？由于史料有限，仅根据传统的历史考据方法，很难得出结论。作者尝试借鉴文化人类学的理论与方法，成功破解了契丹人父子连名制的类型、形式、内涵、功能等一系列问题。在此基础上，该文继续述论契丹人名字的汉文化烙印和辽朝统治下汉人名字的契丹化倾向，以及在族际交流背景下契丹人和汉人名字互化的深层次文化内涵，并且强调透彻了解契丹人名字习俗对理解契丹文化与汉文化融合的重要性。此文之后，刘浦江又发表《再论契丹人的父子连名制——以近年出土的契丹大小字石刻为中心》(《清华元史》第 1 辑，商务印书馆 2011 年版)，对契丹的父子连名制问题作了进一步的讨论。

彭向前《早期党项八大部西夏姓氏考》一文，从姓氏和家族角度对早期党项八大部在西夏建国前后的发展演变作了论述。作者首先介绍了唐、宋、元史籍中有关“早期党项八大部”的记载，并从史源学角度，初步判断作为该记载总源头的《通典》相关记载正确。早期党项以姓氏作为部落名称，大的部落有八个，分别是细封氏、费听氏、往利氏、颇超氏、野律氏、房当氏、米禽氏、拓拔氏。然后结合西夏汉文文献、西夏文文献和文物考古资料，用音韵学、校勘学等方法把这八个姓氏与西夏建国后的姓氏作了勘同，并对汉文史籍中关于这些部落名称的错误记载作了订正，也对前文《通典》中有关“早期党项八大部”的记载正确性的初步推断予以回应。作者认为，文献记载早期党项有八大姓，其中五个在西夏姓氏中有对应关系：拓拔氏、颇超氏、往利氏、米禽氏、野律氏。剩下三个姓氏细封氏、费听氏、房当氏，目前未能在西夏姓氏中发现踪迹。在勘定八大部姓氏的同时，作者对八大姓氏所代表的各自家族的发展状况加以考证，从中可以窥见数百年间党项宗族部落发生的剧变。进入西夏王朝后，惟有拓拔一族发展为皇族，风光无限，余多败散，就连与拓拔氏世代互通婚姻的颇超氏、野律氏也未能幸免。除拓拔氏、野律氏外，其余家族在西夏王朝政治舞台上不见有什么显赫人物出现。个别家族在西夏姓氏中不见踪迹，不排除在部落纠纷、民族迁徙融合中走向消亡的可能。

该文考订“早期党项八大部”的名称，订正汉文史籍中关于这些部落名称的错误记载，对比西夏建国前后姓氏变化情况，揭示了姓氏变迁与家族发展的关系，对于西夏姓氏研究、家族史研究、党项族早期历史变迁研究等皆具有参考价值。

朱希祖《金源姓氏考》一文，属于早期金史研究的成果，对金代姓氏研究具有开拓意义。该文探讨了金源姓氏数量、名称以及传承谱系等问题。作者先从金代所作姓氏谱入手，发现金朝纂修了两部姓氏谱，分别是完颜勗编订的汉文书写的《女直郡望姓氏谱》，金章宗时期敕令官员修撰的姓氏谱。金朝时女真人修撰的本民族姓氏谱，必精审全面，但由于种种原因，这两本姓氏谱已失传，不能用于金源姓氏考订。金朝纂修两本女真族姓氏谱虽然失传，但其内容大概可通过《金史·百官志》考而得知。《金史·百官志》记载金源姓氏九十八姓。而元代姚燧《牧庵文集》“布色君神道碑”（“布色”即“仆散”）记载金源姓氏为一百一十二姓。《金志》和姚燧“布色君神道碑”对金源姓氏除了数量的差异，还有一个明显不同之处：《金志》中陇西郡二十六姓，列于白号；元代姚燧《牧庵文集》“布色君神道碑”中陇西郡二十八姓列于黑书。基于此，该文得出一个大致符合历史逻辑的论断：《金志》九十八姓，及白号黑号之分，本于完颜勗之《女直郡望姓氏谱》；姚碑一百一十二姓，及白书黑书之分，本于金章宗敕有司重定姓氏谱。金章宗敕有司重定姓氏谱成书靠后，搜集姓氏更加详细，所以姓氏数量多出。而陇西郡姓氏白黑易位，大概是因为发生血缘亲疏和等级地位贵贱的变化，进而认为清代贵族谱牒分黄册红册，蒙古分黑鞑白鞑，云南猡猡之分白猡猡黑猡猡，这些和金分白书黑书一样，都是区分亲疏贵贱。最后，作者指出考订金源姓氏，必须注意两个问题：一为所改汉姓，一为开国前姓氏。从改汉姓思路出发，作者从《金史》末附《金国语解》辑得石抹、阿里侃、吾鲁、都烈四个不见于《金志》的姓氏，加《金志》九十八姓，获得一百零二姓。从开国前姓氏角度考虑，作者从《高丽史·显宗世家》记载女真酋长麻尸底率三十姓部落子弟来献土马事件，获得金未建国前姓氏三十个，除去其与《金志》相重合的十个姓氏，又辑得二十姓，可补《金志》、姚碑之缺，这样就考订出金朝早期姓氏共一百二十二个。

金源姓氏问题于金史研究的重要性不言而喻，然金朝建立前女真部落时期和金朝早期的姓氏头绪纷乱，而史书记载又失之于简单，考订难度可想而知。该文广泛收集文献，钩沉考索，把《金志》和姚燧《布色君神道碑》对金源姓氏的记载分别罗列，两者区别即昭然可见；分别追溯两者记载的史料来源，两者之间记载差异的原因就显而易见。作者对金源姓氏白号黑号区分的原因及其规律的总结，尤其这个规律对认识其他民族同类文化现象的推演，提升了论文的理论高度，可与陈述《金史氏族表》对比阅读，能够全面掌握金代女真姓氏概况。该文成文甚早，受时代条件所限，于今看来个别结论似乎需要审视。但论文对金源姓氏研究及金朝早期部族阶段的发展变迁研究，具有开拓之功。

（崔丽芳导读）

契丹名、字初释

——文化人类学视野下的父子连名制

刘浦江、康 鹏

中国北方民族史研究向为史家所看重，但由于受制于有限的文献资料并深受传统史学方法的桎梏，迄今的民族史研究在深度上尚难以企及早已相当成熟的断代史学。譬如说，即便是曾经深入汉地建立过一个长达二百余年的大辽王朝的契丹族，人们今天对它的了解仍是十分肤浅的。要想突破这种看似无奈的困境，亟须另辟蹊径。本文对契丹名字制度的探索，就包含着这样一种努力意图。除了凭借我们所熟悉的汉文文献和传统史学方法之外，本文还尽可能充分地利用契丹语文资料以及文化人类学的知识和方法。结果我们很欣慰地发现，契丹史的研究其实还大有深入的余地和展拓的空间。

一、揭开契丹人“第二名”的奥秘

在古代北亚民族中，契丹人的名字制度也许是最为复杂的。但以往历史学家根据《辽史》等汉文文献对契丹人名字所作的种种诠释，均未能揭示它的真谛。[1] 直到近年契丹文字学家通过契丹小字石刻资料的解读，才逐渐看出了其中的一些门道，从而使我们有可能对契丹人的名字习俗获得比较深入的了解。

简而言之，契丹人的名字包括两个部分，按辽代汉文文献的说法，一是名（辽代译称小名或小字），契丹人的名多由一个单词构成，但也有两个或三个单词的名；二是字，所有人的字全都为一个单词。[2] 契丹小字墓志介绍墓主名字时，在名和字之间常常会出现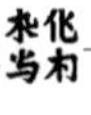一词，这是一个带有领属格词尾附加成分的序数词“第二”，它是解读契丹人名字的关键所在。关于该词在这一特定语境下的含义，以往研究者们有两种猜测性意见，即实（巴图）、王弘力等人以为它是指墓主的排行，但令人奇怪的是，无论墓主排行第几，在记述其名字时却总是出现此词；刘凤翥先生过去多将该词释为“第二（等）的”，并按此理解将它后面的词随机地释为国姓、宗室、横帐等，而没有注意到出现在该词前后的单词往往都属于墓主名字的组成部分。现在看来，这些阐释都是不着边际的。

直到最近一两年，契丹文字学家才对这个词的解读提出了值得重视的意见。乌拉熙春教授认为，此词就是指契丹人的字，本义为“配对的、成双的”，意指它后面的词是与小名配对的“大名”云云。[3]此说虽然对该词的原意理解有误，但将它与契丹人的字联系起来，已是一个很大的进步。刘凤翥先生新近发表的《辽代萧乌卢本等三人的墓志铭考释》一文，终于澄清了一词的真实含义：当谈及契丹人的名字时，该词意指相对于小名而言的“第二个名字”。由此得以将《耶律（韩）迪烈墓志铭》第2行所记墓主人名字完整无误地译出：

孩子　　名　　迪烈　　第二的（名）　　空宁

而志题所见墓主名字全称则作，按刘文的意见，可直译为“空宁·迪烈”。[4]

对一词的正确解读，是迄今为止探索契丹语人名所取得的最重要突破，它奠定了我们这项研究的基础。像《耶律（韩）迪烈墓志》那样记述墓主的名字，乃是契丹文字石刻资料的一种通例。所谓的“孩子名”，亦可意译为“小名”，《辽史》列传通常将它当作传主的名；而契丹文字石刻中所称的“第二名”，在《辽史》里则被称为传主的字。按照契丹人的习惯，其名字的全称是“第二名”（字）在前，“小名”（名）在后。这就是目前学界对契丹人名制度的最新认识。

上述解读结果带来的是更多的谜团：契丹人的“小名”与“第二名”是否类似于汉人名与字之间的那种关系？其人名的全称为何采取“第二名”在前而“小名”在后的形式？契丹小字石刻所称的“第二名”究竟意味着什么？抱着这些疑问，我对迄今出土的所有契丹大、小字石刻所涉及的人名资料进行了比较彻底的梳理，希望能够从中找到问题的答案。

让人意想不到的是，几乎所有的谜底都隐藏在这个“第二名”中！我发现，契丹人的第二名具有某种明显的特征，值得注意的是它的词尾音节。目前所见契丹小字人名资料，所有第二名的词尾均由、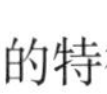、、、五个原字之一构成，与小名没有特定词尾的情况截然不同。下面分别举例说明，若字形或词义有疑问者则略加考释。

（一）以收尾者

分析契丹小字人名资料时，首先引起我注意的就是这个原字。如果作一初步估计，在契丹人的第二名中，词尾原字为者大约要占60%左右。上文说到耶律（韩）迪烈第二名为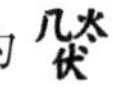，就是其中的一例。

又如契丹小字《耶律宗教墓志铭》第2行介绍墓主名字说：

名　驴粪　第二的（名）　嘲隐

耶律宗教为圣宗弟耶律隆庆第四子。据阎万章先生考证，见于《辽史·皇子表》和《皇族表》的“驴粪”，以及《圣宗纪》和《兴宗纪》的“旅坟”，都是耶律宗教的契丹语名。[5]此处的（名）就是指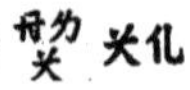（小名）。至于他的第二名，虽然汉文《耶律宗教墓志铭》有“王讳宗教，字希古”的记载，但这是指他的汉文名、字，而他的契丹语第二名却不见于汉文文献，参以《辽史》所见契丹人名译例，可译作“嘲隐”。[6]这个第二名的词尾原字为。

再举《耶律智先墓志铭》为例，墓主名字见于4—5行：

小　名　延留　第二的（名）　讹里本

该墓志录文目前已有刘凤翥和清格尔泰两个摹本发表，[7]而两个本子均将此句前两词合并为一词，且都未能解读。经与拓本相比勘，我认为这应该是两个独立的单词。由这两个单词所组成的词组，最初见于《许王墓志》第8行，但《契丹小字研究》将它误识为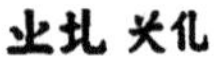，[8]后经即实先生更正为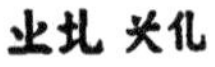，并指出其义为“小字”。[9]另外，在《耶律仁先墓志》第6行中也出现过这个词组，从上下文来看，亦当释为“小名”。按一词可拟为*p‘-ə，[10]而一词拟音为*p‘-xəi-i；我们知道，契丹小字中有许多同词异形的现象，因此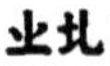很可能是的异体，也就是说，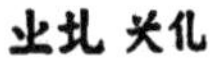与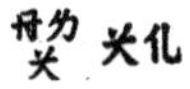是同义词，均为“小名”之意。上面引文中的第三词即是耶律智先的契丹语小名，根据已知的四个原字音值，可以将它译作“延留”。最后一词是耶律智先的第二名，这是契丹人的一个常用名，辽代通行汉译作“讹里本”或“乌卢本”，而该词的最末一个原字也是。

（二）以收尾者

在契丹人的第二名中，词尾原字为者也很常见，其使用频率大概仅次于以收尾者。如《耶律迪烈墓志铭》第4行记述墓主名字曰：

名　迪烈　第二的（名）　撒懒

关于墓主人的小名“迪烈”，尚有一点分歧需要解决。“迪烈”是契丹人的常用名，在其他契丹小字石刻中通常作或（两词的第一个原字音同，可通用），此处的“迪烈”虽是另一种完全不同的写法，但已有学者论证它为该词之异体，[11]我们对此没有异议。分歧在于第二个原字的字形，刘凤翥和清格尔泰先生均将此词摹写为，[12]嗣经包联群博士指出，此词的第二个原字应是而不是，并因此对它是否墓主的小名“迪烈”产生了怀疑。[13]笔者仔

细比对拓本之后，认定此词的正确写法是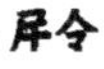。这一更正不但不会动摇原有的释读结论，反倒替“迪烈”的译音增添了一个有力的证据：已知原字的读音为 t，而“迪烈”的“烈”，《广韵》作良薛切，是以 t 音收尾的入声字，故用以对译带有尾辅音 t 的一词，实在是再合适不过了。

耶律迪烈的第二名，过去被刘凤翥先生误释为“第二横帐”。据他考证，这位耶律迪烈就是见于《辽史》卷九六的耶律敌烈，其本传称：“耶律敌烈，字撒懒。”虽然他已依据这一记载将志题中出现的墓主姓名译作耶律撒懒，但却顾此失彼，把出现在第 4 行的同一个词臆解为“横帐”。专用为契丹人第二名的“撒懒”，亦见于《室鲁太师墓志碑》第 1 行：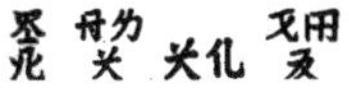，全句可译为“撒懒太师小名室鲁”。[14] 这里的与《耶律迪烈墓志铭》的写法稍异，因两者的第三个原字读音相近，故可以肯定它们是同词异体的关系。而这两种不同的写法，都是以收尾的。

再举一例。据《辽史·皇子表》，玄祖第三子释鲁，字述澜，是为仲父房。契丹小字《耶律仁先墓志》第 3 行中记有他的名字，但仅能辨识出第一个词为，下面的若干字词已残泐无考。诸家解读者均将此词释为“释鲁”，[15] 我认为这应该是释鲁的第二名“述澜”。理由有三：第一，从构成该词五个原字的音值来判断，与“述澜”的译音大致相符；第二，契丹小字的“释鲁”应作，已见上文所述；第三，就上下文来看，此处所记述者应是其全称“述澜·释鲁”，在前者是述澜，而后面的释鲁一词已残。总而言之，此词当为释鲁的第二名述澜，而它也是以收尾的。

（三）以收尾者

原字也是契丹人第二名的标志性词尾，这种情况在石刻材料中亦较为常见。

如金代契丹小字《萧仲恭墓志铭》第 2 行所记墓主名字：

 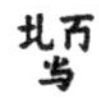 □  

第二的（名） 兀衍 小 名 术里者

这句话的内容曾被学者们反复讨论。虽然早在这方墓志刊布之初，王静如先生就已考定墓主为萧仲恭，但长期以来人们却一直弄不清楚究竟这段文字中的哪些词是墓主的名字。阎万章先生曾随意将第二词释为萧氏。[16] 王弘力先生谓墓主本名是（即第一词去掉词尾的属格后缀），也就是《金史·萧仲恭传》所称的“本名术里者”，义为“第二”，正与萧仲恭汉名之“仲”字相符云云。[17] 即实先生则说是萧仲恭的别名，但他同时又指出第二词是本名、最末一词是小字，这是迄今为止最接近于正确答案的说法。[18] 根据目前对契丹人名字的认识，这段文字完全可以通读。与契丹小字石刻的一般行文习惯所不同的是，这句话是先说第二名，后说

小名。第三词漫漶不清，当是[契丹小字]或[契丹小字]。最后一词就是萧仲恭的小名尤里者。[19] [契丹小字]是他的第二名，即实译作“戈也昆”，未免相去太远，参照辽代译例，可将它改译为“兀衍”。[20] 请注意，这个第二名是以原字[契丹小字]收尾的。

《金史·萧仲恭传》又称其子萧拱“本名迪辇阿不”，此名亦见于《萧仲恭墓志》第28行，作[契丹小字] [契丹小字]。前者是第二名迪辇，后者是小名阿不。[21] 迪辇是契丹人常用的第二名，如《辽史·皇子表》谓玄祖次子岩木，字敌辇，其名字全称见《耶律仁先墓志》第2行：[契丹小字] [契丹小字]。这个[契丹小字]与《萧仲恭墓志》的[契丹小字]写法略有不同，是因为它们的第一个原字音同可以相通的缘故。而这两种不同的写法，都是以[契丹小字]收尾的。

（四）以[契丹小字]收尾者

在契丹小字中，还有一些人的第二名是以原字[契丹小字]收尾的，但这类例证不是很多。

以《耶律弘用墓志铭》为例，墓主名字见第2行：

[契丹小字]	[契丹小字]	[契丹小字]	[契丹小字]	[契丹小字]
小	名	隗因	第二的（名）	斡鲁宛

这方墓志最初由陈乃雄先生解读发表，但未能释出上述引文的意义。[22] 后经刘凤翥先生重新考释，始得以通晓如上。[23] 需要说明的是，第四词[契丹小字]的写法与一般写作[契丹小字]稍有出入，差别仅在于第一个原字的字形不同，它们通常被视为两个同音而独立的原字，但从大量的实际用例来看，[契丹小字]很可能是[契丹小字]的异体。最后一词是墓主人的第二名，刘凤翥先生译为敖卢斡，根据辽代译例，宜改译为斡鲁宛。这个第二名是以[契丹小字]收尾的。

再举耶律信先的契丹语名字为例。《耶律仁先墓志》第7行逐一介绍其兄弟五人的情况，其中五弟信先的名字全称是：[契丹小字] [契丹小字]。[24] 后一词是其契丹语小名，此名亦见《耶律智先墓志》第11行，按其拟音，可译为涅鲁古。[25] 前一词是第二名，即实先生译作“撒不椀”，[26] 与辽代译例不符，《辽史》中常见撒班、撒版、撒板、萨板、撒本等契丹语名，当为此词之汉译。这个契丹人常用的第二名也是以[契丹小字]收尾的。

（五）以[契丹小字]收尾者

契丹人的第二名在契丹小字石刻中以原字[契丹小字]收尾者，目前仅见到两例。

《萧图古辞墓志铭》第2行这样介绍墓主人的名字：[27]

[契丹小字]	[契丹小字]	[契丹小字]	[契丹小字]
名	图古辞	第二的（名）	勃鲁恩

据刘凤翥先生考证，这位墓主人就是见于《辽史·道宗纪》咸雍三年的知黄龙府事萧图古

辞。上面引文中的最后一词是墓主的第二名，依已知原字拟音，暂且将它译为勃鲁恩。[28] 墓志第 5 行记有墓主名字全称，作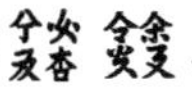，可译为勃鲁恩 · 图古辞。其第二名的词尾原字为。

又《耶律迪烈墓志铭》第 7 行追述墓主人的先祖时提到一个人名：

曷鲁恩 · 匣马葛

据该墓志介绍，此人是帖剌的次子，亦即墓主耶律迪烈的第七代先人。后一词是其小名，乌拉熙春已释为“匣马葛”。[29] 前一词是他的第二名，现已发表的摹本均错误地将其析分为上下两词。[30] 按《辽史 · 太宗纪》天显十一年九月所见“曷鲁恩”和《圣宗纪》统和元年三月、开泰五年四月所见“曷鲁宁”者，大概就是此词的汉译。斟酌已知原字的音值，译作“曷鲁恩”更为准确。这个第二名也是以收尾的。

以上列举的是契丹小字石刻材料中分别以、、、、五个原字为第二名词尾的情况。此外，我在契丹大字石刻有关人名的记载中，也发现了一个第二名的标志性词尾字，下面举例说明。

契丹大字《耶律习涅墓志铭》第 2 行有这样一个人名：[31]

习宁 · 卢不姑

此人系习涅六世祖，据同时出土的汉文《耶律习涅墓志铭》记载：“于越王兵马大元帅讳习宁，小字卢不姑，即公之六世祖也。”[32] 其传又见于《辽史》卷七六，谓“耶律鲁不古，字信宁”。此“鲁不古”即“卢不姑”之异译，“信宁”即“习宁”之异译。辽代汉文石刻对契丹人名字的表述不像《辽史》那么规范，此墓志所称“小字卢不姑”是指他的小名，而所谓“讳习宁”者，实际上是指他的第二名，即《辽史》所称的“字”。按照契丹人的习惯，契丹大字对于其名字全称的写法也是第二名在前，小名在后。其第二名的词尾字是。

又如《耶律习涅墓志铭》第 5 行有这样一个人名：

应恩 · 观音

此人乃习涅曾祖，汉文《耶律习涅墓志铭》曰：“节度使讳应恩，小字观音，即公之曾祖也。”《辽史》卷七九谓耶律贤适有子名观音，亦即此人。观音乃其小名，应恩为第二名。这个第二名也是以收尾的。

由于契丹大字的石刻材料相对较少，且现有的解读水平又远不及契丹小字，因此目前在契丹大字中发现的可以肯定的第二名词尾字仅有这一个。根据下文对第二名词尾音节语法意义的分析，估计契丹大字中还应该有若干个第二名词尾字，这个问题有待日后做进一步的研究。

综上所述，契丹小字及契丹大字石刻材料所提供的证据说明了同样一个事实，即契丹人的第二名词尾是由某些特定音节构成的一种附加成分。其实早就有学者注意到这个问题，近二十年前，王弘力先生就说过一句颇有见地的话："契丹人的小字绝大多数带有 n 尾。"[33] 按辽代汉文文献的一般说法，所谓"小字"是指契丹人的小名，带有-n 尾的实际上是契丹人的字（即第二名）而非小字。尽管表述不够准确，但说明他已经看到了这种现象的存在，可惜没有再做进一步的考究。近来乌拉熙春通过分析契丹小字人名的若干词尾，提出了更加明确的说法，她发现契丹人的名和字往往是同根词，构成"字"的语词一般是用于"名"的语词后续 in 或 n 辅音的形式。[34]

这一规律最初是由聂鸿音先生发现的。聂鸿音曾从汉语音韵学角度对《辽史》所见契丹人的字的词尾附加成分进行过分析，他认为，契丹人的字反映出契丹语有-n 和-in 两个名词附加成分，它们的分布表现为明显的互补关系：-n 只粘附在元音 a、e、i、o 之后，而-in 只粘附在元音 u 或辅音之后。他由此发现了一个非常耐人寻味的现象：契丹人的名和字之间一般没有汉人名、字之间那种词义上的联系，而大多仅表现为某种词尾的转换，"契丹人在取名时总是固定地使用一批词，而在取字时又总是固定地使用另一批词，后者似乎是在前者的基础上利用某种语法手段造出来的"[35]。

聂文指出的这种现象与我在契丹文字石刻资料中发现的契丹人第二名词尾的规律性可谓相映成趣，两者所反映的其实是同一个问题。那么，上文列举的契丹大小字各种第二名词尾附加成分究竟有何共同点？又有何不同之处？这就需要逐一探讨它们的音值，并弄清其语法意义。

（1）契丹小字词尾附加成分之一：

《契丹小字研究》将这个原字的音值构拟为 [nə]，依据是契丹语称犬为"捏褐"（见《辽史·礼志》），而契丹小字十二生肖中的狗作 。这个拟音显然不够准确。据《辽史·营卫志》说，契丹语称孝为"赤寔得本"，在契丹小字中，该词的词尾原字也是 ，这又该如何解释呢？

契丹小字人名资料中有关这个原字的例证相当丰富，可据以校正上述拟音。从《辽史》列传来看，辽代汉译契丹人的字，词尾多用"隐"或"宁"字，而这些第二名在契丹小字中通常都是以  收尾的，如 （留隐）、（乙辛隐）、（韩隐）、（国隐）、（遵宁，一译逊宁），等等。按聂鸿音先生的说法，这类名字的词尾附加成分均为-in。他举出的相关例证是：《辽史》有名柳者，亦有字留隐者，后者是-in 粘附在 u 后；有名乙辛者，亦有字乙辛隐者，有名翰者，亦有字韩隐者，乙辛隐和韩隐都是-in 粘附在 n 后。

另有一类以  收尾的第二名，似乎与-in 的拟音有所冲突，如 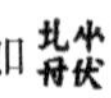（讹里本）、（曷鲁本）等。按辽代汉语音韵，此处的  当拟作-ən 才合适。

这个看似矛盾的现象也许可以得到一个合理的解释。根据目前对契丹小字拼音规则的了解，用于拼写辅音的原字，往往都带有一个不确定的元音，至于这个元音究竟是什么，则主要看它与什么音相拼读。考虑到这些因素，作为第二名词尾附加成分使用的**伏**，其音值范围可拟作 *in-ən；从实际用例来判断，它只粘附在辅音或元音 u 之后。关于这个原字的语法意义，清格尔泰等人曾提出过一个推测性意见，大致上肯定它是静词类的附加成分。[36]

（2）契丹大字词尾附加成分之一：介

契丹大字介，刘凤翥先生给它构拟的音值是 in 或 ən，拟音根据是：“可音译人名‘留隐’的‘隐’，亦可音译汉字‘恩’。”[37] 这个拟音还需要进一步讨论。各种迹象表明，此字与契丹小字的第二名词尾附加成分**伏**可以相通。如契丹小字《宋魏国妃墓志铭》第 4 行的**小丙伏**，辽代汉译为留引、六温（即萧孝诚），[38] 而契丹大字《耶律昌允墓志铭》第 7 行的充 介，即《辽史》卷八四《耶律海里传》所称“字留隐”，可见契丹大字的充 介与契丹小字的**小丙伏**是同一词，也就是说，充等同于**小丙**，介等同于**伏**。又如契丹小字石刻中常见的第二名**令村伏**（乙辛隐），在契丹大字《耶律习涅墓志铭》第 9 行里写作弓已沓介，[39] 知弓已沓等同于**令村**，介等同于**伏**。再如契丹小字《宋魏国妃墓志铭》第 4 行有**圣小伏**一词，辽代汉译为解里、谐里、谐领（即萧和），[40] 而契丹大字《耶律昌允墓志铭》第 6 行的戉 介，即《辽史》卷七六《耶律拔里得传》所称“字孩邻”，“孩邻”和“谐领”显系同名异译，因知契丹大字的戉 介与契丹小字的**圣小伏**同为一词，亦戉即等同于**圣小**，介等同于**伏**。[41] 这些证据提示我们，在契丹大字中作为第二名词尾附加成分使用的介，其读音及语法意义与契丹小字的**伏**是完全等同的。[42]

（3）契丹小字词尾附加成分之二：**出**

这个原字的音值，目前还没有一致的意见。[43]《萧仲恭墓志》第 38 行有一个改刻的词，似乎是把**本廾平亚当**改刻为**本廾平亚出**，论者据此推断，认为这可能说明**出**与**当**在语法意义或发音上具有某些共同点，它们似乎都是一种形动词的附加成分。[44]

从上文谈到的以**出**收尾的第二名来看，不论是**令本亚出**、**令本力出**（撒懒）还是**又扎亚力出**（述澜），其词尾原字均应拟测为-n。聂文在分析契丹人的字时，也认为“撒懒”的词尾附加成分是-n 粘附在ɑ后。清格尔泰先生指出，虽然**出**和**当**的读音一时尚难以断定，但有一点比较肯定的是：**出**大多出现在ɑ类元音之后，而**当**大多出现在 ə 类元音之后，它们的区别使用当与元音和谐律有关。[45] 这个结论与契丹人第二名词尾附加成分的规律性是基本吻合的。

（4）契丹小字词尾附加成分之三：**当**

关于这个原字的拟音问题，各家意见分歧很大：《契丹小字研究》拟为 tʃʊ，沈汇拟为 i，即实拟为 kun，王弘力拟作 dʒə，清格尔泰拟作 sə，[46] 乌拉熙春拟作 əi。[47] 这些拟音均属一家之言，缺乏可信的依据。

根据**当**在第二名词尾附加成分中的使用情况，可以基本确定它的音值范围。《萧仲恭墓志》第 2 行的**叒金当**，即《辽史 · 萧兀纳传》之“特免”；而《辽史 · 耶律章奴传》的“特末衍”和

《皇弟秦越国妃萧氏墓志》的“（萧）特末宁”，也应该是它的异译。又如上文提到的，汉译迪辇或敌辇；《萧义墓志》所称“迪烈宁”，经向南先生考证为萧敌鲁，[48]而《辽史·萧敌鲁传》称其“字敌辇”，知“迪烈宁”乃“敌辇”之异译。按照这些对音汉字来推断，的音值范围可拟测为*in-ian。

（5）契丹小字词尾附加成分之四：

迄今尚无人为这个原字构拟一个明确的音值。契丹小字中另有一个与它字形相近的原字，用于表示领属格的语法意义，因屡见于汉语借词，其读音大致可确定为 in。乌拉熙春对这两个原字的区别有一个解释：这是两个音字，它们处于音节末的场合往往只表示 n 辅音，不同之处则是所接续的元音多为宽元音，而所接续的元音多是 i 元音。[49]

在此须附带澄清一个问题。乌拉熙春在新近发表的一篇论文中提出，原字也是契丹人取“字”所用的词尾附加成分之一，她举出的惟一一条例证，是见于《耶律奴墓志铭》第 26 行和《耶律仁先墓志铭》第 5 行的契丹语人名。[50]这是一个显而易见的误解，由于对小名和第二名混淆不清，她将作为小名使用的一词（辽代汉译为“国隐”或“瑰引”）的词尾原字误认作后缀成分了。实际上，以这个小名为词根的第二名是（见《耶律奴墓志铭》第 4 行，可译作“国宁”），其词尾附加成分是而非。[51]在迄今出土的契丹小字石刻资料中，尚未发现以原字为第二名词尾附加成分的例子，也没有证据表明和可以通用。

目前所见以收尾的第二名，以《耶律仁先墓志》第 7 行的较为典型，此名常见于《辽史》者，有撒班、撒版、撒板、萨板、撒本等异译。又《辽史·萧孝忠传》谓孝忠字撒板，而《兴宗纪》重熙七年十二月己巳称为“撒八宁”；《耶律阿思传》谓阿思字撒班，《萧义墓志》则称为“撒巴宁”。考虑到这些异译，暂且将拟测为*n-in 较为稳妥。聂鸿音先生认为“撒班”的词尾附加成分是-n 粘附在 a 后，但在以收尾的第二名中，通常都是附缀于原字之后，而的音值大致可以确定为［o］。

（6）契丹小字词尾附加成分之五：

该原字义为“牛”，刘凤翥先生最早将它拟音为 ni，认为它是汉语借词，读音近于“牛”。[52]这个说法很难让人相信，因为契丹语中的十二生肖，除了龙为汉语借词外，其他均为契丹语词，况且牛这种动物对于契丹人来说并不陌生（契丹有青牛白马的传说，即是明证），为什么要借用汉语词汇呢？清格尔泰先生主张读为 un，可能与蒙古语的 unijə（乳牛、母牛）同源。[53]我比较倾向于这种意见。以上文举出的《萧图古辞墓志铭》的（勃鲁恩）和《耶律迪烈墓志铭》的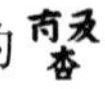（曷鲁恩）为例，其词尾附加成分很可能是-un 粘附在 u 后，因为在它前面的，早已被明确地构拟为 u。这样的拼读形式也完全符合元音和谐律的要求。

以上讨论的契丹大小字第二名词尾附加成分的音值及其分布情况，可以归纳如下：

契丹小字和契丹大字：其音值范围可拟测为*in-ən，只粘附在辅音或元音 u 之后；

契丹小字 **出**：可拟音为*-n，多出现在ɑ类元音之后；

契丹小字 **当**：音值范围可构拟为*in-ian，多出现在 ə 类元音之后；

契丹小字 **内**：音值范围可暂拟为*n-in，粘附在元音 o 之后；

契丹小字 **杏**：拟音为*-un，可粘附在元音 u 之后。

尽管这仅仅是一份非常粗略的语音分析结果，但仍然可以从中看出两个显而易见的规律：第一，所有契丹大小字第二名词尾附加成分均含有一个基本音值-n；第二，目前发现的五种第二名词尾附加成分具有比较明显的互补关系，想必是为了契合元音和谐律的需要。这些现象暗示我们，契丹语中的各种第二名词尾附加成分应该具有同样的语法功能。聂鸿音先生曾经猜想，他从契丹人的字里发掘出来的两种词尾-n 和-in 也许是属格后缀。根据本文对契丹大小字第二名词尾附加成分的分析结果来看，这种猜想极有可能是正确的，不妨拿契丹语的亲属语言蒙古语和达斡尔语来作一个比较。

在今天的一些蒙古学家眼里，契丹语就是原始蒙古语，或者至少可以称之为蒙古语的底层语言之一，因此蒙古语与契丹语的比较自然是很有参考价值的。现代蒙古语的属格附加成分主要有三种：① yin，用于元音结尾的词后；② un，用在除 n 以外的辅音结尾的词后；③ u，用于以 n 辅音结尾的词后。由于这三种属格附加成分都包括 n 音（第三种前接 n），因此在其语法意义进一步抽象化之后，就产生了一种简化形式的属格，即词尾只有一个-n 音的属格。这种现象目前在口语中正处于形成阶段，而书面上暂时还反映不出来。[54]

达斡尔族被许多历史学家视为契丹族裔，因此契丹语也被看作是蒙古语族中最接近达斡尔语的一种语言，[55]这两种语言的比较理应能够说明一些问题。达斡尔语名词的人称领属附加成分分为第一、二、三人称，每种人称又各分单数和复数，但不受元音和谐律的约束，所有这些人称领属附加成分具有一个共同特点，即尾音均为-n。[56]

由此看来，契丹语中的第二名词尾附加成分与蒙古语和达斡尔语的属格后缀十分相似，不管是否讲究元音和谐律，它们的基本音值都是-n。至此，契丹大小字各种第二名词尾附加成分的语法意义大致上可以得出一个比较明确的结论。于是一个新的疑问便接踵而至：契丹人的第二名为什么要无一例外地加上一个属格后缀呢？它在契丹人的名字全称中所表达的究竟是什么意义？这里面隐藏着一个不为人知的秘密，它将向我们诠释一种早已湮灭的民族文化内涵。欲知究竟，仍需求助于契丹文字石刻资料。

二、契丹文字石刻中所见父子连名现象

在对契丹人特有的第二名加小名的名字结构有了初步的认识，尤其是成功辨析出第二名词尾的附加成分之后，接下来的发现就顺理成章了。我从若干种契丹小字和契丹大字墓志所记载

的墓主世系里看出了一个有趣的规律：在某些父子的名字之间，存在着相同形式的关联。请看下面的例证。

（一）耶律吼与耶律何鲁不

《辽史》卷七七《耶律吼传》曰："耶律吼，字曷鲁。……子何鲁不。"后面有何鲁不的附传，谓"何鲁不字斜宁"。"何鲁不"一名，《辽史》亦作"曷里必"，见《景宗纪》保宁七年七月。20世纪90年代中期在内蒙古扎鲁特旗被盗掘的契丹小字《耶律迪烈墓志》，经刘凤翥先生考证，其墓主系耶律吼五世孙，[57]故墓志中记有耶律吼父子的系谱。耶律吼的契丹语全名出现在第8行： （曷鲁本·吼），其子何鲁不的名字全称则见于第10行：   （长斜宁·何鲁不）。[58]实际上，耶律吼父子的名字在《故耶律氏铭石》第5行就曾出现过，并且早已被即实先生释出。[59]但我总觉得这对父子的名字不免有点蹊跷，耶律何鲁不的小名是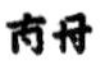，即《辽史》所称"何鲁不"或"曷里必"；而其父耶律吼的第二名是，应读为*xol-p-ən，《辽史》译作"曷鲁"是省译了词尾音节，即实先生译为"曷鲁本"，堪称最忠实的译法。这就是说，耶律何鲁不的小名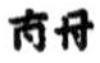只比其父亲耶律吼的第二名少一个词尾附加成分而已；或者说，耶律吼的第二名是在其长子何鲁不的小名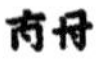后面加上一个属格后缀构成的。如果没有契丹小字石刻史料的记载，从《辽史》里无论如何也看不出耶律吼父子之间名字上的这种微妙关系。

（二）耶律奴与耶律国隐

契丹小字《耶律奴墓志铭》第4行介绍墓主名字说：

孩子　名　奴　第二的（名）　国宁

这句话里的最后一词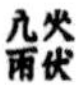，迄今还未能得到正确的解读，刘凤翥先生将它析分为上下两词，误读为"国姓"，故将末两词释为"第二等的国姓"。[60]按该词亦见于首行志题，如果仔细比对一下拓本，不难看出两处出现的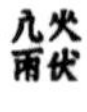都是写成一个词的。按照今天对契丹人名字的认识，可以确认这就是耶律奴的第二名，依已知原字音值，姑且将它译作"国宁"。

耶律奴《辽史》无传，但其妻萧意辛见于《辽史·列女传》，谓"耶律奴妻萧氏，小字意辛。……子国隐"云云。而《耶律奴墓志铭》第26行记述其子嗣说：

男　孩子　二人：　长子　国隐

"国隐"是耶律奴长子的小名。比较一下耶律奴的第二名和他长子的小名即可看

出，两者的区别仅仅是前者比后者多一个属格后缀伏罢了。

（三）耶律瑰引与耶律仁先

耶律仁先父汉名思忠，见于汉文《耶律仁先墓志》《耶律智先墓志》及《耶律庆嗣墓志》；契丹语名瑰引，见《辽史》卷九六《耶律仁先传》：“父瑰引，南府宰相，封燕王。”亦见于《辽史・皇族表》和《耶律信先传》。而在契丹小字《耶律仁先墓志铭》第5行中则可以看到他的契丹语名字全称：

查懒 · 瑰引 宰相

这个名字的字形及释义，目前契丹文字学家尚未取得共识，因此还需要作一点论证。刘凤翥先生将后两词释为“国之宰相”，第一词存疑未释。[61]而即实先生则把这句话译作“查剌初瑰引宰相”，[62]除了头一词译音不确之外，这个解读结论基本上是可取的。上文说过，《辽史》谓耶律奴之子名国隐，而《耶律奴墓志铭》写作，此词恰与上面引文中耶律瑰引的小名相同，说明即实先生把释作瑰引是正确的，——很显然，“瑰引”与“国隐”系同名异译。另外，耶律瑰引的名字还见于《耶律智先墓志铭》第8行：

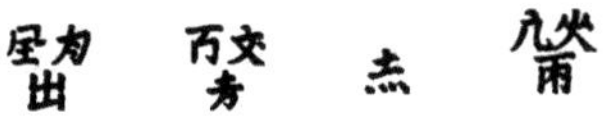

查懒 燕 王 瑰引

此处的第一个词，在刘凤翥和清格尔泰先生的摹本中都被写作，经与拓本相比对，可以判定该词的最末一个原字不是而是的草书。在契丹小字石刻中常作第二名用，而一词则不见于其他石刻材料。上面这句话，刘凤翥先生除第一词未释外，将后面三词连读为“燕王国”，[63]看来仍是把耶律瑰引的小名当作汉语借词来理解了。这句话在第二名与小名之间插入一个封号，确实很容易引起误解。其实像这样以“第二名＋官称或封号＋小名”的句式来指称人物，乃是契丹小字石刻的一种通例。即以《耶律智先墓志铭》为例，如第10行称耶律仁先为“糺邻尚父宋王查剌”，称其子为“胡独堇招讨令公挞不也”，均同此例。总之，耶律瑰引的第二名虽不见于汉文文献，但却见于契丹小字石刻，其规范字形为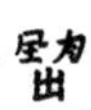，可将它译作“查懒”。

耶律仁先是耶律瑰引的长子，他的汉语名字和契丹语名字分别见于汉文《耶律仁先墓志铭》及《辽史》本传。墓志说：“王讳仁先，字一得，姓耶律氏。”《辽史》卷九六云：“耶律仁先，字糺邻，小字查剌。”这就是说，他的契丹语小名是查剌，第二名是糺邻。契丹小字《耶律仁先墓志铭》第6行这样介绍他的名字：

糺邻 王 小 名 查剌

又《耶律智先墓志铭》第 10 行在介绍墓主的兄弟姊妹时也提到耶律仁先的契丹语名字：

长（兄）　紥邻　尚　父　宋　王　查剌

耶律仁先的第二名[契丹小字]（紥邻）是即实先生首先释出的，但该词的释读结果至今还存在分歧，本文不打算纠缠这个问题，容另文再作探讨。至于耶律仁先的小名查剌写作[契丹小字]，则是毋须讨论的问题。试将耶律瑰引的第二名[契丹小字]与其长子耶律仁先的小名[契丹小字]作一比较，又再次发现了同样的规律，即父亲的第二名与长子的小名为同根词，只不过前者多了一个属格后缀 出 而已。

（四）萧挞不也与萧特末

据《金史》卷八二《萧仲恭传》说，其祖名挞不也，父名特末。挞不也一名萧兀纳，《辽史》卷九八有传，传云："萧兀纳，一名挞不也，字特免。"契丹小字《萧仲恭墓志铭》第 2 行记录了萧挞不也的契丹语全名：

祖　父　特免 · 挞不也

接下去第 4—5 行介绍萧挞不也的两个儿子，其长子即萧特末：

孩子　二人：　长子　兀古邻 · 特末

这对父子的名字，萧挞不也的小名[契丹小字]（挞不也）早已识出，萧特末的第二名[契丹小字]（兀古邻）系参考王弘力先生的解读意见改译。[64] 惟"特末"和"特免"两词尚需稍加说明。按汉文《耶律庆嗣墓志》提到的"（萧）特末"，在契丹小字《耶律仁先墓志铭》第 63 行写作[契丹小字]，该词末尾原字是时位格附加成分，其词根[契丹小字]即"特末"之原形，因[契丹小字]、[契丹小字]两个原字可以通用，故上面引文中的[契丹小字]一词可以肯定就是萧特末的小名。萧挞不也的第二名作[契丹小字]，它与[契丹小字]（特末）仅词尾原字不同，显然这就是《辽史 · 萧兀纳传》所说的"特免"。该词在辽代有多种异译，《耶律宗教墓志铭》21 行和 24 行提到的人名[契丹小字]，在同时出土的汉文墓志中译作"特每"。另外，《辽史 · 耶律章奴传》的"特末衍"和《皇弟秦越国妃萧氏墓志》的"（萧）特末宁"，[65] 想必也都是它的异译。

萧挞不也的第二名[契丹小字]和其长子萧特末的小名[契丹小字]之间的异同，似乎与前面所举诸例不尽一致，这两个词的区别在于词尾原字不同，而不只是简单地在小名后面加上一个原字构成为第二名。尽管如此，仍可看出它们是同根词的关系，用作第二名的[契丹小字]是用作小名的[契丹小字]后续属格附加成分的形式。在契丹小字石刻中还可以看到其他一些与此形式类似的名、字，如用作小名的

[illegible]（挞不也）与用作第二名的[illegible]（挞不衍），也是这样的对应关系。

（五）耶律拔里得与耶律海里

《辽史》卷七六《耶律拔里得传》曰："耶律拔里得，字孩邻，太祖弟剌葛之子。"另据邓广铭、王民信先生考证，屡见于《辽史》及宋代文献的麻答（一作荅）、解里，也都是耶律拔里得的异称。[66]从史源来考察，这两个译名当源于五代实录，解里显然是孩邻的异译，麻答或是拔里得的一种不太准确的译法。[67]近年出土的契丹大字《耶律昌允墓志》，据考证，其墓主为太祖弟剌葛之四世孙，故在该墓志第6行中可以看到耶律拔里得的契丹语全名：[68]

戓 乔　　圭　不

孩 邻　·　拔里得

耶律拔里得之子耶律海里，传见《辽史》卷八四："耶律海里，字留隐，令稳拔里得之长子。"其名字之全称见于《耶律昌允墓志铭》第7行：

夭　　兆　　亢乔　　戓

长　　子　　留隐 · 海里

耶律海里的小名作戓，这是一个常见的契丹人小名，该词在辽代汉文石刻中或译作"解里"。其父耶律拔里得的第二名戓乔是戓后续属格附加成分乔构成的，《辽史·耶律拔里得传》译作"孩邻"是比较规范的译法，而《辽史》及宋代文献称其为"解里"者，则是省译了属格后缀，这样一来就分不清小名和第二名了。但通过契丹大字石刻所留下的记载，可以很清楚地看出耶律拔里得与耶律海里父子名、字之间的关联。

（六）耶律解里与耶律直鲁姑

汉文《耶律习涅墓志铭》曰："（公）讳习涅，小字杷八，即大横帐乙信直鲁姑郎君之子也。……太尉讳直鲁衮，小字解里，即公之祖也。"[69]据此记载，耶律习涅的祖父小名解里，这里所谓的"讳直鲁衮"，实际上是指他的第二名。此人的契丹语全名见于契丹大字《耶律习涅墓志铭》第7行：[70]

卄 乔　　戓

直鲁衮 · 解里

据上引汉文墓志，耶律习涅父亲的名字全称是"乙信·直鲁姑"，契丹大字墓志第9行写作：

乁已沓乔　　　卄

乙信（隐）·　直鲁姑

耶律解里的小名戓亦见于上文所引《耶律昌允墓志铭》，对译耶律海里之"海里"，知"解里"与"海里"为同名异译。耶律直鲁姑的第二名乁已沓乔，规范汉译应为"乙信隐"，汉文墓志作“乙信”，是因为没有译出词尾附加成分夰。再看看他们父子二人名、字之间的关联，耶律解里的第二名为卄夰，而其子耶律直鲁姑的小名是卄，前者仅比后者多一个属格后缀夰而已。虽然该墓志没有说明耶律直鲁姑是否长子，但参考前面所举诸例来判断，他极有可能也是长子。

以上从契丹文字石刻资料中获得的六个例证（其中四例出自契丹小字石刻，两例出自契丹大字石刻），全都说明了同样的问题。根据已经掌握的规律，在辽代汉文文献中也不难发现类似的情况。

耶律李胡与耶律喜隐。《辽史》卷七二《章肃皇帝传》：“章肃皇帝，小字李胡，一名洪古，字奚隐。……二子：宋王喜隐、卫王宛。”后面有耶律喜隐的附传，谓“喜隐，字完德”。李胡是太祖第三子，其长子小名喜隐，而李胡的第二名为奚隐。这对父子的名、字显然是有关系的，不过“奚隐”的译音可能不够准确，如果李胡的第二名是以其长子小名“喜隐”为词根、后续属格附加成分而构成的话，也许应该译为“喜宁”才合适。目前在契丹文字石刻材料中尚未识出这组名、字，所以暂时还不能下一个明确的结论。

耶律牙里果与耶律敌烈。据《辽史·皇子表》，太祖第四子牙里果，字敌辇；又谓牙里果有二子，长子敌烈，次子奚底。这对父子名、字间的关联是看得很清楚的，牙里果的第二名“敌辇”，在契丹小字石刻中写作仐用当，其长子小名“敌烈”，契丹小字一般写作仐用夯，两者系同根词，用作第二名的仐用当是用作小名的仐用夯后续属格附加成分的形式。

耶律隆祐与耶律胡都古。据《辽史·皇子表》记载，景宗第三子隆祐，“小字高七，一字胡都堇。……子三人：胡都古、合禄、贴不”。这条史料对耶律隆祐名字的表述比较混乱，既称“小字高七”，又称“一字胡都堇”，不免让人糊涂。准确地说，隆祐是他的汉名（此外还应该有一个汉语的字，但未见记载），高七是契丹语小名，胡都堇则是契丹语第二名。耶律隆祐的长子小名为胡都古，契丹小字的写法是习条，而隆祐本人的第二名胡都堇，契丹小字写作习条伏。父子二人名、字间的关系也十分明显。[71]

耶律铎轸与耶律低烈。《辽史》卷九三《耶律铎轸传》曰：“耶律铎轸，字敌辇。……子低烈。”这对父子名、字之间的关系，与上面说到的耶律牙里果和耶律敌烈的情况完全相同。

现将以上考述内容加以整理归纳，列为下表：

	长子第二名	长子小名	父亲第二名	父亲小名
耶律吼父子	仐考伏（斜宁）	杏舟（何鲁不）	杏舟伏（曷鲁本）	火圡（吼）
耶律奴父子		九火雨（国隐）	九火雨伏（国宁）	公夊（奴）
耶律瑰引父子	仐丙刃伏（紇邻）	圣为（查剌）	圣为出（查懒）	九火雨（瑰引）
萧挞不也父子	久平伏（兀古邻）	夿仚夲（特末）	夿仚当（特免）	仐生丙夲（挞不也）

续表

	长子第二名	长子小名	父亲第二名	父亲小名
耶律拔里得父子	（留隐）	（海里）	（孩邻）	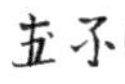（拔里得）
耶律解里父子	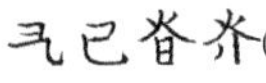（乙信隐）	（直鲁姑）	（直鲁衮）	（解里）
耶律牙里果父子		（敌烈）	（敌辇）	牙里果
耶律隆祐父子		（胡都古）	（胡都堇）	高七
耶律铎轸父子		（低烈）	（敌辇）	铎轸
耶律李胡父子	完德	喜隐	奚隐（宁？）	李胡

综上所述，依据辽金时代的契丹大小字石刻资料以及汉文史料所提供的丰富例证，可以得出一个明确的结论：虽然契丹人的小名和第二名被辽代汉文文献分别称之为“名”和“字”，实际上并不具有汉人名、字之间那种词义上的相关性；但值得注意的是，在契丹人的某些父子的第二名和小名之间，存在着词法意义上的相同形式的关联，即父亲的第二名与其长子的小名是同根词，前者的惯用词形均为后者添加属格附加成分的形式。这种情况提醒我们，在契丹族的历史上，一定存在某种从不为人知晓的父子连名制。但这究竟是一种什么类型、什么形式的父子连名制，则必须向文化人类学去寻求答案。

三、从文化人类学解读契丹族的父子连名制

连名制是广泛分布于世界各民族的一种文化现象，概而言之，主要包括父子连名制、母子连名制、祖孙连名制、甥舅连名制、夫妻连名制诸类型，其中尤以父子连名制最为普遍。众所周知，藏缅语民族具有较为显著和典型的父子连名制，故中国人类学家有关连名制的研究成果相对比较丰富。20 世纪 30 年代中期以后，由于丁文江先生《爨文丛刻》的刊布，藏缅语民族的父子连名制开始受到人类学家和语言学家的关注。[72]1938 年，凌纯声先生首先发表《唐代云南的乌蛮与白蛮考》一文，[73]探讨六诏的父子连名制，认为这种制度可能是藏缅语民族特有的一种文化现象。后来，随着人类学资料的陆续刊布和研究的不断深入，人们逐渐认识到连名制的存在远不限于藏缅语民族。杨希枚先生指出，连名制是一种具有世界性的民族文化因子，它广泛分布于亚、非、欧各洲及近东、新几内亚等地，既见于现代的原始民族，也见于文明民族的古代，据他考查的结果，目前只有美洲尚未发现连名制的材料。[74]

关于父子连名制的类型，在 20 世纪 60 年代以前，人类学家大抵只知道有子连亲名的亲子连名制，而几乎都不知道还有亲连子名的亲子连名制。1961 年，杨希枚先生在《从名制与亲子联名制的演变关系》一文中，根据他所设想的从名制向连名制的演变过程，推导出亲子连名制

理应具备以下两类四型的结论：[75]

Ⅰ.子连亲名之亲子连名制	(1)子连亲名之亲名前连型(某之子—某)
	(2)子连亲名之亲名后连型(某—某之子)
Ⅱ.亲连子名之亲子连名制	(3)亲连子名之子名前连型(某之父—某)
	(4)亲连子名之子名后连型(某—某之父)

对于这四种类型的连名制，需要结合杨文的论证分别加以证明。

（1）子连亲名之亲名前连型

子连亲名是亲子连名制的普遍形式，以致许多人类学家至今仍误以为这是亲子连名制的惟一形式。子连亲名可分为亲名前连和亲名后连两种类型。其中亲名前连型包括藏缅语民族，历史上的六诏（彝族、白族、纳西族的先人），部分苗瑶语民族，春秋时代的华夏族及楚人、越人，[76]印度诸族，古代日本，等等。

（2）子连亲名之亲名后连型

这种类型的亲子连名制，在世界各民族的分布也相当普遍。如高山族诸族群：泰雅人、萨斯特人（赛夏人）、阿美人、平埔人，突厥语民族，喀喇汗王朝时代的回鹘族，部分苗族，欧洲诸族，非洲诸族，阿拉伯人，新几内亚的巴布亚人，等等。

（3）亲连子名之子名前连型

相对于子连亲名的亲子连名制来说，亲连子名的亲子连名制可以说是比较罕见的。杨希枚先生认为应该存在这一类连名制度，并将它分为子名前连和子名后连两种类型来加以分析。关于亲连子名之子名前连型，杨文仅提供了两个不确定的线索：第一，春秋时代的某些人名，如公父文伯、皇父充石、富父终甥、公叔文子之类，如果单从形式上看，似是属于“某之父—某”型的亲子连名制，但由于文献不足，还不能肯定它们就是连名制；第二，婆罗洲达雅族（Dayak）的连名制，按凌纯声先生的说法，是从“某之父”型的亲从子名制演变为“某之父—某”型的亲连子名制，若依此说，这便是亲连子名之子名前连型。[77]

（4）亲连子名之子名后连型

杨文认为，在摩洛哥人、阿拉伯人、英格兰人以及古代巴比伦人社会中，应存在此种类型的亲子连名制。但他举出的证据都建立在推论之上，没有提供可靠的人类学资料。

杨希枚先生关于亲子连名制的两类四型说无疑是一个值得重视的创见，但实事求是地说，他当时构想的亲连子名之亲子连名制，基本上还停留在理论假设的阶段——子名后连型所举出的证据缺乏说服力，子名前连型则只提供了两个难以自圆其说的线索。故杨文最后的结论说：“亲子联名制可分为亲名前联和后联、子名前联和后联四型，但目前所知的亲联子名制则均属子名后联型，且远不如子联亲名制分布之广泛。”

直到今天，上述亲子连名制类型说仍是一个有待求证的理论构想。根据我们目前掌握的人类学资料，可以就这个问题得出一个肯定的结论。

先说亲连子名之子名后连型。其实在中国的民族学资料中就有很好的例证，这种类型的连名制见于藏缅语民族拉祜族。拉祜族既有子连亲名制，也有亲连子名制。亲连子名的形式是：父母本名+长子（女）小名+巴（或耶）——拉祜语称父亲为“巴”，称母亲为“耶”。如父名扎妥，母名娜倮，长女名娜斯，那么父亲与女儿连名后的全称是“扎妥娜斯巴”（意为娜斯之父扎妥），母亲与女儿连名后的全称是“娜倮娜斯耶”（意为娜斯之母娜倮）。[78] 显而易见，这种连名制正符合杨希枚先生构拟的“某—某之父（母）”型的亲连子名制。

接下来需要重点讨论的问题是亲连子名之子名前连型，因为它与契丹人的连名制有直接的关系。这一类型的连名制，目前能够看到的最典型、最具说服力的民族学资料当属佤族。佤族属南亚语系孟—高棉语族，它的连名制是极富特色的。佤族人的小名由排行名加本名组成，排行名有性别之分，男性第一至第八的排行名分别是艾、尼、沙姆、赛、奥、洛克、加特、伯特，女性的八个排行名依次是叶、依、阿姆、欧克、雅特、佛、依普、午；本名通常以出生日的天干或地支来命名，也有取用某些吉祥语词的。以小名“艾刀”为例，“艾”表示男性长子，“刀”表示生于壬日。男子结婚生子后，便不再称其小名，而是改用父子连名。父子连名的形式是：长子本名+本人本名。如艾刀长子小名艾戛，那么艾刀的父子连名便是“戛刀”。[79]

云南省西盟佤族自治县的阿佤山区堪称佤族民族文化之渊薮，比较完整地保留了这种连名制的传统。在建国后进行的少数民族社会历史调查中，由民族学家记录下来的许多佤族人的谱系，非常清楚地反映了这种连名制的历史痕迹。现选取两个比较典型的谱系转载于此。

一份是西盟县岳宋寨永铺擂氏艾怪家谱，自始祖里卯至怪仿，共计23代：[80]

怪仿（23）←仿散（22）←散桃木（21）←桃木行（20）←行昂（19）←昂赛（18）←赛抗（17）←抗康尼（16）←—康尼宋（15）←宋查因（14）←查因仅（13）←仅铺鹿埃（12）←铺鹿埃玛特（11）←玛特孩因（10）←孩因怪（9）←怪格郎（8）←格郎耙特（7）←耙特标（6）←标恩（5）←恩普特（4）←普特岗（3）←岗里（2）←里卯（1）

据调查者说，这份谱系由艾怪提供，艾怪一族（姓永铺擂）世为岳宋寨大头人，并谓怪仿即艾怪。我怀疑调查者此处记录有误。按佤族人的连名制来判断，怪仿小名当作艾仿，故其父名仿散，怪仿是他结婚生子以后的父子连名；而艾怪应是怪仿的长子。可能艾怪当时尚未结婚生子，故仍称其小名。

另一份是西盟县中课乡中课大寨散姓家谱，自始祖立委其至艾翠，凡26世：[81]

艾翠（26）←翠腊（25）←腊耕（24）←耕康（23）←康松（22）←松可恩（21）←可恩伙（20）←伙朵埃（19）←朵埃果阿（18）←果阿来（17）←来散（16）←散章（15）←章敖（14）←敖芬（13）←芬欧克（12）←欧克峭士（11）←峭士克立阿（10）←克立阿克鲁恩（9）←克鲁恩贡（8）←贡托（7）←托腊（6）←腊格拉特（5）←格拉特普依（4）←普依司岗（3）←岗立（2）←立委其（1）

这份谱系中，除了末代艾翠是小名，其他25代均为父子连名。

这些佤族人的谱系是非常珍贵的连名制资料，从上面转录的两份世系表可以看出，佤族人一直实行严格的亲连子名制，谱中所见父子连名全都符合已知的佤族连名制规则，没有一代例外。此类连名制可以表达为BA—CB—DC的公式，这与杨希枚先生所设想的“某之父—某”型的亲连子名制是基本吻合的，只不过在这里被省略为“某（之父）—某”的形式罢了。另外，佤族人的谱系还有一点很值得注意。在子连亲名的亲子连名制社会中，人们的世谱都是从始祖往下按正序排列的，而目前看到的数十份佤族人的世谱，却全是上溯式的，亦即按逆序排列。这是因为在实行亲连子名制的情况下，须由下辈的小名推导出上辈的连名，这样的排列顺序显然更便于子孙记忆。

除了佤族之外，这一类型的连名制还存在于瑶族和纳西族的少数地区。在贵州省黎平县滚董乡平茶村的瑶族中，同时伴存着两种类型的连名制。结婚生子之前，实行祖父孙三代连名制，其连名形式为：姓+本名+父名+祖父名。如“卜老和王保英”，卜是姓，老和是本名，王保是父名，英是祖父名。而在结婚生子之后，则实行亲连子名制。其连名形式是：姓+补（瑶语“父亲”之意）+长子（女）小名+本名。如卜老和的长女小名妹生，那么卜老和的连名就是“卜补妹生和”[82]。这后一种连名制也就是杨希枚先生所设想的亲连子名之子名前连型。

纳西族社会一般实行子连亲名制，与大多数藏缅语民族的情况相似。但云南丽江县南溪、吉子村一带的纳西族地区，却存在一种独特的亲连子名制。其连名形式为长子（女）小名+爸+本人小名，如吉子村有人小名阿国兴，其长子小名阿福，那么阿国兴的父子连名则为“福爸兴”。[83]这种看似简单的连名制，实际上也属于亲连子名之子名前连型。

在国外的人类学资料中，同样可以看到这种类型的连名制。据英国人类学家霍斯（C. Hose）等人在婆罗洲进行的田野调查，称当地的肯雅族（Kenyah）和达雅族（Dayak）部落有一种独特的亲连子名制，其连名形式为：Tama（意为父亲）+长子小名+本名。如Jau的长子小名为Obong，他的父子连名全称即为Tama-Obong-Jau，但平时仅简称为Tama-Obong（意为Obong之父）。[84]肯雅族马当（Madang）部落酋长的全名为Tama Kajan Odoh，据他口述其家族谱系如下：[85]

19. Kajan
18. Tama Kajan Odoh
17. Sigo
16. Apoi
15. Baun（♀）
14. Odoh Sinan（♀）
13. Along
12. Apoi
11. Laking
10. Laking Giling
09. Giling Sinjan
08. Sinjan Putoh
07. Putoh Ati
06. Ati Aiai
05. Jalong
04. Balari
03. Umbong Doh（♀）
02. Kusun Patu
01. Balingo

据调查者说，该家族谱系一共 19 代，但原书将第一、二两代连写为 Kusun Patu Balingo，将五、六两代连写为 Ati Aiai Jalong，这样算起来就只有 17 代了，兹据凌纯声先生的意见予以更正。[86] 衡以肯雅族的亲连子名制，可以明显看出此谱六至十一代、十八至十九代存在父子之间的连名关系。其他各代多只记录本名，大概是被口述者略去其连名的缘故。如果我们将省略的连名完整地加以复原，便可以得到下面这样一个更加明晰的谱系：

19. Kajan
18. Tama Kajan Odoh
17. Tama Odoh Sigo
16. Tama Sigo Apoi
15. Baun（♀）
14. Odoh Sinan（♀）
13. Along
12. Tama Along Apoi
11. Tama Apoi Laking
10. Tama Laking Giling
09. Tama Giling Sinjan
08. Tama Sinjan Putoh
07. Tama Putoh Ati
06. Tama Ati Aiai
05. Tama Aiai Jalong
04. Tama Jalong Balari
03. Umbong Doh（♀）
02. Kusun Patu
01. Tama Patu Balingo

此谱之连名，下面画横线的语词是参照肯雅族的连名制规则补入的。照这个复原的谱系来看，除了二、三两代和十四、十五两代之外，其它各代全都符合肯雅族的亲连子名制；而没有连名的几例也可以得到合理的解释，第三代因是女性，故与第二代不相连，十四、十五两代也是因为女性的缘故未见连名。总之，这份谱系表明，肯雅族的亲子连名制显然应属于杨希枚先生提出的亲连子名之子名前连型。

不过，杨希枚先生本人倒是对肯雅族和达雅族的连名制另有一套截然不同的解释。按他的理解，Tama-Obong 是亲从子名，即从长子的本名 Obong；Tama-Obong-Jau 也是亲从子名，即从长子的连名 Obong-Jau。这就是说，他把 Obong-Jau 看作是 Obong 与其父 Jau 的父子连名，即属于子连亲名之亲名后连型。于是他得出了这样一个结论：肯雅族和达雅族既存在亲从子名制（可从其子本名，亦可从其子连名），也存在亲名后连型的子连亲名制。根据这种理解，他认为在上面这个谱系中，只有 Tama Kajan Odoh 是亲从子名，余者多为亲名后连型亲子连名。87

上述观点存在着诸多纰漏，令人难以苟同，仅就三个问题质疑如下：

第一，我们所知道的肯雅族和达雅族的连名制，是霍斯等人实地调查的报告，作者并未说当地存在亲名后连型的子连亲名制，杨氏认为 Obong-Jau 是 Obong 与其父 Jau 的父子连名，这一推测并无根据。

第二，调查者交代得很清楚，Tama-Obong-Jau 这一连名形式，是在亲从子名（Tama-Obong）的基础之上，后续本名 Jau 而形成的父子连名全称，这正符合"某之父—某"型的亲连子名制，而杨氏却把它理解为一种子连父名加父从子名的复式连名制。在同一个民族中固然有子连父名和父连子名并存的情况，但从未听说还有这种叠加型的复式连名制：先是子连父名，然后父亲再回过头去与儿子的父子连名相连，即成为"（某—某之子）—之父"的形式。这种叠床架屋的连名制实在令人匪夷所思。

第三，Tama Kajan Odoh 口述的谱系原是按逆序排列的，与上文谈到的佤族人的谱系相同，这正是亲连子名制的特征。杨氏将它改为按正序排列，以求合乎泰雅人等高山族的亲名后连型子连亲名制，这完全违背了口述者的原意。即便按他颠倒过来的这个谱系来看，仍有多处不符合亲名后连型亲子连名制，对于这些矛盾之处，他都以"异名"来解释，如谓第三代的 Doh 可能是 Kusun 的异名，第五代的 Jalong 可能是 Aiai 的异名，第十三代的 Along 可能是 Sinan 的异名等等。这样的解释未免过于随意了。

总之，杨希枚先生对上述连名制的理解显然是不可取的，这种连名制其实正是他苦于找不到例证来证明的亲连子名之子名前连型。

由肯雅族和达雅族的连名制现象，凌纯声先生得出了亲连子名制起源于亲从子名制的结论，其演变过程可示例如下：

Tama-Obong→Tama-Obong-Jau→Obong-Jau

凌先生解释说，第一个阶段是纯粹的从名制，即亲从子名；因从名制易于重名，又不便于谱系的记忆，故发展到第二阶段，既从子名又连本名，这是从名制向连名制演进的中间形态；最后发展到第三阶段，不从子名而亲子连名，这就是严格意义上的连名制。88

其实像 Tama-Obong 这种形式的亲从子名制，在许多人类学资料中都可以见到。如高山族雅美人，在长子出生之后，父亲改称“Shiaman（父）+长子小名”，母亲改称“Shina（母）+长子小名”，祖父母改称“Shiapun（祖父母）+长孙小名”。[89] 这可以称之为子名后置型亲从子名制。另外，侗台系民族如壮、傣、侗、水族以及部分瑶族支系（主要是盘瑶和白裤瑶）也存在类似的从名制。照凌纯声先生的推论，这些民族的从名制最终都有可能演变为连名制，亦即肯雅族和达雅族的那种亲连子名之子名前连型。

以上论述的最终目的，是为了求证杨希枚先生关于亲子连名制的两类四型说，这个目的可以说已经达到了。遗憾的是，直到今天，国内民族学界对父子连名制的认识还停留在 20 世纪 60 年代以前的水平，即只知道有子连亲名的亲子连名制，而不知道还有亲连子名的亲子连名制。80 年代出版的《中国大百科全书・民族卷》将父子连名制分为三类：一是正推顺连法，即父名在前，子名在后；二是逆推反连法，即子名在前，父名在后，“采用这种方式连名的有佤族、贵州台江的苗族和新疆的维吾尔族、哈萨克族等”；三是冠姓连名法，即在名字之前或名字之后加上姓氏。[90] 这里说的第一种属子连亲名之亲名前连型，第三种与第一种实际上属同一类型，只是多一个姓氏而已；第二种是指子连亲名之亲名后连型，但其中的佤族实为亲连子名之子名前连型，这两种连名形式恰巧相反的连名制在这里被混为一谈了。又如近年出版的纳日碧力戈的博士论文《姓名论》，将连名制分为亲名前连型和亲名后连型两类，并谓后一类包括高山族泰雅人、萨斯特人（赛夏人）、佤族、苗族、欧洲诸族、近东诸族、非洲民族、巴布亚人，等等。[91] 看得出来，作者仍然是把佤族实行的亲连子名制误解为子连亲名制了。

现在要把话题拉回到契丹连名制上来。上文指出，按照契丹语的习惯，契丹人的名字全称是第二名在前，小名在后；而契丹大小字石刻资料所反映出来的契丹人父子连名的通例，是父亲的第二名与其长子的小名为同根词，前者系后者添加属格附加成分的形式。那么，这究竟是一种什么类型、什么形式的父子连名制呢？无非有两种可能性，一种可能性是子连亲名之亲名后连型，即从子名的角度来看，不妨理解为“本名后续属格后缀+父名”的形式；另一种可能性是亲连子名之子名前连型，即从父名的角度来看，可以理解为“长子小名后续属格后缀+本名”的形式。我认为契丹人的连名制应该是后面这种类型，理由如下。

（一）契丹小字墓志中“小名”和“第二名”的说法，表明契丹人的连名制是父连子名

前面说过，契丹小字石刻资料通常将契丹人的一个名字称之为 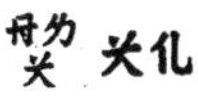 或 ，直译是“孩子名”，意译为“小名”；将另一个名字，即由长子小名后续属格后缀组成的名字称之为 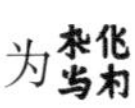，直译是“第二的（名）”。这样的表述非常清楚地暗示了两个名字的区别：“小名”显然

是先有的本名，“第二名”则是后来由父连子名而次生的名。《辽史》将前者称作契丹人的“名”，将后者视为契丹人的“字”，也同样可以看出二者的先后顺序。既然由子名生成的名字被称为“第二名”，说明只能是父连子名。

（二）契丹人惟有长子与父亲连名，说明不可能是子连父名

目前发现的契丹人父子连名的实例，大都有证据表明，与父亲连名的子嗣是长子，只有耶律解里与耶律直鲁姑、耶律铎轸与耶律低烈两例没有明确记载是否长子，但估计也不会例外。因此大致可以得出这样一个结论：契丹人的父子连名制，与父亲连名者仅限于长子。这一现象究竟说明了什么问题？在我所见到的国内外人类学资料中，凡子连父名者，所有的子女均与父亲连名；而父连子名者，则是与长子或长女连名，只有在长子（女）早夭或被其他部族俘虏的情况下，才会与次子或次女连名。据此判断，契丹人的连名制理应是父连子名，而不可能是子连父名。

（三）从契丹人的名字全称来看，应属子名前连型亲连子名制

如上所述，在契丹大小字石刻史料中，契丹人规范的名字全称均为“第二名＋小名”，亦即“长子小名后续属格后缀＋本名”的形式。从这种连名形式来分析，理应属于杨希枚先生提出的“某之父—某”型的亲连子名制。

不过，这一结论仍需加以必要的论证才能令人信服。因为严格说来，契丹人的名字全称实际上仅仅表现为“某（子名）之某（父名）”的外在形式，这种连名形式既有可能属于父连子名，亦有可能属于子连父名。譬如高山族萨斯特人（赛夏人）的父子连名，往往在子名之后、父名之前加入一个表示领属意义的助词 a，以明确两者之间的亲子关系，如达乌斯·阿·厄茂，即指厄茂之子达乌斯。[92] 如果单从其外在形式来看，萨斯特人的连名形式与契丹人的名字全称其实是一模一样的，然而它却是亲名后连型子连亲名制。为什么这一同样的形式会表达出两种截然相反的连名制度呢？关键就在于这两个民族的语言具有不同的语法结构。

这个问题涉及到对连名制与语言之间关系的认识。杨希枚先生在分析连名制的规律性时曾提出一种看法，认为同一语系或相近语系的民族大抵具有相同类型的连名制，如以单音节为特征的汉语及藏缅语各族一般为亲名前连型亲子连名制，而以多音节为特征的印欧语、印尼语及非洲各族则多为亲名后连型亲子连名制。[93] 对于这种说法，纳日碧力戈先生表示了不同意见，他认为连名制的类型与该民族语言是单音节语言或多音节语言没有关系，连名的形式——前连还是后连，最初主要取决于该语言中的名词性定语相对于中心词的位置，“如果撇开次生的社会因素不论，我们可以说，名词领属性定语位于中心词前面的语言对应于亲名前连型的亲子连

名制，名词领属性定语位于中心词后面的语言则相应于亲名后连型的亲子连名制”[94]。这种解释显然比杨说更有说服力。我们知道，南岛语系印度尼西亚语族正是名词领属性定语位于中心词后面的语言，故萨斯特人“某之某”的连名形式所表达的是亲名后连型亲子连名制，其实际内涵为“本名+属格助词+父名”；而阿尔泰诸语言均是名词领属性定语位于中心词前面的语言，故契丹人“某之某”的连名形式所表达的是子名前连型亲子连名制，其实际内涵为“子名+属格后缀+本名”——至于今天突厥语民族通行的亲名后连型亲子连名制，则是伊斯兰化以后受波斯语和阿拉伯语影响的结果，因为波斯语和阿拉伯语都是名词性定语后置的语言。

既然如此，就会生出一个新的疑问。按照上面的结论，在契丹人“某（子名）之某（父名）”的连名形式中，位于前面的子名应是名词领属性定语，位于后面的父名应是中心词，用这样一种从属关系来表达父亲的连名，似乎不大合乎情理。这里的关键症结仍系于契丹人第二名词尾的属格后缀。其实聂鸿音和乌拉熙春已经从不同的角度看出了契丹人的“字”所带有的词尾附加成分，但却不知道名字中的这种后缀究竟起什么作用。聂鸿音说，目前还没有可靠的历史文献证据能揭示它们的实际作用，我们甚至不知道契丹人把它们粘到名词后面是要表示名词的格还是要造出一个新的名词。[95]乌拉熙春也有类似的困惑，她认为词尾辅音 n 在契丹语中具有表示名词属格后缀的功能，但这种人名用词的词末所出现的 n 究竟属于构词后缀还是格后缀，仍需进一步研究；[96]后来她又倾向于认为此类后缀应属一种构词后缀，其功能是使词干形容词化。[97]这种假说无法解释一个疑问，契丹人为何都要取一个形容词化的“字”？现在，当我们对契丹人的连名制有了明确的认识之后，这个问题可望得到一个圆满的解释：在契丹人“第二名+小名”，亦即“长子小名后续属格后缀+本名”的连名形式中，实际上有一个省略成分，——即“第二名”之后省略了“父亲”一词，这就是契丹人的第二名词尾为何总有一个属格附加成分的缘故；[98]这就意味着，子名与父名在这里其实并不是名词性定语与中心词的关系，与子名构成从属关系的应是被省去的“父亲”一词，而后续父亲的本名则只是为了避免重名而已。至此，我们可以将契丹人的连名制形式准确地表达为“某之（父）—某”型，即属子名前连型亲连子名制，与佤族和部分瑶族、纳西族支系以及婆罗洲的肯雅族、达雅族所实行的连名制当属同一类型。按杨希枚先生的构想，这种类型的连名制应是“某之父—某”的模式，契丹人的连名形式与之非常接近。

尚需补充的一点是，以长子小名后续属格后缀构成的第二名，在契丹人名字习俗中的意义可能并不仅限于连名制。倘依凌纯声先生的说法，亲连子名制是由亲从子名制演变而来的，拿契丹人“第二名+小名”的连名形式来说，如果后面不连小名，单称第二名的话，不就是亲从子名的形式吗？只不过因为省去了“父亲”一词，已经很难看出这个第二名里所隐含的从名制的意味了，尤其是在汉文文献里。

契丹人虽然兼有小名和第二名，但一般情况下是很少以第二名和小名连称的。那么，按照契丹族俗，他们平常究竟是以“名”行还是以“字”行呢？先从历史文献说起。按《辽史》的惯例，一般是称契丹人的小名，只有在列传中才会介绍传主的字（第二名），但也偶有例外，如辽太祖耶律阿保机就是以第二名著称于世的。《辽史·太祖纪》曰：“姓耶律氏，讳亿，字阿保机，小字啜里只。”这里说得很清楚，耶律亿是太祖的汉名，啜里只是他的契丹语小名，而阿保机则是契丹语第二名。另据赵志忠《虏廷杂记》说：“太祖讳亿，番名阿保谨。”[99]可见作为第二名的“阿保机”一词，原来是省译了词尾的属格后缀，准确的译名应是“阿保谨”。辽太祖以其第二名称于世、载于史，只能视为一个特例。

至于辽代石刻究竟是称契丹人的小名还是第二名，似乎没有一定之规。以萧罕为例，《萧仅墓志铭》谓“父讳罕”，《韩匡嗣墓志铭》谓其第三个女儿“适大国舅弟萧罕”，都是称其小名；《韩匡嗣妻萧氏墓志铭》称为“萧流宁”，则是称其第二名了。[100]不过总的来看，不管是汉文石刻还是契丹大小字石刻，称第二名的情况较为常见。尤其是在与官名、爵号连称时，基本上都是称其第二名。

但这并不能说明太多的问题，道理很简单，因为见诸文字记载的契丹人名字未必就是他们在日常社会生活中惯用的称呼。不妨以文化人类学的经验加以佐证。我们知道，在实行亲子连名制的民族中，一般的通例是，如果一个人在成年之后还被人称其小名，就会认为是对他的不尊重。这个规律理应同样适用于契丹人。如此说来，契丹人的小名可能主要是幼年用于族内的称呼，而第二名则是成年后广泛用于社会交际的称呼，不难想像，以“某之（父）”的形式而存在的第二名，自然会被视为一种象征身份和地位的尊称。这一推论与《辽史》习称契丹人小名的现象并不矛盾，因为史书或墓志在介绍契丹人时，必须指出本名才能明确其身份，而不至于张冠李戴。

由于过去学界对契丹族的连名制一无所知，所以人们往往对契丹人的“字”的来历发生误解。聂鸿音先生推测说，契丹人幼时取“名”，成年后取“字”，“这大约是直接或间接地受了中原汉文化的影响”。乌拉熙春也认为，契丹人的字“有可能仿自汉人习俗”[101]。现在我们总算明白了，原来契丹人的“字”植根于一种纯正而地道的民族文化。有史料表明，契丹族的连名制是一项具有悠久历史的民族传统。遥辇氏始祖阻午可汗，“契丹名迪辇俎里”。[102]迪辇（契丹小字写作或）是辽代契丹人常用的带有属格后缀的第二名，这说明至迟在大贺氏时代晚期，契丹族已经在行用子名前连型亲连子名制了。从理论上说，自契丹族进入父系氏族社会以后，就有可能产生父子连名制。[103]

至于父子连名制的产生原因，过去有一种解释，认为连名制与姓氏制度之间具有某种替代关系，或者说是一种代用的姓氏制度，而今这种观点已被证明是错误的，人类学家的研究表明，连名制与姓氏制度常常并存于同一社会。杨希枚先生对两者间的关系做过比较深入的探讨，他认为连名制是姓氏制度可能的起源途径之一，以高山族为例，从连名制向姓氏制度的演变大致经历了三个阶段：连名制（原姓氏制度）——可变姓氏制度——固定姓氏制度。其演变过程，最初是亲子世代间呈交替的连名制，继而历代后嗣同依某一祖名为姓氏，最终形成固定的姓氏制度。不过他也承认，即便经由连名制的演变而产生固定姓氏制度之后，两者仍可并存不废，因为它们具有不同的功能，连名制大抵属于一种族内称用的制度，而姓氏制大抵属于一种族外称用的制度。[104]

就契丹族的连名制而言，目前还看不出它与姓氏制度之间有什么关系，而且似乎也没有演变为姓氏制度的趋势。众所周知，在契丹族的历史上，始终只有耶律和萧两个姓氏，但这并不是连名制存在的原因。辽兴宗重熙年间，耶律庶箴“上表乞广本国姓氏曰：‘我朝创业以来，法制修明，惟姓氏止分为二，耶律与萧而已。始太祖制契丹大字，取诸部乡里之名，续作一篇，著于卷末。臣请推广之，使诸部各立姓氏，庶男女婚媾有合典礼。’帝以旧制不可遽釐，不听”[105]。由此可知，即便要推广姓氏，也是“取诸部乡里之名”，而毋需借助于连名制。更何况是亲连子名的连名制度，显然不能替代姓氏的作用。

关于连名制的功能，比较可信的解释是，除了表示族属世系以外，主要是为了明确辨别身份的需要，故显著的同名现象常与连名制伴生于同一社会。[106]这个解释十分切合契丹族的实情，因为在契丹人社会中，同名现象是相当普遍的。仅凭《辽史》和辽代汉文石刻史料，即可明显感觉到契丹人名字用词单调的问题，如果再翻检一下契丹大小字石刻资料，这种印象尤为深刻，因为辽代汉文文献中的契丹人名字存在着大量异译，经过勘同之后，我们发现契丹人常用的名字不过数十个而已。在这种情况下，连名制的存在自有其必要性。

亲连子名是辽代契丹连名制的通例，但值得注意的是，在这种连名制中还存在着某些特例。要讨论这个问题，仍需借助于文化人类学的知识。据英国人类学家罗斯（H. L. Roth）介绍说，婆罗洲达雅族部落实行亲连子名制，按常规理应与长子或长女连名，但有时达雅人尚未成年而急于称某某之父，即可与其从兄弟连名。[107]又如在盛行亲从子名制的马来人社会中，其惯例是有子女者从长子（女）小名，无子女者亦可从其弟名。[108]契丹人也有类似的情况。《辽史》卷七五《耶律觌烈传》曰：“耶律觌烈，字兀里轸。”后附其弟耶律羽之传说：“羽之，小字兀里，字寅底哂。”耶律觌烈的字，《耶律羽之墓志铭》称为“汙里整”[109]，《册府元龟》称为“污整”[110]，都是“兀里轸”一词的异译。从《辽史》的记载可以看出，耶律觌烈的第二名“兀里轸”应是以其弟耶律羽之的小名“兀里”为词根，后续属格附加成分构成的。之所以会出现这种特例，无非有两种可能，或是耶律觌烈无子嗣，[111]或是在他尚未成为父亲之前就取了这个第二名。据《耶律羽之墓志铭》介绍，羽之兄弟六人，长兄曷鲁，次兄汙里整，羽之排行第四；三兄及两个弟弟均早夭。这么说来，在耶律觌烈的四个弟弟当中，惟有耶律羽之一人得以长大成人，故觌烈与羽之连名亦在情理之中。此类兄弟连名的例子可以视为契丹人亲连子名制的一种变例。

根据种种迹象来判断，在辽朝建国以后，契丹人传统的亲连子名制可能在很大程度上已经流于形式。尽管辽朝的契丹男子几乎人人都有一个带有属格后缀的第二名，尽管我们可以举出不少父子连名的实例，但同时也不难找到许多反证——即父亲的第二名与其长子的小名之间并不存在任何关联。这说明，辽代契丹人的名字习俗虽仍保持着传统连名制的基本特征，但亲连子名制的规则可能已不再被人们严格遵循，许多契丹人恐怕只是徒具父子连名的形式而已。这种习俗之所以能够部分地保存下来，除了辨别身份的实际需要之外，恐怕还兼有别的社会功效，因为以“某之（父）”的形式而存在的第二名，在契丹人的观念中想必是一种身份和地位的象征，所以每个成年男子都要有一个第二名，但这个第二名却不见得非要以其长子的小名作为词根，没有子嗣也好，尚未婚娶也罢，都不妨碍他取一个“某之（父）”形式的第二名。《辽史》卷七三《耶律斜涅赤传》有这样一个例子：“耶律斜涅赤，字撒剌。……始字铎盌，早隶太祖幕下，尝有疾，赐樽酒饮而愈，辽言酒樽曰‘撒剌’，故诏易字焉。”按契丹传统的连名制来说，第二名既是从长子小名而称，岂有随便更改的道理？这个故事说明，早在辽代初期，传统的亲连子名制可能已趋于形式化，大概很多契丹人尚未成年就已早早地取了第二名，——当然，这样的第二名既不可能与其长子的小名有任何瓜葛，甚至也毋需与其胞弟或从兄弟连名，只要是一个符合传统连名制形式的第二名就行了。惟其如此，第二名才可以随便改来改去，甚至像耶律斜涅赤那样随意选用一个什么词也能当作第二名。不过我也注意到，即便到辽朝末年，仍然有一些恪守传统的契丹人严格遵循着父子连名制的准则，譬如前面提到的萧挞不也与萧特末。

四、余论：不同文化背景之下的名字问题

自公元9世纪末叶以后，契丹人与汉文化的接触越来越频繁。尤其是燕云十六州的入辽，给两种民族文化创造了直接交流和相互融合的机会。特殊的历史环境和不同的文化背景对富有民族特色的名字习俗所造成的影响是可想而知的：一方面，辽代契丹人的名字不可避免地打上了汉文化的烙印；另一方面也有充分的历史文献证据可以表明，辽朝治下部分汉人的名字具有明显的契丹化倾向。这类问题向为辽史研究者所关注，但只有在对契丹人的名字习俗有了真正的了解之后，才有可能就其反映出来的文化融合现象给予一个正确的解释。

族际间的交流，首先遇到的一个问题便是契丹语名字的汉译，或者说是汉人对契丹人名字的认识和理解问题。在我们今天所能看到的有关辽代历史的汉文文献中，以《辽史》一书对契丹人名字的汉译最为规范。《辽史》纪传通常将契丹人的小名称作“名”（或明确称为“小名”“小字”），将其第二名称作“字”。[112] 借用汉人名和字的概念分别译称契丹人的小名和第二名，应该说是一种比较妥帖的译法。因为契丹人的小名与汉人的名同样都是本名，而契丹人的第二名与汉人的字又同样都是成年后才获得的一种新的指称符号——只不过两者来历不同而已。元

朝官修《辽史》，主要依据的是耶律俨《皇朝实录》和陈大任《辽史》，其中前者是最原始的史料来源。今本《辽史》中契丹人名字的规范译法，很可能是经过耶律俨等辽朝史官处理加工过的史料。

相比之下，辽代石刻中的契丹人译名则显得比较随意，不够严谨。其中常见的一种译法是直译法，即将契丹语名字全称按原来第二名在前、小名在后的词序径直翻译出来，而不管它什么是名、什么是字。如仲父房释鲁的名字全称，契丹小字应作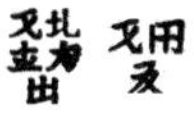，按《辽史》的规范说法是“释鲁，字述澜”，[113] 而《耶律仁先墓志铭》译作“述剌实鲁”，《耶律智先墓志铭》译作“述烈实鲁”，《耶律庆嗣墓志铭》译作“述列实鲁”，都是按契丹语直译的。又如韩匡嗣曾孙涤鲁，其契丹语名字全称见于契丹小字《耶律（韩）迪烈墓志铭》第7行，写作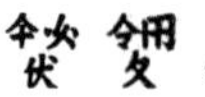，[114]《辽史》本传译称“涤鲁，字遵宁”，而《萧乌卢本娘子墓志铭》则直译为“逊宁迪里姑”。[115] 这种译法固然省事，但对契丹人的小名和第二名毫无区别，很难将当事人的身份介绍清楚，译者对契丹人的名字习俗究竟有多少了解，也很值得怀疑。

除了采取上述直译法之外，更多的情况下还是将契丹人的小名和第二名按汉人的习惯分别译出，但从辽代石刻的译名来看，每当采用这样的译法时，往往就会暴露出译者对契丹人的名字习俗缺乏真正的了解。如《宋魏国妃萧氏墓志铭》介绍墓主的先人说：“曾祖名解里，小名桃隈。……祖名六温，小名高九。……父名时时里，小名迪烈。”根据《辽史》及汉文、契丹字石刻的相关史料可以得知，宋魏国妃的曾祖汉名萧和，契丹语小名桃隈（《辽史》译作陶瑰），第二名解里（亦有石刻作谐里或谐领）；其祖父汉名萧孝诚，契丹语小名高九，第二名六温（石刻或作留引）；其父汉名萧知玄，契丹语小名迪烈，第二名时时里。[116] 该墓志作者将他们的第二名都称作“名”，可能是把契丹人的第二名理解为与小名相对应的“大名”或“学名”了。更有甚者，还有不少辽代石刻甚至将契丹人的第二名称之为“讳”。如《耶律习涅墓志铭》说：“于越王兵马大元帅讳习宁，小字卢不姑，即公之六世祖也；枢密使、西平王讳奥聒只，小字贤圣，即公之高祖也；节度使讳应恩，小字观音，即公之曾祖也；太尉讳直鲁衮，小字解里，即公之祖也。”[117] 耶律习涅的六世祖，《辽史》卷七六有传，称“耶律鲁不古，字信宁”；其高祖传见于《辽史》卷七九，谓“耶律贤适，字阿古真”；其曾祖亦见于《耶律贤适传》，称其小名观音；而且从六世祖卢不姑到祖父解里的小名和第二名，均见于契丹大字《耶律习涅墓志铭》。由这些记载可以知道，此汉文墓志作者所称的“小字”是指契丹人的小名，而契丹人的第二名则被他称为“讳”。这真是对契丹人名字的莫大误解。汉人所说的“讳”乃是指其本名而言，如果将契丹人的小名称为“讳”倒也相去不甚远，但契丹人的第二名是无论如何也不应该称之为“讳”的。凡此种种，说明一般辽代汉人对于契丹文化总还是存在着一层隔膜。

自契丹建国后，尤其是在它占有燕云十六州之后，汉文化在辽朝开始成为一种强势文化，这就不可避免地要为契丹传统的名字习俗注入许多新的元素。且不说契丹人习以为常的汉语名字，即便在契丹语名字中也能看出华夏文明给它带来的潜移默化的影响。譬如契丹人的名字用词就很能说明问题。民族学家的调查研究表明，阿尔泰民族的名字用词具有某些共同特征，在蒙古族、达斡尔族、满族、赫哲族等民族的早期历史上，人名用词多为动植物名或某些常见器物名，后来随着与汉文化之间的接触日渐增多，才开始改用抽象词汇来命名。[118]考察契丹族人名用词的变化，不妨以此作为参照。虽然大贺氏和遥辇氏时代的契丹族几乎没有留下什么人名资料可供研究，但根据当时契丹族的渔猎生活方式及社会发展阶段来推想，其人名用词的特点很可能与上述阿尔泰民族早期的情况比较相似。那么辽代契丹人的名字用词又是怎样一种状况呢？如果对契丹大小字石刻资料及汉文文献所见契丹语名字做一个粗略统计的话，我们就会发现，辽代契丹人名字中使用频率最高的两个词分别是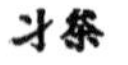（胡都古）[119]和（乙辛）[120]，前者意为“福”，后者意为“寿”。汉文化的影响由此可见一斑，就连契丹人的契丹语名字都充满了汉民族的价值观念。

当然，汉文化给契丹名字习俗带来的最直接的影响，主要还是表现在契丹人普遍采用的汉语名字上。辽朝一代频繁的族际交往和文化接触，使得很大一部分契丹人生活在汉语和契丹语的双重语言环境之下，而双语制往往伴存着双名制。从辽代汉文文献及石刻资料可以看出，契丹人拥有汉名在当时是司空见惯的一种现象。照理说，严格意义上的双名制应同时拥有两套名字，即契丹语的小名、第二名和汉语的名、字。以耶律合住为例，《辽史》卷八六《耶律合住传》曰：“耶律合住，字粘衮。”合住是他的契丹语小名，粘衮是契丹语第二名，他的汉语名字则未见《辽史》记载。据罗继祖先生考证，耶律合住与见于《续资治通鉴长编》等宋代文献的耶律琮系同一人。[121]《耶律琮神道碑》完整地记录了他的汉语名字：“公讳琮，字伯玉，姓耶律氏。”[122]不过像这样汉语名、字俱全的契丹人并不具有普遍性，大多数契丹人似乎只有汉语的名，而少见有汉语的字，这里面当然有史料缺略的原因，然而更多的情况下可能是原本就只有一个汉名。

契丹人汉语名字的用词也很值得考究，这里面隐含着两种文化取向，一是儒家文化，一是佛教文化。辽朝一代，儒、释二教可以说是旗鼓相当，不相上下。从契丹人的汉语名字用词来看，似乎有内释外儒的微妙区别。何以谓“内释外儒”？一方面，辽代契丹人所用的正式汉名，往往具有浓郁的儒家文化色彩，比较典型的例子是，耶律仁先兄弟五人的汉名分别为仁先、义先、礼先、智先、信先，[123]萧德温兄弟五人的汉名分别为德温、德良、德恭、德俭、德让。[124]另一方面，在许多契丹人家庭内部，常常以具有佛教意义的汉语借词作为小名来使用，如圣宗小字文殊奴，其弟隆庆小字普贤奴，另一弟小字药师奴；圣宗仁德皇后小字菩萨哥；道宗宣懿皇后小字观音；萧孝忠有一子小名药师奴、一女小名观音女；[125]耶律元宁三子，小名分别为观音奴、慈氏奴、释迦奴。[126]这种有趣的现象究竟说明了什么问题？对于契丹人来说，佛教是一种虔诚的信仰，儒教则主要是一种现实的需要。就名字而言，取自佛教人物的小名让人觉得亲切，标榜儒家理念的名字则显得比较庄重。不过，契丹人接受佛教信仰，是以汉文化作为媒介的，所以他们即便在使用含有佛教意味的小名时，也依然用的是汉语借词。

辽朝的民族融合绝非单向的“汉化”趋势，因此双语制和双名制也不仅仅是契丹人所面临的问题。事实上，辽朝治下亦有相当数量的汉人表现出明显的契丹化倾向，玉田韩氏就是一个典型的例子。近年在内蒙古巴林左旗白音罕山韩匡嗣家族墓地先后出土十二种墓志，其中包括两盒契丹小字墓志（即《耶律〔韩〕迪烈墓志铭》和《韩高十墓志铭》），而且据当地公安部门透露，该墓地还有更多的契丹小字墓志曾被人盗掘。汉人墓葬以契丹文字刻写墓志，无疑是双语制的最明确证据。由这两方契丹小字墓志提供的信息可以知道，自韩知古以下的玉田韩氏家族，几乎每人都有契丹语名字——既有小名，又有第二名，与契丹人的名字习俗毫无二致。[127] 这是研究辽代民族融合的一个很有价值的标本。

从汉文石刻中也可以看到，在辽朝契丹化的汉人家庭中，孩子们从小就有两种语言的名字。如《耶律元佐墓志铭》说：“生子一，小字度剌，汉儿小字药师奴，时年五岁。”[128] 耶律元佐即《辽史》所称韩谢十，亦属玉田韩氏家族。他的儿子同时拥有两个小名，“度剌”是契丹语小名，所谓“汉儿小字药师奴”即是指汉语小名。另外还有迹象表明，在某些契丹化的汉人家庭中，未成年的孩子甚至可能只有契丹语小名，而他们的汉语名字大概是成年以后才有的。按辽代石刻惯例，汉文墓志一般都记载汉语名字，但有时也有例外，如《韩德昌墓志铭》在提到其先人及兄弟时均称汉名，而在记其子嗣时却称契丹语名字：“有子二人：郭三、解里阿鉢。”[129] 一种可能的解释是，韩德昌死时年仅 29 岁，他的两个儿子当时尚未成年，所以还没有汉语名字。《赵匡禹墓志》进一步证实了我的这一推测，该墓志逐一罗列墓主十个儿子的名字，其中九个已成年者均为汉名，惟独在介绍第八子时说：“次曰辖麦，早卒。”[130] 辖麦是常见的契丹语小名，或译辖麦哥、匣马葛，契丹小字写作 。可以肯定地说，辖麦当是因为年幼早夭的缘故，才没有留下汉语名字。我们注意到，这种情况通常发生在与契丹人通婚的汉人家庭中，他们基本上生活在一个契丹人的社会圈子里，被契丹文化的氛围所笼罩，估计契丹语是这些家庭内部的第一语言，所以每个孩子都必有一个契丹语小名，等到他们长大成人，需要与汉人社会进行交流时，这才需要取一个汉名。当他们死后，如果是写给汉人看的汉文墓志，就记载他们的汉名；如果是写给契丹人看的契丹字墓志，就记载他们的契丹语名字。辽朝契丹化汉人群体的双语制和双名制，大致就是这样一种情况。

除了这种已经完全融入契丹社会的汉人，还有另外一类处于两种文化夹缝中的人群，也不应该被忽视。例如在刻于辽代中后期的《崇善碑》中可以看到下面这样一些题名：王特末、李乌特剌、田查剌、王移剌、杨撒八、戴苏斡、高□鲁斡、张酌末里、曹达鲁古，等等。此碑发现于内蒙古巴林右旗罕山南麓，地处契丹腹地，但碑上的题名绝大多数是汉人，苏赫先生认为可能是某个斡鲁朵所属的宫分户。[131] 这些长期生活在草原地区的汉人，似乎表现出较为明显的契丹化倾向，但却并没有真正融入契丹文化。因为他们的姓名还带着汉文化的标记，只不过拥有一个契丹语形式的名字罢了；从译音来看，这些名字都是契丹语小名，估计他们并没有像契丹人那样再取一个第二名。考虑到这些汉人的社会地位较低，他们很可能一生中就只有这样一个简单的契汉合璧式姓名，它既不是汉名，也不是真正意义上的契丹名。严格说来，这并不能算是一种双名制。

在古代阿尔泰民族中，契丹族的名字制度相对来说是比较复杂的。幸运的是，契丹人给我们留下了如此丰富的石刻资料，才使得这种早已湮灭的民族文化能够重新为世人所知。相信随着契丹文字资料的不断发现以及研究的日渐深入，这个古老民族的历史文化面貌将会越来越清晰地呈现在我们眼前。

原文刊载《文史》2005年第3辑；选自刘浦江：
《松漠之间——辽金契丹女真史研究》，中华书局2008年版

注释：

1. 参见都兴智：《契丹族的姓氏和名称》，《辽宁师范大学学报》1990年第5期；张国庆：《略谈辽代契丹人的命名习俗》，《博物馆研究》1991年第2期；冯继钦：《金元时期契丹人姓名研究》，《黑龙江民族丛刊》1992年第4期。

2. 这里所说的是契丹男子的名字习俗。由于资料的匮乏，目前对契丹女子的名字还很难有深入的了解，故本文的研究对象仅限于契丹男性的名字问题。

3. 爱新觉罗·乌拉熙春：《〈耶律迪烈墓志铭〉与〈故耶律氏铭石〉所载墓主人世系考——兼论契丹人的“名”与“字”》，《东亚文史论丛》创刊号（庆祝金启孮先生八十五华诞纪念特集），2003年，第79—93页；又载《立命馆文学》第580号，2003年，第1—16页；收入同氏《辽金史与契丹、女真文》，京都大学东亚历史文化研究会，2004年，第69—84页。

4. 刘凤翥、唐彩兰、高娃：《辽代萧乌卢本等三人的墓志铭考释》，《文史》2004年第2辑。按耶律迪烈本系玉田韩氏，汉名承窥，是辽代契丹化的汉人，故其契丹语名字完全遵循契丹族俗。

5. 阎万章：《契丹小字〈耶律宗教墓志铭〉考释》，《辽海文物学刊》1993年第2期。该墓志录文见刘凤翥等《契丹小字解读五探》附录二，《汉学研究》13卷2期，1995年，第337页。

6. 如耶律韩八字嘲隐，见［元］脱脱等：《辽史》卷九一，中华书局2017年版，第1499页。

7. 前者见赵志伟、包瑞军《契丹小字〈耶律智先墓志铭〉考释》附录一，《民族语文》2001年第3期，第38页；后者见清格尔泰《契丹小字释读问题》，东京外国语大学亚非语言文化研究所刊行，2002年，第233页。

8. 清格尔泰、刘凤翥等：《契丹小字研究》，中国社会科学出版社1985年版，第563页。

9. 即实：《〈森讷墓志〉释读》，见同氏《谜林问径——契丹小字解读新程》（以下简称《谜林问径》），辽宁民族出版社1996年版，第142页。

10. 以往研究者为原字所构拟的音值均缺乏可信的依据，根据人名（讹里本）的译音来看，这个原字理当读 ə。

11. 卢迎红、周峰：《契丹小字〈耶律迪烈墓志铭〉考释》，《民族语文》2000 年第 1 期。该文代表刘凤翥先生的观点，下文所引刘说亦见于此。

12. 刘凤翥摹本见《契丹小字〈耶律迪烈墓志铭〉考释》一文附录，清格尔泰摹本见《契丹小字释读问题》224 页。

13. 包联群：《〈南赡部洲大辽国故迪烈王墓志文〉的补充考释》，《内蒙古大学学报（人文社会科学版）》2002 年第 3 期。

14.《室鲁太师墓志碑》，此据拓本录文。按该墓墓主为撒懒 · 室鲁，《辽史》卷九五有《耶律适禄传》，谓适禄字撒懒，但所记卒年略有出入，疑非一人。

15. 参见即实：《〈糺邻墓志〉释读》，《谜林问径》，第 203—204 页；刘凤翥：《契丹文字研究类编》，中华书局 2014 年版；爱新觉罗 · 乌拉熙春：《〈耶律仁先墓志铭〉与〈耶律智先墓志铭〉之比较研究》，《立命馆文学》第 581 号，2003 年。

16. 阎万章：《河北兴隆金墓出土契丹文墓志铭考释》，《东北考古与历史》第 1 辑，文物出版社 1982 年版。

17. 王弘力：《契丹小字墓志研究》，《民族语文》1986 年第 4 期。

18. 即实：《〈戈也昆墓志〉释读》，见《谜林问径》，第 104—105 页。

19.《金史》本传原作“术里者”，而《辽史》卷三〇《天祚皇帝纪四》则称为“朮者”，因知《金史》之“术里者”乃“朮里者”之误。此“朮”字恰与一词词首原字的音值相符。

20. 如萧图玉字兀衍，见《辽史》卷九三，第 1516 页。

21. 此名由即实首先解读，见《谜林问径》，第 122 页。

22. 陈乃雄、杨杰：《乌日根塔拉辽墓出土的契丹小字墓志铭考释》，《西北民族研究》1999 年第 2 期。

23. 刘凤翥、清格勒：《契丹小字〈宋魏国妃墓志铭〉和〈耶律弘用墓志铭〉考释》，《文史》2003 年第 4 辑。

24.《耶律仁先墓志》先后有即实、刘凤翥、清格尔泰三个摹本发表，但此处的耶律信先名字均摹录有误，兹据刘凤翥《契丹文字研究类编》予以订正。

25. 耶律信先的契丹语名字不见于《辽史》。按《萧兴言墓志》称其女嫁给“涅鲁姑林牙”之子挞不也，盖之庸先生谓此涅鲁姑即耶律信先（见《内蒙古辽代石刻文研究》，内蒙古大学出版社 2002 年版，第 281 页），其说是也。

26. 即实：《〈糺邻墓志〉释读》，见《谜林问径》，第 210 页。

27. 该墓志录文据刘凤翥摹本，见梁振晶《阜新四家子辽墓发掘简报》附录，《辽宁考古文集》，辽宁民族出版社 2003 年版，第 121—133 页。

28.《辽史》卷二《太祖纪》天赞二年三月有名勃鲁恩者。

29. 爱新觉罗 · 乌拉熙春：《匣马葛考》，《立命馆文学》第 582 号，2004 年，第 57—66 页；收入同氏《辽金史与契丹、女真文》，京都大学东亚历史文化研究会，2004 年，第 39—48 页。由于《辽史》记载的混乱，自钱大昕以来的辽史研究者均将帖剌、蒲古只、匣马葛视为同一人，经乌拉熙春考订，知蒲古只和匣马葛分别是帖剌的长子和次子。

30. 参见前揭卢迎红、周峰：《契丹小字〈耶律迪烈墓志铭〉考释》及清格尔泰《契丹小字释读问题》第224页。乌拉熙春《匣马葛考》沿袭其误。

31. 该墓志拓本和摹本发表于金永田《契丹大字“耶律习涅墓志”考释》(《考古》1991年第4期)，本文所引录文及释文均据刘凤翥《契丹文字研究类编》。

32. 盖之庸：《内蒙古辽代石刻文研究》，第357页。

33. 参见前揭：《契丹小字墓志研究》，第57页，该文发表于1986年。

34. 爱新觉罗·乌拉熙春：《契丹人的命名特征——兼论契丹语派生形容词的后缀》，见《契丹语言文字研究》，京都大学东亚历史文化研究会，2004年，第210—225页。作者认为，[illegible]、[illegible]、[illegible]、[illegible]、[illegible]、[illegible]等原字都是契丹人名的后缀。由于未能正确区分契丹人的小名和第二名，她将作为小名使用的[illegible]（谢十）、[illegible] [illegible]（高十）、[illegible]（瑰引）等都当作第二名来分析了，由此导出错误的结论。按韩谢十的第二名是[illegible]（延宁），见《耶律（韩）迪烈墓志铭》第6行；韩高十的第二名是[illegible]（王宁），见《韩高十墓志铭》第13行；耶律瑰引的第二名是[illegible]（查懒），见《耶律仁先墓志铭》第5行。

35. 聂鸿音：《契丹语的名词附加成分*-n和*-in》，《民族语文》2001年第2期。下引聂说均见此文，不再一一出注。

36. 参见《契丹小字研究》第138页。

37. 刘凤翥、王云龙：《契丹大字〈耶律昌允墓志铭〉之研究》附录一《契丹大字音值构拟表》，《燕京学报》新17期，北京大学出版社2004年版，第86页。

38. 参见汉文《宋魏国妃萧氏墓志铭》及《梁国太妃墓志铭》。

39. 参汉文《耶律习涅墓志》称“乙信”，是省译了词尾音节。

40. 分别见于汉文《宋魏国妃萧氏墓志铭》《耶律元妻晋国夫人萧氏墓志》《秦国太妃墓志》。前两种译名均系省译词尾辅音，“谐领”才是比较规范的汉译。

41. 又契丹大字《耶律昌允墓志》第7行之[illegible]，《辽史·耶律海里传》译作海里；契丹大字《耶律习涅墓志》第7行之[illegible]，汉文墓志译为解里，均可佐证这一结论。

42. 聂鸿音认为《辽史》中孩邻、海邻等名的词尾附加成分是-n粘附在i后，此说不确。从契丹小字[illegible]一词来看，它的词尾附加成分应是-in粘附在r后。

43.《契丹小字研究》读为τΣY，沈汇《契丹小字石刻撰人考》(《考古与文物》1982年第6期）读为t-tA，清格尔泰《契丹小字释读问题》读为sA，这些拟音均属猜测之词。

44.《契丹小字研究》，第144—145页。

45. 清格尔泰：《契丹小字释读问题》，第83—84页。

46. 以上各家之说可参见《契丹小字释读问题》，第96页。

47. 爱新觉罗·乌拉熙春：《契丹小字的语音构拟》，《立命馆文学》第577号，2002年，第42—43页。

48. 向南：《辽代石刻文编》，河北教育出版社1995年版，第623，625页。

49. 爱新觉罗·乌拉熙春：《契丹蒙古札记》“北族人名的特点”条，《立命馆文学》第586号，2004

年，第 13 页。

50. 参见前揭：《契丹人的命名特征——兼论契丹语派生形容词的后缀》，第 211—213，219 页。

51. 关于这对名、字的识别问题，此处不作详细论证，可参看本文第二节的辨析。

52. 刘凤翥：《契丹小字解读四探》，《第三十五届世界阿尔泰学会会议记录》，台北联合报国学文献馆，1993 年。

53. 参见《契丹小字释读问题》，第 38—39 页。

54. 清格尔泰：《蒙古语语法》，内蒙古人民出版社 1991 年版，第 150，152 页。

55. 参见刘凤翥：《略论契丹语的语系归属与特点》，《大陆杂志》第 84 卷第 5 期，1992 年。

56. 拿木四来：《达斡尔语名词的领属附加成分》，《民族语文研究文集》，青海民族出版社 1982 年版，第 453—457 页。

57. 参见《辽史》卷九六《耶律敌烈传》，第 1542 页。

58. 录文及释文均见卢迎红、周峰：《契丹小字〈耶律迪烈墓志铭〉考释》，《民族语文》2000 年第 1 期。

59. 即实：《〈铭石〉琐解》，见《谜林问径》，第 187—189 页。据乌拉熙春考证，《耶律迪烈墓志铭》与《故耶律氏铭石》的墓主系父女关系，故两方墓志都追述了其先人耶律吼父子的系谱，参见氏著：《〈耶律迪烈墓志铭〉与〈故耶律氏铭石〉所载墓主人世系考——兼论契丹人的“名”与“字”》。

60. 参见石金民、于泽民：《契丹小字〈耶律奴墓志铭〉考释》（《民族语文》2001 年第 2 期），此文代表刘凤翥的观点。清格尔泰的摹本也犯了同样的错误，见《契丹小字释读问题》，第 242 页。

61. 参见前揭刘凤翥：《契丹小字解读四探》附录一，第 550 页。

62. 即实：《〈糺邻墓志〉释读》，《谜林问径》，第 206—207 页。

63. 参见前揭赵志伟、包瑞军：《契丹小字〈耶律智先墓志铭〉考释》附录一。

64. 王弘力《契丹小字墓志研究》将该词译作“兀古匿”，按《辽史》虽有此名，但却是当作小名使用的，在用作第二名时后续尾辅音，故应译为“兀古邻”，如《辽史》卷七三谓耶律颇德字兀古邻、卷八〇谓耶律八哥字乌古邻，又卷四八《百官志四》有“于骨邻”者，亦系该名之异译。

65. 参见《内蒙古辽代石刻文研究》第 266 页，录文误作“特末宁”。

66. 邓广铭：《〈辽史·兵卫志〉“御帐亲军”“大首领部族军”两事目考源辨误》，收入《邓广铭学术论著自选集》，首都师范大学出版社 1994 年版；王民信：《〈辽史〉里的麻答是谁？》，载《辽金西夏史研究》，天津古籍出版社 1997 年版。

67. 耶律拔里得曾于会同末年率兵入汴攻灭后晋，故《资治通鉴》《新五代史》诸书多见麻答、解里之名，元人作《契丹国志》，遂抄取《通鉴》之文为麻答立传，《辽史》纪传中所见麻答、解里诸事，疑皆取资于《契丹国志》。是麻答、解里之汉译，最初当出自五代汉人之口，音讹亦在所难免。

68. 该墓志录文及释文均据刘凤翥等《契丹大字〈耶律昌允墓志铭〉之研究》，惟“拔里得”一词刘文未释，姑据上下文比定。

69.《内蒙古辽代石刻文研究》，第 357 页。

70. 此处所引录文及释文均据刘凤翥：《契丹文字研究类编》，中华书局 2014 年版。

71. 按聂鸿音先生的说法，契丹人常用名胡笃、胡睹或胡都古与常用字胡独堇、胡笃堇、胡都堇、胡睹堇之间存在着如下对应关系：后者是在 qudug之后粘附一个名词附加成-in 构成的（见前揭《契丹语的名词附加成分*-n 和*-in》）。实际上就是说的这种情况。

72. 另外，自 20 世纪 20 年代以来，日本学者陆续发表若干有关台湾高山族（日本学者称为“高砂族”）的人类学田野调查报告，其中披露了不少连名制资料，但这些资料被广泛运用于连名制的研究也是 30 年代以后的事情。

73. “中央研究院”历史语言研究所《人类学集刊》第 1 卷第 1 期，1938 年。

74. 杨希枚：《联名与姓氏制度的研究》，《“中央研究院”历史语言研究所集刊》第 28 本下册《庆祝胡适先生六十五岁论文集》，1957 年。

75. 杨希枚：《从名制与亲子联名制的演变关系》，《“中央研究院”历史语言研究所集刊》外编第 4 种《庆祝董作宾先生六十五岁论文集》下册，1961 年，参见第 758—776 页。

76. 前揭杨希枚：《联名与姓氏制度的研究》一文认为，春秋时代所谓的“孙以王父字为氏”，实际上包括子、孙以父、祖名或字为氏的种种情况，这是从连名制向固定姓氏制度演变过程中的一种中间形态，形式上属于子连亲名之亲名前连型。参见第 713—724 页。

77. 作者在同一篇文章中力主婆罗洲达雅族的连名制属“某—某之子”型的子连亲名制，此处为了给其“亲连子名之子名前连型”提供论据，又转而附和凌纯声先生之说，是不免自相矛盾。

78. 和即仁：《拉祜族》，见张联芳主编《中国人的姓名》，中国社会科学出版社 1992 年版，第 349—350 页；王正华、和少英：《拉祜族文化史》，云南民族出版社 1999 年版，第 140 页。

79. 参见魏德明：《佤族文化史》，云南民族出版社 2001 年版，第 155—156 页；李道勇：《佤族》，见《中国人的姓名》，第 334—342 页。

80. 引自田继周等：《西盟县岳宋佤族社会经济调查》，见《佤族社会历史调查》（二），云南人民出版社 1983 年版，第 2 页及第 35 页注④。

81. 引自罗之基等：《西盟佤族姓氏调查报告》，载《佤族社会历史调查》（四），云南人民出版社 1987 年版，第 34—35 页。

82. 胡起望：《瑶族》，见《中国人的姓名》，第 198 页。

83. 和即仁：《纳西族》，见《中国人的姓名》，第 361 页。

84. C. Hose & W. McDougall，*The Pagan Tribes of Borneo*，London，1912，Vol.1，pp. 79-82.

85. Ibid，Vol. 2，pp. 11-12.

86. 凌纯声：《东南亚的父子连名制》，原载《大陆杂志特刊》第 1 辑，1952 年，第 171—220 页；收入作者论文集《中国边疆民族与环太平洋文化》上册，联经出版事业公司（台北）1979 年版，参见第 442 页。

87. 参见前揭杨希枚：《从名制与亲子联名制的演变关系》，第 753—755 页。前面说过，杨氏在论证他提出的“亲连子名之子名前连型”时，又转而附和凌纯声先生之说，但那并非他的本意。

88. 参见《东南亚的父子连名制》，第 458—460 页。

89.〔日〕移川子之藏等：《台湾高砂族系统所属の研究》，台北帝国大学土俗・人种学研究室 1935 年刊行，东京凯风社 1988 年影印再版，第一册《本篇》，第 548 页。此书第二册《资料篇》收入作者采录的两个雅美人的谱系（见 131 页，第 308、309 谱），在总共 60 个名字中，有 10 个为该类型的亲从子名。

90. 詹承绪：《中国大百科全书·民族卷》“父子连名制”条，中国大百科全书出版社 1986 年版，第 124 页。

91. 纳日碧力戈：《姓名论》，社会科学文献出版社 1997 年版，第 74—76 页。

92. 杨希枚：《台湾赛夏族的个人命名制》，台北《“中央研究院”院刊》第 3 辑，1956 年，参见第 325 页。

93. 参见前揭杨希枚：《从名制与亲子联名制的演变关系》，第 759—760 页。

94. 纳日碧力戈：《民族姓名的语言制约因素析要》，《民族语文》1990 年第 4 期；参见前揭《姓名论》，第 177—178 页。

95. 参见前揭聂鸿音：《契丹语的名词附加成分*-n 和*-in》一文。

96. 参见前揭乌拉熙春：《〈耶律迪烈墓志铭〉与〈故耶律氏铭石〉所载墓主人世系考——兼论契丹人的“名”与“字”》一文。

97. 参见前揭乌拉熙春：《契丹人的命名特征——兼论契丹语派生形容词的后缀》，第 222—223 页。

98. 契丹语中常常可以见到将限制性定语后面的中心词加以省略的现象，譬如上文屡屡提到的一词，意为“第二的（名）”，但并没有出现“名”这个中心词。

99. 参见《资治通鉴》卷二六六后梁太祖开平元年五月考异所引。

100.《萧仅墓志铭》，见《辽代石刻文编》，第 191 页；《韩匡嗣墓志铭》和《韩匡嗣妻萧氏墓志铭》，均见刘凤翥、金永田：《辽代韩匡嗣与其家人三墓志铭考释》，香港中文大学《中国文化研究所学报》新第 9 期，2000 年。

101. 见前揭聂鸿音：《契丹语的名词附加成分*-n 和*-in》；乌拉熙春：《〈耶律迪烈墓志铭〉与〈故耶律氏铭石〉所载墓主人世系考——兼论契丹人的“名”与“字”》。

102.《辽史》卷六三《世表》，第 1052 页。

103. 笔者曾试图从古代阿尔泰诸民族中追寻契丹连名制的源流，但由于种种原因没有找到令人满意的答案。鲜卑人和突厥人是否存在连名制，因文献不足征，目前尚无法作出确切判断；回鹘人虽有亲名后连型亲子连名制，但那是伊斯兰化以后的产物，与契丹人的连名制没有逻辑上的联系；至于蒙古、女真和满族，可以肯定其历史上都不存在连名制度。

104. 参见前揭杨希枚：《联名与姓氏制度的研究》，第 698—725 页。

105.《辽史》卷八九《耶律庶箴传》，第 1486 页。

106. 参见前揭杨希枚：《联名与姓氏制度的研究》，第 723—725 页；《从名制与亲子联名制的演变关系》，第 776 页。

107. H. L. Roth，*The Natives of Sarawak and British North Borneo*，London，1896，Vol. 2，p. 274.

108.〔英〕弗雷泽（J. G. Frazer）：《金枝》，徐育新等译，大众文艺出版社 1998 年版，第 369 页。

109. 参见内蒙古文物考古研究所等：《辽耶律羽之墓发掘简报》，《文物》1996 年第 1 期。

110.《册府元龟》卷九八〇外臣部通好门：后唐明宗长兴二年（931）五月，“青州上言：‘有百姓过海北樵采，附得东丹王堂兄京尹污整书，问（李）慕华行止，欲修贡也’”。据《辽史·耶律觌烈传》，谓觌烈天显二年留守南京（按东平郡天显三年十二月才升为南京，此“二年”当为“五年”之误，天显五年即公元 930 年），故这里说的“京尹污整”当是指时任南京留守的耶律觌烈，至于称他为“东丹王堂兄”，则是南人的误传。

111.《辽史》卷七五《耶律觌烈传》虽未言及他有无子嗣的问题，但据《辽史》卷八二《耶律虎古传》说：“耶律虎古，字海邻，六院夷离堇觌烈之孙。”按耶律觌烈曾任迭剌部夷离堇，故耶律虎古或许就是他的孙子。

112.《辽史》一书中“小字”和“字”的含义截然不同，绝不混用。今天的辽史研究者常常将两者混为一谈，是因为对契丹人的名字习俗缺乏基本的了解。

113.《辽史》卷六四《皇子表》，第 1066 页。

114. 参见唐彩兰等：《契丹小字〈韩敌烈墓志铭〉考释》附录，《民族语文》2002 年第 6 期。

115. 参见前揭刘凤翥等：《辽代萧乌卢本等三人的墓志铭考释》附录一。

116. 参见前揭刘凤翥、清格勒：《契丹小字〈宋魏国妃墓志铭〉和〈耶律弘用墓志铭〉考释》；魏奎阁、袁海波：《辽外戚萧和家族世系表新补》，《辽宁工程技术大学学报（社科版）》2003 年第 3 期；爱新觉罗・乌拉熙春：《高九大王世系考》，《东亚文史论丛》（京都）创刊号，2003 年。

117. 盖之庸：《内蒙古辽代石刻文研究》，第 357 页。

118. 参见前揭：《中国人的姓名》，第 90—96，115—126，147—151 页；凌纯声：《松花江下游的赫哲族》，“中央研究院”历史语言研究所单刊甲种之一四，1934 年，上册，第 213 页。

119. 以该词为词根的第二名是（胡都堇）。

120. 以该词为词根的第二名是（乙辛隐）。

121. 罗继祖：《辽史校勘记》，上海人民出版社 1958 年版，第 20 页。

122. 李逸友：《辽耶律琮墓石刻及神道碑铭》，《东北考古与历史》第 1 辑，文物出版社 1982 年版，第 181 页。

123.《耶律仁先墓志》，《辽代石刻文编》，第 354 页。

124.《萧德温墓志》，《辽代石刻文编》，第 372 页。

125.《萧孝忠墓志》，《辽代石刻文编》，第 416 页。

126.《耶律元宁墓志》，《内蒙古辽代石刻文研究》，第 21 页。

127. 参见刘凤翥：《契丹小字〈韩高十墓志〉考释》，《揖芬集——张政烺先生九十华诞纪念文集》，社会科学文献出版社 2002 年版；前揭刘凤翥等：《辽代萧乌卢本等三人的墓志铭考释》。据乌拉熙春统计，以上两方墓志所述韩知古家族八代子孙，有契丹语名字可考者共计 52 人，参见氏著：《契丹小字墓志综考》，收入《契丹语言文字研究》，京都大学东亚历史文化研究会 2004 年版，第 288—292 页。

128. 参见金永田：《韩德威和耶律元佐墓志铭考释》，《文物》1998 年第 7 期。

129. 参见刘凤翥、清格勒：《辽代〈韩德昌墓志铭〉和〈耶律（韩）高十墓志铭〉考释》，《国学研究》第 15 卷，北京大学出版社 2005 年版。

130.《辽代石刻文编》，第 300 页。

131. 苏赫：《崇善碑考述》，《辽金史论集》第 3 辑，书目文献出版社 1987 年版。

早期党项八大部西夏姓氏考

彭向前

党项羌是我国古代西羌中的一支，北周以后开始兴起，由古析支之地不断向外扩展，到唐朝初年，其活动范围包括“东至松州，西接叶护，南杂舂桑、迷桑等羌，北连吐谷浑，处山谷间，亘三千里”[1]。他们按照从氏族分化出来的家族结成部落，大的部落有八个，后人称之为“早期党项八大部”，各以族姓为别。关于“早期党项八大部”的记载，西夏文文献并没有保留下来，汉文史籍倒是有不少。如典制体政书“三通”以及《唐会要》《五代会要》，由唐至宋的历代正史，编年体史书《资治通鉴》，方志体史书《太平寰宇记》等均有记载。这些记载互有歧义，为方便比对，特制作《早期党项八大部一览表》如下。

《通典》	细封氏	费听氏	往利氏	颇超氏	野律氏	房当氏	米禽氏	拓拔氏
《旧唐书》	细封氏	费听氏	往利氏	颇超氏	野辞氏	房当氏	米擒氏	拓拔氏
《唐会要》	细封氏	费聪氏	往利氏	颇超氏	野辞氏	旁当氏	米贪氏	拓拔氏
《五代会要》	细封氏	费听氏	析利氏	缺	野辞氏	旁当氏	米禽氏	拓拔氏
《宋史》	细风氏	费听氏	往利氏	颇超氏	野乱氏	房当氏	来禽氏	拓跋氏

由上表可见，“早期党项八大部”中，“细封氏”又写作“细风氏”，“费听氏”又写作“费聪氏”，“往利氏”又写作“析利氏”，“房当氏”又写作“旁当氏”，“野律氏”又写作“野辞氏”或“野乱氏”，“米禽氏”又写作“米擒氏”或“来禽氏”，“拓拔氏”又写作“拓跋氏”，等等。对此以往学界大多持“存异”态度，不加是非判断。我们注意到，诸书所记内容基本一致，辗转负贩的痕迹很明显，这种情况下，不妨先从史料来源的角度对之作一番考察。经过排比可以发现，号称“政书”之首的《通典》，成书于唐贞元十七年（801），它是“早期党项八大部”一事记载的总源头，迻录如下：

> 其种每姓别自为部落，一姓之中复分为小部落，大者万余骑，小者数千骑，不相统一，有细封氏、费听氏、往利氏、颇超氏、野律氏、房当氏、米禽氏、拓拔氏，

而拓拔最为强族。[2]

其余诸书的记载莫不后于此，亦莫不取材于此。基于此，可将《通典》中的记载看作是第一手资料，其余记载皆为第二手资料，初步认为《通典》中的记载具有原始性、可靠性，凡与之相左者，皆系书籍在传抄过程中出现的讹误所致。事实上，下面的西夏文文献也将会证明我们的这个判断不误。

以上介绍了唐、宋、元史籍中有关“早期党项八大部”的记载，并从史源学的角度，初步判断作为该记载总源头的《通典》一书中的内容是正确的。我们从中了解到，早期党项以姓氏作为部落名称，大的部落有八个，分别是细封氏、费听氏、往利氏、颇超氏、野律氏、房当氏、米禽氏、拓拔氏。那么西夏建国后，这八个姓氏是否还全部存在着，它们所代表的家族各自发展状况如何？想必这些是学界所感兴趣的问题。但迄今未见有人对“早期党项八大部”作一番钩沉考证。笔者不揣浅陋，下面打算结合西夏汉文文献、西夏文文献和文物考古资料，对这方面的问题加以初步探讨。

一、拓拔氏

早期党项八大部中最强的部族，后成为西夏王朝的皇族，被元昊改名为“嵬名氏”。“拓拔氏”，又写作“拓跋氏”“托跋氏”。

李彝兴，夏州人也，本姓拓跋氏。唐贞观初，有拓跋赤辞者归唐，太宗赐姓李，置静边等州以处之。其后析居夏州者号平夏部。[3]

夏之立国旧矣，其臣罗世昌谱叙世次称，元魏衰微，居松州者因以旧姓为托跋氏。按《唐书》党项八部有托跋部，自党项入居银、夏之间者号平夏部。[4]

“拓拔氏”“拓跋氏”“托跋氏”为同音异写，三者之中最早写作“拓拔氏”，见于《通典》，而且这也是最常见的写法。党项羌拓拔部，本以拓拔为姓，唐、宋两朝根据政治斗争的需要先后赐以皇姓李、赵。元昊袭封后，出于图谋霸业，不愿臣属他国的目的，取消了唐皇、宋帝的赐姓，但在废弃赐姓后并没有恢复拓拔旧姓，而是自号“嵬名氏”。《宋史》记载：宋明道元年（1032），“既袭封，明号令，以兵法勒诸部。始衣白窄衫，毡冠红里，冠顶后垂红结绶，自号嵬名吾祖”[5]。《西夏书事》对元昊改姓“嵬名”记载道：“于是属族悉改嵬名，蕃部尊荣之，疏族不与焉。”[6]味其文义，似乎元昊在众多拓拔支系中仅考虑对自己的近族另立名号，其余远支旁系不得用此姓氏。这在宋元史籍中找不到印证，当为吴广成比附他史而作的随意发挥。《晋书》载赫连勃勃建立大夏国后曾有改姓之举。

> 朕之皇祖，自北迁幽朔，姓改姒氏，音殊中国，故从母氏为刘。子而从母之姓，非礼也。古人氏族无常，或以因生为氏，或以王父之名。朕将以义易之。帝王者，系天为子，是为徽赫实与天连，今改姓曰赫连氏，庶协皇天之意，永享无疆大庆。系天之尊，不可令支庶同之，其非正统，皆以铁伐为氏，庶朕宗族子孙刚锐如铁，皆堪伐人。[7]

赫连勃勃称帝后，改姓曰赫连氏，又以“系天之尊，不可令支庶同之”为由，令远支旁系改姓铁伐氏。吴广成的“发挥”当出自《晋书》对赫连勃勃改姓的记载。史料显示，自元昊改姓嵬名后，再不见“拓拔”一姓，西夏文姓氏中也不见“拓拔”二字的写法。《金史·交聘表》中，西夏频繁派往金朝的使臣中，倒是“嵬名”一姓屡见不鲜。由此看来，应该是整个拓跋氏都改名为“嵬名氏”了。

“嵬名”，西夏文写作“[illegible]”，读作 ŋwe-mji。在西夏汉文、西夏文《杂字·番姓名》中均位列第一，显示出帝王姓氏唯吾独尊的地位，与宋代汉族《百家姓》一上来就“赵钱孙李”，理出一辙。““[illegible]”（嵬名）”一姓或许与元昊的小名“嵬埋”有关。纵观姓氏的发展演变，不一而足。其中有一类就是以祖先名字中的字为姓氏，“古人氏族无常，或以因生为氏，或以王父之名”[8]。如汉族中的“皮”姓，周有大夫樊仲皮，其后人以其祖上名字中的“皮”字为姓氏。“高”则出于姜姓。齐文公有子公子高，其后人以“公子高”中的“高”字为姓氏。西夏姓氏中也有这种现象，如“[illegible]”姓，见西夏文《杂字·番姓名》第 199 位，《文海》55 · 272 条解释为“先人名是也”。据《宋史·夏国传》记载：

> 曩霄本名元昊，小字嵬理，国语谓惜为“嵬”，富贵为“理”。[9]

聂鸿音先生考证，这里的“嵬理”实为“嵬埋”之误。[10] 浙江书局影印本《长编》卷一一一载：“元昊小名叶迈，羌语谓‘惜’为‘叶’、‘富贵’为‘迈’。”由清人改译的“迈”字，也可以看出原文当为“埋”。“嵬埋”在语音上可与“嵬名”勘同。以此为线索，根据姓氏来源之一“以祖先名字中的字为姓氏”，我们认为西夏国姓““[illegible]”（嵬名）”当来源于开国皇帝元昊的小名“嵬埋”。

二、颇超氏

案“颇超”又写作“破丑”。破，普过切，过韵滂母。丑，昌九切，有韵昌母。颇，滂禾切，戈韵滂母。超，敕宵切，宵韵彻母。宋代西北方音中，知组字并入章组字。我们可以把“颇超”和“破丑”勘同。

“破丑”的写法在唐代就已经出现了,《旧唐书》记载:

> 时河西党项破丑氏常为边患,又阻新附,师立总兵击之。军未至,破丑氏大惧,遁于山谷,师立追之,至恤于真山而还。[11]
>
> 又有雪山党项,姓破丑氏,居于雪山之下,及白狗、春桑、白兰等诸羌,自龙朔已后,并为吐蕃所破而臣属焉。[12]

“破丑氏”作为早期党项八大部之一,在五代时期与“拓拔氏”世代通婚,关系十分密切。夏州政权中李重建、李仁宝、李光睿、李光琏等三代四人的妻子皆出自破丑氏。[13]

入宋以后,仍可见关于“破丑氏”的零星记载。《宋史》卷四八五《夏国传上》:“(李继迁)遂与弟继冲、破丑重遇贵、张浦、李大信等起夏州,乃诈降,诱杀曹光实于葭芦川,遂袭银州据之,时雍熙二年二月也。”又卷三三五《种世衡传》:“赂蕃部破丑以达野利兄弟,而泾原路王沿、葛怀敏亦遣人持书及金宝以遗遇乞。”

由上述可见,“颇超”又写作“破丑”,由唐入宋一直存在着,但我们在西夏文姓氏中尚未找到相应的本字。

三、往利氏

案“往利氏”就是西夏姓氏“□□(卧利)”。卧利,系西夏汉文《杂字·番姓名》中第 58 个姓氏,西夏文写作“□□”,见《杂字·番姓名》第 240 个姓氏。[14]“□□”读作 ŋjow-rjir。卧,吾货切,过韵疑母。往,于两切,养韵云母。宋代汉语西北方音浊音清化,疑母和云母合为零声母,所以“往利”可与“卧利”勘同。

“□□(卧利)”这个姓氏,又见元代西夏文佛经《大方广佛华严经海印道场十重行愿常遍礼忏仪》卷四二,中有“开演疏钞久远流传卧利华严国师”的记载。[15]

既然我们把“往利氏”勘同于西夏姓氏“□□(卧利)”,那么就可以认定《五代会要》中所谓“析利氏”的记载是错误的,当据《通典》改为“往利氏”。

四、米禽氏

案“米禽”就是西夏姓氏中的“□□(妹轻)”。妹轻,系西夏汉文《杂字·番姓名》中第 41 个姓氏,西夏文写作“□□”,读作 me-khjij,见《杂字·番姓名》第 153 个姓氏。[16]米,莫礼切,荠韵明母。妹,莫佩切,队韵明母。禽,巨金切,侵韵群母;轻,去盈切,清韵溪母。宋代汉语西北方音浊音清化,群母变为溪母,故“米禽”可以与“妹轻”勘同。

既然我们把“米禽”与“[illegible]（妹轻）”勘同，那么我们就可以确定《宋史》中的“来禽氏”为“米禽氏”之误。书籍在传抄的过程中，米、来形近致误，《通典》中的“米禽氏”在《宋史》中便误写成了“来禽氏”。至于《旧唐书》卷一九八《党项羌传》中的“米擒氏”显然是“米禽氏”的异写。

五、野律氏

案“野律”就是西夏姓氏中的“[illegible]（野利）”。我们来看“野律”和“野利”的关系，律，吕恤切，术韵来母。利，力至切，至韵来母。“野律”可以与西夏汉文姓氏中的“野利”勘同。西夏文写作“[illegible]”，读作・ji-rjir，见西夏文《杂字・番姓名》第 139 个姓氏。[17]《宋史》中的“野乱氏”显然来自《新唐书》《旧唐书》中的“野辞氏”，乱、辞二字繁体形近易混。现有汉文西夏姓氏中，以“以母”字打头的有“药乜、耀密、耶布移、也蒲、野货、野力、野利、野马、野蒲、野遇、叶石、夜浪、夜利、伊朗、异浪、易浪、拽厥”，没有一个可以和“野辞氏”对上号的。

以上证据表明，《宋史》中的“野乱”，新旧《唐书》、《资治通鉴》等书中的“野辞”都是错误的，应该以最早的文献《通典》所记“野律”为准。“野利”系“野律”的异写，此外还有“野力、野戾、淹逦、拽利、夜利、易里、野狸”等多种写法。

这里有必要在“易里”这一写法上多费点笔墨。《宋史》卷四八五《夏国传上》：“遂筑坛受册，即皇帝位，时年三十。遣潘七布、昌里马乞点兵集蓬子山，自诣西凉府祠神。”这里的“昌里马乞”当为“易里马乞”之误。请看影印本《长编》卷一二二的记载：

> 甲戌，赵元昊筑坛受册，僭号大夏始文英武兴法建礼仁孝皇帝，改大庆二年曰天授礼法延祚元年，遣攀密布、伊里玛奇点兵集蓬子山，自诣西凉府祠神。仍遣使以僭号来告。

此处“伊里玛奇”为四库馆臣所改译，不能与“昌里马乞”勘同。考虑到“易”与“昌”形近，与“伊”音近，我们认为“昌里马乞”中的“昌”本为“易”，二字形近相混。“易里”当为西夏大姓“野利”的异写。这为我们研究野利家族的历史提供了一条不可多得的史料。

文献记载早期党项有八大姓，我们发现其中五个在西夏姓氏中有对应关系：拓拔氏、颇超氏、往利氏、米禽氏、野律氏。拓拔氏改姓“嵬名”，西夏文写作““[illegible]””。往利氏可与西夏姓氏“[illegible]（卧利）”勘同。米禽氏可与西夏姓氏中的“[illegible]（妹轻）”勘同。野律氏又写作“野利、野力、野戾、淹逦、拽利、夜利、易里”，西夏文写作“[illegible]”。颇超氏即“破丑氏”，但未能发现西夏文本字。剩下三个姓氏“细封氏、费听氏、房当氏”，恕笔者学力有限，未能在西夏姓氏中发现它们的踪影，只好把这些工作留待贤者。当然，在长达数百年的发展中，也不排除个别姓氏在部落纠纷中或民族迁徙融合中逐渐走向消亡。史书记载五代时期党项部族已然发生了很大变化："其大姓有细封氏、费听氏、折氏、野利氏，拓拔氏为最强。"[18]这里比《通典》中的记载已然少了往利、颇超、房当、米擒四个，多了一个折氏。折氏的前身为鲜卑折掘氏，在与党项羌经历了长期的民族融合后，至唐末五代时期逐渐融入党项羌，并开始以党项折氏之名见于史籍。[19]往利、颇超、米擒这三个姓氏，虽然进入西夏王朝后依然还存在着，但在五代他们已家道中衰，不在"大姓"之列了。所以在以后的西夏王朝政治舞台上，也不见这些家族有什么显赫人物出现。

早期党项八大部中，除拓拔氏外，其余可以称道的唯有野律一族。拓跋部与野利部居地相近，互通婚姻。唐五代拓跋家族墓志有嫁女到野利家族的记载，见刘梦符《大汉故沛国夫人里氏墓志铭》。[20]李继迁与元昊先后娶妻野利氏。元昊建国前后对野利家族大加重用，文臣如野利仁荣，奉命制造西夏文字，主管蕃学，并倡导符合党项民族特性的"尚武重法"的立国方针，后世被追封为"广惠王"。武将如野利旺荣、野利遇乞兄弟，皆号大王，手握重兵，以骁勇善战著称于世。三川口、好水川之战，元昊之所以大败宋军，就是因为采取了二人"诱敌深入"的谋略。元昊称帝后，诣西凉府祠神之时，特遣"易里马乞"等亲信点兵集蓬子山，可以说野利氏在西夏建国前后的政治舞台上起着举足轻重的作用。但在权力斗争中，野利旺荣、野利遇乞兄弟为元昊所杀，宪诚皇后野利氏被废，后为讹庞所杀。家族势力连遭重创，以至于"野利"一姓，在西夏汉文《杂字·番姓名》中竟然未予收录。

一个家族的兴衰沉浮，固然由家族自身和外界多种原因造成。早期党项八大部中，到头来唯有拓拔一族发展为皇族，风光无限，余多败散。其变化之剧，令人慨叹！

原文刊载《西夏研究》2014年第2期

注释：

1.［后晋］刘昫等：《旧唐书》卷一九八《西戎传》，中华书局1975年版，第5290页。
2.［唐］杜佑：《通典》卷一九〇，中华书局1992年版，第5169页。
3.［元］脱脱等：《宋史》卷四八五《夏国传》，中华书局1985年版，第13982页。
4.［元］脱脱等：《金史》卷一三四《西夏传》，中华书局2022年版，第3034页。
5.《宋史》卷四八五《夏国传》，第13993页。
6.［清］吴广成撰，胡玉冰校注：《西夏书事校注》卷一一，上海古籍出版社2021年版，第143页。
7.［唐］房玄龄：《晋书》卷一三〇《赫连勃勃载记》，中华书局1974年版，第3206页。
8.《晋书》卷一三〇《赫连勃勃载记》，第3206页。

9.《宋史》卷四八五《夏国传》，第 13992 页。

10. 聂鸿音:《从〈宋史·夏国传〉译音二题看西夏语辅音韵尾问题》,《宁夏社会科学》1995 年第 4 期。

11.《旧唐书》卷五七《刘师立传》，第 2299 页。

12.《旧唐书》卷一九八《西戎传》，第 5292 页。

13. 杜建录、杨满忠:《中国藏西夏文献》卷一八，甘肃人民出版社、敦煌文艺出版社 2009 年版，第 31，50，55，74 页。

14. 佟建荣:《西夏姓氏考论》，宁夏大学博士论文，2011，第 52 页。

15. 白滨:《元代西夏一行慧觉法师辑汉文〈华严忏仪〉补释》,《西夏学》(第 1 辑)，宁夏人民出版社 2006 年版。

16. 佟建荣:《西夏姓氏考论》，第 62 页。

17. 佟建荣:《西夏姓氏考论》，第 26 页。

18.［宋］欧阳修:《新五代史》卷七四《党项传》，中华书局 2016 年版，第 1032 页。

19. 赵海霞:《鲜卑折掘氏与党项折氏》,《西北民族研究》2011 年第 2 期。

20. 杜建录、杨满忠:《中国藏西夏文献》卷一八，甘肃人民出版社、敦煌文艺出版社 2009 年版，第 47—49 页。

金源姓氏考

朱希祖

余于民国二十一年，教授于北平师范大学，得陈生述，笃志著述，坚定弗回。时余为《后金国汗姓氏考》，读《金史·百官志》白号黑号之姓，又读姚燧《牧庵文集》“布色君神道碑”白书黑书之姓，颇于金源氏族有研究之志。因规画凡例，指陈材料，嘱陈生仿钱大昕《元史氏族表》之例，制《金史氏族表》。越年余，余为广州中山大学文史研究所主任，陈生适成此表，先将例言寄示，颇精审不苟。然相别二年，余读《高丽史》，又获得女真部落三十姓，恐陈生尚未之见，因作《金源姓氏考》一篇，并陈生《金氏族表》例言，同登于本所月刊，以期世之同志理董焉。

考金源姓氏者，先须考金代所作姓氏谱，金初，有完颜勗《女直郡望姓氏谱》，金之中业，又有章宗敕有司重撰姓氏谱。《金史》始祖以下诸子传云：

> 勗，字勉道，穆宗第五子。天会六年，诏书求访祖宗遗事，以备国史，命勗与耶律迪越掌之。勗等采摭遗言旧事，自始祖以下十帝，综为三卷，凡部族既曰某部，复曰某水之某，又曰某乡某村，以别识之。皇统元年，所撰祖宗实录成，凡三卷。八年，奏上太祖实录二十卷。正隆二年，薨，年五十九。撰定《女直郡望姓氏谱》，及他文，甚众。

案完颜勗既撰其祖宗实录及太祖实录，凡部族既曰某部，复曰某水之某，又曰某乡某村，以别识之，则其所撰郡望姓氏谱，必精审无疑。元姚燧《牧庵文集》“布色君神道碑”云：

> 金有天下，诸部各以居地为姓，章庙病其书以华言为文，敕有司定著而一之，凡百姓。

据此，则完颜勗所撰《女直郡望姓氏谱》，以华文书之，故章宗以为病，敕有司定著而一之，然则章宗敕著之谱，必以女直文书之矣，惜乎此二书今皆不传也。然此二书之大概，今尚可考得而知者，如《金史·百官志》（景元至正刻本）云：

凡白号之姓：

完颜	温迪罕
夹谷	陁满
仆散	术虎

移剌荅（元刻本《金国语解》但作移剌，故荅字疑衍。然女真姓氏以荅收音者，亦常有之，如兀林荅散荅之类，则此亦未必误。《金国语解》散荅曰骆，而志作散荅牙，牙非衍字，则此荅亦非衍也。）

斡勒	斡准

把（江苏局刻《金史》依乾隆钦定《金史语解》，合斡准及把为一，改译为旺札卜，下注原译为斡准把。余弟子陈述，考得斡准把当分斡准及把为二姓。谓《金史》一百八卷有《把胡鲁传》，又九十八卷《完颜纲传》有把回海，为彰化军节度副使，又有把九斤、把思忠等数人；《金史》附国语解姓氏，斡准曰赵，是斡准把为二姓无疑。今从之）

阿不罕	卓鲁
回特	黑罕
会兰	沈谷
塞蒲里	吾古孙
石敦	卓陀
阿厮准	匹独思
潘术古	谙石剌
石古苦	缀罕
光吉剌	

皆封金源郡（以上二十七姓）

裴满	徒单
温敦	兀林荅
阿典	纥石烈
纳兰	孛术鲁
阿勒根	纳合
石盏	蒲鲜
古里甲	阿迭

聂摸栾	抹撚
纳坦	兀撒惹
阿鲜	把古
温古孙	耨盌
撒合烈	吾塞
和速嘉	能偃
阿里班	兀里坦
聂散	蒲速烈

皆封广平郡（以上三十姓）

吾古论	兀颜
女奚烈	独吉
黄掴	颜盏
蒲古里	必兰
斡雷	独鼎
尼庞窟（窟亦作古）	拓特
盍散	撒苔牙
阿速	撒划
准土谷	纳谋鲁
业速布	安煦烈
爱申	拿可
贵益昆	温撒
梭罕	霍域

皆封陇西郡（以上二十六姓）

凡黑号之姓：

唐括（旧书作同古）	蒲察
术申	蒙古
蒲速	粘割
奥屯	斜卯
准葛	谙蛮
独虎术鲁	磨辇
益辇	帖暖
苏孛辇	

皆封彭城郡（以上十五姓）

《金史·百官志》所载，共九十八姓。而姚燧《牧庵文集》“布色君神道碑”则谓：

章庙敕有司定著凡百姓，
金源郡三十有八，广平郡三十，皆白书。
陇西郡二十有八，彭城郡十有六，皆黑书。
其等而别者甚严，布色氏于金源次第五（案布色即仆散，《金志》亦次第五）。

姚碑所载共一百十二姓，多《百官志》十四姓。而《金志》陇西郡二十六姓，列于白号，姚碑陇西郡二十八姓，列于黑书，其相异如此。窃疑《金志》九十八姓，及白号黑号之分，本于完颜勗之《女直郡望姓氏谱》。姚碑一百十二姓，及白书黑书之分，本于金章宗敕有司重定姓氏谱，盖姓氏后来加详，而陇西白黑易位，盖亦以代远而降亲为疏，降贵为贱，所谓等别甚严，故不同也。

金之姓氏谱所以分白黑者，盖以分别贵贱，犹清之谱牒以黄红二色分亲疏也。

乾隆《大清会典》“宗人府”条云：

凡天潢宗派，以显祖宣皇帝本支为宗室，伯叔兄弟之支为觉罗，宗室束黄带，觉罗束红带，生子女具册送府，宗室载入黄册，觉罗载入红册。

清以黄册红册别亲疏，金以白书黑书别贵贱，其情虽殊，其法一也。或谓女真之分白黑，犹蒙古之分黑鞑白鞑，云南猓猡之分白猓猡黑猓猡，盖以此分别，各亲其亲也。蒙古太祖出于黑鞑，金太祖出于白女真，则白黑迭有贵贱，不为一定成例。女真既以白为贵，则黑自较贱而疏矣。

考金源姓氏者，尚有二事必须注意，一为所改汉姓，一为开国前姓氏，今分别述之如下：

《金史·世宗本纪》，大定十二年五月戊戌，禁女真人毋得译为汉姓。又《章宗本纪》，明昌二年十一月丙午朔，制女真人不得以姓氏译为汉字。据此，则女真人入中国后，其改为汉姓者必多，今据其可知者，如《金史》末附《金国语解》（元至正刻本）。云，国姓为某，汉姓为某，后魏孝文以来已有之矣，存诸篇终，以备考索：

完颜汉姓曰王（案白号，金源郡）
乌古伦曰商（案乌《志》作吾，白号，陇西郡）
乞石烈曰高（案乞《志》作纥，白号，广平郡）
徒单曰杜（案白号，广平郡）

女奚烈曰郎（案白号，陇西郡）

兀颜曰朱（案白号，陇西郡）

蒲察曰李（案黑号，彭城郡）

颜盏曰张（案白号，陇西郡）

温迪罕曰温（案白号，金源郡）

石抹曰萧（案不见于《志》）

奥屯曰曹（案黑号，彭城郡）

孛术鲁曰鲁（案白号，广平郡）

移剌曰刘（案《志》作移剌荅，白号，金源郡）

斡敕曰石（案白号，金源郡）

纳剌曰康（案《志》作纳兰，白号，广平郡）

夹谷曰仝（案仝元至正本作仝，疑误，兹据嘉靖本，白号，金源郡）

裴满曰麻（案白号，广平郡）

尼忙古曰鱼（案《志》作尼庞窟，窟亦作古，白号，陇西郡）

斡准曰赵（案白号，金源郡）

阿典曰雷（案白号，广平郡）

阿里侃曰何（案不见于《志》）

温敦曰空（案白号，广平郡）

吾鲁曰惠（案不见于《志》）

抹颜曰孟（案《志》作抹撚，白号，广平郡）

都烈曰强（案不见于《志》）

散荅曰骆（案《志》作撒荅牙，白号，陇西郡）

阿不哈曰田（案《志》作阿不罕，白号，金源郡）

乌林荅曰蔡（案《志》作兀林荅，白号，广平郡）

仆散曰林（案白号，金源郡）

术虎曰董（案白号，金源郡）

古里甲曰汪（案白号，广平郡）

其后氏族，或因人变易，难以遍举，姑载其可知者云。

上列女真姓三十一，若石抹、若阿里侃、若吾鲁、若都烈，四姓，皆不见于《志》，合《志》九十八姓，已有一百二姓可知，较姚碑所载一百十二姓，仅少十姓矣。至所改汉姓三十一，编《金源氏族表》者，宜别立为一表。

《高丽史·显宗世家》云，壬子三年春二月甲辰，女真酋长麻尸底率三十姓部落子弟来献土马，三十姓曰：

阿干顿

尼忽

尼方固（疑即尼忙古，又作尼庞窟）

门质老

弗遮利

居质阿

黏闲逸（疑即能偃，凡以逸收音者，可有可无，下仿此）

尼质阿

耶逻多

邀揭啰

要悦逸

郁啮

乌临大（疑即兀林荅，又作乌林荅）

蒙骨拽（疑即蒙古，拽，与逸同）

晕底宪（疑原温迪罕）

徒怠（疑即徒单）

耶兀逸

拏乙信

拏乙晏

冬骨逸（疑即唐括，旧作同古）

支阑逸

鱼瑟般

么乙逸（疑即抹撚，又作抹颜）

涂没尼（疑即陁满）

云突梨

押闲伊

恼一伊

排门弃（疑即裴满）

佛徐逸

满尹伊

案高丽显宗三年壬子，为宋真宗大中祥符五年，契丹圣宗开泰元年，时金尚未建国也。其三十姓中，有十姓与《志》音相合，已各注于其姓下，尚有二十姓，可补《金志》、姚碑之缺，约可得一百二十二姓。

昔周春作金姓谱，仅录《金史·百官志》及《金史语解》，不过一百二姓；《续通志·氏族略》，金源一代，得一百零八姓；姚碑虽云一百十二姓，然仅载其数，不载其姓，今兹所得，已达一百二十二姓，愿世之研精此学者，更加详考焉。

二十三年二月十日

原文刊载国立中山大学 1934 年《文史学研究所月刊》第 2 卷第 3—4 期

婚姻家庭篇

婚姻、家族、家庭等有关血缘群体的议题，作为认识社会基本组成单位的窗口，是社会史研究的重要领域之一，历来受到学者的关注。其中，家庭是社会学的概念，家庭史研究属于婚姻与家族制度研究的衍生品。20世纪初开始，学界就很重视中国家族史研究，并且已经涉及家庭问题（常建华:《二十世纪的中国宗族史研究》,《历史研究》1999年第5期)。20世纪20到80年代，家庭史研究淹没于婚姻妇女与家族制度研究中。家庭史既属于社会学、人类学范畴，又跨进历史学、法学范围，所以呈现出百家争鸣式的探讨，但多数是概念内涵、家国关系、户等阶级的分析，其他家庭史研究具体细节被忽视。本篇所选的三篇论文，分别探讨了始祖以来女真族家庭形态在不同时期经济因素影响下的动态变化、西夏的婚姻制度及其特点、金代的收继婚习俗。

韩世明《辽金时期女真家庭形态研究》属于作者女真家庭形态系列研究的较早成果，十多年后又将明代女真家庭形态进行了全面考察。随着20世纪80年代家族史研究的复兴，辽夏金家庭、婚姻研究也随之发展，但数量较少且研究成果强调其民族特点。

该文对女真族家庭形态的发展进行探讨，包括女真先世的家庭形态、始祖时期的家庭形态以及父权型家庭公社，并强调家庭形态是一个动态变化的过程，不同时期经济特征相异便是这一动态变化的根据所在。作者围绕两个核心线索展开，一是女真家庭形态的动态性。它不是一成不变的，也不是一蹴而就的，而是在长时段的历史发展过程中不断调整，动态演变的；二是家庭形态动态变化的动因在于经济。生产力进步，所有制结构改变，势必会影响人与人的关系，改变家庭形态。作者侧重于讨论在不同的历史时期，一个民族内部家庭形态的变迁和动态发展，对家庭形态进行分类和定义，为后来学者研究这一问题打下了良好的基础。

作者意在梳理家庭作为社会基层组织单位的存在而并非将生活细节作为主要内容，强调家庭形态是一个动态变化的过程，而不同时期经济特征的相异是这一动态变化的根据所在。具体而言，女真在建国前经历了民主型—整体经济为特征的父系家庭公社的发展阶段，与此相伴的家庭形态则表现为，家即为家庭公社而并不能称其为核心家庭；晚期父权型家庭公社时期多元经济的发展和私有制确立，导致家庭公社最终瓦解。家庭公社解体后的家庭形态表现为，联立家庭的普遍性，以及直系家庭的非主导性。作者对家庭形态发展过程的划分、对不同家庭形态时期家庭规模的划定，对以后学者的进一步研究具有开创性的意义，而对于同时代汉族家庭的研究则具有很好的对比和借鉴作用。

韩小忙《从〈天盛改旧新定律令〉看西夏的婚姻制度》，利用当时新公布的西夏文文献《天盛改旧新定律令》，同时也结合了其他西夏文和汉文文献，系统探讨了西夏婚姻制度的大体脉络。在此基础上，作者又将其与唐、宋之《户婚律》及有关律令制度进行比较，意在说明西夏婚姻制度的特点。

《天盛律令》第八卷第七门为《为婚门》，共列30条律文，是西夏关于婚姻问题的详细规定。作者对此进行条分缕析，清晰地展现出西夏婚姻制度的基本状况，涉及结婚的年龄、婚姻成立的条件、婚姻的离异、违律婚姻、改嫁等方面。随后，作者以《天盛律令》《唐律疏议》《宋刑统》为基本材料，对西夏与唐、宋婚姻制度之异同作了比较，得出了“西夏继承了唐宋婚姻制度中关于封建伦理道德的核心，同时也糅进了党项社会固有的观念和习俗”的结论，并进一步分析了西夏婚姻制度形成的原因。该文全文逻辑关系清晰，作者并未就新材料论新材料，而是在充分使用新材料的同时，结合各类材料，将问题放在时代背景和社会演变的大视野下进行考察和说明。

唐长孺早年治辽金元史，20世纪三四十年代曾撰写过多篇相关论文，《金代收继婚》即为其中之一。该文在当时并没有发表，仅保留在他的讲稿中。直至40多年后才从讲稿中辑录出来，收入他的论文集《山居存稿》（中华书局1989年版）一书中。

收继婚又称“转房”，是在原始社会母系氏族制后期出现，并在诸多民族中广泛流行的一种婚姻习俗。女真作为北方民族，普遍存在收继婚俗。这种婚姻习俗在史料中也不乏记载。唐长孺列举了文献记载中的收继婚实例，并对其进行了初步考证。该文篇幅简短、文风简洁但逻辑紧凑，紧密围绕收继婚这一少数民族传统婚配习俗进行。其间利用《金史》纪、传、表等之间的本校以及与《松漠纪闻》《建炎以来系年要录》的他校等多种方法，考证这一现象在金代女真族中普遍流行、汉族中业已存在的事实，使读者对于历史编纂学于史实呈现所带来的遗憾和无奈有所感触之外，对于少数民族习俗在与汉民族交融过程中的变迁过程也有了实质的了解。文章并无过多阐释性文字，但整个过程行云流水，反而达到以简化繁、言简意赅的效果。该文对女真婚姻习俗的研究，具有开创意义。

（刘晓飞导读）

辽金时期女真家庭形态研究

韩世明

女真族在历史上经历了不同的家庭形态，对女真家庭形态的研究，直接关系到对其社会发展不同阶段的总估计。本文将在前人研究的基础上，对女真家庭的发展变化、类型划分、组织结构及特点等问题进行初步探讨。

一、始祖时期的家庭形态

始祖时期的家庭形态，包括女真先世的家庭形态和始祖时期的家庭形态。

（一）女真先世的家庭形态

女真先世自汉、魏以来，已进入父系社会，但还保留有母系氏族社会的婚姻家庭遗俗。《通典》卷一八六《边防二》“挹娄”条记载：“将嫁娶，男以毛羽插女头，女和则持归，然后致礼聘之，妇贞而女淫。”《魏书》卷一〇〇《勿吉传》记载：“初婚之夕，男就女家，执女乳而罢，便以为定，仍为夫妇。”据民族学家研究，“女和则持归，然后致礼以聘之”，具有母系氏族社会群婚的性质。“妇贞而女淫”，则具有母系氏族制向父系氏族制过渡性质。[1]母系制向父系制过渡，一方面反映在生身父亲对子女的确认上，要求妇女在婚后保持贞操，但由于母系氏族制的长期存在，还不能完全摆脱母系社会群婚的影响，没有完全禁止女子婚前的性自由。另一方面反映在夫妻居住地的问题上，男子把妻子娶到自己氏族中来。但这一转变经历了漫长的历程，到勿吉时还保留“初婚之夕，男到女家”的“上门”习俗。女真先世的这些遗俗，说明它曾经历母系家庭公社的发展阶段。

（二）始祖时期的家庭形态

《金史》记载的女真家庭是从始祖函普开始的。在《金史》卷一《世纪》有关始祖的记载中，出现了部、族、家三个不同层次的概念。[2]部，指部落。族，指氏族。完颜部的血族复仇是在二个不同氏族间进行的，但作为经济赔偿单位，是家而不是族，家是一个经济实体，而族是一个社会单位。在始祖拟定的赔偿条约中，不仅人口作为血族复仇对象，其他如马、牛、黄金等也都作为资产赔偿给受损伤人口的家庭。在当时自然经济条件下，牛、马、人是构成社会生产的主要要素，都是由“家”来支付赔偿的。由此可以推测，当时社会最小的生产、财产占有和消费单位是家，它是一个经济实体。从现代民族学的研究和社会发展的一般规律来看，家是家庭公社而不能是核心家庭。此时的家庭公社虽然有很大的独立性，但与氏族组织之间，还有许多社会、经济上的联系而不能完全独立出来，它反映了早期父系家庭公社的一般特点。

（三）始祖时家庭公社的发展阶段

始祖时女真社会正处于迁徙、分化时期，但仍保留许多民主、平等、财产共有的整体经济特点。

1. 从女真先世的遗俗看，它经历了母系氏族社会时期，并经历了由母系氏族制向父系氏族制过渡的长期演变过程。在始祖的婚姻中仍行聘礼婚制，[3]说明妇女在社会上还占有一定的社会地位。

2. 由于早期父系家庭公社的生产力水平还很低下，因而进行同态复仇。始祖订立条约，平息了纠纷，但仍“诛首乱者一人”，而没有把所征人口降为非自由人。这既说明社会生产力水平还不高，也反映了这时家庭公社的血缘纽带还十分牢固。

3. 从始祖订立的条约看，是以家为单位来赔偿损失。在征收的赔偿物中，包括了家庭主要的生产与消费资料，反映了生产资料公有和共同消费的特点。

4. 始祖为完颜部解决了同态复仇事件，又议定了杀伤纳偿公约，从而取得部众的信服，赢得了声望和地位，才被选为首领的。由此推测，家族长也是靠能力推举产生的。

始祖所处的时期，距女真本族有文字记载的时代已经十分久远了，除《金史·世纪》等史书所反映的“家”的形态以外，少见有关这方面的资料记载，但从建国初军事民主会议情况看，参加会议的成员还保留着浓厚的民主平等的风气；[4]在经济上，保留着“财则同用，乐则同享”平等分配的遗俗。说明在建国前经历了民主型—整体经济为特征的父系家庭公社的发展阶段。

二、早期父权型家庭公社

在献祖绥可以前，女真社会处于不断迁徙和动荡之中，到献祖时，才“徙居海古水，耕垦树艺，始筑室，有栋宇之制，……自此遂定居于安出虎水之侧矣”[5]。由迁徙不常到栋宇之制，完成了由渔猎—游牧经济向以锄耕—畜牧为主的经济转化。

（一）社会经济发展和家庭公社经济结构

女真族从黑龙江中下游地区迁居到松花江流域以后，不仅生态环境有很大改善，更主要的是接触到高丽、辽朝的先进文化。在外界影响下，先进的生产技术不断向女真生活的地区传播和渗透，打破了氏族社会闭塞的发展状态。《三朝北盟会编》卷一八引《神麓记》：献祖“自幼习射采生，长而善骑射猎，教人烧炭炼铁”。《大金国志》卷三九引《初兴风土》记载女真“喜耕种”。定居的锄耕农业和烧炭炼铁同时发生，先进的生产技术促进了社会进步，在许多地区，农业已成为主要部门。

畜牧业在女真社会中长期占有重要地位，伴随农业的发展，由逐水草而居的游牧射猎转向定居的畜牧业。从《金史》《高丽史》《辽史》的记载中，均可以看出建国前女真畜牧业的发展状况。

生产的发展，乃至不同社会集团之间的交换发展，必然使女真社会的家庭经济结构发生重大变化。早期家庭公社时期的生产资料公有、平均分配的整体经济，逐步让位于生产资料、生活资料和分配方面的公有、伙有、私有并存。

父系氏族制的确立带有天然的私有特征。私有制的确立过程，是由动产的私有发展到不动产的私有，而不动产的私有是由宅基地、园地逐步发展起来的。《金史》卷六五《始祖以下诸子传》记载太祖母弟斡带，有自己的家室、场圃、禾稼等。伙有经济在女真建国前也是存在的，这种经济成分一直保存到建国后。

多元经济成分共存是家庭公社经济两重性的反映，但此时私有经济成分并不占主导地位，还处于父权制家庭公社的早期阶段。

（二）家庭公社结构及动态考察

人类社会是个有机体，社会生产力的发展，促进社会结构不断变化。在穆宗以前，女真社会进入了父权制发展阶段，家庭公社经济也由整体经济逐步向多元经济过渡，这不能不对家庭公社结构产生影响。

《金史》卷一《世纪》：“生女直之俗，生子年长即异居。景祖九子，元配唐括氏生劾者，次世祖，次劾孙，次肃宗，次穆宗。及当异居，景祖曰：‘劾者柔和，可治家务。劾里钵有器量智识，何事不成。劾孙亦柔善人耳。'乃命劾者与世祖同居，劾孙与肃宗同居。”这段记载是景祖时关于景祖家族的同居和异居的概述，对于了解女真人的家庭结构与变化有重要意义。

1. 女真人的家庭公社包含三代及三代以上人口组成。“生子年长即异居”，标志着结成核心家庭以后才开始异居。景祖九子及其核心家庭组成的家庭公社人口是比较多的。

2. 女真人家庭公社的分化不是随心所欲的，即显示了世代分化的特点，在年轻一代成年以后和老一辈人分化；又显示集体组合特征，新一代众多兄弟之间组成较小规模的兄弟公社。这种家庭公社显示出世代分化又集体组合的原则。

3. 女真人家庭公社分化比较早，而且有自己的特点。老一辈人还在时，析居就不断产生，而且形成社会习俗。但这种析居还不是独立的家庭共同体，有如鄂温克人的“斜仁柱”，儿子成年结婚，另搭一个“斜仁柱”居住，即在一个家庭公社之中包含几个乃至十几个核心家庭。这种核心家庭只是分出来居住，还不存在自己的独立经济。随着自身经济独立性的增强，成为瓦解家庭公社的一个决定性因素。

4. 家庭公社是一个动态的有机体，随着人口的增长，一个小规模的家庭公社又重新发展成为一个规模可观的家庭公社。在女真各部之中，“属于函普家族一支的，有的成为权贵家族，有的成为按出虎水完颜部的各部长，有的从按出水完颜部分出，徙于他地为部长，他们多组成自己的大家族。这正是‘生子年长即异居’的小家庭继而发展为大家族的过程”[6]。完颜部如此，其他女真各部也都经历了这样的增殖、分化过程。

5. 女真人家庭公社之中不同层次的分化是与多元经济特点相适应的。受当时社会生产力发展水平的制约，小型的兄弟公社和核心家庭还不足以应对生活的艰难，“兄弟虽析，犹相聚种”[7]，正反映了兄弟公社和核心家庭在家庭公社中的位置。多元经济特点，决定家庭公社的结构特点。

总之，从家庭公社的组成情况来看，它分化得比较早，兄弟公社的组成也比较小，核心家庭独立因素不断增多，反映出由早期家庭公社向晚期家庭公社过渡的特征。

（三）家长的权力和地位

家长的职能首先是维护家庭公社经济的集体所有制，领导家庭公社的生产和生活。早期的家长是由家庭公社中最有能力的人来担当，而不是世袭的。从按出虎水完颜部部长的继承制看，到穆宗时，才开始兄终弟及的继承制度。在景祖诸子异居时，是靠本人能力来分主内、外之事，可见当时能力还是主要的。《金史》卷七〇《撒改传》记载撒改，“敦厚多智”和“长于用人”，说明他能领导家庭公社成员进行生产，有统筹安排家庭公社经济与生活的能力；“家居纯俭，好稼穑”，也表明他参加生产劳动，并没有成为脱离生产领域的贵族。此时的家长对经济生活只有领导权，而不是家庭公社经济的完全支配和占有者。

这时女家长还有很高的地位。景祖后能“辑睦宗族”，“政事狱讼皆与决焉”，参加家庭公社重大事情的决策。世祖时，凡兄弟用兵，皆禀于后而后行，并劝惩其胜负，是军事行动的决策人。同时也参与家庭公社的经济生活，“农月，亲课耕耘刈获，远则乘马，近则策杖，勤于事者勉之，晏出早休者训励之”[8]。领导、组织家庭公社的生产，有一定的支配权。女真家长一般是一夫多妻，诸妻之中有正室、侧室之分。从他们的后代分嫡、庶，庶子不可世袭公职来推测，诸妻的地位有差异。但他们的后代可以继承父系世系并能承袭家庭的财产，说明侧室的地位并没有降到十分卑贱的地步。

在父系社会，对女家长的权力多认为是母权制的残余。其实，这一方面是由妇女在社会生活中的经济地位所决定的，妇女在社会经济生活中仍占有一定的地位，不但能“亲课耕耘刈获”，还“领导、组织和指挥农业生产”[9]。另一方面，女家长的作用也是作为父权的补充而出现的，父家长通过女家长的作用将家庭公社的生产和生活以及全体成员都更有效地组织起来。景祖妻“略阔女工”“辑睦宗族”和参加领导生产充分体现了这一点。

作为父权的另一个特征是在家庭公社中存在非自由人。在女真社会内部，穆宗以前有了非自由人的萌芽。如世祖时，破窝谋罕城，“尽俘获之，以功差次分赐诸军”[10]。在当时社会条件下，这些俘获之人很多是以收养关系加入其他氏族的。《金史》卷六八《欢都传》：“辞不失破乌春窝谋罕城，获三滨、撒达，并获其母，以为次室，抚其二子。”他们加入其他氏族以后，和家庭正式成员相差无几，与主人的对立也不突出。这是由当时物质基础薄弱决定的；同时，在人们意识观念中，原始平等的习惯势力也起一定作用。但这些降附和战争俘获之人毕竟不是本氏族成员，这就必然使氏族或家庭公社内部成员之间的关系发生重大变化。

家庭公社内部多元经济的发展，家长权力相对提高，使氏族社会内部逐步产生了首领和民众相脱离的倾向，有的首领凌驾于部人之上。《金史》卷六七《乌春传》：“乌春以跋黑居肘腋为变，信之，由是颇贰于世祖，而虐用其部人。部人诉于世祖，世祖使人让之曰：‘吾父信任汝，以汝为部长。今人告汝有实状，杀无罪人，听讼不平，自今不得复尔为也。’”这些虐用部人的氏族或家族首领，使女真社会性质发生很大的变化。原来民主、平等的家庭公社内部成员关系，逐步向统治与被统治、支配和被支配的关系转化。究其原因，是在家庭公社内部存在多种不同的经济因素。但由于私有经济成分的软弱，核心家庭还没有独立出家庭公社的经济实力。所以，女真社会虽然产生了贫富和阶级分化，但并不能造成家长的特权和独立的经济意义。而且，在他们身上显示出来的特权行为都会受到社会上的反对。长期以来民主平等的社会氛围，极大限制了这种特权思想、不平等行为的存在。

女真族的社会发展表明，在穆宗以前的社会中，存在两种生产关系：一种是享有平等地位的生产者之间的互助、合作、民主的关系；一种为阶级社会不平等、压迫和父权代替民主的关系。在这个时期内，父权、不平等、压迫的观念和行动在社会上开始出现，并显示出旺盛的生命力，但受经济关系乃至习惯势力的限制，这种因素只是作为一种新的、更高级生产关系的萌芽，在社会上并没有取得主导地位。因而，此时并没有进入晚期父权制家庭公社的发展阶段。

三、晚期父权型家庭公社

女真社会到穆宗时，又有很大变化。按出虎水完颜部实际统一了女真诸部，取得对女真各部的指挥、调动和统领权。在女真社会内部，不仅因战争掠夺他部的非自由人增多，而且还出现了债务奴隶，使家庭公社之间的相互关系发生变化，从此进入一个新的发展时期。

（一）多元经济的发展和私有制确立

穆宗以来，女真各部统一，继而亡辽灭宋，占有中国的半壁河山，由东北一隅进而主宰中原。在辽、宋高度发展的经济文化影响下，逐渐向中原经济文化和生活方式过渡。

在未迁居中原以前，女真人所占据的地区，地广人稀，土地是以实际耕作能力来占有的。建国后，国家成了土地的最高所有者，根据国家规定将土地分配到各个家庭。分配方式继承了建国前以实际耕作能力来分配土地的办法。究其耕作形式，大体有以下三种类型：

1. 家庭公社之间共耕。迁居中原以后，家庭公社范围缩小，而生产力水平没有太大提高。所以，在家庭公社之间进行协作生产。史载："其金人，北军一家，莳地不下数顷，即无税赋。春则借农以种，夏则借人以耘，秋则借人以收。"[11]很显然，这是家庭公社之间，在农忙时节的助耕协作。这种临时性的助耕，主要实行在早期迁居中原的猛安谋克户中。《金史》卷四六《食货志一》大定二十六年，世宗谓宰臣曰："猛安谋克人中，兄弟亲属若各随所分土，与汉人错居，每四五十户结为保聚，农作时令相助济。"其中，"每四五十户结为保聚，农作时令相助济"，就是若干家庭公社之间的协作组织。

2. 家庭公社内共有共耕。女真人土地分配以家庭公社为单位进行，由于私有经济的发展，核心家庭经济独立性增强，对家庭公社内共有土地，进行统一经营，共同耕种，"兄弟虽析，犹相聚种"。这是金世宗以前主要耕作方式。

3. 私有共耕。女真族家庭公社中的私有经济在建国前已经存在。金初随掠夺经济的发展，私有因素不断增长。天会年间以来，女真人不断移居华北各地，因授予的土地面积狭小，兄弟亲族不能聚集而居，各自分散。《金史》卷四四《兵志》："（大定）二十二年，以山东屯田户邻之于边鄙，命聚之一处，俾协力蚕种。右丞相乌古论元忠曰：'彼方之人，以所得之地为家，虽兄弟不同处，故贫者众。'参政粘割斡特剌曰：'旧时兄弟虽析，犹相聚种。今则不然，宜令约束之。'"这种"虽兄弟不同处"和过去的"兄弟虽析，犹相聚种"显然不同，这"俾协力蚕种"是以土地私有为基础的。

女真族共耕关系的普遍存在，表明个体经济还相当软弱，从不同的共耕组合中可以看出各种经济成分是不同的。第一类共耕有着地缘村社性质的全村互助合作，这种合作有氏族村社的痕迹，属于比较早的共耕协作形式。第二类共耕继承了早期家庭公社集体经济特点，但私有成分增大。至于第三类共耕，私有经济成分占主导地位，不但共耕范围缩小，和共耕的原始协作精神也不同，家庭公社发展到此时，已经走到它的尽头。另一方面，受中原封建制影响，作为统治阶级的女真族，脱离生产劳动，坐收地租，向封建租佃制转化，成为封建地主，导致家庭公社最终瓦解。

（二）家庭公社的结构变化

在建国前的女真社会中，家庭公社在经济上获得相当大的独立性，但在社会生活中，和氏族组织还有许多联系。太祖收国二年（1116），确立猛安谋克领户制度，取代过去和氏族组织之间的联系。特别是占领辽、宋地区以后，女真人不断向中原迁徙，这种迁徙破坏了原来的血缘联系。

早期迁往辽地多是以集体移住的方式进行的，[12] 这些迁徙虽然没有打破家庭公社（或世系群）聚居特点，但却打破了氏族聚居制度，以往那种氏族与家庭公社之间的血缘联系被地域特点的猛安谋克制取代。早期迁往辽地还保留许多血缘联系，一方面因为经济发展条件制约，另一方面，辽地地广人稀，仍以集团移住的办法保存本族制度，这与后来迁往宋地是不同的。

金灭宋以后，在天会及贞元年间有三次大规模的迁徙浪潮，迁徙范围十分广泛，使得中原本来已很紧张的土地关系又进一步加剧。同时也使女真家庭公社范围缩小，使比较亲近的亲族关系解体。《金史》卷四四《兵志》载：“遂更定以诏天下，复命新授者并令就封，其谋克人内有六品以下职及诸局承应人，皆为之迁。三从以上族人愿从行者，猛安不得过十户，谋克不得过六户。”选最亲近者和三从亲为限，不仅排除了宗亲关系，也割裂了家庭公社中一般远亲，这种家庭公社更多的是由父亲和自己的直系晚辈组成。在金世宗后期，猛安谋克户多“以所得之地为家，虽兄弟不同处”，家庭公社组织解体，核心家庭成为独立的社会最基本单位。

（三）父权制的确立

世祖以来，女真社会不断发生争夺领导权的斗争，导致氏族制度不断瓦解和阶级因素不断增长，以穆宗时统一女真诸部为标志，完成了向父权制转化。在这个转变过程中，战争起了至关重要的作用，具体表现在私有制的扩大和提供了战俘及债务奴隶的来源。战争使胜利部落集团的少数军事首领成为有权势的富裕阶层，使战败被俘者成为奴隶。随着贫富差距的日益扩大，债务奴隶也有明显增加。如康宗七年（1109），岁不登，“民间多逋负，卖妻子不能偿”。建国后在对辽、宋战争中，又掠夺大量生口，使奴隶急剧膨胀起来，奴隶构成女真社会的主要生产者，大多数女真人进而也演变成奴隶主，从此进入了晚期父权制家庭公社发展阶段。

随着父权制的确立，妇女的地位也不断下降。从女家长来说，虽然相对保留了尊者的地位，但和世祖时的女家长在经济和社会生活中均起重要作用是不同的，基本退出了社会政治生活。一般妇女的地位更为低下，《呻吟语》引《燕人尘》记载：“故事，宋女非奉赐不得为次妇，所生子为奴。”昭祖时掠女子为妾，地位虽不如正室，但未见受明显奴役。而这时所掠的妇女，所生子不仅不能世袭公职，甚至不能继承世系和承袭财产，母子都处于被奴役地位。

（四）家庭公社解体后的家庭形态

女真家庭公社解体后的家庭形态可分以下几种类型：

1. 核心家庭。由于多元经济结构特点，核心家庭出现比较早，但还不是一个独立单位。大约在金世宗时，出现了真正意义的父子兄弟既不同居亦不共耕的核心家庭。由于汉族和女真族各有不同的历史条件，金朝作出的规定也有所不同。“女真人其祖父母、父母在日，支析及令子孙别籍者听。”又“汉人不得令子孙别籍，其支析财产者听”[13]。汉人不得别籍，是承传统的唐律而定，而女真人，则因其生活方式不同，对分居异财的习俗给予保持。到金朝后期，猛安谋克制解体，等同于郡县，家庭也开始大量流动，许多家庭“枝分派别”[14]，他们已经等同于封建社会的编户齐民。

2. 联立家庭。女真最早出现的联立家庭是昭祖时掠夺浊束水女子为妾，这时诸妻之间虽有妻妾之分，还不具有明显的父权压迫现象。如景祖疑跋黑为变，令其为族长而不使其典兵，只是不能承袭官职。到晚期父权制家庭公社时，则带有明显的父权及阶级压迫色彩。《松漠纪闻》：“金国新制，大抵依仿中朝法律，至皇统三年颁行新法，有创立者，率皆自便。如殴妻至死，非用器刃者，不加刑。以其侧室多，恐正室妒忌。汉儿莫不唾骂，以为古无此法，曾臧获不若也。”人身毫无保障，既是父权的极度表现，也是奴隶制家庭公社的一般特征。这种联立家庭由妻、妾和掠夺为婚三种身份的人组成。这种家庭在金代很有普遍性，范成大的《揽辔录》记载：“臣下亦娶数妻，多少视品官，以先后聘为序。”到海陵时，“命庶官许求次室二人，百姓亦许置妾”[15]。金代后期，掠夺婚大量减少，但侧室和非正式婚配的掠夺婚地位也相差无几，与封建社会中妾的地位基本相同。

3. 直系家庭。女真族实行嫡长子继承制。[16]但从按出虎水完颜部承袭制来看，穆宗以前是世选制，穆宗时才开始兄终弟及制。金初，兄弟互让袭封之事不绝于书，皇位嫡长子继承制是在熙宗时才确立，因而女真族嫡长子继承法出现也不会早于这个时期。由于女真族父子兄弟析居习俗，直系家庭在女真社会不占主导地位。

4. 累世同居共财的伸展家庭。汉族自汉、唐以来世家大族都实行累世同居父系家族制，实行聚族而居的大宅院或同姓聚落。[17]女真人的伸展家庭大约与此同类，但同居范围有别于汉人传统家庭。《大金国志》卷三五《杂色仪制》：“三代同居孝义之家，委属申覆朝廷，旌表门闾。”

汉、唐之时行大宗之制，以五世为标准，宋代虽行小宗之制，旌门为四代，而金定为三代，既不同于汉、唐，同居范围也小于宋代。

四、结语

家庭是一个动态的有机体，伴随着社会的发展而不断改变其自身的存在方式。女真家庭自产生以来，经历了对偶家庭、父系家庭公社、核心家庭等不同发展阶段。就父系家庭公社来说，可以看出经历了民主型家庭公社、早期父权型家庭公社、晚期父权型家庭公社三种不同的发展阶段。一般地谈女真存在着大家族或父权大家族，都不能正确地把握其社会发展脉络，也难对其社会性质有深入理解。

在分析女真人家庭发展过程中，要正确区分金政权和女真族社会性质的不同，女真族阶级地位和家庭内部成员之间相互关系的不同。金政权建立之初，是奴隶制性质的国家。熙宗时开始向封建制转化，而女真族的奴隶制在世宗时才开始解体。在女真族的家庭公社内部，还始终保持着氏族制的残迹，它沿着自己的发展脉络逐步完成其解体过程。外界的条件和影响只是对家庭公社的解体起催化作用，女真族的家庭公社是伴随奴隶制的解体而解体的。

女真人家庭虽然沿着自己社会发展进程而发展，但由于其社会地位和环境不同，不能不对其社会发展有一定影响。特别是在对辽、宋战争中，掠夺了大量财物，奴隶制经济得到比较迅速的发展。它刺激了女真私有制的发展，使女真人生产力水平还不高时，在私有财富方面为女真人家庭公社解体铺平了道路。再加上周围高度发展的封建生产关系的影响，到金世宗时，女真人的家庭公社不断解体，又不断地贫困化。以后，金历代统治者虽不断地掠夺汉人土地给女真人以解决贫困化问题，但仍无济于事。有金一代，女真人贫困化问题之所以未得到解决，就在于在女真人自身生产力水平还不高的情况下，外界条件促使其和生产力水平还相适应的家庭公社过早解体，同时也失去了赖以立国的统治基础。金统治者虽然想尽了种种办法，却终究没能解决这个社会问题，以致国势日蹙，终于灭亡。

原文刊载《史学集刊》1993 年第 2 期

注释：

1. 陈虎进：《从原始婚姻家庭遗俗看母权制向父权过渡》，《民族研究》1980 年第 1 期。
2. 参见拙文：《金完颜始祖史事探赜》，《吉林大学社会科学学报》1993 年第 3 期。
3. 同上。
4. 王可宾：《女真国俗》，吉林大学出版社 1988 年版，第 127 页。

5. [元] 脱脱等:《金史》卷一《世纪》, 中华书局 2022 年版, 第 3 页。

6. 张博泉等:《金史论稿》, 吉林文史出版社 1986 年版, 第 160 页。

7.《金史》卷四四《兵志》, 第 1066 页。

8.《金史》卷六三《后妃传》, 第 1595 页。

9. 张博泉等:《金史论稿》, 第 164 页。

10.《金史》卷一《世纪》, 第 10 页。

11. [宋] 徐梦莘:《三朝北盟会编》卷二三〇引《崔陟孙崔淮夫上两府札子》, 上海古籍出版社 1987 年版, 第 1654—1655 页。

12.〔日〕三上次男著, 金启孮译:《金代女真研究》, 黑龙江人民出版社 1984 年版, 第 157 页。

13. 叶潜昭:《金律之研究》, 台湾商务印书馆 1973 年版, 第 83 页。

14. [元] 李庭:《寓庵集》卷六《故宣授陕西等路达鲁花赤夹谷公墓志铭》, 元人文集珍本丛刊, 第 1 册, 第 38 页。

15.《金史》卷五《海陵纪》, 第 108 页。

16. [宋] 宇文懋昭撰, 崔文印校证:《大金国志校证》卷三五《除授》, 中华书局 1986 年版, 第 508 页。

17. 卫惠林:《社会人类学》, 台湾商务印书馆 1983 年版, 第 43 页。

从《天盛改旧新定律令》看西夏的婚姻制度

韩小忙

由于史料的缺乏，西夏婚姻制度的研究目前还很薄弱。过去，虽然一些论著曾经谈及，但是，终因材料有限，大多只能勾勒出西夏婚俗的某些轮廓，而关于西夏对婚姻方面的有关规定和方针大法，即西夏的婚姻制度，学人多语焉不详。新近公布的西夏文文献《天盛改旧新定律令》中，不但在其他各卷条文中出现与婚姻有关的内容，更是在其中的第八卷中明目立有《为婚门》，共列30条律文，专门就婚姻问题作了详细的规定，可以说它就是一部甚为详尽的西夏《婚姻法》。通过这一全新材料，我们完全可以理出西夏婚姻制度的大体脉络，再与唐、宋之《户婚律》及有关律令制度相比较，则更可知西夏婚姻制度之特点。有鉴于此，本文以《天盛律令》中的材料为基础，再结合其他西夏文和汉文文献，就西夏的婚姻制度约略作如下叙述和讨论。不妥之处，敬请方家斧正。

一、西夏婚姻制度的基本内容

因西夏《天盛律令》第八卷第七门《为婚门》的材料比较集中、系统，而学界却了解不多，故在此将之条分缕析，同时亦便于下文讨论。

（一）结婚的年龄

1. 法定的结婚年龄

女子十三以上始得为婚，自订婚之日起三年内当完婚。此间双方因婚价问题悔婚，因其他特殊原因如值丧、疾病而不能如期完婚等情况，律令做了详细的规定（《律令》8·7·2，即《天盛改旧新定律令》第八卷第七门第二款的简略形式，下同）：

（1）诸人已订婚后，男方父母能给婚价而不给，曰“我不愿娶媳”，则当罚前所说定之婚价给予女方，婚姻当改过，女方父母可另嫁女于他人。男方实在无力给婚价，则女婿当往女家出三年劳力，期满后可将女子嫁予他。若女方父母曰“我反悔”，男方父母亦曰“愿放媳”，则前所用婚价当退还。双方情愿，当许退婚，男方父母不愿，则不许退婚。

（2）若已食用婚价，逾期不予媳时，女方父母徒一年。男方父母三年期间未迎媳，罪责自负，当罚婚价。若女年少有订婚者，未长成时勿使提前完婚，至年十三，迎送法如前所述相同。

（3）若三年期间女方父母中所主持者、索媳者、户长及亲戚等，因官方遣往他国或于不同司院中任职，值父母丧期或染疾病等，诸司分析，不许以此废婚。废婚者需何年月日时，以官示日期中变除，重为期限满三年，逾期限之外当改过。

2. 对非婚龄结婚者的规定和处罚

（1）诸人子女年少为婚者，当□□马□应给予，则食价不当予。待迎娶之日近时，一年期间食价了毕，迎媳（《律令》8·7·3）。

（2）诸人已为婚，女自十三以上始，三年期间主人曰"已予价"，女方父母彼此推诿，欲不予媳，未问取价事，逾期一年，勿算超期。当依女价数取，媳及嫁妆依法陪送（《律令》8·7·4）。

（二）婚姻成立的条件

1. 父母之命

诸人为婚嫁女顺序：亲父母可嫁，祖父母、伯叔、姨、兄弟、嫂等其他节亲不许嫁。若无亲父母，则祖父母及共居之庶母、女之同母兄弟、嫂娣及伯叔姨等共议，使往所愿处为婚。若不共议而嫁时，六个月期间可上告，当接状寻问。祖父母、伯叔、姨等嫁女者不治罪，兄弟、嫂娣嫁，则有官罚马一，庶人十三杖。因未共议，婚姻当改过（《律令》8·7·8）。

2. 媒妁之言

媒人说媒不告知父母，半年之内父母可上告，不但婚姻作废，而且媒人要判3—6个月徒刑，逾期则不许告，违律告状、接状者有官罚马一，庶人十三杖。问讯中父母皆同意及无父母等，则当许为婚姻（《律令》8·7·9）。

3. 婚约

（1）诸人为婚及索妇等时，先已为凭据者以外，自此律令印行之日起，其后当不许为凭据，已有为者亦不算（《律令》8·7·15）。

（2）诸人为婚时已予应允，酒食已饮者，嫁资未转传则不算为婚。嫁资多少已取，则取多少一律算实在为婚。其中为婚非乐意，则不许彼此强令食为婚酒食，予大小聘资。若违律时，一百日期间告状当问。不愿为婚语是实，则非法强制者有官罚马一，庶人十三杖，所取嫁资如数归还，婚姻改过。逾期不许取状寻问（《律令》8·7·11）。

（3）官私人男女相谋□□诸处逃避□□妻处等所生子女皆随母往，当予妇人属者，不许随父往。若不予时，有官罚马一，庶人十三杖，人当予（《律令》8·7·13）。

（4）官家之女子、閤门帐下女子、织绣绢、结线□□沙州女子等等未有丈夫，本二人愿□□生子女者，女当从母随意而嫁，男则随男相共而出。是官人根则辅主中注册，是使军则不许为使军。所愿处当为官人辅主中，不注册时，有官罚马一，庶人十三杖（《律令》8 · 7 · 16）。

4. 婚价

（1）以官品大小，婚价分不同次第（《律令》8 · 7 · 18）：

①殿上坐节亲主、宰相等自相或与其下人为婚者，婚价一律在 300 种以内，其中骆驼、马、衣服外，金豹、虎皮不得超过 150 种；

②节亲主以下臣僚等自相或与诸民庶为婚者，嫁女索妇时，婚价一律在 200 种以内，其中骆驼、马、衣服外，金豹、虎皮不得超过 100 种；

③自盈能等头领以下至民庶为婚，嫁女索妇等，婚价一律当在 100 种以内，其中骆驼、马、衣服外，金豹、虎皮不得超过 20 种。

（2）诸人有女，已送主家，而后留有婚价尾数，一年期间皆当取。不予时可上告催促，不予者，有官罚马一，庶人十三杖。逾期不许取状寻问（《律令》8 · 7 · 25）。

（3）诸人为婚迎媳，女言“我未得嫁妆”，一年期间可告。女有父母，则前婚价所取当如数予之，女父母无力，则当以前所取价二分之一为婚价，另一份为嫁妆而予之。其中无则不须予嫁妆，不情愿者，不许强令按价给屋舍、田地、使军、奴仆等。其中已取 20 缗以下实价而嫁女者，当为女价，不许因嫁妆诉讼。违律时，原先所办不予及因 20 缗以下予价之嫁妆诉讼告状等，有官罚马一，庶人十三杖（《律令》8 · 7 · 17）。

5. 嫁妆

（1）为嫁妆次第：一钱当予实价二钱以内，不许滥超其数。一年期间予者，告则不治罪，所予超数当退还。倘若违律，追告不还及逾期告状寻问者等，一律有官罚马一，庶人十三杖（《律令》8 · 7 · 19）。

（2）为婚价予 300 种之嫁妆中盖帐三具，200 种二具，100 种一具，无力可不盖，但不许增盖（《律令》8 · 7 · 20）。

（3）为婚嫁妆盖帐者，三具、二具 70—60 木以内，不许超出木数（《律令》8 · 7 · 21）。

（4）所送服饰等，一律予 300 种送 70 服，200 种 50 服，100 种 10 服，无力可不服，不许超服（《律令》8 · 7 · 22）。

（5）前述为婚中，取腹股婚服、索妇食、帐末食、客人来往食、烤房食等，勿计入嫁妆（《律令》8 · 7 · 23）。

（6）诸人为婚中予价及回婚姻时帐木盖、服饰等前述已明外，不许比之超出服、盖。若违律时，所超嫁妆，追告退还，承罪与所定相同（《律令》8 · 7 · 24）。

（三）婚姻的离异

1. 七出

妇人的七种恶行中，淫一种，则父母及丈夫等议与不议一律允许出，不许反告。此外：一、不生子女；二、不侍公婆；三、有主多言；四、盗窃；五、妒忌；六、恶疾。有此六种错，丈夫可与父母商议后出之，妻子可往乐意去处。若丈夫不与父母商议而出妻，当予凭据，若曰“当出”，剪头，遣往所愿处。丈夫不知而父母出之，六个月期间他人未知反告诉讼，则不须往乐处，父母出之则不治罪。丈夫出之而未问父母之意，则有官罚马一，庶人十三杖。其中言出未取凭据而剪其头，则不许随意往出。因无理剪头，徒一年。无父母，告期已过，然后不许妻之丈夫反告诉讼，违律有官罚马一，庶人十三杖。妻虽有七错，然一者能行孝礼于公婆；二者娶时贫苦低微后富贵威上；三者迎娶时送者迎人根断而无住处等，以上三种所不出及无罪妇人等，妻之丈夫有出妇之心，女之父母亦曰“我赎出”则当出，妇可回。妇父母不欲赎，妻之丈夫曰“出妻、媳”等，则当罚聘价，退还嫁妆，随其所愿而往。父母不知不愿，则反告诉讼程序、期限与前述相同（《律令》8 · 7 · 7）。

2. 和离

有妻、媳情愿出之，则女之父母可赎。若女之父母可赎而未能赎，他人曰可赎，则妇人及其父母情愿赎当许，不情愿赎则不许。若违律，有官罚马一，庶人十三杖（《律令》8 · 7 · 29）。

（四）违律婚姻

1. 同姓不婚

（1）同姓结婚者，徒2年；媒人及传语者徒一年；婚姻当改过（《律令》8 · 6 · 2）。

（2）西名自五子以上嵬名姓已变，取后姓，允许为婚。西名五子以下依节变姓者，取用前姓，则不许为婚。违律以同姓为婚判断（《律令》8 · 7 · 1）。

2. 良贱婚配

（1）使军未问所属头监，不取契据，不许送女、姐妹、姑等与诸人为婚，若违律为婚时徒4年。妇人所生子女当一律还属者。前已予钱价，为婚之使军能自予则当自给，不能则当罚主人（《律令》12 · 1 · 3）。

（2）使军已问所属头监，若乐意给予契据，则允许将女、媳、姑、姐妹等妇女卖与他人及与诸人为婚（《律令》12 · 1 · 4）。

（3）有官人自己乐意，当允许将姑、姐妹、女等嫁与使军为婚（《律令》12 · 1 · 5）。

3. 抢亲

（1）若父母不同意，不许抢亲纳礼，违律而父兄告时，抢亲者有官罚马一，庶人十三杖。女子情愿则笞三十，不情愿不治罪，归还父母，依愿嫁之。若已侵凌妇人则徒六年；藏匿于其地者徒一年。父、兄弟不告，不许他人举报。若违律，告状、取状者一律有官罚马一，庶人十三杖（《律令》8・7・12）。

（2）诸人已予为婚承诺，已饮酒食而未取婚价者，虽不算变婚，然而为婚者曰“女父母已饮酒食而负诺词”，因此以妄言不合随意抢女者，无论情愿与否而抢之，依抢匿人妻之各种罪状判断。婚姻属实，价多少已取而留尾数时，妻之丈夫、有主等不议而强抢之，则徒一年。其中他人未取贿，因情而有意令抢女者，依抢女之从犯论。若已为婚而取半价，告曰“未曾取婚价，不合抢之”，当依变婚法判断（《律令》8・7・27）。

（3）诸人妻之丈夫曰“我出”，已予承诺，已饮酒食，而价未取，凭据未转，则不算已出妻。若他人取诺词、饮酒食而谎言随意夺妻者，无论情愿与否而强抢之，与抢匿人妻罪相同。若出妻已予赎价之半，或已赐出妻凭据，赎价日限已定而未取时抢妻者，有官罚马一，庶人十三杖。他人有意令抢者，以抢妻者之从犯论。若出妻者或已取赎价，或已为凭据时曰“未为凭据，未取赎价”，只关争辩时以同样罪判断（《律令》8・7・28）。

4. 一女二嫁

（1）有贪婚价，一女二嫁时，未嫁往先前主家处，婿亦未来，而另嫁送后主家且婿来，徒三年；未送，婿亦未来，则徒一年。嫁往先前主家处且婿已住女家，然后另嫁者，送与未送，婿来与未来，比于前述各罪再加一等。其女家之父母、伯叔、姨娘、兄弟、嫂娣等议嫁者中，户主、主持者一人承罪，其余罪勿治；若未共议而嫁人，则不论主持不主持一律嫁者承罪。后娶者、媒人知觉是他人妻，则娶者比嫁女者罪减一等，媒人依次减二等。不知，不治罪。妻当予先前主家，后主家所予价数当退还。于后主家所生子女当留之。若先前主家不需妻子，则取先前所予婚价，妻当归后娶者（《律令》8・7・26）。

（2）婚姻是实，变而不婚曰“我已为婚”等，当比一女二嫁罪加一等，徒四年（《律令》8・7・14）。

（五）改嫁

1. 诸妇人已至夫主家住下，丈夫亡故者，……寡妇行三年孝礼期满，有公婆则不许随意出。若公婆情愿放，有欲赎出者，则有无子女一律当赎出。无公婆，则情愿住即住，愿往乐处则往，夫主之畜物勿取。若公婆、孤父等，寡妇欲住不令住及欲往乐处不放，或妇人自取畜物等，一律有官罚马一，庶人十三杖（《律令》8・7・5）。

2. 诸妇人住父母家下，婿已往并生有子女，而丈夫亡故时，有公婆时不许随意往，当送公婆。未生子女则行三年孝礼，期满，然后女父母可随意嫁与他人为婚（《律令》8 · 7 · 6）。

3. 诸人为敌国俘获者之妻子，有子女则十年，无子女则五年，未迎娶而住父母处则三年以待丈夫。逾期不来归，则有公婆者许与不许随意出，依各自实行。无公婆而欲往乐处，则当告而往乐处（《律令》8 · 7 · 10）。

4. 已订婚而婿未往，若一方亡故，女方家要退还婚价，女可另嫁（《律令》8 · 7 · 30）。

二、西夏与唐、宋婚姻制度的比较

通过对以上西夏婚姻制度基本内容的了解，我们明显可以感受到，西夏与唐、宋婚姻制度之间许多方面是相同的，这是西夏取法唐、宋的结果；同时，它们之间还有许多不同的地方，这是由西夏政权的民族特点所决定的。下面我们以《天盛律令》《唐律疏议》《宋刑统》中的有关规定为基本材料，对西夏与唐、宋婚姻制度之间的异同作一较为详细的比较。

（一）结婚的年龄

结婚年龄是指法律中规定的结婚的最低年龄，男女双方均达到法定婚龄是结婚的重要条件之一，否则，未达到法定婚龄即表明此婚姻无效或者应该撤销。中国历史上长期流行早婚习俗，这是以传宗接代为最主要目的的封建婚姻的突出特征，西夏自不例外。西夏的法定婚龄，女子为 13 岁。奇怪的是查遍《天盛律令》，未见对男子婚龄的规定。而在西夏人仿照《孝经》编纂而成的以教化为目的的西夏文类书《圣立义海》中有这样的语句，“父教子礼：男十五择偶，令习文业，逾十五迎娶妻眷，令习战斗；女年十五媳仪准备，逾十五出嫁婚配”，“母养子礼：男十五养身，避水火灾，勿伤残身体，逾十五，为求精神；女十五，母教家务，令学妇礼，逾十五，为说人家，备办衣鞋室舍，操办不停”[1]。从《圣立义海》看，西夏一般以 15 岁作为少年男女的婚龄，与《律令》中的明文规定稍有出入。唐贞观令规定男 20 岁，女 15 岁；后来开元令又重新规定男 15 岁，女 13 岁。宋嘉定令规定男 16 岁，女 14 岁。看来西夏的婚龄可能效法唐开元令而来，男子的婚龄也可能为 15 岁。[2] 虽然《天盛律令》规定女子的最低婚龄为 13 岁，但实际生活习惯上，女子也以 15 岁为出嫁的年龄。所以从《天盛律令》强调“女子十三以上始得为婚”，以及对非婚龄结婚者的处理条款看，西夏虽然对之处罚较轻，或者更多的是规劝，但是相对唐、宋只规定婚龄，而并未禁止低于婚龄结婚的情况相比，西夏相对还是比较严格的。

对悔婚法律责任的规定，西夏明显与唐宋不同。《唐律疏议》注云：“男家自悔者不坐。”因此悔婚的法律责任就只限于女方。西夏律令规定悔婚的法律责任不仅仅只是限于女方，而是男、女双方基本平等。当然，在那样的社会背景下，规定中某些方面对男方有利是很自然的事，而对女方的倾斜就不同了，这正是西夏政权的民族特征之所在，有关情况，下面我们会详细讨论。另外，西夏还规定了完婚的期限为三年，“自订婚之日起三年内当完婚”，“男方父母三年期间未迎媳，罪责自负，当罚婚价”。对完婚期限的规定和限制，唐、宋律令则不见。

（二）婚姻成立的条件

中国古代的礼和法，限制了封建社会的婚姻制度，只有朝着包办买卖婚姻的方向发展。《唐律疏议·户婚》即规定以父母和其他法定的尊长为子女、卑幼的主婚人。所以在这种婚姻缔结过程中，父母之命被认为是至高无上的婚姻裁决权，媒妁之言则是男女双方结识交往的桥梁，婚礼、嫁妆等经济利益兑现之后，男女青年才能正式结为夫妻。从《天盛律令》中《为婚门》的条文完全可以看出，西夏几乎全盘继承了中国古代社会从很早就形成的包办买卖婚姻制度。汉族社会由来已久的“六礼”：纳采、问名、纳吉、纳征、请期、亲迎，即所谓婚姻成立的六道程序，虽然在《天盛律令》有关条文中没有被按部就班地采用，但是，其中出现的“纳礼”“食价”“婚价”“嫁妆”“迎媳”等缔结婚姻的环节，似大致与之相当。另一本夏汉对照字典《番汉合时掌中珠》中对男女婚姻亦有记述，“男女长大，遣将媒人，诸处为婚，索与妻眷”，“室女长大，嫁与他人”，“见女了毕，方得心定”，等等。[3]而《圣立义海》中除男女订婚后，亲家双方应依礼择“吉日迎送”与上述情况相似外，却更强调男女在婚姻上的“前缘神定”和“平等相求”，即是说男女婚姻要靠“前世因缘的和合”所带来的缘分，而不是媒婆的串说和父母的命令。有了缘分，然后才可在平等的基础上恋爱或求婚。这时，虽然仍需“女问男年龄，男遣媒求女”（《圣立义海》卷 15 · 25A），但却与原本意义上的“父母之命，媒妁之言”有着本质的不同，即近乎于自由恋爱。作为理性的《天盛律令》是人们生活的准则，而作为说教的《圣立义海》也许表达了人们对美好生活的渴望。所以说《天盛律令》与《圣立义海》二者的不同之处，或许正反映了现实与向往之间的二律背反。[4]

这里特别将婚价与嫁妆提出来讨论。从《天盛律令》中可以看出，西夏对婚价和嫁妆的次第、多少，规定得非常详细，等级划分明显。官品不同、等级有别者“不许滥超其数”，“不许比之超出服、盖”。唐、宋虽然亦强调聘财是婚姻缔结的重要环节，但规定却明显不同。《唐律疏议·户婚》云：“婚礼先以聘财为信，故礼云，娉则为妻。虽无许婚之言，但受娉财亦是。”注云：“娉财无多少之限，酒食者非。以财物为酒食者，亦同娉财。”刘知几《史通》载：“山东士人嫁娶，必多取资，人谓之卖婚。”所以说，唐律虽然如是规定，并不能限制实际生活中婚姻嫁娶收取高婚价的情况。两相比较，西夏律令明文规定出婚价、嫁妆的等级、次第，要优于唐、宋的“娉财无多少之限”而实际中却“嫁娶必多取资”的弊病。西夏虽然亦属买卖婚姻，但有一个相对的婚价、嫁妆标准，不同的社会阶层都有一个框框可套，客观上促成了婚姻嫁娶的稳定性。

另外,《天盛律令》卷十八第一门《缴买卖税门》第十五条为“免征媒人、离婚及妇女价值税”。由此条可推知媒人以及妇女在嫁娶、离婚等民事过程中所得的经济利益，可能过去按规定是要交纳一定税款的，新的法令则予以免除。既单列出此条款，也许在国家财政困难的时候，就有不免征的可能。惜此条内容已佚，条目据克恰诺夫俄译总目补。婚姻嫁娶还要纳税，中国古代其他朝代好像还没有这样的政策。

（三）婚姻的离异

《唐律疏议》及《宋刑统》之《户婚律》中的“出妻”规定被西夏悉数移植于《天盛律令》的《为婚门》中，不过，西夏将“淫”置于“七出”之首，“父母、丈夫议与不议一律出之”，似乎反映了丈夫们对妻子不守贞操行为的极大愤慨，而男人纳妾且往往有多妾，为何就是很正常的社会行为呢？看来“七出”的规定，完全是男尊女卑和夫权思想的体现。从西夏《天盛律令》的规定看，一夫一妻制是西夏婚姻的基本制度，这也许是西夏中后期封建制度趋于成熟的体现。西夏初期，虽然已经脱离了落后的群婚制阶段，但汉族统治阶级中流行的一夫多妻制也在西夏存在。《宋史・夏国传》载，德明凡三娶：一曰卫慕氏；二曰咩迷氏；三曰讹藏屈怀氏。[5]《续资治通鉴长编》则言西夏开国君主李元昊凡七娶：一卫慕氏；二索氏；三都罗氏；四咩米氏；五野利氏；六耶律氏；七没移氏。[6]“三不去”的规定，有利于维护封建婚姻的稳定性，也算在人性与道德上对妇女有些许安慰。和离则在妇女“情愿”的基础上进行，与出妻有着本质的区别，于此，妇女在婚姻形态上才算有了一定的独立人格。

西夏《律令》将“淫”置于“七出”之首，使人难以理解。因为西夏妇女贞节观念甚为淡薄，如此“七出”以“淫”为首，本身就与西夏社会风俗和人们的道德观念相背。关于西夏对贞节的态度，我们姑且不去寻找别处的材料以为佐证，仅《天盛律令》条文中便可罗列出如下两方面的内容：

1. 再嫁被视为平常之举

关于这一点，从出逃妇女再入境的有关规定中完全可以看出来：

（1）妇女随便同其他男人出逃共同生活，实际上本身就是再嫁。

（2）逃出妇女与他人生活一段时间后不再喜欢这个男人，可伺机或与其他男人协商而后逃回。逃回后，原夫“不可阻拦”，同时亦“不许追问”。以此看，妇女的不贞并不是一件“了不得”的事。

（3）该妇女逃回后，可再与原夫一起生活，亦可不与原夫一起生活。如果其声言不愿回原夫处，即可与一起逃回的男子共同生活，这大概要算三嫁了。

（4）如果该妇女不愿回原夫处，亦不能与相悦同逃归者结为夫妻，则其愿往何乐意处即可往其处，这大概至少要算三嫁（《律令》7 · 1 · 10—13）。

2. 未嫁女之失贞不被看重

在“诸人与他人妻一起行淫被捕”的条文中，对于各种与他人妻行淫的行为，一般要判处2—5年徒刑，而且男女获罪相同。而寡妇及未嫁女与人行淫时，“男人罪：是寡妇徒一年，未嫁女徒三个月，女人十杖”（《律令》8 · 4 · 1）。从侵凌妇女的身份与处罚轻重看，从重到轻依次为：人妻、寡妇、未嫁女。这表明，未嫁女与人媾合倒不是一件十分不轨的行为，因为对寡妇和他人妻及与之行淫者的处罚明显重一些。西夏妇女贞操观念之淡薄如此，由此亦可见一斑。也许正是因为西夏社会旧有婚俗在人们的头脑中尚难消除，固而妇女的贞节不被看重。礼制化的封建社会则对妇女的行为规范要求甚为严格，所以，西夏法律中作此规定，借以强制约束社会的陈旧观念，为人们提供新的伦理道德准则，以适应新的社会发展形势。

另外，在婚姻离异中，被唐、宋社会所看重的“义绝”一项，却不见于西夏《天盛律令》，这又使人感到不解。因为“五刑、十恶、八议”等封建社会的传统礼法观念西夏全盘吸纳，就是婚姻离异的“七出、三不去”亦照搬不误，却惟独不用“义绝”条款。其实我们仔细翻检唐宋律令，“十恶”中的“四恶逆、五不道、七不孝、八不睦、九不义、十内乱”等条款，其目的无非是狠狠打击那些侵犯父母、尊长及伦理道德的犯罪行为，实质就是为了维护业已建立的封建伦理纲常和尊卑观念。《唐律疏议》云：“夫妻义合，义绝则离。”古人认为，连结夫妻关系的纽带，非情亦非亲，而为“义”。《礼记 · 中庸》：“义者，宜也。”[7]即人的思想和行为符合一定的标准，便被称为义。义绝，谓维系夫妻之间纽带的“义”已不复存在，婚姻关系必然要解体。可以看出“义绝”的确立，实乃源于古代的礼制。所谓“礼有七出之目，律有义绝之条”，更明白无误地告诉我们，义绝制度的形成已是封建时代的事了。[8]既然“义绝”源于礼制，且以“人伦、纲纪”为出发点，这些条款所反映的实质内容与“十恶”中的相关条款大同小异，那么，处理起来亦如前例就可以了，何必再另立一项呢？史金波先生对《天盛律令》的特点总结得颇为精到：“《天盛律令》既学习中原王朝法典的长处，又不墨守成规、生搬硬套，而是勇于创新，在中国成文法的建设方面形成了自己的特点，作出了新的贡献。”[9]

（四）违律婚姻

关于违律婚姻，比较西夏与唐、宋律令，西夏有省减，下面我们重点就其中的同姓不婚和良贱婚配作些讨论。

同姓不婚。《唐律疏议》云：“诸同姓为婚者，各徒二年，缌麻以上以奸论。……同宗同姓，皆不得为婚，违者各徒二年。”根据唐律规定，同姓及近亲婚配均为法律所禁止。《宋刑统》基本上继承了唐制。《天盛律令》关于同姓不婚，虽然所言不多，但此亦属严令禁止之列。据从亲属称谓上考证，党项族盛行姑舅表婚。西夏语中“舅甥”和“为婚”两词的语音完全相同，这表明在党项社会中,舅甥关系是一种必然的姻亲关系,外甥娶舅舅的女儿为妻是社会的约定。同样,“姑”和“婆”亦音相通。即甥娶舅之女为妻,舅之女称其丈夫的母亲既是姑母,又是婆母。[10]也就是说,西夏同唐宋一样,并不排斥女性和异姓血亲之间的婚配,上述之姑舅表婚即是。中表婚从遗传学上讲,实际上也应属近亲结婚范畴。这些非优生婚姻的存在,一方面是“亲上加亲”的社会习俗使然,但更多的因素恐怕还是政治联姻的需要。例如西夏景宗元昊娶卫慕氏、为其舅之女,毅宗谅祚娶没藏氏,舅女也,而卫慕氏、没藏氏均是党项望族,这样拓跋氏通过婚姻关系与各酋豪大族形成了一个相当稳定的政治和军事集团。

良贱婚配。唐宋社会,士族门阀势力渐渐消失,表现在婚姻制度上,等级观念已不被看重,即所谓“婚姻不问阀阅”[11]。但是良贱不婚的政策仍然没有变,而且有加强的趋势。《唐律疏议》云:“人各有耦,色类须同,良贱既殊,何宜配合。”良贱为婚不仅必须离异,而且要给予相应的刑事处罚。在那时,是无所谓“自由、平等”之类的说法,本为“良”者,即使愿意嫁给“贱”者,法律也是不允许的。[12]相反地,在西夏不但等级观念已不十分明显,就连良贱婚配的限制也放得很是宽松,如前文所列:“有官人自己乐意,当允许将姑、姐妹、女等嫁与使军为婚。”这是西夏民族政权特点所使然。

(五)妇女的改嫁权

妇女的改嫁权,在唐宋律令中似无涉及。这与汉族社会道德上一贯强调妇女“从一而终”“夫死不嫁”等观念是暗中契合的,更有甚者对妇女的贞操看得非常重要,宋儒程颐的“饿死事小,失节事大”即是其中最具代表的一例。虽然唐宋律令中未设置寡妇可改嫁的条款,亦无明令禁止寡妇不可改嫁,但大率仍从礼制和宗法观念上鼓励妇女应夫死守节。相反地,西夏却明令规定寡妇可以再嫁。基于社会的民风民俗,西夏采取这些措施是比较妥当的,因为西夏社会并不是礼制化很强的社会,“禁欲主义”也就不可能成为人们婚姻生活中的惟一准绳。国家法律既要保证未婚男女的及时嫁娶,同时亦不能反对寡妇鳏夫的再行婚配,社会问题也随之相应减少,这亦是符合社会的自然观念和人伦思想的。即所谓“婚姻以时,则无旷怨”,同时社会也少一些“淫奔之辱”[13]。

三、西夏婚姻制度形成的原因

从上面对西夏与唐、宋婚姻制度的比较,我们可以看出,西夏继承了唐宋婚姻制度中关于封建伦理道德的核心,同时也糅进了党项社会固有的观念和习俗,使之更能适合于西夏社会,这也许正是西夏婚姻制度形成的原因及其特点之所在。

（一）西夏婚姻制度与礼制

1. 蕃汉之争即是西夏引进儒学礼制的过程

西夏原本是一个“衣皮毛，事畜牧，蕃性所便”的游牧社会，[14]随着与汉族的接触与交往，不断地被先进的封建汉文化所熏陶、浸润，他们也加快了封建化的步伐。作为封建文化支柱的儒学，也就自然地进入西夏社会之中。当然，儒学进入西夏，并不是一帆风顺的，持续于西夏中前期的蕃汉礼之争，就最能说明问题。一种主张认为实行蕃礼，才是西夏立国的根本方针。野利仁荣云：“一王之兴，必有一代之制。议者咸谓化民成俗，道在用夏变夷，说殆非也。昔商鞅峻法而国霸，赵武胡服而兵强。国家表里山河，蕃汉杂处，好勇喜猎，日以兵为务，非礼乐诗书之气也。惟顺其性而教之功利，因其俗而严以刑尝，则国乐战征，习尚刚劲，可以制中国，驭戎夷，岂斤斤言礼言利可敌哉！”[15]此后不时有人主张或者实施“蕃书胡礼”，惠宗、崇宗朝之梁氏母女、仁宗朝之权臣任得敬等即其中的代表。由于儒学代表了先进的封建文化，自然为大多数人所需要和拥护，所以以儒治国的呼声一直很高涨。崇宗贞观元年御史中丞薛元礼即言：“士人之行，莫大乎孝廉；经国之模，莫重于儒学。昔元魏开基，周齐继统，无不尊行儒教，崇尚诗书。……今承平日久而士不兴行，良由文教不明，汉学不重，则民乐贪顽之习，士无砥砺之心。”[16]正是由于西夏大力发展儒学，所以才会出现崇儒之风。“西夏之盛，礼事孔子，极其尊亲，以帝庙祀。乃有儒臣，早究典谟，通经同文，教其国都。遂相其君，作服施采，顾瞻学宫，遗像斯在。”[17]旷日持久的蕃汉礼制之争，以西夏社会的高度汉化——礼制化而告终。

2. 以礼制约束民众是西夏婚姻制度的显著特征

西夏婚姻制度的礼制化因素，前文已多论及，此再从结婚、离婚和改嫁三个方面作一补充分析。从“诸人为婚嫁女顺序：亲父母可嫁”“诸人予为婚价次第：……为嫁妆次第：……”等条款来看，包办、买卖婚姻同样是西夏婚姻关系的主流，父母、尊长的主婚权是天经地义的。所以《圣立义海》中便有“父教子礼：……母养子礼……”那样的教化，其目的仍在于维护正常的封建人伦纲常。源于《仪礼》《礼记》的“七出”，反映了男尊女卑和夫权制度。另外，封建法律为了维护婚姻关系的稳定性，除“三不去”外，如《唐律疏议》还规定“妻无七出及义绝之状而出之者，徒一年半”。虽然，礼制在维护封建伦理道德上有时表现出其仁善的一面，但是，恐怕更多的是对妇女人性的践踏和身心的摧残。而这些最为严酷的礼法观念，却恰恰被西夏悉数移植过来，而且竟将“淫”置于“七出”之首，显然，西夏欲急切地改变原有的社会风气，可见统治者多么迫切地需要一个理想的礼制化国度。然而，旧有的风俗习惯却并不看重什么贞节之类的所谓封建伦理，礼和法也是奈何不得的。难怪《天盛律令》中一再就各种“淫”行作出制裁和处罚。正因为社会现实的非礼制化，统治者难于有效地行使其权力，所以才动用法律来强制约束民众。在寡妇改嫁方面，西夏比唐宋确实要宽松，但是，必先施行“孝礼”仍然是妇女改嫁的首要条件。“寡妇行三年孝礼期满，有公婆则不许随意出”，就是未过门的媳妇也同样“有公婆时不许随意往，当送公婆”。可以说，礼制已经渗透到西夏婚姻生活的各个方面，原有的婚姻习俗和观念，情愿不情愿地已悄然被人们所抛弃。因为礼制是用法律这个锐利的矛作为自己进入西夏社会的武器的，其显然是无坚不摧，无孔不入的。西夏主体民族党项族的最终消亡和被融化，其在礼乎！

（二）西夏婚姻制度与党项社会

1. 崇实尚武的民族精神与党项社会的婚姻习俗

《隋书·党项传》记载党项羌族“俗尚武力，无法令，各为生业，有战阵则相屯聚。无徭赋，不相往来。牧养牦牛、羊、猪以供食，不知稼穑。其俗淫秽蒸报，于诸夷中最为盛”[18]。《辽史·西夏外纪》《金史·西夏传》以及宋人曾巩《隆平集》中均约略叙述了党项人“勇悍”“强梗尚气”“长于骑射”的尚武好战的精神。他们不但体魄强健，而且民风质朴、纯厚。“其性大抵质直而上义，平居相与，虽异姓如亲姻。凡有所得，虽箪食豆羹，不以自私，必招其朋友。朋友之间有无相共，有余，即以与人，无，即以取诸人，亦不少以属意。百斛之粟，数千缗之钱，可一语而致具也。岁时往来，以相劳问。少长相坐，以齿不以爵，献寿拜舞，上下之情怡然相欢。醉即相与道其乡邻亲戚，各相持涕泣以为常。”[19]这种率真的民风，要求人们以诚待人，而无欺骗之行，否则，“惟利是图，不与之交；为人眼馋，不与之处”，“与人相亲，不吐心声，友情似黄昏短暂；与人相嫌，勿置恶言，胸怀如天地宽广”[20]。出自民间的谚语，最能反映出当时的民风民情，党项民族的处世原则和真实情感，于此可见一斑。

西夏社会这种崇实尚武的精神，正说明了在建国前其社会尚处于较为落后的原始时期，表现在婚姻习俗上，那时还是“妻其庶母、伯叔母、兄嫂、子弟妇”[21]的原始群婚状态。这些早期婚姻形态，不惟党项族所独有，很多民族都经历过。民族学方面就有许多例证可供参考，如云南永宁纳西族的氏族外群婚等。[22]“凡育女稍长，靡由媒妁，暗有期会，家不之问”[23]，则反映了党项青年男女自由恋爱的情形，这种爱情婚姻方式，前述《圣立义海》中亦有反映。马可·波罗于元初游历西夏故地甘州时，那里的婚俗“一般人可娶二三房妻室，甚至更多，有的较少，完全根据男人维持妻妾的能力大小而定”[24]。这与汉文史籍中所载德明凡三娶，元昊或五娶、七娶、九娶的一夫多妻制是一致的。《掌中珠》中的“男女长大，遣将媒人，诸处为婚，索与妻眷”（见前文）；《圣立义海》中的“遣媒行聘”“依礼往来”（《圣立义海》卷15 · 25B）；《西夏谚语》中的“婚姻争执怨媒人”（《西夏谚语》80）等记述，均说明了汉族传统“明媒正娶”的封建婚姻礼俗已盛行于西夏。

2. 将封建礼制民族化是西夏婚姻制度的又一显著特征

封建礼制的民族化特点，在上述西夏婚姻制度的五个方面均有不同程度的体现，前文已多论述，此处作些补充讨论。对悔婚男女双方的基本公允态度，正是西夏男、女尊卑之别不像汉族封建社会那样严格的具体体现。西夏社会还有许多地方残留有母系社会的习惯，因而妇女的地位较高。《圣立义海》中专门就子女如何孝顺年老体弱的母亲，进行了许多富有哲理的教化，如"孝子背母、养母鬻子、母老笞子、孩童孝母、卖身奉母、供母甘菜"等故事。另外还教育子女孝顺后母、姨母、岳母等，如"孝奉岳母、孝奉姨母、孝奉后母、子智孝后母"等故事。说明母亲（包括后母、姨母、岳母）同家中的家长父亲一样，同样受到子女的尊重（《圣立义海》卷 14 · 16A—19B）。另外，《天盛律令》在处理婚价、嫁妆时，如果父母使用了女儿的婚价，而当女儿结婚时无力拿出，"不许强令按价给屋舍、田地、使军、奴仆等"，可见女儿有使用婚价以及获得一定数量嫁妆的权利。《圣立义海》中的父母为女儿"备办衣鞋屋舍"（见前引文）当与此所指相同。汉族婚姻中女儿有获得一定嫁妆的权利，但绝没有父母还要为其盖房架屋的可能。西夏妇女地位较高，此亦为一证。律令明文规定寡妇有改嫁的权利，似乎也能从一个侧面说明妇女在社会生活中的地位。再如《番汉合时掌中珠》中的"男女"两字，西夏文则将"女"放在前面，而将"男"排在后面，形成比较稳固的词组。这也许可能反映了母权社会妇女地位较高的遗痕。[25] 西夏没有像唐宋那样，不限制婚姻中聘财、嫁妆的多少，而是依照官品的大小，分别对不同等级的婚价、嫁妆作出详细的规定，既使得合法的买卖婚姻具有相对的稳定性，又维护了一定的等级观念。关于良贱婚配，唐宋律令中规定得非常详细，惟恐封建伦理纲常被扰乱。而西夏却并非如此，只要家长许可，良贱之间的婚配是可以实现的。西夏是一个崇实尚武的社会，虽有一定的等级秩序，但并不是很严格。律令规定"国内官、军、抄等，子孙中，大姓可袭，小姓不许袭"（《律令》10 · 3 · 1），加之战争中的死伤不可避免，今天你可能战死沙场，人根已断，再无人可袭官职，而明天我可能因为作战勇敢，功勋卓著，虽身为奴仆，也可因此而加官晋爵。所以说，在以武立国常习攻战的西夏，良贱之间实际上差别不太大。

原文刊载中国台湾《中国边政》1998 年第 140 期

注释：

1.〔俄〕克恰诺夫、李范文、罗矛昆等：《圣立义海研究》，宁夏人民出版社 1995 年版，第 70 页。

2. 杨大文：《婚龄》，《中国大百科全书 · 法学卷》，中国大百科全书出版社 1984 年版，第 292—293 页。

3. 黄振华等:《番汉合时掌中珠》，宁夏人民出版社 1989 年版，第 69—70 页。

4. 韩小忙:《从〈天盛改旧新定律令〉看西夏妇女的法律地位》,《宁夏大学学报（哲学社会科学版）》1997 年第 3 期。

5. ［元］脱脱:《宋史》卷四八五《夏国传上》，中华书局 1985 年版，第 13992 页。

6. ［宋］李焘:《续资治通鉴长编》卷一六二，庆历八年正月辛未，上海古籍出版社 1986 年版，第 1490 页。

7. ［清］阮元:《十三经注疏》，中华书局 1980 年版，第 1629 页。

8. 陶毅、明欣:《中国婚姻家庭制度史》，东方出版社 1994 年版，第 265—267 页。

9. 史金波:《一部有特色的历史法典——〈天盛改旧新定律令〉》,《中国法律史国际学术讨论会论文集》，陕西人民出版社 1990 年版，第 292—305 页。

10. 史金波:《西夏党项人的亲属称谓和婚姻》,《民族研究》1992 年第 1 期。

11. ［宋］郑樵:《通志》卷二五《氏族序》,《通志二十略》，中华书局点校本 1995 年版，第 1 页。

12. 陶毅、明欣:《中国婚姻家庭制度史》，第 184 页。

13. 陶毅、明欣:《中国婚姻家庭制度史》，第 249 页。

14.《宋史》卷四八五《夏国传上》，第 13993 页。

15. ［清］吴广成撰，胡玉冰校注:《西夏书事校注》卷一六，上海古籍出版社 2021 年版，第 201 页。

16. 吴广成撰，胡玉冰校注:《西夏书事校注》卷三一，第 386 页。

17. 吴广成撰，胡玉冰校注:《西夏书事校注》卷三八，第 478 页。

18. ［唐］魏徵:《隋书》卷八三《党项传》，中华书局 1985 年版，第 1845 页。

19. ［元］余阙:《青阳先生文集》卷四《送归彦温赴河西廉使序》，四部丛刊续编本。

20. 陈炳应:《西夏谚语》，山西人民出版社 1993 年版，第 20 页。

21. ［宋］欧阳修等:《新唐书》卷二二一上《党项传》，中华书局 1985 年版，第 6214 页。

22. 严汝娴、宋兆麟:《永宁纳西族的母系制》，云南人民出版社 1983 年版，第 25—28 页。

23. ［清］张鉴:《西夏纪事本末》，甘肃文化出版社 1998 年版，第 68 页。

24. 陈开俊:《马可波罗游记》，福建科学技术出版社 1982 年版，第 55 页。

25. 史金波:《西夏党项人的亲属称谓和婚姻》,《民族研究》1992 年第 1 期。

金代收继婚

唐长孺

《金史》卷五《海陵纪》天德二年（1150）十月辛未：

杀太皇太妃萧氏及其子任王偎喝。使使杀行台左丞相、左副元帅撒离喝于汴，并杀平章政事宗义、前工部尚书谋里野、御史大夫宗安，皆夷其族。以魏王斡带之孙活里甲好修饰，亦族之。

同书卷七六《宗义传》云：

宗义，本名孛吉，斜也之第九子。天德间，为平章政事。海陵已杀太宗子孙，尤忌斜也诸子盛强，欲尽除宗室勋旧大臣……于是都元帅府令史遥设迎合风指，诈为撒离喝与其子宗安家书，宗安误遗宫外，遥设因拾得之，以上变……以是杀宗义、谋里野，并杀宗安及太祖妃萧氏、任王隈喝，及魏王斡带孙活里甲……杀斜也子孙百余人，谋里野子孙二十余人。谋里野，景祖孙，谩都诃次子。

这次大屠杀的主要对象是斜也（太祖弟辽王杲）子孙。任王隈喝乃太皇太妃萧氏子，何以牵连被杀，纪、传并不详。按太皇太妃是太祖之妃，卷六三《后妃传》：

崇妃萧氏，熙宗时封贵妃，天德二年正月封元妃。是月，尊封太妃。海陵母大氏事萧氏甚谨。海陵篡立，尊大氏为皇太后，居永宁宫。每有宴集，太妃坐上坐，大氏执妇礼。海陵积不能平，及杀宗义等，诬太妃以隐恶，杀之，并杀所生子任王隈喝。大定十九年（1179）……上欲复太妃旧号，下礼官议。“前代称太妃者皆以子贵……恐不得称‘太’，止当追封妃号。”诏从之，乃封崇妃云。

本传也说任王隈喝为太妃所生子。但隈喝却非太祖子。卷六九《太祖诸子传》称“崇妃萧氏生纪王习泥烈、息王宁古、莒王燕孙”，却没有隈喝。而卷七六《宗义传》称：“大定初，追复宗义官爵，赠特进。弟蒲马、孛论出、阿鲁、隈喝并赠龙虎卫上将军。”则隈喝乃宗义弟，亦即斜也子。卷五九《宗室表》辽王杲（斜也汉名）子亦有隈喝。由此可知，必是太祖死后，萧妃为斜也收继，生子隈喝，而《金史》讳之。然则隈喝自以斜也子被杀，萧妃也因为斜也收继之配偶受祸。又观《后妃传》，萧妃虽为斜也收继，却在熙宗朝及海陵即位之初，仍被视为太祖妃而进封，而且仍居宫中。是虽被斜也收继，并未出居呢，还是斜也死后重又恢复她太祖妃的名号呢？这里难以断言。清太宗之孝庄皇后下嫁摄政王多尔衮一事，世所习知，孟心史先生曾力辩其非实，若以金太祖、萧妃之事看来，下嫁而仍是太后，不出宫，是完全可能的。

又洪皓《松漠纪闻》卷上云：

> 绳果（太祖嫡子宗峻女真名）死，其妻为固碖（指宗幹，为国论勃及烈）所收，故今主（指熙宗）养于固碖家。

又李心传《建炎以来系年要录》卷八四亦云：“宗幹，亶（熙宗）伯父，且妻其母，如己子也。”[1] 并言宗峻死后，其妻蒲察氏为宗幹所收继，而《金史》讳之。《金史》卷七六《宗幹传》记宗幹病笃，“上及后同往视，后亲与宗幹馈食”，死后致祭，值庚戌日，太史奏戌亥不宜哭，熙宗不听，说：“朕幼冲时，太师（指宗幹）有保傅之力，安得不哭。”丧事如此隆重，非其他伯叔父可比，所云幼冲时，宗幹有保傅之功，也可与宋人幼年养于宗幹家之说互证。卷四《熙宗纪》天会十三年（1135）九月追尊皇妣蒲察氏为惠昭皇后，而卷六四《后妃传》不列蒲察氏，也是有意隐讳。

《金史》卷七三《宗雄传》：

> 初，宗幹纳宗雄妻，海陵衔之。及篡位，使宿直将军晁霞、牌印阎山往河间，囚宗雄妻于府署。明日，与其子妇及常春兄弟（宗雄孙）、茶扎（亦宗雄孙）之子七人皆杀而焚之，弃其骨于濠水。

按宗雄为太祖兄乌雅束子，宗幹从兄。卷五九《宗室表》，康宗（乌雅束追尊庙号）子三人，长谋良虎（宗雄女真名），次同括茁，次隈可。宗雄死后，其妻不由亲弟收继而归从弟宗幹，可能二弟均先死。收继为女真习俗，宗幹纳宗雄妻也是常事，何以海陵如此愤恨，当别有原因，今姑不论。

卷六四《贞懿皇后李氏传》云：

> 旧俗，妇女寡居，宗族接续之，后乃祝发为比丘尼，号通慧圆明大师，赐紫衣。归辽阳，营建清安禅寺，别为尼院居之。

李氏乃世宗母，她为了拒绝被宗族收继，遂出家为尼，而且还到故乡辽阳，以表示和皇室脱离关系。李氏是汉人，[2] 所以不愿遵循女真习俗。由此可知，若不出家就难以幸免，收继之俗在女真中普遍推行，可以想见。卷六《世宗纪》大定九年（1169）正月丙戌制云："汉人、渤海兄弟之妻，服阕归宗。以礼续婚者听。"世宗下此诏，必是有感于其母而发，这里只举汉人、渤海，不及女真，知女真仍须遵守收继习俗，而且对汉人、渤海也留下"以礼续婚者听"一句话，至多不准强迫而已。《元典章》卷一八《不收继类》"汉儿人不得接续"条称：

> 至元七年（1270）八月，尚书省户部呈：南京路备息州申：民户丁松告，中统元年（1260）与母主婚，将妹定奴聘与本州时小六长男歹儿为妻。至元二年，女婿身故，有妹定奴守服四年，不令归宗，令男两儿或侄姚驴收纳为妻。其定奴不肯顺从。（下河间路申赵青儿不愿夫弟收继事略）送法司检详得，旧例汉儿、渤海不在接续有服兄弟之限。移准中书省咨议得：旧例同类自相犯者各从本俗法。其汉儿人不合指例比及，通行定夺以来，无令接续。若本妇人服阕，自愿守志，或欲归宗改嫁者，听。咨请照验。省府除已札付户部遍行各路出榜晓谕外，仰依上施行。

按本条所云"旧例，汉儿、渤海不在接续有服兄弟之限"以及服阕归宗并是上述金大定九年（1169）定制，直至元代仍然遵用。

收继之制一般都是夫之弟侄接续，收继弟妻在元代是违法行为，《元典章》同卷兄收弟妻断离条有明文，而宗幹收宗峻妻实是兄收弟妻，也许女真习俗不禁，也可能是特例。

原文刊载《山居存稿》，中华书局 1989 年版

注释：

1. 李心传原注："此据《神麓记》修入"。
2. 此处"汉人"应为"渤海人"。——编者注

信仰习俗篇

在辽、夏、金政权之内，汉人虽占多数，但少数民族却是统治主体，再加上与中原王朝之间相互频繁的交流，因而其信仰习俗相当复杂。一方面，北方民族多保留其传统的原始多神信仰；另一方面，随着与中原汉文化及周边其他民族不断往来，互相影响，其宗法性宗教与佛教、道教也渐趋繁荣，特别是辽夏的佛教传播广泛，金朝的道教发展迅速。

早在20世纪初期，日本学者已关注到辽、金信仰习俗，尤其是契丹辽朝的佛教经籍、思想宗派等方面都有涉及，并取得了比较丰富的成果。但早期研究多偏重于知识介绍与经典阐述，历史思辨相对不足。国内最早研究信仰习俗的学者冯家昇，主要对契丹的宗教信仰如太阳崇拜、佛教影响、祭天习俗与青牛白马图腾等，及其与社会发展之关系进行了考察。

新中国成立以后至20世纪70年代末，因为特殊的时代政治背景及研究热点导向等因素，有关辽夏金信仰习俗的研究处于相对停滞状态。海外与港台地区虽有所发展，但取得的成果并不是很多。20世纪80年代后，大陆施行改革开放政策，国际学术热门逐渐趋向于社会日常民众，所以此方面研究也取得了长足进展。通史类著作如蔡美彪等《中国通史》（人民出版社1979年版）第6册，断代史类著作如吴天墀《西夏史稿》（四川人民出版社1980年版）等，都对信仰习俗作了大体客观性的知识论述。此外，还有多种论述中国古代社会各方面的专门史，如宗教信仰（包括佛、道、萨满、巫术等）、民俗风俗、文明文化等，其中基本都涉及辽夏金的信仰习俗，对当时学界研究成果都作了较好总结阐述。一些断代社会史专著也有丰富内容，如朱瑞熙等所著《辽宋西夏金社会生活史》（中国社会科学出版社1998年版）、漆侠主编《辽宋西夏金代通史·宗教风俗卷》（人民出版社2010年版）等。

20世纪八九十年代以来，一些专题性研究成果不断涌现，涉及辽夏金信仰习俗的多个方面。其中，张国庆对辽代社会生活研究成果丰富，撰成《辽代契丹习俗史》（辽宁民族出版社1997年版），全面考述辽代契丹人的习俗，并试图揭示其文化渊源及历史意义。史金波《西夏文化》（吉林教育出版社1986年版）描述了西夏文化发展脉络，主要内容即包括宗教信仰与风俗习惯等；《西夏社会》（上海人民出版社2007年版）则对社会宗教、风俗等作了很好的论述；而《西夏佛教史略》（宁夏人民出版社1988年版）是国内第一部西夏佛教史论著。韩小忙《西夏道教初探》（甘肃文化出版社1998年版）则对西夏境内的道教信仰展开专门考究。宋德金《金代的社会生活》（陕西人民出版社1988年版）是关于此专题研究的首本专著，论述了金代社会生活的各个层面，包括宗教信仰、伦理道德、岁时杂俗等。

同时，尚有许多学者撰文探讨信仰习俗。如陈述、贾敬颜与宋德金等人对契丹辽朝“烧饭”习俗的考察，朱子方对契丹辽朝柴册礼、宗庙制度、萨满与佛教等专题认识。王承礼也考究过辽代的传统礼仪如瑟瑟仪、射柳与祭祀黑山，田广林对契丹葬俗的考察等。刘浦江则对辽代宗教与特殊习俗文化如佛教政策、“青牛白马”传说、人殉制等，分别进行综合或深入的专题研究。西夏信仰习俗方面则有聂鸿音等人对诸多佛教经典的音韵、文献及大体义理的探究，王静如、彭向前等人对佛教文献、寺院考古成果的关注，等等。陈智超等人则探讨过金代全真道思想源流、真大道教史等。以下，简单从选题、观点、研究视角、学术地位等方面，介绍一下本单元各篇论文大致情况。

冯家昇《太阳契丹考释》一文，选题直接来源于其考究“契丹”名称的思考过程，因为查阅资料偶遇“太阳契丹”一词而不了解，所以展开探索。其主要观点是，契丹尚日非其自称，是汉人的称呼。因五代时南北交往频繁，汉人见其风俗故此称呼，而契丹崇东之俗亦与贵日关联。此文研究视角主要体现于两方面：一是主要就契丹辽朝的“崇日”信仰习俗进行考索；二是从历史角度结合社会文化纵向的分析。

在学界对契丹辽朝研究尚处起步阶段，冯家昇已集中精力关注契丹辽朝的文献与历史。他一方面继承前辈学者整理辽朝文献的工作，系统考辨并校勘了《辽史》的各种版本，另一方面也对辽朝社会史尤其是社会信仰习俗——贵日、崇东之俗等问题进行深入考究。其系列成果具有筚路蓝缕之功，有助于人们对此民族政权形成全面深刻的认识，丰富了辽史研究内容，为以后辽代社会史研究奠定了坚实基础。

王善军《从石刻资料看辽代世家大族与佛教的关系》一文，基于现存较为丰富的与世家大族相关的佛教石刻文献，来探讨佛教昌盛条件下世家大族群体与佛教的关系。作者论证了世家大族佛教信仰的普遍性；世家大族成员与佛教相关的起名；世家大族成员的出家情况；世家大族与寺院、佛塔及经幢的修建；世家大族对佛教的其他财产施舍；世家大族与佛学的传播和发展等6个方面的问题，最后又分析了世家大族崇佛的主要原因。可以看出，作者对世家大族崇佛进行了多角度观察，论证全面、充分，得出的认识富有说服力。

石刻资料为时人活动遗留的文字痕迹，是研究历史的第一手资料，值得充分发掘和利用。但作者并没有局限于石刻资料，而是将石刻资料与历史遗迹、传世文献相结合，进行多方面的相互印证。在充分运用石刻资料的基础上，也尽量利用了现存的山西省应县木塔、天津市独乐寺观音阁等历史遗迹，还适当关注传世文献中的相关记载。作者观察问题细致，不但从整体上论证了世家大族佛教信仰的普遍性及其成员出家情况反映的信仰程度，而且具体论证了世家大族日常生活中的起名习俗，捐资修建寺院、佛塔及经幢，施舍土地、奴隶、牲畜、器用、粮食、货币等各种财产的情况，世家大族对佛学的传播和发展所发挥的作用等。该文针对特定社会群体，全面论证其佛教信仰习俗，有利于对信仰习俗认识的深化。

渤海国被契丹灭亡后，先后处于契丹辽朝与女真金国的统治之下。学界以往主要偏重于两个王朝主导民族或者渤海国存在时期的政治、经济与文化等方面研究，而对于被征服的渤海遗民却较少关注。程妮娜《辽金时期渤海族习俗研究》一文，认为辽金的渤海人因长期受异族统治，并与汉、契丹、女真诸族杂居相处，社会风俗发生显著变异，形成了本族与他族习俗杂糅共存的特征。一方面，衣食住等物质习俗变异十分活跃；另一方面，恋爱婚嫁等习俗却长期按本族传统发展变化，表现出独特的民俗风情。辽与金前期渤海人的经济、社会、信仰、游艺等习俗还保留某些本民族传统特征，但到金朝后期其习俗多已汉化，本族习俗所剩无几。该文研究视角主要体现于两方面：宏观上，一是从被征服的民族角度观察，二是从社会发展角度观察习俗变迁；微观上，则是从日常的衣食住行物质生活习俗与婚恋文化等方面进行考察。

作者在文中主要运用的史料是《辽史》《契丹国志》《大金吊伐录》《大金国志》《松漠纪闻》《金史》《宋史》《南唐书》等史书及考古学方面的一些调查。这些史书对于渤海族习俗的记载实际上是比较有限的。作者通过精准理解文献史料信息并与考古资料相结合，充分阐释了辽金时期渤海族习俗变迁的情况。由于以往对渤海亡国后的移民关注缺乏，而此文留意于辽金统治下的渤海族移民习俗变迁发展，进一步丰富了辽金社会史研究的内容。

（李海波导读）

太阳契丹考释

冯家昇

尝考女真蒙古，异名繁多。如《大金国志·初兴本末》之朱里真、虑真、女真，《松漠纪闻》之女质，《辽史拾遗》卷一三引余靖《武溪集》之注展；《旧唐书·室韦传》之蒙兀，《新唐书·室韦传》之蒙兀，《松漠纪闻》之盲骨子，《大金国志》之朦骨，《蒙鞑备录》之蒙古斯，《辽史·道宗纪》之萌古国，《金史·兵志》之萌骨部。计数十之多；而契丹最古，元魏以来，仅此一名。说者谓女真、蒙古，史无专传，未有定称；契丹自《魏书》列有专传，人习其名，故无异释。此岂其然欤?

1960年春，尝为《契丹释名》一文，屡翻唐宋人笔记，而无所获。其后偶阅陶九成《说郛》所引《辽东志略》，得“太阳契丹”一词，思之不解，乃转而求诸正史，始为是文。《说郛》卷九七引《辽东志略》曰：

> 契丹东胡种，居西楼东，潢水南，黄龙北。得鲜卑故地，或以为鲜卑遗种。至元魏时，自号契丹；五代末，称“太阳契丹”。

案太阳，日之俗称也，契丹尚日，故如所称。惟此非其自称，汉人称之耳。五代之世，南北交涉频仍，冠盖往来，见其风俗，因以是名呼之也。《新五代史》卷七二《四夷附录》云：

> 契丹好鬼而贵日，每日[1]朔旦，东向而拜日。

不曰唐末或宋初，何以五代末称太阳契丹？岂贵日之俗，始自五代乎？案五代之末，当辽穆宗之世。《辽史》卷六《穆宗本纪》曰：

> 应历二年乙卯日南至，始用旧制，行拜日礼，州民进黑兔。

所谓“旧制”必先曾行此制，后废之也。考《辽史》载拜日之事，穆宗已后甚繁；穆宗已前，则仅见一次。而此一次，亦仅太祖行之。《辽史·太祖纪》：

天赞三年九月丙申朔，次古回鹘城，勒石纪功。

庚子，拜日于蹛林。

契丹拜日，《辽史》别列一仪，初疑有定制，实则并无一定，大事小事俱行之。天子即位，出兵挞伐等大事，固须拜日；而妇人生产或过小节，亦必礼拜。《辽史·礼志》：

柴册仪：择吉日，前期置柴册殿，及坛坫之制……八部之叟，前导后扈，左右扶翼皇帝，册殿之北隅拜日。

腊仪：腊十二月晨日，前朝一日，诏司猎官，选猎地。其日皇帝皇后焚香拜日。

皇后生晨朝贺仪：臣僚昧爽，朝皇帝皇太后，大帐前拜日。

宋王易《燕北录》(《说郛》卷三八)，有一节记契丹风俗云：

生产仪：皇后欲觉产时，于道场内，先烧香，望日番拜八拜。……其余契丹妇人产时，亦望日番拜八拜。

除上述节仪，行拜日礼外，专有拜日仪，为正式敬拜日之礼制，亦契丹人之隆重大典。《辽史·礼志》：

拜日仪：皇帝升露台，设褥，向日再拜，上香，门使通阖使或副应拜，臣僚殿左右阶，陪位再拜，皇帝升坐，奏牓讫，北班起居毕时，相以下通名再拜，不出班奏，"圣躬万福"，又再拜。祗候宣徽已下横班同司诸阖门，北面先奏事，余同。教坊与臣僚同。

契丹拜日，有大事，或逢节仪时行之，如前所述是也；甚至平日无何事项，亦行之。今仅就圣宗开泰间观之，拜日之烦琐，盖可知矣。《辽史·圣宗纪》：

开泰二年夏四月甲子，拜日。

四年六月庚戌，上拜日如礼。秋七月，上又拜日，遂幸秋山。

七年二月乙丑朔，拜日，如浑河。夏四月，拜日。

观此数次拜日，并无何大事，亦未有若何仪节，可知契丹人之拜日，并无定例，随时行之也。

俗以日月并称，礼日必礼月，二者大都兼拜，即中国历代古制，亦有"朝日夕月"之祀典。

惟契丹不然，敬日常胜于敬月。陈浩《辽史考证》云：

> 按《圣宗本纪》，统和元年十二月，千龄节祭日月；四年十二月，为驸马都尉萧勤德祈福。《兵卫志》，凡举兵，以青牛白马，祭告天地日神。则拜日之仪，有独拜日者，有兼拜月者。拜月之仪，志虽未载，其仪当与拜日等。

是说甚非，割裂字句尤不当。《辽史·兵卫志》原文云：

> 凡举兵，帝率蕃汉文武臣僚，以青牛白马祭天地日神，惟不拜月。

行军为契丹人之国家大典，不拜月之语，大提特提，必有微意存焉，惜史不详说，未审其故。而《考证》竟以"不拜月"三字，轻轻放过不提，未免削足适履，强合己意矣。又云："有独拜日者，有兼拜月者。拜月之仪，《志》虽未载，其仪当与拜日等。何以知其然？岂以统和元年、四年，日月并称，则谓兼拜乎？又以《礼志》有拜日仪，疑拜月仪原有，而为史家失载乎？考日月并祭，自太祖迄天祚，仅此二次，他书概未之见；而拜日，则屡见不鲜。统和元年、四年，系偶尔为之，何得谓之兼？因崇拜日，故有拜日仪；《志》无拜月仪者，不为所贵也。日月敬拜轻重之分，甚属显然，何得谓拜月与拜日等乎？"王易《燕北录》(《说郛》第五六）云：

> 契丹如见月蚀，当夜各备馔相贺，戎主次日亦有晏会。如日蚀，即尽望日吐之，仍背日坐。

《辽史·穆宗纪》：

> 十一月庚子，司天台奏月当食不亏，上以为祥，欢饮达旦。

同书《圣宗纪》：

> 秋七月庚戌朔，日有食之，诏以近臣代拜救日。

观《燕北录》，月蚀则备馔相贺，日蚀则望日吐之。《辽史》，月蚀则以为祥而欢饮；日蚀则诏近臣代拜救日。则契丹对日月敬拜与否之分，岂不显然？

契丹贵日，既为所述，而其崇东之俗，亦与之关连。盖以日出东方，敬拜日之所出也。案中国俗，亦尚东。称方位曰东西，称屋庐曰左厢右厢，所谓东为上，西为下也。顾炎武《日知录集释》卷三八"东向坐"条云："古人之坐，以东向为尊，故宗庙之祭，太祖之位，东向。即交际之礼，亦宾东向，而主人西向。"并引《新序》《史记》《汉书》《唐书》，证明自战国迄唐，以东为上位。中国崇东之俗，不知所自始，而契丹则因拜日而起也。马端临《文献通考》卷三四五论契丹风俗云：

好鬼而贵日，每月朔日东向而拜日，其会聚、视国事，皆以东向为尊，四楼门屋，皆东向。

上说可分三段。（一）凡遇仪节东向拜。（二）会聚时以东向为尊。（三）门屋皆东向。

（一）凡遇仪节东向拜。此点于前所论之柴册仪、腊仪、生产仪、拜日仪等俱可见，即祭天亦然。宋绶《上契丹事》，关于风俗，习惯论之甚详，中有一节云：

又历荆榛荒草，复渡土河。木叶山，本阿保机葬处，又云祭天之所，东向设坛。[2]

土河，古称徒河，亦作托纥真，即今之老哈河。木叶山，当土河潢水合流之处，辽属永州。《辽史·仪卫志》：

鞍马祭山仪：皇帝乘马，侍皇后行腊仪。皇帝降与，祭东毕，乘马入。

何为祭东？以东向祭而名之，非“东”为神而祭之也。《辽史·语解》云，“国俗，凡祭皆东向，故曰祭东。”

（二）会聚时以东向为尊。契丹礼，天子东向，贵戚或南向，或北向，以亲疏尊卑，分别之。臣僚亦以尊卑，分别其所向。官大者，居西东向；官小者，居东西向。《辽史·百官志》：

辽俗东向而尚左，御帐东向，遥辇九帐南向，皇族三父帐北向。

《辽史·礼志》论皇帝受柴册仪云：

文官六品已上，位横街南，东方西向；武官五品已上，位横街南，西方东向。

（三）门屋皆东向。中国俗以北为正，故以北房为正房，坐北向南。契丹则不然，虽以东为上，而屋舍则坐西，门屋俱东向。《旧五代史》卷一三七：

邑屋门皆东向，如车帐之法。城南别作一城，以实汉人，名曰汉城。

案《册府元龟》卷九五八亦云“其邑曰西楼，邑屋门皆东向，如车帐之法。城南别作一城，以实汉人，名曰汉城”云云，盖取诸《旧五代史》，其下不复详引。《契丹国志》卷一：

今上京是。其城与宫殿之正门，皆向东辟之。

各史所记，大抵如是。今更证以当时行人，目击亲见者，其说亦然。《富郑公行程录》记云：

又至承天门，内有昭德、宣政二殿，皆东向；其毡庐，亦皆东向。[3]

又薛映记辽上京临潢城内云：

入西门，门曰金德，内有临潢馆子。城东门曰顺阳，北行至景福门。又至承德门，内有昭德宜政二殿，与毡庐皆东向。[4]

富郑公所记之承天门，即薛映所说之承德门，承德当系承天，传写之误，其内昭德、宣政二殿相同，所记方向亦无异。故知契丹门屋东向之说，非虚也。

再考敬日崇东之俗，不惟契丹人有之，凡内地北方人民，几莫不然。盖以彼等环境相同，故于风俗习惯，类多相似。

塞北气候寒冷，人所共知。日升则温，日没则寒。一年之中，温暖之时极少。所谓“寒沙四面平，飞雪千里惊，风断阴山树，雾失交河城，不睹白日景，但闻寒鸟声”是也。为其如此，故人民常依地理之顺势，太阳出没，定其屋庐之方向。《许奉使行程录》云：

次早，馆伴同行。马可五七里，一望平原旷野，间有民居千余家，星罗棋布。更无城郭，里巷率皆背阴向阳。[5]

此记使金临至会宁府之情状，在今吉林省境，尚非蒙古沙漠地可比，而里巷背阴向阳，亦犹门屋东开向日也。《长白西清黑龙江外纪》卷六纪达呼尔风俗云：

草屋南向北三楹，或五楹，皆中为堂屋，西为上屋。乡居者，率称西面为“德尔吉”，译言上也，盖尚右之意。

案西为上屋，犹中原以北为上屋，中原屋舍坐北向南，而此则坐西向东也。唐晏《渤海国志》卷二引王曾《行程录》云，“所居屋，皆就山墙开门”。注云：

按东三省旧风，房门皆在东南，至今仍之。入门则南西北，皆火炕也。以西为尊，南次之，北又次之。

以西为尊，亦犹达呼尔以西为“德尔吉”也。1930 年与一黑龙江省朋友谈起，询以此事，彼云今日该地人家，犹多如是。门屋向东者，俗谓“朝阳屋”也。俄人史禄国云：“按中国载籍所传，十一二世纪时，满洲人民房屋之方向，与今迥异，俗皆东向云云，惟余在黑龙江沿岸发掘所见，殊难证明往昔中国旅行家报告之确实。”[6]史氏所发掘，在黑龙江沿岸，固不能与靠山为屋者比。且限一地，未作普遍之考察，尚不能推翻典籍所载之根据也。

塞北民族每视自然景象而划分时间，此亦崇拜太阳原因之一，《史记·匈奴传》云：

> 举事而候星月，月盛则攻战，月亏则退兵。

《后汉书》卷一二〇《乌桓传》云：

> 见鸟兽孕乳，以别四节。

《通典》卷一九七《突厥传》云：

> 候月将满，辄为寇抄。

洪皓《松漠纪闻》第14页（学津本），论女真风俗云：

> 女真旧绝小，正朔所不及，其民皆不知纪年，问之则曰，“我见草青几度矣”，盖以草一青为一岁也。

王延德《使高昌纪》云：

> 次历楼子山，无居人，行沙碛中，以日为卦。旦则背日，暮则向日，日中则止，夕行。望日亦如之。[7]

乡间农民，犹以日为划时间之标准，更知古人与日关系之密切，当何如也。夫天道运行，周而不息，日升为昼，日没为夜，自吾人视之，不觉甚奇。而自古人视之，则以为不解。每由好奇而生敬畏之心，以为有神灵存焉。契丹民族敬日之由，当亦不外是例。

漠北诸族之风俗习惯，各史言之甚略，亦且常相混杂。如贵壮贱老，匈奴与契丹同。“冬月时，向阳食；夏日时，向阴食”之句，《魏书》载《库莫奚传》；隋唐已下，忽入《契丹传》。乌桓俗，死者归赤山；[8]契丹俗，死者亦归黑山。[9]大抵诸族旋以游牧为生，迁徙不定；且部落毗连，常相争斗。于不知不觉中，即彼此潜移默化。故《北史》以失韦为契丹之别类，[10]五代以契丹为匈奴之苗裔，[11]此皆根据其风俗习惯相同之点而言也。更有一族被一族征服，被征服者常受征服者之同化。契丹之于突厥，即其例证。西魏大统十二年（546），蠕蠕败灭，突厥挟其锋锐来，征服北方诸族。于是“东自契丹室韦，西尽吐谷浑、高昌诸国，皆臣服之”[12]。影响所及，而契丹之风俗习惯，遂同突厥。《唐会要》卷九六，记契丹风俗云：

死无服纪，子孙死，父母晨夕哭，父母死，子孙不哭，余风俗与突厥同。

（一）死无服纪，塞北游牧民族皆然；（二）贵壮贱老，大抵匈奴、鲜卑、乌桓及东胡民族俱同，非契丹之特点；（三）余风俗同突厥，为一笼统之语，盖所同者必甚繁，不遑列举焉。《北周书》卷五〇《突厥传》：

可汗恒处于都斤山，牙帐东开，盖敬日之所出也。

又《隋书》卷八四《突厥传》，炀帝诗云：

鹿塞鸿旗驻，龙庭翠辇回，毡帷望风举，穹庐向日开。

“牙帐东开”，“穹庐向日开”，非契丹门屋东向之俗乎？文称敬日，非契丹之拜日乎？惜突厥敬日之俗，史不详载，其敬日之情状，崇东之习俗，更不可多知。第此决不能断言契丹贵日崇东，得自突厥，何则？盖北方诸族，所处环境俱类似，文明程度亦相当，而且彼此潜移默化，一族之特殊风俗，不能独保，常为他族所习染，故其风俗习惯，俱有类似之点。观以下所引匈奴、乌桓、女真诸族可知。有独拜日者，有兼拜月者；有东向者，有北向者，有南向者，皆互有关系。

匈奴：《史记》卷一一〇《匈奴传》：“单于朝出营，拜日之始生，夕拜月。其坐，长左而北乡。”《汉书·匈奴传》：师古注云：“坐者以左为尊。”

乌桓：《后汉书》卷一二〇《乌桓传》：“……居无常处。以穹庐为舍，东开向日。”同书：“敬鬼神，祠天地、日月、星辰、山川及先大人有健名者。”

女真：《大金国志》卷三五：“遇日月蚀，禁乐，断屠，六斋（初一、初八、十四、十六、廿三、廿九），上七、十五，并不许杀。”同书卷三九：“其节序，旦则拜日相庆。”《金史》卷二九《礼志二》：“金初用本国礼……大定十五年，有司援据汉唐……殿前东向拜，诏姑从南向……十八年，上拜日于仁政殿，始行东向之礼。”

此外若百济、勿吉、室韦、奚、霫、回纥等族，敬日之俗，虽无明文，然而史称室韦、奚、霫，与契丹同，回纥与突厥风俗，亦类似。则敬日之俗，似亦为所有。果尔，则契丹贵日崇东，亦所固有，非受突厥风俗之影响。

征诸各史，契丹崇东之语，昉见《旧五代史》；贵日之俗，始于《新五代史》，疑若契丹自五代时，始有此俗。其所以如此者盖因五代以前，南北使节不繁，其风俗习惯，知之不详；更以其无足轻重，史家不遑详论。故自《魏书》以至《唐书》，除与本朝有关系之事实外，千篇一律，材料无所增加。五代之末，契丹为一强大政权，五胡十六国之后，开他族灭中原王朝之先例。其位置之重要，固不待言。为时交涉甚繁，信使往返亦多，故其贵日崇东之俗，昉见新旧二《五代史》，而《辽东志略》复以造一新名词，此太阳契丹名称之由来欤？

原文刊载《史学年报》第3期，1931年；
选自《冯家昇论著辑粹》，中华书局1987年版

注释：

1. 此处“每日”应为“每月”。——编者注

2. ［清］厉鹗：《辽史拾遗》卷一三，丛书集成初编本，第253页。此处“东向设坛”应为“东向设氈屋”。——编者注

3. ［宋］叶隆礼：《契丹国志》二四引《富郑公行程录》，上海古籍出版社1985年版，第232页。

4. ［元］脱脱等：《辽史》卷三七《地理志》引宋大中祥符九年薛映记上京语，中华书局2017年版，第500页。此处引文标点应改动为：“入西门，门曰金德，内有临潢馆。子城东门曰顺阳。北行至景福门，又至承德门，内有昭德、宣政二殿与毡庐，皆东向。”“承德门”应为“承天门”。——编者注

5. ［宋］宇文懋昭撰，崔文印校证：《大金国志校证》卷四〇引《许奉使行程录》，中华书局1986年版，第569页。

6. S. M. Shirokogoroff，*Social organizations of the Manchus*，p.93.

7. ［宋］王明清：《挥麈录》前录卷四引王延德《使高昌记》，上海书店出版社2001年版，第29页。文中“为卦”为“为占”；“夕行。望日”为“又行望月”。——编者注

8. ［宋］范晔：《后汉书》卷九〇：“死敛尸以棺，有哭泣之哀，至葬则歌舞相送，肥养一犬，以彩绳缨牵，并取死者所乘马衣物，皆烧而送之。言以属累犬。使护死者神灵归赤山……如中国人死者，魂神归岱山也。”（中华书局1965年版，第2980页）

9. ［明］陶宗仪：《说郛》卷九七引《辽志》：“冬至日，国人杀白羊白马白雁，各取其生血和酒，国主北望拜黑山，奠祭山神，言契丹死魂为黑山神所管。又彼人传云，凡死人悉属此山神所管，富民亦然。契丹黑山，为中国之岱宗云，北人死魂，皆归此山。”（上海古籍出版社1988年版）

10. ［唐］李延寿：《北史》卷九四《室韦传》：“室或为失，盖契丹之类，其南者为契丹，在北者号为失韦。”（中华书局1974年版，第3129页）

11. ［宋］欧阳修：《新五代史》卷七二云，契丹“与库莫奚同类而异种”（中华书局2016年版，第1002页）；卷七四又云“奚，本匈奴之别种”（第1029页）。

12. ［宋］王溥：《唐会要》卷九四，上海古籍出版社1991年版，第2000页。

从石刻资料看辽代世家大族与佛教的关系

王善军

自佛教传入中国以来，就逐渐在中国人的信仰中扎根、生长并发展壮大。若以朝代而论其发展历史，辽朝当为佛教发展最为迅猛的王朝之一。在其统治的疆域内，呈现出“海内塔庙相望”[1]的壮阔景象。辽朝曾创下了“一岁而饭僧三十六万，一日而祝发三千”[2]的惊人纪录，也出现了“僧有正拜三公、三师兼政事令者，凡二十人”[3]的政治奇观，以至后人甚至评说“辽以释废”[4]。佛教的发展与昌盛，原因复杂，表现也是多方面的，它对辽朝政治、经济、文化及社会生活等各方面产生的影响，亦是极为深刻的。论者对辽代佛教问题已多有探讨，取得了多方面的研究成果。本文拟从辽代石刻文献出发，专论世家大族与佛教的关系。

一、世家大族佛教信仰的普遍性

辽代世家大族的宗教信仰十分庞杂，各民族也有一定的差别。以契丹族世家大族而论，既有本民族传统的萨满教信仰，又有受其他北方民族影响的摩尼教信仰[5]；既有产生于中原地区的儒、道信仰，又有产生于印度地区的佛教信仰。各种宗教信仰虽然可以并行不悖，但就信仰或崇奉的程度而言，也并非平行发展。总体来说，佛教在各民族世家大族的宗教信仰中均占有极为突出的地位。

早在新中国成立前后，耶律阿保机既曾“城龙化州于潢河之南，始建开教寺”，又曾“以所获僧崇文等五十人归西楼，建天雄寺以居之，以示天助雄武”[6]。这说明佛教已得到契丹上层人物的信仰。在此后有关确立国家宗教统治地位的有趣故事中，也颇能说明世家大族对佛教的信仰得到进一步发展。据《辽史》卷七二《宗室·义宗倍传》记载：“时太祖问侍臣曰：‘受命之君，当事天敬神。有大功德者，朕欲祀之，何先？’皆以佛对。太祖曰：‘佛非中国教。’倍曰：‘孔子大圣，万世所尊，宜先。’太祖大悦，即建孔子庙，诏皇太子春秋释奠。”侍臣“皆以佛对”，正说明佛教影响的扩大。尽管在汉化程度极深的耶律倍力争下，孔子庙得以建立，但却是与佛寺、道观同时被诏令兴建的。[7]

辽初三教并列正统地位的确立，对此后世家大族的信仰，无疑是有一定影响的。三教并信尤其是对儒、佛的笃信在世家大族成员中相当普遍。据墓志记载，皇族成员耶律宗政“乐慕儒宗，谛信佛果。戚里推其孝悌，部下仰其宽仁”[8]；其弟宗允，“谛慕佛乘，钦崇儒教。以至仁而抚下，以直道而事君”[9]。类似此类的记载，说明世家大族对各种正统宗教的确是兼收并蓄的。

如果说世家大族热衷儒学，为现实政治服务的色彩更为浓重的话，其崇佛则更侧重于宗教信仰的色彩。曾经“处三公之首，为帝王之师”的耶律琮，“奉身而退，喜归私地逸乐自娱。然公长以释教为事，……改玉馔而为香馔，不辍参禅。……欲寤无为之理，大崇有相之因”[10]。兴州刺史刘承嗣，“因缘私门，崇重释教。创绀园之殊胜，独灵府之规谋”[11]。武定军节度使梁援，“素事佛”，在任时因久旱不雨而“焚咒祷之”[12]。渤海高氏高泽，“自幼及长，无妄言笑，不诱利权，意崇佛老，身乐丘园，自以高尚，不事王侯”[13]。似此类记载，石刻资料中尚可罗列甚多。可以看出，在各民族世家大族的男性成员中，无论是仕宦者还是非仕宦者，崇信佛教并以之立身处世者大有人在。这说明，世家大族男性成员信仰佛教是辽代社会的普遍现象。

在世家大族女性成员的信仰世界中，佛教占有的地位更为重要。皇族耶律弘世妻萧氏，“敏慧博知，尤通内学。口不嗜荤茹，色不尚铅华。衮饰服御，珍玩之资，皆非己有。惟奉佛延僧为施，以荐冥福，九载之余，一节而已”[14]。耶律弘益妻萧氏，“筵僧营佛，莫尽其称量；育老赈贫，孰测其涯滦。造次而往想佛国，斯须而留心圣经。是皆天生之异相，证圣之大端者也”[15]。耶律昌允妻萧氏，“以焚香礼佛为事，以济僧施贫为念，读诵经典，日不暇给”[16]。右班殿直董匡信的妻子王氏，“恒以清净心日课上生法花观音品。十数年间，持六斋戒”[17]，和乃夫一样，王氏也是虔诚的佛教信徒。与男性成员相比，世家大族的女性成员对佛教的信奉，可说是有过之而无不及。

世家大族对佛教的崇奉，带动了辽代社会各阶层的佛教信仰，辽人王鼎甚至发出了这样的感叹：“噫！佛法西来，天下响应。国王大臣与其力，富商强贾奉其赀，智者献其谋，巧者输其艺，互相为劝，惟恐居其后也！”[18]尽管随着佛教的发展，其信徒涉及社会各个阶层，尤其是辽朝后期，几乎是举国信奉，但不管怎么说，“国王大臣”“富商强贾”有力有赀，他们显然是崇佛的主体势力。

二、世家大族成员与佛教相关的起名

在日常社会生活中，世家大族对佛教的信仰表现在方方面面。作为颇能折射人们社会意识的起名，就反映出辽代世家大族佛教信仰的普遍性。在现存世家大族成员的名字中，与佛教相关者甚多。以佛教信仰在起名中反映的方式而言，计有如下几种情况：

一是以佛号为名。佛、观音、菩萨、文殊、药师等之类不断被后人神化的佛号名称，首先受到世家大族成员的崇拜，以之取名者甚多。其中与佛相关的名字最为常见，《辽史》中即可见蔚州节度使耶律佛留、遥辇太尉谢佛留、西南面招讨使耶律佛顶等。与观音相关的名字，也比较常见。辽道宗宣懿皇后幼年“姿容端丽，为萧氏称首，皆以观音目之，因小字观音”[19]。奚六部大王亦名萧观音。北院枢密使耶律贤适之子则名耶律观音。[20]菩萨等相关名字，在资料中也多有发现。圣宗仁德皇后萧氏，小字菩萨哥。[21]知大定府少尹尚暐“孙女一人，文殊”[22]。太和宫副使耶律弘益“夫人萧氏，名弥勒女”[23]。静江军节度使萧孝忠一女名天王女，一女名观音女。[24]

二是以佛徒为名。和尚、罗汉、僧等佛徒名称在世家大族成员取名中出现相对较多，而比丘、师姑、尼之类则比较罕见。在《辽史》一书中，系出皇族季父房的耶律和尚、系出国舅大父房的萧和尚、渤海宰相罗汉、中书令萧僧隐、都点检耶律僧隐等，均属于这类起名。石刻资料中所见萧袍鲁之孙亦名萧和尚[25]，与前一萧和尚并非一人。

三是以佛号奴、佛徒奴为名。这类起名最为常见。《辽史》中所见即有甚多，佛奴如谛居部节度使佛奴、左夷离毕萧佛奴、四捷军详稳张佛奴、出使宋朝的使臣耶律释身奴等；观音奴如奚王萧观音奴、编辑萧柳《岁寒集》的耶律观音奴等；其他如同知南院枢密使事萧药师奴、驸马萧鉏不里同党弥勒奴、归州观察使萧和尚奴、左皮室详稳皇族耶律罗汉奴、北院副枢密使萧僧孝奴等，不一而足。辽圣宗小字文殊奴，其子有名药师奴者，有名佛宝奴者。在石刻资料中，这类起名同样所见甚多。镇国军节度使耶律琮“季男阿难奴，孙男和尚奴”[26]。静江军节度使萧孝忠“一男名药师奴”[27]。左谏议大夫史洵直次子名观音奴。[28]内客省使韩瑜“夫人生九男三女，……次宝神奴，……次高神奴……长女杨佛喜，早亡。次女罗汉女”[29]。后族萧氏有名僧奴者。[30]另外，《辽史》中所见尚有大悲奴、大师奴之类，当亦与此类起名相关。

三、世家大族成员的出家情况

佛教信仰者大体可分为三种情况：一是一般思想上的信仰者，行为上基本可以不受戒律约束；二是受过“三明”“五戒”但在家修行者，即所谓居士[31]；三是出家修行者，即所谓僧尼。辽代佛教的传播和发展，主要有赖于前两者的急剧扩大，但入教成为僧尼毕竟是最彻底的修炼方式，同时也是宗教发展壮大所必需的。

辽代世家大族成员出家为僧，大多出于虔诚的信仰。出自于“国舅大丞相楚国王之族”的妙行大师，“甫三岁，未解语言，见邻舍家严设佛像”，“就地俯伏，合掌虔敬，哀啼忘返”，“及蒙训教，深厌尘俗，恳祈出家”[32]。出自于“代有簪绂”之刘氏家族的非觉大师，则是青年时代“受具戒，乃师归义寺义从上人”[33]的。彰德军节度使秦德昌夫妻崇佛，他们的子女中竟有二子为僧，一女为尼。二子同在镇国寺，均获“大德”之称号。[34] 左谏议大夫史洵直之孙史禄孙“出家，法名行敷，礼西京石佛院诠正大师”[35]。这些都是男性成员由于信教而出家的事例。

世家大族女性成员出于虔诚信仰而出家者亦相当普遍，这大体上又可分为两种情况。一种情况是女性成员终身不婚，大多在成年后即出家为尼。墓志中所见此类情况甚多。后族出身的北府宰相萧义，“女三人，长为尼，赐紫，号慈敬大德”[36]。知上京盐铁副使、白霫人郑恪“女三人，一人出家学浮屠法，所谓代君养亲者也”[37]。汉人官僚刘宇傑有女 6 人、邓中举有女 4 人、梁援有女 3 人，他们均是有 1 女出家为尼。其中梁援之女梁引璋，“自小不留髫发，行解双美，性相兼修，年十五赐紫加慈惠大德”。王泽有女 3 人，其中 2 人出家。王泽曾孙王安裔有女 6 人，亦有 2 人出家。更有甚者，董庠有孙女 5 人，除 2 人至墓志撰写时仍“在幼”外，其他 3 人全已“落发为尼”[38]。另一种情况是妇女在寡居后出家为尼。王泽“继亲（继母）仇氏，慕崇觉行，落发为尼”[39]。名臣刘六符的三女儿刘五拂，嫁司勋郎中高□齐，36 岁时“嫠居，誓志不再嫁”，56 岁时“乃落发为精行尼”，“寻授十戒，为沙弥尼”，半年内“赐紫方袍，赐号悟空大德”。受其影响，当时“士大夫妻有嫠居者，感而募道□□□者数人”[40]。

世家大族成员出家为僧除了出于信仰外，也有将其视为仕途捷径的。辽代帝王的崇佛，对世家大族具有很大影响。圣宗以后的历代帝王甚至在政治上大量起用佛徒僧侣，从而促使某些世家大族成员通过出家获得政治上的好处。据宋人记载：“[兴宗]尤重浮屠法，僧有正拜三公、三师兼政事令者，凡二十人。贵戚望族化之，多舍男女为僧尼。”[41] 这种把出家当作为官捷径的政治现象，在中国历史上还不多见。

另外，还有一种情况，就是为逃避诡谲多变的政治斗争或在政治斗争中失势而出家。辽末拥立耶律淳称帝的析津李氏家族成员李处能，在政治形势发生转向后就“惧及祸，落发为僧”[42]。

世家大族成员的出家，不但直接壮大了佛教徒队伍，而且由于他们自身具有较高的文化素养和世俗势力，因而大多能成为上层僧侣，获得大师、大德等称号。他们与世俗政治权力之间也有着极为密切的关系，甚至于在“事君”与“出家”之间来回选择。他们对佛教的发展产生了很大影响，一方面为佛教理论作出了贡献（后面详谈），另一方面壮大了佛教的政治势力。出家的世家大族成员，与其本家族成员间的关系毕竟难以割断。以他们之间的相互结合，适可促进相互政治势力的发展。因此，许多僧人均有机会与官僚甚至皇帝接触，并得到各种礼遇和宠幸。正是由于佛教的广泛发展和僧侣身份的特殊政治因素，因而形成“俗礼多依佛，居人亦贵僧”[43] 的社会风气。由此所带来的政治势力和政治影响是不容忽视的。

四、世家大族与寺院、佛塔及经幢的修建

世家大族以其雄厚的经济实力，施财佛教，积极参与寺院、佛塔及经幢等的修建，成为辽

代佛教建筑最大的施主群体。

自辽太宗迎白衣观音为“家神”[44]、建庙木叶山之后，世家大族主要以一家之力兴建寺院的风气十分流行。一些著名的世家大族，施财建造的寺院多成为名刹，其规模之宏大，工艺之巧妙，令后人叹为观止。时至今日，仍有某些相关建筑留存于世，成为宝贵的宗教文化遗产。

举世闻名的现存古代高层木结构建筑——山西省应县木塔，即为后族拔里氏萧孝穆家族所建宝宫寺之释迦塔。萧孝穆家族在辽代中后期甚为显赫，史称“一门多后妃之贵，四荒秉王侯之权”。出自于这一家族的兴宗仁懿皇后，“崇大雄之妙教，通先哲之灵章。精穷法要，雅识朝纲。建宝塔而创精蓝百千处，即中宫而居永乐迨五十霜”[45]。木塔就是由她所倡建的。现存木塔一层的照壁板上，有6幅供养人画像，据推测，“南面三女像为圣宗钦爱皇后萧耨斤，兴宗仁懿皇后萧挞里，道宗宣懿皇后萧观音；北面三男像为晋国王萧孝穆及其长子陈王萧知足，次子齐王萧无曲”[46]。也有学者甚至称“应州宝宫寺即［萧］孝穆一系之家庙”[47]。

另一现存于世的著名佛教建筑——天津市蓟县独乐寺观音阁，在辽代则为韩氏家族所建。独乐寺始建于唐代，但辽代则在旧寺基础上进行了大规模重修。据碑文记载：“故尚父秦王，请谈真大师入独乐寺，修观音阁。以统和二年冬十月再建。上下两级，东西五间，南北八架，大阁一所，重塑十一面观世音菩萨像。”[48]这里的“故尚父秦王”，即韩匡嗣。韩氏出自蓟州玉田，“韩家重修后之独乐寺，疑亦具有韩氏家寺之性质”[49]。

现址位于内蒙古自治区赤峰市元宝山区的义州静安寺，为曾任知涿州军州事的耶律昌允家族所建。据称耶律昌允“毓庆戚闬，许心□佛……遂卜此地，肇开胜蓝。虽经始之谋有先，而考终之期奄速”。与许多世家大族建寺情况一样，耶律昌允之家也是前赴后继：“夫人抱未亡之永恨，缉已坠之遗功”。为防“苟非坚固，必贻后悔”，可谓不惜血本：“凡巨细之费，余于二万缗；□□之绩，就于十二载。”此寺建成之后，果然是“轮奂之盛，可胜道哉”[50]！据称“佛塔至今犹立于塔山之顶”[51]。

当然，由世家大族所建的寺院，更多的则为历史所淘汰。不过，它们在当时却也是美轮美奂的。燕京城内的开泰寺，为北院枢密使耶律斜轸所建，据称此寺“殿宇楼观，冠于全燕”[52]。

在兴建寺院的过程中，世家大族往往不遗余力。有些世家大族成员，甚至将自己华丽的府第，改建为寺院。燕京城内的大昊天寺、竹林寺等名寺，就是道宗朝的几位大长公主舍府第所建。秦越国大长公主耶律槊古在燕京的馆第，“雕华宏冠，甲于都会”。清宁五年（1059），她“以所居第宅为施”，请妙行大师建寺。“既成，诏以大昊天寺为额，额与碑皆道宗御书。”[53]清宁八年，楚国大长公主耶律岩母堇也“舍诸私第，创厥精庐，奉敕以竹林为额”[54]。

世家大族施财建寺院之外，也有专门施财建造佛塔、经幢、佛像等情况。北京西山灵光寺内之古塔，据其造塔刻石记载：“大寮（应为‘辽’）国公尚父令公丞相大王燕国太夫人郑氏

（耶律仁先之母）造。咸雍七年八月日工毕记。”[55]佛塔多建在寺院内外，而经幢除建于寺院周围，亦盛行建于祖坟之地。据《李翊为考妣建陀罗尼经幢记》记载，云州刺史李翊“今于坟所建斯幢者，奉为荐亡考妣之亡灵也”。其“亡考长官世袭簪裾，性惟清慎。……亡妣夫人，浮阳茂族，邹鲁名家”[56]。可以看出，于坟所建经幢的李氏，应为名门大族。

在辽代，世家大族对寺院、佛塔等的建造，还有量力而行、只施部分经费的情况。王鸣凤《三盆山崇圣院碑记》记载了寺院建造中的这种情况：“郡公王希道、张仲钊、萧名远、杨从实等同发诚心，各舍已资，于大辽应历二年戊辰岁三月内兴工，至应历八年甲戌（应为戌）岁八月中秋，营理大殿三间。”[57]佛塔、经幢的建造中，也有不少这种情况。灵感寺释迦佛舍利塔的修建，据载：“今此塔自太平九年，柳城人梁氏之所建也。……复求化官长暨贵戚，并豪族之家。各助以金帛车服，或诸珍玩。计获数百万钱，共为成办之。”[58]欢州的“佛身感应舍利塔”，参与建造者不但有大横帐五郎君耶律必孝、六郎君耶律必庆、故相公耶律元白以及他们各自的家人，而且还有王文一为邑长的千人邑。[59]出土于朝阳东塔的“无垢净光大陀罗尼法舍利经”经幢，亦载“楚国长公主施财。建、霸、宜、白川、锦等州制置使……知彰武军节度使事韩绍基施财”[60]。可见，在各种佛教建筑中，世家大族参与裒集施财的情况也是相当常见的。

五、世家大族对佛教的其他财产施舍

在施财建造寺院、佛塔等的同时，世家大族还往往捐赠巨额的其他财产以供寺院日常之用。这些施舍成为寺院经济的重要来源。概括来看，世家大族施与的其他财产主要有以下几种类型：

（一）土地

秦越国大长公主耶律槊古舍第建大昊天寺的同时，“稻畦百顷，户口百家，枣栗蔬园，井□器用等物，皆有施状”[61]。这里的“稻畦百顷”“枣栗蔬园”，作为可种水稻、水果、蔬菜的良田，无疑是富有经济价值的土地。耶律昌允家族建静安寺，“寺既成，必假众以居之。遂延僧四十人。有讲则复益，二□□□□。僧既居，必资食以给之。遂施地三千顷，粟一万石，钱二千贯，人五十户，牛五十头，马四十匹，以为供亿之本”[62]。耶律昌允家族于建静安寺之初即“施地三千顷”虽不可信（我颇怀疑文中“千”为“十”之误），但辽代寺院广占田地却是事实。蓟州的上方感化寺“创始以来，占籍斯广，野有良田百余顷，园有甘栗万余株，清泉茂林，半在疆域”[63]。感化寺所占有的广阔良田，自然包含有世家大族施与的部分。不难想象，如果不是施主具有很强的经济实力，不可能在寺院创始之时即施与大片的良田。《缙阳寺庄帐记》残文，记载了该寺田产的详细位置，可看出其田产的分布之广。其中有云“传有道侧坟主高大王，合家施根后庄田”[64]。“高大王”一家，应为世家大族。

（二）奴隶

前引文中耶律槊古施舍给大昊天寺的“户口百家”，耶律昌允家族施舍给静安寺的“人五十户”，是契丹世家大族广泛占有奴隶的表现。显然，他们将奴隶施舍给寺院，是作为财产看待的。就总的情况看，与辽代的社会经济关系尤其是契丹世家大族所代表的社会经济关系相一致，寺院中奴隶制经济形态是存在的。锦州龙宫寺，甚至将皇帝拨赐的输税户民，“岁久皆以为奴”[65]。

（三）牲畜

对于“其富以马”[66]的游牧民族来说，世家大族将牲畜作为财产施与寺院，是极其自然的。前引文中耶律昌允家族施舍给静安寺的“牛五十头，马四十匹”，就说明了这一情况。

（四）器用

耶律槊古舍第建寺，“大率宅司诸物罄竭，永为常住”，而又“井□器用等物，皆有施状”[67]。这说明世家大族将器用诸物施舍给寺院，为寺院僧徒的生活考虑可谓周详。

（五）粮食

粮食作为日常生活中必需的消费品，世家大族施与僧徒应是常见的现象。耶律昌允家族施舍给静安寺的“粟一万石”，可谓是一笔巨额财产。

（六）货币

虽然按佛教戒律，出家人不应喜爱“黄白之物”，虔诚的高僧甚至“手不捉钱宝”[68]。但对世家大族施与的货币，寺院却是来者不拒的。耶律昌允家族施舍给静安寺的钱也达“二千贯”之多。

通过世家大族以及其他社会群体的财富施舍，再加上寺院本身的经济运营和对广大社会下层民众的强取豪夺，辽代寺院具有雄厚的经济势力。在朝廷财政困难时，曾出现“海云寺进济民钱千万”[69]的事情，这同样是中国历史上所不多见的现象。

六、世家大族与佛学的传播和发展

宗教的生存和发展离不开传播，而传播的方式可包括典籍的刻印和流传、宗教教义的口耳相传、宗教仪式活动的宣示和影响等。世家大族对辽代佛学的传播和发展，发挥了重要作用。

首先是世家大族积极参与佛经的刊刻。在河北省丰润县天宫寺发现的辽代刻经中，有《大方广佛花严经》题记云："大契丹国燕国长公主奉为先皇御灵，冥资景福；太后圣寿，永保遐令。……特施净财，敬心雕造小字《大华严经》一部，所异流通，悉同利乐。"这说明该经书是辽景宗长女耶律观音女施财刊刻。[70]在主要由世家大族施财兴建的佛塔中（如应县木塔等），也多有藏经的发现。虽然不知这些流传后世的藏经是否即由世家大族施财刊刻，但当时世家大族积极施财刻印藏经则是明显的。《金山演教院千人邑记》记载了南京涞水县佛教信徒董生捐舍家资刊印佛经之事："时有县之豪士董生，数诣参访。仰师德之孤高，嗟山坊之阒寂。遂罄其家产，构大藏一座，印内典五百余帙，在中龛置。"[71]《阳台山清水院藏经记》记邓从贵在舍钱三十万修建僧舍的基础上，"乃罄舍所资，又五十万，及募同志助办印大藏经，凡五百七十九帙，创内外藏而龛措之"[72]。

著名的云居寺石经虽是前代开始的藏经雕刻的浩大工程，但主体却是在辽代完成的。在这一工程中，世家大族的作用同样不容忽视。除圣宗、兴宗、道宗三代帝王赐钱造经外，大安年间通理大师"开放戒坛"，"仕庶道俗，入山受戒"，"所获施钱，乃万余镪"[73]。这些"施钱"显然包括了世家大族的捐赠，云居寺和尚也全部将之用于制作石经。在现存造经题记中，施主为世家大族成员者也所在多有。如所见"施主窦景庸相公女赐紫比丘尼"[74]之类。

世家大族进行了众多的经幢制作。这些经幢，分布广泛，经幢上的石刻文字，包括经文和序记类文字，具有宣传佛法并鼓吹佛法的作用，其影响不可小觑。和尚善存为吴德迁作造经幢序文就是这样说的："既富贵而侈泰，宣碑幢以刊铭。故得庆贻宗祖，千年而不坠门风；名播人寰，万古而长标孝迹。"[75]由张楚楚家族"采名石，召良工，累岁琢磨"而建成的"尊胜陀罗尼幢"，其序文云："讽咏者，无善而不臻；瞻仰者，无殃累而不剪。"[76]如此神乎其神地鼓吹佛法，显然会对人们具有很强的诱惑力。

其次是世家大族及其出家成员对佛教理论做出贡献。辽代世家大族喜欢探讨佛法，帝王亦多有爱说佛法者。宋使苏辙曾说："北朝皇帝（辽道宗）好佛法，能自讲其书。每夏季，辄会诸京僧徒及其群臣，执经亲讲。"[77]世家大族成员与僧侣交往密切，研讨佛法、说法也是蔚然成风。辽初名臣耶律羽之即"于辅政之余，养民之暇，留心佛法，耽味儒书。入箫寺则荡涤六尘，退庙堂则讨论五典"，"儒释庄老之文，尽穷旨趣"[78]。怀州刺史王泽"惟与僧侣，定为善交。研达性相之宗，熏练戒慧之体。间年看《法华经》千三百余部，每日持陀罗尼数十本。全藏教部，读览未竟"[79]。他们的说法活动，对佛学理论的发展尤其是其世俗化的发展，无疑是具有较大促进作用的。这是一方面。

另一方面，由于在出家前已受到较好的教育，世家大族出身的僧侣有能力、有兴趣对佛经和佛学理论进行研习。"世籍燕为名家"、俗姓高氏的沙门洙公，"生而被诗书礼乐之教"，"嗜浮图所谓禅者之说”[80]。“家传十善，世禀五常”、俗姓杜氏的沙门道殿，“始从龆龀之年，习于儒释之典”[81]。显然，他们为辽代佛学的发展，作出了重要的贡献。

在佛教与政治的结合过程中，儒佛融合的思想也得以产生。辽穆宗朝的盐铁判官王正，曾说他与云居寺谦讽和尚“论难数宵，以道相得。和尚与仆（王正）约曰：‘夫人入仕，则竭忠以事君，均赋以利国，平征以肃民；出家，则庄严以奉佛，博施以待众，斋戒以律身。尽此六者，可谓神矣！可谓神矣！’”[82]此二人论难所得出的共识，可说基本反映了当时世家大族出家的某种理念。宋代“熔冶了儒释道三家学说于一炉”[83]的晁迥，曾经说过这样一段话：“夫事君者，不可以二心，唯一至忠而已矣！至忠则名光而众仰。学道者，亦不可以二心，唯一至诚而已矣！至诚则神会而自知。”[84]晁迥提出的“事君”和“学道”都不可二心，以忠事君，以诚学道，是宋学形成阶段儒释思想相互渗透的重要内容。[85]生活在儒学不甚发达的辽代社会，王正和谦讽和尚早于晁迥所提出的“事君”和“出家”思想，值得重视。

再次是世家大族所进行的各种佛事活动。世家大族的佛事活动，一般来说场面宏大，参与人员众多，由此而极容易造成一定的社会影响。耶律仁先家族曾“请龙象高德办集胜事”，举办的盛大佛事活动竟然“起建道场六十二昼夜，斋僧四千四百人”[86]，延僧诵读的各类经文达千遍万遍，令人惊讶。仅因“进粟二千五百斛”而被天祚帝“特授右班殿直”的张世卿，“每年四月二十九日天祚皇帝天兴节，虔请内外诸僧尼，男女邑众，于园内建道场一昼夜，具香花美馔，供养斋设，以报上方覆露之恩”[87]。一般世家大族在重要活动中的佛事场面，由此可想而知。

在世家大族的墓室壁画中，也有不少绘有与佛事相关的绘画。“宝山 2 号墓石房北壁诵经图画面正中绘一贵妇坐条案前，画前有展开的经卷，图右上角还有题诗一首：‘雪衣丹嘴陇山禽，每受宫闱指教深。不向人前出凡语，声声皆［是］念经音。’”[88]该绘画虽然描述的是唐玄宗贵妃杨玉环及其所养鹦鹉的日常生活，但其为辽代世家大族所欣赏，也从侧面说明一些世家大族成员的日常佛事功课是念经。

世家大族与佛事相关的活动，各式各样，种类繁多。尽管它们规模不一，影响不尽相同，在功能上也各有侧重，但却均是有利于佛学的传播和发展的。

七、世家大族崇佛的主要原因

人们信仰宗教，一般是以之满足自己的精神需求，这一点世家大族与其他社会群体并无不同。但是，不同阶层的人们，其精神需求的具体内容却是很不相同的，世家大族的精神需求有其自己的特点。另外，某一社会群体对某种宗教的崇奉，往往不仅仅是满足自己的精神需求，同时还有出于政治经济目的的调节社会关系的原因。辽代世家大族对佛教的崇奉，原因是比较复杂的，但主要的却是满足自己精神需求和调节社会关系两个方面。

世家大族的精神需求，首先是用佛教抚慰他们的罪恶感。辽王朝“用武立国”[89]，在长期的战争环境中，世家大族的主要成员多曾南征北战，杀人如麻。这当然不仅仅是战场上你死我活的两军厮杀，还包括辽军残杀百姓，俘掠“生口”，劫夺财物。这些活动，自然易于使他们产生罪恶感，尤其是随着契丹、奚等游牧民族汉化程度的加深，这种感觉就会愈加强烈。辽圣宗统和四年（986），曾“以杀敌多，诏上京开龙寺建佛事一月，饭僧万人”[90]，就是这种感觉的表现。即使是和平时期，世家大族锦衣玉食，养尊处优，对奴仆颐指气使，残酷地剥削和压榨奴隶、农奴，可以说他们在对待奴隶、农奴等被奴役者的身上，同样是罪恶累累的。佛教恰恰是解除各种罪恶的精神良方。只要信佛，不但所有罪恶尽皆消灭，而且还可以“增无量福德”，正所谓“放下屠刀，立地成佛”。在出土的经幢记文中，经常出现如下一段文字：“佛言有十三大罪，无忏悔者，有无动如来陀罗尼，一切极重大罪，并能消灭。若不灭者，我等自代。彼有情爱诸苦恼，若有人发大菩提心，□（依）梵□（字本）书于辟（石塔幢子）上，又于版上。忽有覩此陀罗尼［字］，生信敬心，所有如五十恶等罪，悉皆消灭。何况一日诵一遍，其人增无量福德。临命终时，十方圣众，各持华盖来迎，生于净土，佛舒金色臂，摩顶授记，速成无上菩提。”[91]辽代世家大族之所以大多崇信佛教密宗（陀罗尼），主要是由于他们“盖闻佛顶尊胜陀罗尼，能与众生除一切恶道罪障等”[92]。因为按佛教教理，由于众生因缘的业力的作用，众生皆在六道轮回，要想摆脱轮回或往生天界，就必须减少自身所造的恶业。密宗宣传、诵持真言则可达此目的。

世家大族的精神需求，其次是用佛教来满足他们长享富贵的愿望。由于世家大族处于等级社会的上层，所以他们总是希望能够长享富贵。他们不但希望自己长享富贵，而且希望子孙后代世世长享富贵；他们不但希望今生长享富贵，而且希望来世亦能长享富贵。从经幢、佛塔的铭文中，可以清楚地看出他们的这种愿望。如《刘庆为出家男智广特建幢塔记》云：“伏闻佛顶尊胜陀罗尼者，无边菩萨誓愿弘持。归依者，福智备生。讽诵者，祸患不作。”[93]《白川州陀罗尼经幢记》记载：“奉为神赞天辅皇帝（辽圣宗）、齐天彰德皇后万岁，亲王公主千秋，文武百僚，恒居禄位。”[94]《欢州西会龙山碑铭》记载：“特建佛身感应舍利塔一所。伏愿天祐皇帝（辽道宗）、燕国大王（耶律延禧），二仪同坚于社稷；亲王公主、皇侄皇孙，百世永茂于宗枝；然后上至文武官寮，恒居禄位；下及庶类州司，长添福德，见闻随喜，同获梵天之果；施主邑人，早证涅盘之乐。”[95]耶律昌允家族创建静安寺，碑铭作者说其“所祈者，圣祚垂鸿，固萝图于浩劫；群灵护佑，趣花藏于他生。又何止延九族之修龄，荐三代之冥福而已哉”[96]！这些时人撰写的碑铭，不管如何变换说法，其核心又何尝不是使家族长享富贵的愿望呢？！

在长享富贵的愿望中，自然包含有长寿之意，即所谓“延康宁之寿，享崇达之位”[97]。所以，在世家大族成员病且将死之时，乞灵佛教祛病延寿的现象很多。秦晋国大长公主病危，“诸孙在旁，恻恻恳祷。焚香祝无边佛，设供饭无遮僧”[98]。萧和之妻耶律氏病危时尽管已达 89 岁高龄，其女钦哀皇太后仍“奉香花以供佛，严蓍蔡以告神”[99]，为其乞寿。燕京留守萧孝穆在“病染沉痾”之时，其二子也是“虔愿焚香，敬亲启誓；舍财画像，发愿筵僧”，竟凑巧达到了他们期望的“其疾顿痊，复安如旧”[100]的效果。

除满足精神需求外，用佛教来调节现实社会关系亦是世家大族崇佛的不容忽视的原因。与其他宗教相比，佛教在稳定现实社会关系方面功效显著。辽代世家大族崇佛，无疑是看重这一功能的。正如辽人所说：“生不可常，必至于灭。灭不可已，复转于生。于此流转中，能解生死之缚，而得不生不灭者，唯释迦而已。……皇朝定天下以武，守天下以文。太平既久，而人心向善，故此教所以盛宏。”[101]只要“人心向善”，把希望寄托于来世，社会各阶层均安于现状，世家大族的社会地位才最为稳固。为此，他们从宗教哲理的高度宣传人们身份地位的神圣性。“伏闻混沌判则天地别，天地别则人民生，人民生则君后出，君后出则佛法兴矣！自汉明帝创见（应为建）白马寺已还，迄至于今，法宇不绝也。我国家尊居万乘，道贯百王，恒崇三宝之心，大究二宗之理，处处而敕兴佛事，方方而宣创精蓝，盖圆于来果也。”[102]“我钜辽启运，奄有中土。始武功以勘世乱，力拯乾纲；中文德以葺王猷，□恢帝业。尚虑前缘未晓，宁分贵贱之殊；后报或迷，安息战伐之役。繇是诚坚信力，诞布宗乘。”[103]似此类宣传，在各种佛教碑刻中所见多有。其蒙蔽广大百姓的作用，亦是相当明显的。辽宁省沈阳市的无垢净光舍利塔，其地宫出土的石函，记此塔为邑人李弘遂等千余人捐款所建，发愿词同样有“文武百僚，恒居禄位”之类的内容。[104]

在受传统儒家思想影响较深的汉人群体中，还将崇佛与儒家伦理相结合。在一篇僧人撰写的经幢记中，既说明等级贵贱之分，又强调了佛教密言与儒家孝道的相通：“古者不封不树，后世易之以棺椁，踵其事者，墓而且坟，遂有高卑薄厚之度，贵贱之等级也。而后我教东流，法被幽显，则建幢树刹兴焉。其有孝子顺孙，信而乐福者，虽贫贱，殚财募工市石，刻厥密言，表之于祖考之坟垄。冀其尘影之沾庇者，然后追悼之情塞矣。”[105]由儒士所撰写的造幢记中，甚至将二者强调得更为过分：“苟未能为幢于坟，则是为不孝也。”[106]马氏家族《为先内翰侍郎太夫人特建经幢记》则记载了马氏后人以佛法施孝的具体情况，这在汉人世家大族中是颇具代表性的：“长男静江军节度使、知顺州军州事、开国侯［马］直温，次男洛苑副使、前随驾锦透背皮毛库副使内温，小男安州防御使、知中京诸军都虞侯（应为候）、开国子处温，长孙乡贡进士、内供奉班祗侯（应为候）梅书。伏以欲报昊天鞠育之鸿恩，惟仗诸佛宣传之密教。刻之贞琰，树于先茔。期覆影以沾尘，愿觉佛而闻法。”[107]显然，佛教教义与儒家伦理相结合观念在社会上的推开，也是有利于稳定社会、有利于巩固世家大族社会地位的。

世家大族的崇佛，除上述两方面的主要原因外，直接的政治原因也在一定情况下起着作用。一种情况是某些世家大族成员投合最高统治者的信仰嗜好，在仕途上走终南捷径；另一种情况则是某些世家大族成员遁入佛门以躲避政治斗争的打击。不过，主要因这类原因而崇佛的世家大族，在数量上毕竟较少，并不具有普遍意义。

原文刊载日本《东亚文史论丛》2007年号；
选自王善军：《阳都集》，中国社会科学出版社2012年版

注释：

1. ［辽］王鼎：《蓟州神山云泉寺记》，向南编：《辽代石刻文编》，河北教育出版社1995年版，第358页。
2. ［元］脱脱等：《辽史》卷二六《道宗纪六》，中华书局2017年版，第353页。
3. ［宋］叶隆礼：《契丹国志》卷八《兴宗文成皇帝》，上海古籍出版社1985年版，第82页。
4. ［元］苏天爵：《元朝名臣事略》卷一〇《宣慰张公》，中华书局1996年版，第206页。
5. 王小甫：《契丹建国与回鹘文化的关系》，《中国社会科学》2004年第4期。
6. 《辽史》卷一《太祖纪上》，第2，6页。
7. 《辽史》卷一《太祖纪上》，第13页。
8. 《耶律宗政墓志》，《辽代石刻文编》，第308页。
9. 《耶律宗允墓志》，《辽代石刻文编》，第321页。
10. 《耶律琮神道碑》，李逸友：《辽耶律琮墓石刻及神道碑铭》附，《东北考古与历史》第1辑，文物出版社1982年版。
11. 《刘承嗣墓志》，《辽代石刻文编》，第48页。
12. 《梁援墓志》，《辽代石刻文编》，第521页。
13. 《高泽墓志》，《辽代石刻文编》，第611页。
14. 《皇弟秦越国妃萧氏墓志》，盖之庸：《内蒙古辽代石刻文研究》，内蒙古大学出版社2007年版，第442页。
15. 《耶律弘益妻萧氏墓志》，《辽代石刻文编》，第591页。
16. 《耶律昌允妻萧氏墓志》，《内蒙古辽代石刻文研究》，第285页。
17. 《董匡信及妻王氏墓志》，《辽代石刻文编》，第338页。
18. 《蓟州神山云泉寺记》，《辽代石刻文编》，第358页。
19. ［辽］王鼎：《焚椒录》，四库全书存目丛书本，史部第45册，第129页。
20. 《辽史》卷七九《耶律贤适传》，第1403页。
21. 《辽史》卷七一《圣宗仁德皇后萧氏传》，第1323页。
22. 《尚暐墓志》，《辽代石刻文编》，第499页。
23. 《耶律弘益妻萧氏墓志》，《辽代石刻文编》，第590页。
24. 《萧孝忠墓志》，《辽代石刻文编》，第416页。
25. 《萧袍鲁墓志》，《辽代石刻文编》，第425页。
26. 《耶律琮神道碑》，李逸友《辽耶律琮墓石刻及神道碑铭》附，《东北考古与历史》第1辑，文物

出版社 1982 年版。

27.《萧孝忠墓志》,《辽代石刻文编》,第 416 页。

28.《史洵直墓志》,《辽代石刻文编》,第 652 页。

29.《韩瑜墓志》,《辽代石刻文编》,第 95 页。

30.《萧氏夫人墓志》,《内蒙古辽代石刻文研究》,第 118 页。

31. 韩椅长子齐家奴“废疾居家,受浮屠之法”(《韩椅墓志》,《辽代石刻文编》,第 207 页),当属于特殊类型的居士。

32.《妙行大师行状碑》,《辽代石刻文编》,第 584—585 页。

33.《非觉大师塔记》,《辽代石刻文编》,第 398 页。

34.《秦德昌墓志》,转引自都兴智《辽金史研究》,人民出版社 2004 年版,第 287 页。

35.《史洵直墓志》,《辽代石刻文编》,第 652 页。

36.《萧义墓志》,《辽代石刻文编》,第 624 页。

37.《郑恪墓志》,《辽代石刻文编》,第 429 页。

38.《刘宇傑墓志》《邓中举墓志》《梁援妻张氏墓志》《王泽妻李氏墓志》《王安裔墓志》《董庠妻张氏墓志》,《辽代石刻文编》,第 107,489,567,241,688,410 页。

39.《王泽墓志》,《辽代石刻文编》,第 261 页。

40.《悟空大德发塔铭》,《辽代石刻文编》,第 511—512 页。

41.《契丹国志》卷八《兴宗文成皇帝》,第 82 页。

42.《辽史》卷一〇二《李处温传》,第 1587 页。

43.［宋］苏颂:《苏魏公文集》卷一三《前使辽诗·和游中京镇国寺》,中华书局 1988 年版,第 166 页。

44.《辽史》卷三七《地理志一》,第 504 页。

45.《兴宗仁懿皇后哀册》,《辽代石刻文编》,第 375—376 页。

46. 张畅耕、宁立新、支配勇:《契丹仁懿皇后与应州宝宫寺释迦塔》,《辽金史论集》第 6 辑,社会科学文献出版社 2001 年版,第 143 页。

47. 宿白:《独乐寺观音阁与蓟州玉田韩家》,《文物》1985 年第 7 期。

48.《重修独乐寺观音阁碑》,《辽代石刻文编》,第 88 页。

49. 宿白:《独乐寺观音阁与蓟州玉田韩家》,《文物》1985 年第 7 期。

50.《创建静安寺碑铭》,《辽代石刻文编》,第 361—362 页。

51. 刘凤翥:《遍访契丹文字话拓碑》,华艺出版社 2005 年版,第 197 页。

52. 贾敬颜:《王曾〈上契丹事〉疏证》,《五代宋金元人边疆行记十三种疏证稿》,中华书局 2004 年版,第 86—87 页。

53.《燕京大昊天寺碑》《妙行大师行状碑》《燕京大昊天寺传菩萨戒故妙行大师遗行碑铭》,《辽代石刻文编》,第 330,586,509 页。文编编者在注释中将秦越国大长公主误为耶律岩母堇。

54.《奉福寺陀罗尼幢记》,《辽代石刻文编》,第 312 页。文编编者在注释中将楚国大长公主误为耶律槊古。

55.《千佛塔露盘题记》,《辽代石刻文编》, 第 346 页。

56.《李翊为考妣建陀罗尼经幢记》,《辽代石刻文编》, 第 105 页。

57.《三盆山崇圣院碑记》,《辽代石刻文编》, 第 30 页。

58.《灵感寺释迦佛舍利塔碑铭》,《辽代石刻文编》, 第 662 页。

59.《欢州西会龙山碑铭》,《辽代石刻文编》, 第 443 页。

60.《朝阳东塔经幢记》,《辽代石刻文编》, 第 149 页。

61.《妙行大师行状碑》,《辽代石刻文编》, 第 586 页。

62.《创建静安寺碑铭》,《辽代石刻文编》, 第 362 页。

63.《上方感化寺碑》,《辽代石刻文编》, 第 563—564 页。

64. 陈述:《全辽文》卷一二《缙阳寺庄帐记》, 中华书局 1982 年版, 第 344 页。

65. [元] 脱脱等:《金史》卷九六《李晏传》, 中华书局 2022 年版, 第 2255 页。

66.《辽史》卷五九《食货志上》, 第 1025 页。

67.《妙行大师行状碑》,《辽代石刻文编》, 第 586 页。

68.《妙行大师行状碑》,《辽代石刻文编》, 第 585 页。

69.《辽史》卷二五《道宗纪五》, 第 333 页。

70. 郑绍宗:《丰润天宫寺发现的辽代刻经》,《内蒙古文物考古文集》第二辑, 中国大百科全书出版社 1997 年版, 第 531—532 页。

71.《金山演教院千人邑记》,《辽代石刻文编》, 第 533 页。

72.《阳台山清水院藏经记》,《辽代石刻文编》, 第 332 页。

73.《云居寺续秘藏石经塔记》,《辽代石刻文编》, 第 671 页。

74.《造经题记》,《辽代石刻文编》, 第 742 页。

75.《沙门善存为吴德迁造幢序》,《辽代石刻文编》, 第 430—431 页。

76. 陈述:《全辽文》卷一二《尊胜陀罗尼幢记并序》, 第 343 页。

77. [宋] 苏辙:《栾城集》卷四二《论北朝政事大略》,《苏辙集》, 中华书局 1990 年版, 第 749 页。

78.《耶律羽之墓志》,《内蒙古辽代石刻文研究》, 第 2—3 页。

79.《王泽墓志》,《辽代石刻文编》, 第 261 页。

80.《柳溪玄心寺洙公壁记》,《辽代石刻文编》, 第 539 页。

81. 陈述:《全辽文》卷九《显密圆通成佛心要集并供佛利生仪后序》, 第 267 页。

82.《重修范阳白带山云居寺碑》,《辽代石刻文编》, 第 33 页。

83. 邓广铭:《王安石在北宋儒家学派中的地位》,《邓广铭全集》, 河北教育出版社 2005 年版, 第 85 页。

84. [宋] 晁迥:《法藏碎金录》卷一, 文渊阁四库全书本, 第 1052 册, 第 435 页。

85. 漆侠:《宋学的发展和演变》, 河北人民出版社 2002 年版, 第 173 页。

86.《办集胜事碑》,《内蒙古辽代石刻文研究》, 第 434 页。

87.《张世卿墓志》,《宣化辽墓》, 文物出版社 2001 年版, 第 237 页。

88. 霍杰娜:《辽墓中所见佛教因素》,《文物世界》2002 年第 3 期。

89.《辽史》卷六一《刑法志上》，第1037页。
90.《辽史》卷一一《圣宗纪二》，第131页。
91.《松寿等为亡父特建法幢记》《沙门即空造陀罗尼经幢记》，《辽代石刻文编》，第681，557页。
92.《张景运为亡祖造陀罗尼经幢记》，《辽代石刻文编》，第390页。
93.《刘庆为出家男智广特建幢塔记》，《辽代石刻文编》，第596页。
94.《白川州陀罗尼经幢记》，《辽代石刻文编》，第146页。
95.《欢州西会龙山碑铭》，《辽代石刻文编》，第443页。
96.《创建静安寺碑铭》，《辽代石刻文编》，第362页。
97.《董匡信及妻王氏墓志》，《辽代石刻文编》，第337页。
98.《秦晋国大长公主墓志》，《辽代石刻文编》，第249页。
99. 万雄飞：《辽秦国太妃晋国王妃墓志考》，《文物》2005年第1期。
100.《秦王发愿纪事碑》，《辽代石刻文编》，第198页。
101.《灵感寺释迦佛舍利塔碑铭》，《辽代石刻文编》，第661—662页。
102.《安次县祠垡里寺院内起建堂殿并内藏碑记》，《辽代石刻文编》，第418页。
103.《景州陈宫山观鸡寺碑铭》，《辽代石刻文编》，第452页。
104. 王菊耳：《辽代无垢净光舍利塔地宫四天王壁画初探》，《北方文物》1988年第4期。
105.《白怀友为亡考妣造陀罗尼经幢记》，《辽代石刻文编》，第549页。
106.《张世俊造幢记》，《辽代石刻文编》，第699页。
107.《为先内翰侍郎太夫人特建经幢记》，《辽代石刻文编》，第617页。

辽金时期渤海族习俗研究

程妮娜

渤海国为契丹灭亡后，渤海遗民仍以一个族体存在于辽金时期。由于长期受异民族统治与异民族杂居相处，渤海族风俗在辽金时期发生显著变异，形成了本族习俗与他族习俗杂糅共存的时代特征，在发展过程中汉化趋势越发显著。当渤海族以他族习俗取代本族习俗后，这个民族很快就不复存在了。本文拟对辽金时期渤海族习俗进行探讨。

一

辽金是由北方少数民族建立的多民族政权，在幅员辽阔的领域内，各民族既混居杂处，又各自有相对集中的聚居地。在交往中，各民族间的服饰互为影响，发生变异，形成某些地方特征。尤其来自契丹朝廷的礼俗规定和女真王朝的强制改俗政令，促使渤海人服饰习俗不断发生变化。辽朝实行南北面官制，衣冠之制亦分两种，“皇帝与南班汉官用汉服；太后与北班契丹臣僚用国服”[1]。国服即契丹本族服饰。按照此项规定，凡任北面官者，无论哪一民族都必须穿“国服”，反之亦然。这样，在辽朝出任官吏的渤海人，或着契丹朝（官）服，或着汉官朝（官）服。“国服”以窄袍、蹀躞带、靴为主要特征；汉服以纱袍、裙儒、蔽膝、鞋袜为主要特征。前者装饰少而简，与契丹人日常服饰差别不大，活动方便，适于鞍马生活；后者各种佩饰多而繁，注重仪表威严高贵，适于宫廷生活。

渤海族的社会习俗早在唐代就已呈汉化的趋势，渤海人穿着汉族服饰的现象，在唐代渤海国时期贞孝公主墓葬的壁画中就有反映。[2] 辽金时期渤海人日益与汉人趋同，金末元初渤海人几乎完全以汉人的习俗取代本族习俗。另一方面，辽代渤海人穿着契丹服饰的现象也屡见不鲜。如“渤海首领大舍利高模翰兵，步骑万余人，并髡发左衽，窃为契丹之饰”[3]。显然这是一支契丹人装束的渤海人组成的军队。其时北方各族服饰胡化已成为一种时尚，甚至影响到南方的宋朝，如吴曾《能改斋漫录》记载，宋徽宗大观四年（1110）诏，“京城内近日有衣装杂以外裔形制之人，以戴毡笠子，着战袍，系番束带之类”，“宜严行禁止”[4]。

金朝初年，女真统治集团颁行髡发易服令，强迫各族人民采用女真族的发式与服饰。天会四年（1126）十一月告谕河北、河东各地，“既归本朝，宜同风俗，亦仰削去头发，短巾，左衽。敢有违犯，即是犹怀旧国，当正典刑，不得错失。付逐处，准此”[5]。其后剃发易服令在金国推行，不如式者“斩之”[6]。渤海人也不例外实行髡发易服。虽然这种违背各族人民意愿强行改俗的政策曾遭到普遍的不满和反抗，但在女真统治集团残暴的军事统治下，各族人民不得不委曲求全，久而久之，反而具化成俗。尽管金海陵王以后，统治者不再禁止人们穿着汉服，但宋人范成大《揽辔录》中记述金世宗大定年间他在金国境内见到景象却是，“民亦久习胡俗，态度嗜好与之具化。最为甚者，衣装之类，其制尽为胡矣”。到金章宗时穿着汉服的人逐渐多起来，甚至女真人也流行穿着汉人装束。估计金朝渤海人的服饰为汉俗与女真俗并行。

渤海人的饮食习俗到辽金时期已经基本与汉族相同，因无甚民族特色，故史书记载极少。渤海特产惟《契丹国志》记载，其时有渤海螃蟹闻名，“红色，大如椀，螯巨而厚，其跪如中国蟹螯”。节令食俗见于记载的仅有：端午节食艾糕，喝大黄汤。艾糕或用艾蒿叶与糯米面做成，大黄汤的原料则无从考证。这一食俗为辽时契丹人所采用，每逢端午节，皇宫内必用渤海厨子制作艾糕和大黄汤，供皇室食用。[7]想必是美味可口的食品。

辽灭渤海国后，成批的渤海大族被迁到契丹本土建州立城以居之。不久又大批被强行迁往辽东，渤海族迁到这里后，承用了当地汉人与高丽以往修建的府州城镇，很少新建城邑，目前在辽东地区尚未发现典型的渤海人古城址，见于报道的仅有辽阳附近的一处渤海居住址。然而在东北西部（包括契丹内地）则发现了辽金时期渤海人营建和居住的城镇，为我们了解渤海族居住与建筑习俗提供了宝贵的资料。

据《辽史・地理志》记载，上京道的祖州、怀州、饶州和中京一带约十余个州县都有渤海人居住或因迁渤海人户至此而建。其中饶州治所长乐县，为“太祖伐渤海，迁其民，建县居之。户四千，内一千户纳铁”[8]。据辽宁省考古工作者的调查和考证，认为内蒙古林西县西樱桃沟古城址即辽饶州治所长乐县的旧址。此城无任何唐时营建的迹象，可纠正《辽史》记载饶州为辽太祖完葺松漠府故垒之误。城内出土典型的渤海莲瓣纹瓦当和螭头等建筑构件，说明此城实为当年渤海俘户修筑而成。[9]饶州城所表现的建筑风格与布局可帮助我们了解这一时期渤海族城镇居俗。

城址坐落在西拉木伦河之北的河岸台地上，城后是高山，依山傍水。城址由大小两个相连的城组成，东部是主城，西部为附城，整体呈规整的长方形，东西大城长 1055 米，小城长 345 米，南北皆宽 700 米，西城的面积约是东城的 1/3。城内建筑布局，大型建筑物都集中在大城和小城的北部，应是衙署与统治阶层的府邸；大城南部分布了许多小型建筑址，可能是居民区；小城南部是一处规模较大的冶炼址，这印证了《辽史・地理志》关于长乐县渤海族四千户居民中有一千为纳铁户的记载。饶州城所表现出的建筑习俗，表明渤海人被迁出本族的居地后，仍在一定程度上保留着本族的传统习俗，但时间的推移与环境的变迁促使渤海族的习俗也发生了明显的变化。与唐代渤海上京龙泉府的建筑习俗相比较，饶州城亦有瓮城、马面、护城河，城内布局规整，讲求对称，城内有两条大道，一是横贯大小二城的东西向大道，宽达十余米；一是大城中部有一条连接南北城门的大道，与东西向大道在城中心交叉，形成“十”字形街，将大城分成大致相等的四部分。重要建筑也铺琉璃瓦，除了黄绿色的之外还有深绿色的；建筑使用的木柱下仍习惯用柱础石，但其形状则由圆形变为以方形为主；瓦当的图案，除了传统的图案状莲瓣纹，又出现了两种开放形莲瓣纹，并采用辽代遗址中常见的兽面瓦当。通过对遗址和遗物的复原推测，渤海人的居室坐北朝南，一般建在夯土台基上，以木搭架，木柱下有石柱础，多用土坯砌墙，官府或大户人家偶尔也有用砖、青瓦铺顶，或以草苫屋顶。从辽金时期北方各族受渤海、女真等族的影响普遍使用火炕，亦可推知渤海人户的居室内应建有其传统的火炕或矮火墙。《契丹国志》卷二四《王沂公行程录》言王曾从幽州往中京（今内蒙古宁城县境内）途中见到渤海人家，“所居室，皆就山墙开门”。房门开在朝东的山墙上，不是渤海人的传统风俗，而是具有拜日习俗的契丹和奚人的居俗。这表明迁到这里渤海人受当地奚族和契丹族的影响，居俗产生了某些异变。

二

辽金时期，渤海族在东北少数民族中文化水平最高，风俗习惯与汉人最为接近，然而在体现人的社会属性方面的恋爱婚嫁习俗上，渤海人却长期按照本族传统习俗发展变化，表现了独特的民俗风情。

渤海族的婚姻形态是严格的一夫一妻制。进入阶级社会以后，许多民族的一夫一妻制通常表现为男尊女卑，男子有纳妾的特权。然而渤海族的婚姻形态则基本上保持男女平等，实行严格的专偶婚。《松漠纪闻》记载：“（渤海）妇人皆悍妒。大氏与他姓相结为十姊妹，迭稽察其夫，不容侧室。及他游，闻必谋置毒，死其所爱。一夫有所犯，而妻不之觉者，九人皆群聚而诟之，争以忌嫉相夸。故契丹、女真诸国皆有女倡，而其良人皆有小妇侍婢，唯渤海无之。”当渤海人迈进文明社会的门槛，并由奴隶社会进入封建社会，带有原始社会遗风的婚姻习俗在渤海族的社会中却一直传承下来，妇女在婚姻关系上保持着较高的社会地位。渤海妇女不容丈夫另娶侧室，甚至可以约束丈夫的行为。辽金时期同样经历了奴隶制与封建制的契丹人、女真人不仅贵族官宦妻妾成群，连富户良民也有小妇侍婢。只有渤海人的社会基本实行着真正意义上的一夫一妻制，迄今所发现的渤海族墓葬中，凡男女合葬墓均为一男一女，无一男多女的例证。这从一个侧面说明了渤海社会婚姻形态的基本状况。

渤海族传统的婚姻形式表现了自愿婚的习俗。渤海族的未婚青年男女到了求偶年龄，可以自由交往谈情说爱。在渤海人聚居区的东京辽阳府一带，青年男女的交往是比较随便的，他们在交往中自择佳偶，定情后，“必先攘窃以奔”[10]。辽代北部地区的兀惹人是渤海国的遗民，他们的婚俗可以为了解渤海族的婚姻形式和礼仪提供一些启示。《契丹国志》卷二六记载：嗢热国（即兀惹）地近混同江（今松花江），“部落杂处，以其族类之长为千户，统之契丹。女真贵游子弟及富家儿，月夕被酒，则相率携尊驰马，戏饮其地。妇女闻其至，多聚观之，闻令侍坐，与之酒则饮，亦有起舞歌讴以侑觞者。邂逅相契，调谑往返，即载以归，不为所顾者至追逐马足，不远数里。其携去者，父母皆不问。留数岁有子，始具茶食酒数车归宁，谓之‘拜门’，因执子婿之礼。其俗谓男女自媒，胜于纳币而婚者。”保留婚娶旧俗的渤海人大约也是认为男女自媒的自愿婚远胜于纳币为婚的聘娶婚，这种婚姻不仅得到男女双方父母的承认，也得到渤海社会舆论的认可。直到金世宗全面推行封建礼法，大定十七年（1177）十二月颁诏令：“以渤海旧俗男女婚娶多不以礼，必先攘窃以奔，诏禁绝之，犯者以奸论。”[11]从此渤海族的自由恋爱婚嫁被视为非礼行为予以限制，聘娶婚逐渐取代自愿婚成为渤海族的主要婚姻形式。

辽金时期，随着渤海族与外族通婚的现象越来越普遍，具有原始遗风的严格的专偶婚制首先在族际婚中被破坏，一些渤海女子成为契丹、女真统治民族的侧室、小妾。渤海上层多与契丹、女真统治民族集团通婚，辽朝渤海大族女子被选进皇宫纳为嫔妃，又有契丹公主下嫁渤海世家大族。金初太祖天辅年间，选渤海士族女子有姿德者赴京师（黑龙江省阿城市），嫁与女真亲王为妃。此后女真皇帝不断纳渤海女子为妃。尽管渤海族与契丹、女真族通婚，在某些方面却抵制、拒绝接受契丹、女真族的婚姻习俗。金世宗的父亲完颜宗辅先故，按女真旧俗：妇女寡居，宗族男子可以接续为妻。世宗的母亲渤海人李氏为了抵制这种落后的婚俗，竟然削发出家为尼。[12]由于渤海族各方面习俗日趋与汉族同化，这一时期渤海人与汉人通婚的现象更为常见，到了金朝后期渤海人已逐渐抛弃本族的传统婚俗，全面采用汉族的婚姻习俗了。

三

经济生活是物质生产和市、商习俗产生的根源，古代社会经济生活很大程度受制于生活环境，当生活环境发生重大变化后，已经形成的民族传统的经济习俗，则在很长时期内存留着，显示着民族经济的特色，乃至体现在民族精神之中。渤海族勃兴于白山黑水之间，特定的地理环境使渤海经济生活呈现出多样性，农业居主要地位，畜牧业、手工业、采集业、狩猎业作为不可缺少的补充经济部门，都占有一定的比重。正是由于渤海经济的多样性，决定了渤海经济的外向性，发达的交通和频繁的贸易是支撑渤海封建经济的重要支柱，由此派生的市、商习俗又是渤海经济习俗的一种特色。

辽灭渤海国前后，边缘部族纷纷脱离渤海统治，后来一些渤海遗民又在边远地区建立了定安国、兀惹国。东丹国统辖的区域远比渤海盛时小得多，渤海之地原产名马，归辽之后，每年需向契丹朝廷输纳一定数量的马匹，《辽史·食货志》曰："东丹国岁贡千匹（马）。"渤海族被迁出原居地后，徙入辽东半岛与分布在东北各地的渤海人，仍在很长时期内保持着善养马匹的习俗。辽朝统治者在向国民征调马匹时，将渤海人与游牧民族的契丹人同等对待，如《辽史》卷一九《兴宗纪》记载，重熙十五年（1046）十一月，命"渤海部以契丹户例通括军马"。处于东北边地的定安国、兀惹国则更多地保留着渤海人的畜牧、狩猎的习俗，史书时有记载两地渤海遗民向辽、宋贡纳马、鹰、貂皮等物产。《宋史·外国列传·定安国》："端拱二年（989），其王子因女真使附献马、雕羽鸣镝。"在东丹国与外地、外国相互贸易中马匹是其重要的物品，《南唐书》卷一八《契丹传》记载，南唐升元二年（938），"契丹主耶律德光及其弟（兄）东丹王各遣使以羊马人（入）贡。别持羊三万口、马三百匹来鬻。"显然马匹在辽代渤海族的社会生活中仍占有重要地位，这也使得辽代渤海人比金后期的渤海人更多地保持着本民族强悍、粗犷、尚武的性格。《松漠纪闻》记载："（渤海）男子多智谋，骁勇出他国右，至有三人渤海当一虎之语。"宋太宗太平兴国九年（984），辽将渤海人大鸾河率部降宋，太宗曰："鸾河，渤海豪帅，束身归我，嘉其忠顺。夫夷落之俗，以驰骋为乐，候高秋戒候，当与骏马数十匹，令出郊游猎，以遂其性。"[13]尽管辽朝"治渤海人一依汉法"[14]，促使渤海人的社会经济生活逐渐与汉人接近，但在民族风俗和民族性格方面两族还有很大的差别，因而在北宋人眼中渤海人尚同夷狄。与金朝后期渤海人上层士大夫盛行儒雅之风，下层庶民力于田间耕作，完全同化于汉人的情形大不相同。此外，渤海人还喜好养猪，这是肃慎一系民族传承数千年的特色显著的习俗，渤海俗所贵者原有"鄚颉之豕"，迁至辽东自当将此俗带去，故金毓黼先生说："今日之辽东人，无不饲豕者。"[15]

渤海人善炼铁，宋人王曾奉使辽国，途经柳河馆，"西北有铁冶，多渤海人所居，就河漉沙石，炼得成铁"[16]。但其冶铁工艺因无详细记载不得而知。另外，前面在论及渤海人居俗时，曾提到饶州城内四千渤海人户中，有一千户为冶铁户。渤海人的聚居地东京有木、铁、盐、鱼之利，产铁矿。《辽史·食货志》云："以诸坑冶多在国东，故东京置户部司。"显然渤海人在辽代是冶铁业的重要承担者之一。

辽金时期渤海人的商业习俗表现在互市、集市、客商等方面。辽前期东丹国在经济上有一定的自主权，可独立进行对外贸易。《南唐书·契丹传》记载东丹国遣使随契丹国使朝见南唐皇帝，除了带去的礼物外，"别持羊三万口、马二百匹来鬻，以其价市罗纨茶药"。而且，在辽东与高丽的边界处立互市，以通"高丽之货"[17]。在交易中表现为按数量、质量进行等价交易的习俗。渤海族还有往来各地的"客商"，他们把当地的特产运到外地出售，再把外地的货物运回出售。如渤海人"往往为园池植牡丹，多至三、二百本，有数十干丛生者，皆燕地所无，才以十数千或五千贱贸而去"。辽前期，对于渤海客商"往来贸易关市皆不征"[18]。从辽统治者对各民族一贯奉行因俗而治的方针看，这大概也符合渤海人的商业习俗。辽圣宗太平九年（1029），辽官冯延休、韩绍勋在辽东“相继商利，欲与燕地平山例加绳约，其民病之，遂起大延琳之乱”[19]。辽官不顾渤海风俗，为谋商利，欲以汉地征关市税之法推行于辽东，结果此事竟成为大延琳领导渤海人举行反辽斗争的契机。由此可见，因俗而治是统治者立国安民的重要措施。

四

渤海国盛时号称“海东盛国”，曾是礼仪之邦。亡国后，其礼乐为辽金王朝所承用。《辽史·仪卫志》中记载有“渤海仗”：“天显四年（929），太宗幸辽阳府，人皇王备乘舆羽卫以迎。乾亨五年（983），圣宗东巡，东京留守具仪卫迎车驾。此故渤海仪卫也。”渤海仪卫有乘舆、羽卫等物，仅用于东丹王或驻守东京的地方官，以示其为渤海人的首脑。由此推知，渤海族社会这一时期保有本族的礼俗。

渤海乐在唐时即已传入中原和日本，辽金时期渤海乐成为宫廷礼乐的组成部分。《金史·乐志》记载：金朝宫廷礼乐“有散乐。有渤海乐。有本国旧音”。金章宗明昌六年（1195）吸收渤海乐创设宫县乐，乐工256人，乐曲声中有文舞与武舞两队相伴，是一种规模宏大的舞乐，“行大礼乃始用之”。宫县乐工“自明昌间，以渤海教坊兼习”。乐舞和歌舞的表演形式是渤海族传统的歌舞乐习俗，在宫廷庄重肃穆的场合以乐舞形式为主，在民间则以活泼热烈的歌舞相伴的娱乐形式为主。《契丹国志》卷二四《王沂公行程录》记载：“渤海俗，每岁时聚会作乐，先命善歌舞者数辈前行，士女相随，更相唱和，回旋宛转，号曰‘踏锤’。”这显然是渤海人岁时节庆活动的形式之一，是很典型的群众集体歌舞，没有人数和场地的限制，大家边歌边舞，气氛十分热烈。另外，前面曾论及兀惹人聚会饮酒时，女子“有起舞歌讴以侑觞者”，这是一种即兴的歌伴舞，表达了求偶的意愿，也体现了渤海族歌舞习俗的特征。

打马球是渤海人十分喜欢的竞技博戏活动。辽金时期，渤海人中仍很盛行击马球的竞技活动，这既是马术、击球的技巧竞赛，也是力量、意志的角逐，体现了渤海人强悍的性格。然而，处于被统治地位的渤海人的这种具有战斗风格的娱乐活动，曾一度被契丹统治者视为不安定因素而被禁止。《辽史·萧孝忠传》记载：“重熙七年（1038），为东京留守。时禁渤海人击毬，孝忠言：‘东京最为重镇，无从禽之地，若非毬马，何以习武？且天子以四海为家，何分彼此？宜弛其禁。’从之。”击马球又与军事训练活动结合在一起，成为辽朝统治者为国家准备兵源，是渤海人寓习武于竞技娱乐的手段之一。

渤海人俗崇佛。在渤海人居住址中常会发现佛教的遗物，前面言及的饶州城址内也采集到残存的佛像和经幢，从幢文中可得知，立幢人是“饶州安民县主事兼领县尉大（下残）”。[20]大氏，无疑是渤海人。辽金时渤海人出家为僧尼的人为数不少，连贵为皇族成员的金世宗的母亲李氏也遁入空门。然而，渤海族的佛门弟子的某些行为却与传统佛教徒大相径庭，佛教五戒云：不杀生、不偷盗、不邪淫、不妄语、不饮酒食肉。《松漠纪闻》记载，金初完颜蒲路虎（宗磐）出任东京留守，刚到任就遇到两件与渤海僧尼有关的事，一是，“未抵治所，有一僧以柃瘿盂，遮道而献，曰：‘可以酌酒。’蒲路虎曰：‘皇帝临遣时，宣戒我勿得饮尔，何人乃欲以此器导我邪？’顾左右令洼勃辣骇（女真语为敲杀）”。二是，“又于道遇僧尼五辈，共辇而载。召而责之：‘汝曹群游已冒法，而乃敢显行吾前邪。’皆射杀之”。前者僧人劝人饮酒，所劝的人竟是地方最高长官；后者僧尼无男女之别，在东京大街上同车而行。这种违反佛教戒规的行为，在渤海僧尼那里似乎无关紧要，这恐怕是在渤海风俗的影响下所出现的异化现象。

综上所述，辽金时期渤海族由于生活环境发生重大变化，长期与汉、契丹、女真等族杂居相处，尤其受高度发展的汉族封建文化的强烈影响，社会经济迅速发展，民族习俗出现了显著的变化。如果说在辽朝和金前期渤海人的经济、社会、信仰、游艺等习俗还保留某些本民族的传统特征，到了金朝后期渤海族的习俗多已汉化，本族习俗所剩无几。民俗是一个民族存在的重要标志之一，当渤海人基本以他族的习俗取代本族的习俗时，这个民族就不复存在了，到元代渤海人便不再见于史书记载。

原文刊载《学习与探索》2001 年第 2 期

注释：

1. ［元］脱脱等：《辽史》卷五五《仪卫志》，中华书局 2017 年版，第 1000 页。
2. 延边博物馆：《渤海贞孝公主墓发掘清理简报》，《社会科学战线》1982 年第 1 期。
3. ［宋］叶隆礼：《契丹国志》卷二三《兵马制度》，上海古籍出版社 1985 年版，第 223 页。
4. ［宋］吴曾：《能改斋漫录》，中华书局 1985 年版，第 334 页。
5. ［金］佚名：《大金吊伐录》卷三《枢密院告谕两路指挥》，四部丛刊三编本。
6. ［宋］宇文懋昭撰，崔文印校证：《大金国志校证》卷五《太宗纪》，中华书局 1986 年版，第 84 页。
7. 《契丹国志》卷二七《岁时杂记》，第 251—252 页。
8. 《辽史》卷三七《地理志一》，第 506 页。
9. 冯永谦、姜念思：《辽代饶州调查记》，《东北考古与历史》1982 年第 1 期。
10. ［元］脱脱等：《金史》卷七《世宗纪中》，中华书局 2022 年版，第 187 页。
11. 《金史》卷七《世宗纪中》，第 187 页。
12. 《金史》卷六四《后妃传》，第 1616 页。
13. ［元］脱脱等：《宋史》卷四九一《渤海国》，中华书局 1985 年版，第 14130 页。

14.《辽史》卷六一《刑法志上》，第 1039 页。

15. 金毓黼：《渤海国志长编》卷一七《食货志》，千华山馆 1934 年版，第 61 页。

16.《契丹国志》卷二四《王沂公行程录》，第 231 页。

17.《辽史》卷六〇《食货志下》，第 1031 页。

18.［宋］洪皓：《松漠纪闻》，辽海丛书本，第 8 页。

19.《辽史》卷五九《食货志上》，第 1028 页。

20. 冯永谦、姜念思：《辽代饶州调查记》，《东北考古与历史》1982 年第 1 期。

文体娱乐篇

文体娱乐是人们消闲度时的活动形式。目前所知，辽夏金时期文体娱乐内容非常丰富。宋德金《金代的社会生活》(陕西人民出版社 1988 年版)“文娱与体育”一章列出的内容有音乐和舞蹈、戏曲、体育和游戏三大类，主要包括女真的自度歌、宫廷音乐、臻蓬蓬歌舞、镜舞、柘枝舞、宫廷舞蹈、杂剧、说话、诸宫调、连厢词、骑射、射柳、击毬、角抵、双陆、围棋、象棋、投壶、纸鸢、撇雪和玩嘎拉哈，等等。朱瑞熙等《辽宋西夏金社会生活史》(中国社会科学出版社 1998 年版)“文体娱乐”一章则列出艺人社团与娱乐中心、艺术、体育、游艺四类，论及辽金具体项目时增加了马球运动、赌博等内容，但较少论及西夏方面的情况，仅有围棋等部分涉及。针对娱乐活动，郭康松《辽代娱乐文化之研究》(《北方文物》1995 年第 1 期）和刘菊湘《西夏人的娱乐生活》(《宁夏社会科学》1999 年第 3 期）分别对辽代和西夏的整体情况作了统计。郭康松认为辽代的娱乐活动计有棋艺、击鞠、角抵、百戏、双陆戏、叶格戏、宴饮笔会、灯市、戏射、凿冰钓鱼、放弋为乐、歌舞为乐、水（冰）上击髀石为戏十大类；刘菊湘总结了西夏人的娱乐活动主要有音乐、歌舞、骑射、相扑、狩猎、戏曲、饮酒、下棋八大类目。这些认识可能还只是史料所见的一部分，但已基本能够概括辽夏金时期文体娱乐的常见活动形式。

就研究内容而言，“文体娱乐篇”所选的 3 篇论文，双陆、角抵、马球等娱乐活动的研究具有典型案例特征。

双陆与围棋、象棋同为一种文雅的博戏，广受各个阶层的欢迎。宋德金《双陆与民族文化的交流和融合》一文，主要分为五节：第一节考察了双陆及与其相似的握槊、长行从曹魏到隋唐五代时期的流行情况、名称变动及其异同等问题；第二、三两节考察了双陆北宋到南宋、辽金元境内不同的发展状况，并从辽金元时期双陆的种类、游戏规则，并从人数、棋盘、棋子、骰子及方法等细节辩证了打马并非双陆的学术问题；第四节考察了双陆从胡戏到中国传统文化组成部分的融合过程，第五节是全文结论性总结。

该文通过论述双陆从“胡戏”到中华文化的象征，再到评价天下士人文化素质与修养的发展过程，考察其折射出的民族文化交流与融合的发展轨迹，视角独特。作者按照朝代论述其发展，展现了长时段内双陆的流行概况，逻辑清晰地指出：双陆，曹魏传入中原，历南北朝到隋唐、北宋，长盛不衰，但在南宋境内出现衰落趋势，可是未达到绝迹状态；而在辽金元境内却得到了广泛的流行，受到辽金朝野广泛的喜好，并在元朝统一后在更大范围内流传。在写作过程中，作者深入考证，订正或补充了前人研究的不确之处，观点鲜明地提出自己的学术见解。在第四部分，作者还从金元文学作品入手，探究了双陆文化内涵的变迁，指出“在以契丹、女真、蒙古诸族为统治民族的辽金元时期，双陆已经与象棋、围棋等一样，被当作汉族文化组成部分而受到重视和流行起来"；到第五部分，又凝练出"双陆从'胡戏'而变成与围棋、象棋等并列的活动，充分体现了中国传统文化的开放性、包容性及其融合不同文化的能力"的观点，提升和凸显了该文的学术意义。

角抵即摔跤，也写作角觝，女真语称为跋里速，是一项备受欢迎的竞技运动。角抵在汉唐时期即已存在，也称作相扑。相扑在南宋以后有所衰落，辽金的跋里速却发展为中国式摔跤。《契丹之角抵》一文的作者，是兼具人类学家、民族学家、考古学家等多重身份的日本学者鸟居龙藏。19 世纪末至 20 世纪中期，他多次到中国西南与北方各地进行实地调查。20 世纪 30 年代前后，他前往中国北方地区，将研究方向转向辽代，在这里进行了长期的实地考察甚至亲身发掘遗迹，该文即作于此时。

该文结构上分为两个部分，第一部分钩稽文献，探究角觝在辽代的整体流行情况；第二部分以物证史，以 1931 年辽阳辽东京城遗址出土的一件八棱白陶罐上绘制的图案为主，说明其描绘的就是孩童角觝。此文在学术研究方面具有两个层面的意义。第一，该文以一种娱乐活动为研究对象，开了文体娱乐研究领域的先河；第二，该文将文献记载与辽墓发现器物图案相结合，事实上展现了二重证据法的应用，为以后的相关研究树立了典范。如金启孮《中国式摔跤源出契丹、蒙古考》(《内蒙古大学学报［哲学社会科学版］》1979 年第 3、4 期合刊)、张劲松《辽代的摔跤运动——从敖汉旗娘娘庙辽墓摔跤壁画谈起》(《内蒙古文物考古》1997 年第 1 期)两文，在史料和方法两个方面均受其影响。

辽夏金时期的球类运动分为以足踢球和以仗击球两大类，以仗击球又有乘畜与徒步之分。辽金盛行的是乘畜击球即马球。杨军《金代马球散论》一文，主要考察马球运动在女真人中的流行情况、马球游戏规则、普及程度以及女真人对马球社会功能认识的发展变化等问题。

作者首先指出了金代马球与唐宋、五代、辽、元的关系，即马球最初起源于波斯，大约在唐初传入中国，并在女真人建国前已由契丹传入，金、元时依旧盛行，并说明了马球对女真人的重要性。然后从击球马、球仗、用球、特定衣着、球门、参赛人数、是否奏乐、是否立旗、球场规模、考究程度等多个侧面对金代马球游戏规则作了细致分析，指出其大体沿袭唐宋旧制，但也存在小的差异。作者在考察了金代马球普及情形后，提出金宋对马球社会功能认识有差异的观点，并分析了原因。作者认为，女真人在保留马球游戏的主要方面的同时，将一些与此相关的仪式性习惯或者装饰性风俗都取消了。譬如，唐宋时在打马球时会进行奏乐，而女真人的马球游戏无此记载，只保留了击鼓助兴的习俗。这也从一个侧面反映出女真人文化追求实用、不尚虚华的特点。

20 世纪以来，随着新史学的发展，社会生活史视野下的文体娱乐研究日益受到人们的关注。总体而言，国外学界较早关注并出现相关研究成果，国内研究起步虽晚且一度停滞不前，但自改革开放以来数量持续增长，宏观、微观视角均有呈现。辽夏金王朝均是多民族政权，统治区域多与西北边疆及华北相关。相关研究成果已经注意到了此一时期娱乐活动具有多元性、民族性、地域性以及与中原文化的相通性等特点。随着考古发掘材料的持续出现，以墓葬壁画、发现器物所带图案等考古材料结合文献的研究成果日益增多。同时，学界也很早注意到文体娱乐在论证中华民族多元一体这一重要课题中的学术作用，已有研究成果均有不同程度的呈现。不过，受史料丰富程度和社会关注程度限制，目前还没有就辽夏金时期的文体娱乐课题产生专门的研究专著，西夏方面的相关研究尤为薄弱，这可能是学界今后应该加强研究之处。

（高建国导读）

双陆与民族文化的交流和融合

宋德金

双陆是中国古代的一种博戏。始兴于曹魏，盛行于隋唐，至南宋稍显衰落。然而，在与南宋同时及其前后的辽金元的契丹、女真、蒙古和汉人中却得到广泛的传播。这个事实从一个侧面反映了中国北方民族对中原文化的传承，见证了各民族文化的交流与融合[1]。

一

双陆，一般认为原创于古印度，本名波罗塞戏，在中国文献中初见于后秦释道朗《涅槃经》："樗蒲、围棋、波罗塞戏……一切戏笑，悉不观作。"属佛门应禁之戏。唐智周《涅槃经》疏云："波罗塞者，此翻象马斗，是西国象马戏法。"又说："波罗塞戏是西域兵戏法。二人各执二十余小子，乘象或马，于局道争得要路以为胜。"[2]南宋洪遵《谱双》序说："双陆最近古，号雅戏。以传记考之，获四名：曰握槊、曰长行、曰波罗塞戏、曰双陆。盖始于西竺。"[3]后世相关论述也都支持双陆源于古印度的说法。

然而，双陆与握槊、长行、波罗塞戏的关系如何，即它们是同一博戏，还是有所区别？则历来说法不一：一是认为双陆与握槊、长行、波罗塞戏系同一博戏。如上引洪遵所言。明谢肇淛《五杂俎》卷六说："双陆一名握槊，本胡戏也……又名长行，又名波罗塞戏。"[4]明方以智《通雅》卷三五称："握槊、长行局、波罗塞戏、双陆，要一类也。"[5]也属此说。二是认为握槊、长行、双陆虽一脉相承，但有差异。唐李肇《唐国史补》卷下谓长行"其法生于握槊，变于双陆"[6]。明胡应麟《少室山房笔丛》卷四〇说："李肇所言，则唐之长行正与今双六合，而李以为生于握槊，变于双六，则唐之双六或反与今不同，而洪氏《谱双》合而为一，尚似未妥。总之，三者亦小在异同之间，非必相悬绝也。"[7]认为三者随着时间的延续而有所不同，但区别不大。三是强调双陆与长行的差异。清孔继涵《长行经》根据双陆与长行所用琼（骰子），局、枰（棋盘），马（棋子）等的差别而认为它们是"大同而实异"[8]。由明入清的周亮工《书影》卷五说："予按李易安《打马图序》云：'长行、叶子、博塞、弹棋，世无传焉。'若云双陆即长行，则易安之时，已无传矣。岂双陆行于当时，易安独未之见；或不行于当时，反盛于今日耶！则长行非双陆□矣。”[9]

显然，至明清之际，关于握槊、双陆、长行的关系已是言人人殊了。

双陆是何时传入中国的？宋高承《事物纪原》卷九引《续事始》曰：“陈思王曹子建（植）制双陆，置投子二。”[10]洪遵也说：“双陆，刘存、冯皆云魏曹植始制。考之《北史》胡王之弟为握槊之戏，近入中国。又考之竺贝双陆出天竺，名为波罗塞戏。然则外国有此戏久矣。其流入中国则曹植始之也。”[11]

文献中既称双陆源于印度，又谓曹植始制双陆，该如何解释？据《续事始》载“曹子建制双陆，置投子二”推测，可能是此戏本不用投子，而曹植在引进时对棋具略作改动，增用投子[12]，使之本土化。因此，径称曹植制双陆也是顺理成章的。

至于握槊、双陆、长行的关系究竟如何的问题，将在后面的论述中试作说明。

先来考察此戏从曹魏到隋唐五代时期的流行情况、名称变动及其异同等。

南北朝时，握槊、双陆在北、南方各族中均有流行。

《魏书》卷九一《艺术传》载：“赵国李幼序、洛阳丘何奴并工握槊。此盖胡戏，近入中国，云胡王有弟一人遇罪，将杀之，弟从狱中为此戏以上之，意言孤则易死也。世宗（元恪，499—515年在位）以后，大盛于时。”[13]这时的元魏距曹魏已历二三百年，仍称此戏“近入中国”似嫌费解，以致有人认为“流于曹魏”实为元魏之误，然而这也只是一种推测，尚缺乏足够的资料证实。不过南北朝时期各族中流行握槊、双陆则无疑义。《北史》卷三一《高昂传》载：“[高]昂与北豫州刺史郑严祖握槊。”同书卷四八《尔朱世隆传》载：“初，世隆曾与吏部尚书元世儁握槊，忽闻局上诶然有声，一局子尽倒立，世隆甚恶之。”尔朱氏为羯胡。《北齐书》卷五〇《和士开传》载：“世祖（561—565年在位）性好握槊，士开善于此戏。”“世祖时，恒令士开与太后握槊。”和士开先人为西域胡商，本姓素和氏。世祖高湛为鲜卑化的汉人。《南史》卷八〇《侯景传》载，南朝梁之中记室参军萧贲“尝与王（湘东王萧绎，后来的梁元帝，552—554年在位）双六，食子未下，贲曰：‘殿下都无下意。’王深以为憾，遂因事害之。”

从以上事例可见南北朝时期在王室、贵族中都有好握槊、双陆者，而双陆在北方少数民族政权上层社会中尤为流行。

南朝宋刘义庆撰《世说新语》、北齐颜之推撰《颜氏家训》分别是记载汉末至晋代士大夫言行轶事的小说集或评论朝廷、品藻人物的重要子书，其中“巧艺”“杂艺”目仅有弹棋、围棋、投壶之类，而不及握槊、双陆，或许说明汉末至魏晋南北朝时，此戏在普通士人和民间的流行尚不很广泛。

至隋唐五代时期，握槊、双陆、长行在朝野广泛流行起来。

（一）握槊

唐刘餗撰《隋唐嘉话》卷中载："薛万彻尚丹阳公主，太宗尝谓人曰：'薛驸马村气。'主羞之，不与同席数月。帝闻而大笑，置酒召对，握槊，赌所佩刀子，佯为不胜，解刀以佩之。罢酒，主悦甚，薛未及就马，遽召同载而还，重之逾于旧。"[14]唐中期韩愈（768—824）《示儿》诗云："酒食罢无为，棋槊以相娱。"[15]槊，即握槊。与韩愈同时期的刘禹锡（772—842）撰《观博》，说："客有以博戏自任者，速余观焉。初，主人执握槊之器，置于庑下。""是制也，通行之久矣，莫详所祖。"[16]反映了唐朝中期握槊在士人中的流行，然而当时人们对此戏的原始已经说不清楚了。

（二）双陆

唐代盛行双陆，文献记载颇多。唐张鷟《朝野佥载》："（高宗）咸亨（670—674）中，贝州潘彦好双陆，每有所诣，局不离身。曾泛海，遇风船破，彦右手挟一板，左手抱双陆局，口衔双陆骰子。二日一夜至岸，两手见骨，局终不舍，骰子亦在口。"[17]潘彦视双陆如同生命，这虽是个别事例，但可以看出此戏的魅力及其在民间的流行。

唐朝宫中，双陆盛行。武则天梦双陆不胜是双陆史上一个很有名的故事。《新唐书》卷一一五《狄仁杰传》载：武后召谓狄仁杰曰："朕梦双陆不胜，何也？"当时狄仁杰与王方庆俱在，二人同辞对曰："双陆不胜，无子也。天其意者以儆陛下乎？""后感悟"，即日遣人召还庐陵王（即中宗李显）。此事不见《旧唐书》，《资治通鉴》也不载此事。而当时流传的《狄梁公传》则载有武后梦双陆不胜一事。《通鉴考异》云："世有《狄梁公传》，云李邕撰，其辞鄙诞，殆非邕所为。"[18]宋洪迈则据家藏的李繁撰《大唐说纂》所载"武后问石泉公王方庆曰：'朕夜梦双陆不胜，何也？'曰：'盖谓宫中无子'"推测，"《新唐书》是兼采二李（李邕、李繁）之说，而为狄为王，莫能辨也"[19]。无论武后梦双陆不胜是对狄仁杰还是对王方庆所说，但从他们君臣问答中可以反映出当时宫中盛行双陆。"宫中无子"是双关语，宫与子既是双陆术语，又喻宫廷与子嗣。君臣对答从容，比喻恰当，表明武则天与狄仁杰（或王方庆）都很熟悉此戏。否则，大臣想不出此喻，武后也不会立即感悟。又，唐薛用弱《集异记》"集翠裘"条载：

> 则天时，南海郡献集翠裘，珍丽异常，张昌宗侍侧，则天因以赐之。遂命披裘，供奉双陆。宰相狄梁公仁杰时入奏事，则天令畀座，因命梁公与昌宗双陆。梁公拜恩就局，则天曰："卿二人赌何物？"梁公对曰："争先三筹，赌昌宗所衣毛裘。"则天谓曰："卿以何物为对？"梁公指所衣紫絁袍曰："臣以此敌。"则天笑曰："卿未知此裘价逾千金，卿之所指为不等矣。"梁公起曰："臣此袍乃大臣朝见奏对之衣，昌

> 宗所衣乃孽幸宠遇之服，对臣之袍，臣犹怏怏。”则天业已处分，遂依其说，而昌宗心赧神沮，气势索莫，累局连北。梁公对御就褫其袍，拜恩而出。及至光范门，遂付家奴衣之，乃促马而去。[20]

这个故事进一步说明武则天、狄仁杰等对双陆的爱好，而且狄仁杰还是双陆高手。

喜好双陆，在唐朝宫廷中并非个别现象。如《旧唐书》卷五一《中宗韦庶人传》载，中宗李显复位后，韦皇后“受上官昭容（婉儿）邪说，引武三思入宫中，升御床，与后双陆，帝（中宗）为点筹，以为欢笑，丑声日闻于外”。又如，唐代画家周昉曾画《杨妃架雪衣女乱双陆图》[21]，宋蔡戡撰《跋周昉＜双陆图＞》[22]。又如，王建（约767—约830）《宫词》一百首中有一首咏宫中双陆：“分朋闲坐赌樱桃，收却投壶玉腕劳。各把沉香双陆子，局中斗累阿谁高。”[23]《全唐诗》卷七九八后蜀花蕊夫人《宫词》也收有此词。说明盛唐以后乃至五代时，双陆都是深得宫中喜爱的博戏。

（三）长行

唐肃宗朝户部员外郎邢宇《握槊赋》序说：“握槊，今人谓之长行，斯博奕之徒与。观其进退迟速，虽存于大体，因时适变，必务于权舆，施之于人，可以义存。”[24]明确指出，当时握槊已称长行。韦绚（801—866？）撰《刘宾客嘉话录》载：“贞元中，有杜劝好长行。”[25]温庭筠（？—866）《南歌子》词有“井底点灯深烛伊，共郎长行莫围棋”[26]。张读（834或835—886？）《宣室志》补遗载：“……于壁角得一败囊，中有长行子三十个，并骰子一双耳。”[27]虽是一则志怪故事，但可以说明当时长行的流行。

根据以上记载推测，长行之名大约出现于握槊、双陆之后，至迟在唐玄宗、肃宗朝时已有之。

综上所述，双陆从印度传入之初，按音译称波罗塞戏。此戏在流播过程中，略有变化，或称握槊，或称双陆。握槊，是就棋子而言。槊，据《说文解字》卷六：“槊，矛也。”所谓握槊，犹手握槊，象形也。双陆是就棋盘或骰子而言：一说，棋盘左右有六路（称作“梁”），因称双陆（双六），如《谰言长语》云：“双陆盘中彼此内外各有陆梁，故名双陆。”[28]一说“子（棋子，称作‘马’）随骰行，若得双六，则无不胜也”[29]。大约到唐玄宗、肃宗朝又有所谓长行，是从握槊、双陆演变而来的，但变化不会很大，因此当时即有人谓“握槊，今人谓之长行”。

唐以后长行之称已很少见诸文献记载，其规矩与制度却流传下来。辽金元的双陆，应是唐时长行，或者说唐之长行被称为双陆，长行之名遂被湮没。这也许就是李清照所说“长行、叶子、博塞、弹棋，近世无传”的原因。此外，前引明胡应麟说“唐之长行，正与今双六合，唐之双六反与今不同”，也说明了以上推论。

后世有论者指出，长行与双陆的主要区别在于所用棋子不同。双陆是“二十二棋，长行则二琼三十棋”[30]。恐未必尽然。如唐赵抟《废长行》(辨其惑于无益之戏而不务恤民也)诗云:“紫牙镂合方如斗,二十四星衔月口。贵人迷此华筵中,运木手交如阵斗。”[31]这里的“二十四星”当指双方各十二马,合计二十四马。显然,诗中所引长行是二十四棋(马)。而南宋葛立方《韵语阳秋》卷一七引用此诗却称之为双陆诗[32],是南宋人已将双陆、长行视为同一博戏了。

尽管唐代中后期的握槊、双陆、长行或许如李肇所言略有变化,然而宋以后人们往往将三者当作同一博戏。在辽金元流行的双陆中,以双方各 15 马者居多,但也有各用 12 马者,如“广州双陆”之“佛双陆”便是如此[33]。所以,棋子数多少不应是区别双陆与长行的依据。本文以下将辽金元的握槊、双陆、长行当作同一类博戏论述。

二

继唐五代之后,北宋时双陆在宫廷和士人中依然相当流行。

宋徽宗《宫词》中即有两首咏双陆。其一:“双陆翻腾品格新,屡赢由彩岂由人。坐中时有全娇态,才见频输特地嗔。”其二:“黄昏人寂漏初稀,嫔御相从奉直归。慵困尚寻嬉戏事,竟将双陆且忘机。”[34]又,宋人传奇《李师师外传》载,宋徽宗曾赐李师师“藏阄、双陆等具”;宋徽宗与李师师“双陆不胜,围棋又不胜,赐白金二千两”[35]。可见双陆是北宋宫中常见的博戏。江南士人朱贞白有咏莺粟子诗云:“倒排双陆子,稀插碧牙筹。既似柿牛妳,又如铃马兜。鼓捶并瀑箭,直是有来由。”[36]说明北宋士人中亦行双陆。

及至南宋,双陆稍呈衰落之势,然而远不像有论者所说此戏“几乎绝迹”[37]。认为双陆在南宋几乎绝迹,主要是依据南宋洪遵和陈振孙的两条记载。洪遵《谱双》序说:“双之不绝者无几矣。”陈振孙《直斋书录解题》卷一四亦称“此戏今人不复为”[38]。然而,这只是限于局部地区或个人见闻。洪遵说:“阅时盖久,中州泯泯罕见,而殊方偏译类能为之。”[39]因此,确切地说,应指中原一带罕见此戏。所谓“殊方偏译”,不仅指北方的辽金,还包括南方。洪遵之父洪皓由金归宋后,被贬英州(治真阳,今广东英德)、袁州(今江西宜春),死于南雄州(今广东南雄)。洪遵曾往真阳、番禺探望其父,听说“有所谓南双者”,于是“摭古审今,悉辑诸书所载汇而著之”[40]。因此《谱双》一书除了参考古今文献记载之外,还包括撰者实地考察所得。该书卷三“广州双陆”条包括啰赢双陆、下双陆、不打双陆、佛双陆、三堆双陆。其中啰赢双陆,“番禺人多为之”;佛双陆,“广中儿辈多为之”;而南番双陆不仅行于三佛齐(印尼苏门答腊)、阇婆(故地在印尼爪哇或苏门答腊)、真腊(柬埔寨),而且“番禺人亦有能者”。既然连广州儿童都能为之,应该说这里的双陆是相当流行的。

不仅如此,双陆在东南地区也有流行。南宋吴曾《能改斋漫录》[41]卷六“双陆”条记载了他同善双陆者谈论双陆之事。大意说,《狄仁杰家传》载武后对狄仁杰说:“朕昨夜梦与人双陆,频不胜，何也？”狄说：“双陆输者，盖谓宫中无子。”而《新唐书》删去“宫中”二字止云“双陆不胜，无子也”。吴曾与“善博者论之，博局有宫，其字不可削。盖削之，则无以见宫中之意”。显然，吴曾与“善博者”都很喜好和熟悉双陆，因此才会指出《新唐书》狄仁杰传削去“宫中”是不妥的。吴曾，崇仁（在今山西）人，卒于严州（治建德，在今浙江）。《能改斋漫录》编成于宋高宗绍兴二十四年至二十七年（1154—1157）。吴曾与“善博者”论双陆之地，当在他晚年生活地浙江，那里应有双陆的流行。又如南宋后期著名词人刘克庄（1187—1269），更是爱好并精通双陆。刘克庄，福建莆田人，曾任建阳（今属福建）令，以龙图阁学士致仕。其活动地区应在福建、浙江。他曾在两首《贺新郎》词中述及“棋柝”“槊棋”。其中一首作于淳祐四年（1244），有“少时棋柝曾联句”[42]；另一首有“不但槊棋夸妙手，管城君，亦自勍敌”[43]句。刘克庄自幼喜好棋槊，长成后自称槊棋妙手，文章无敌。他的主要活动地区福建、浙江有握槊流行也是不言而喻的。还有一位宋元之际的著名词人、学者周密（1232—1298），其《浣溪沙》词云：“浅色初裁试暖衣，画帘斜日看花飞。柳摇蛾绿妒春眉。象局懒拈双陆子，宝弦愁按十三徽，试凭新燕问归期。”[44]词中描写闺中少妇在春日里以象棋、双陆打发时光，盼望丈夫早日归来的愁绪。

因此，说双陆在南宋几乎绝迹是不确切的，充其量只能说南宋不及唐代那么盛行而已。

三

双陆在南宋虽稍显衰落，然而在其同时或前后的辽、金、元境内却得到了广泛的流行。

双陆是深得辽金朝野喜好的博戏和娱乐活动。《辽史》《续资治通鉴长编》《松漠记闻》《契丹国志》等史料中，都有关于契丹皇帝、后妃同臣僚、外使打双陆的记载。辽圣宗统和六年（988）九月，皇太后幸韩德让帐，厚加赏赉，“命从臣分朋双陆以尽欢”[45]。开泰二年（1013），北宋晁迥出使契丹还宋后上奏真宗皇帝说：“（辽主）夏月以布易毡帐，藉草围棋、双陆。”[46]辽兴宗曾与皇太弟耶律重元打双陆，并“赌以居民城邑”，结果兴宗屡败，前后连输数城。一天，兴宗又赌双陆，伶官罗衣轻指其局说：“双陆休痴，和你都输去也！”“帝始悟，不复戏。”[47]辽道宗末年，女真首领阿骨打进见道宗，“与辽贵人双陆，贵人投琼，不胜，妄行马，（阿）骨打愤甚，拔小佩刀欲刺之”，从行者悟室（完颜希尹）连忙劝止，才未酿成大祸。[48]又，耶律大实（大石）曾与粘罕（宗翰）“为双陆戏，争道相忿，粘罕心欲杀之而不言”[49]，大实（大石）害怕，连夜弃其妻，携五子宵遁。

考古工作者于 1974 年 5 月在辽宁法库叶茂台 7 号辽墓发现一副漆木双陆。有棋盘一块，长方形，木子三十枚，骰子二枚。在棋盘的两长边分别雕有一半月形窠，其左右各有六个圆坑，计十二个。木子旋制，长身平底，上有执柄，黑白各十五枚。骰子为方形。该墓时代为辽代前期，墓主是一名契丹贵族妇女。[50]这一重要发现，更加证明了双陆在北方民族中的流行以及文献中有关双陆形制记载的可靠。

金朝宫廷与士大夫中也有双陆（握槊）的流行。金章宗时，左宣徽使卢玑年七十而致仕。章宗曾诏卢玑预天寿节宴，“命玑与大臣握槊戏，玑获胜焉”。卢玑又从章宗秋山，章宗赐名马，并说：“酬卿博直。”[51]皇帝以赐名马作为卢玑握槊获胜的博值，不仅说明章宗对卢玑的眷遇，而且也反映此戏在宫中的流行。元好问《中州集》卷五载，史公奕（字季宏）为大定二十八年（1188）进士，再中博学宏词科，“程文极典雅，遂无继之者”。累迁著作郎、翰林修撰、同知集贤院，以直学士致仕。公奕不仅“文章书翰，皆有前辈风调，下至棋槊之技，亦绝人远甚”[52]。反映了双陆在金朝士大夫间的流播。

双陆不仅受到契丹、女真王室贵族公卿的爱好，而且也是辽金民间常见的娱乐活动。金朝初年，南宋使金被羁留 15 年的洪皓见到“燕京茶肆，设双陆局，或五或六，多至十，博者蹴局，如南人茶肆中置棋局也”[53]。金元之际的元好问在一篇志怪小说中述及其外祖母在夜间忽“闻骚窣声，少之，触双陆棋子乱，啧啧有声”[54]。都说明双陆在民间的流行。

由于双陆等博戏在金朝朝野各阶层中的风行，致使维护女真旧俗、抵制汉化的金世宗于大定八年（1168）颁布诏令，限制品官赌博：“制品官犯赌博法。赃不满五十贯者，其法杖，听赎，再犯者杖之。且曰：‘杖者所以罚小人也。既为职官，当先廉耻，既无廉耻，故以小人之罚罚之。’”[55]

元朝统一中国，双陆在更大的范围内得到流传。《元史》卷二〇五《奸臣传》载，元顺帝常在殿内与奸臣哈麻“以双陆为戏”。《青楼集》载：“玉莲儿，端丽巧慧，歌舞谈谐，悉造其妙。尤善文楸握槊之戏。尝得侍于英庙，由是名冠京师。”[56]反映了双陆在上自皇帝大臣下至青楼歌舞之妓不同阶层中的流行。

从元代多次翻刻的《事林广记》一书中，更加反映出宋元时期双陆在民间的广泛传播。《事林广记》，宋末陈元靓编，是一部民间日用百科全书型的类书。历来民间日用百科类书都很注重实用性，要随着时间的变化和社会的需要而不断进行增删。《事林广记》的宋末原本今已不传，现存的元、明刊本都是屡经增广和删改的。目前通行的有三种版本，即至顺建安椿庄书院刻本（简称“至顺本”），后至元六年建阳郑氏积诚堂刻本（简称“后至元本”）和日本元禄十二年翻刻元泰定二年刻本（简称“泰定本”）。这三个版本，尽管目次编排不同，内容也有增删，然而其中都有“双陆格制”“双陆事始”“双陆盘马”等条目，以及“北双陆盘马制度”或曰“双陆盘式图”[57]。至顺本还有两人打双陆的插图，从服饰、发型和周围环境来看，两人是地位较高的蒙古人。[58]这是宋元代民间流行双陆的写照。

辽宋金元时期的双陆分多种，有北双陆、广州双陆、南番双陆、东夷双陆等。北双陆包括平双陆（一名契丹双陆）、打间双陆、回回双陆、七梁双陆、三梁双陆（一名汉家双陆）等；广州双陆，包括啰嬴双陆、下双陆、不打双陆、佛双陆、三堆双陆；南番双陆，包括四架八双陆（流行于三佛齐、阇婆、真腊）、南皮双陆、大食双陆；东夷双陆，即日本双陆。在诸双陆中，以北双陆，尤其是平双陆即契丹双陆流行较广，东北、华北广大地区等流行的多为平双陆。平双陆之所以流行广泛，主要原因是其方法简易，而其他如三梁双陆等，较为复杂，“能者什一而已”[59]。

北双陆打法，由二人对局，分黑白两方，各执十五马（棋子），用骰子二枚，依骰子点数而行。白马自右归左，黑马自左归右。以一方的马全部过门而进入后六梁，亦即“入宫”为胜，得一筹。每局以七八筹，或多至十五筹为限，率先满者为胜。所赌之物，因打双陆者的身份地位而异。如辽兴宗与皇弟耶律重元“赌以居民城邑”；金章宗赐名马给重臣卢玑，作为博值；而在辽金贵族、富人之间则“以金银、奴婢、羊马为博”；至于贫者是以杯酒，不分输赢，双方共饮。[60]

这里要附带辩正一个问题，即打马非双陆。在今人的著述中，有把打马与双陆视作一种博戏者[61]，值得一辨。其实，根据相关文献记述，已可说明打马非双陆。李清照《打马图经序》说：“长行、叶子、博塞、弹棋，近世无传。”“独采选、打马，特为闺房雅戏。”[62]如前所述，长行与双陆同属一类博戏，或长行即双陆。李清照明确将打马与之区别开来。陈振孙《直斋书录解题》卷一四云：“今世打马大略与古樗蒲相类。”而樗蒲与双陆是不同的博戏。元至顺本《事林广记》卷六《文艺类》大标题下，“投壶、双陆、打马”并列，表明是三种博戏。周亮工说：“徐君义谓打马之戏今不传。予友虎林陆骧武近刻易安之谱（按，指李清照《打马图经》）于闽，以犀象蜜蜡为马，盛行其中。近淮上人颇好此戏，但未传之北地耳。”[63]不仅说明当时在南方仍有打马之戏流行，而且他也是将打马与长行、双陆作为不同博戏而记述的。明唐寅（伯虎）为重刻洪遵《谱双》所写序言中说：“今樗蒲、弹棋俱格废不传；打马、七国棋、汉官仪、五木等戏，其法俱在，时亦不尚；独象棋、双陆盛行。”[64]打马之法仍在，但“时亦不尚”，而“象棋、双陆盛行”，打马非双陆也。近人尚秉和也说：“李易安有《打马图经》，图较双陆尤复杂，而马以能过函谷关为胜。自宋以后，为之者少。”[65]胡道静在1963年中华书局影印本《事林广记》前言中说“……文艺类载有当时种种娱乐活动的方式和方法，如投壶、双陆、打马”等，都是将双陆、打马作为不同活动而提出的。

如果说上引前贤只是泛论的话，那么我们将打马与双陆作一比较，便会发现二者的参与人数，所用棋盘、棋子、骰子及方法等均不相同。

（一）人数

打马，据李清照《打马图经命词》载，“凡置局，二人至五人，钧聚钱置盆中，临时商量，多寡从众；然不可过四五人之数，多则本采交错，多至喧闹矣”[66]。而双陆一般是二人对局。

（二）棋盘

《事林广记》和“说郛”本《打马图》与《谱双》中的双陆图有很大差别。

（三）棋子

李清照说：打马有两种，“一种一将十五马者，谓之‘关西马’；一种无将二十马者，谓之‘依经马’”[67]。又据清周中孚《郑堂读书记·补遗》载，宋人撰打马书者非一，用五十马者居多，独李清照《打马图》用二十马。[68] 马“用犀象刻成，或铸铜为之如大钱样，刻其文为马，文各以马名别之，或只用钱，各以钱文为别，仍杂采染其文”[69]。其形状大约如后来的象棋子。而双陆子则如同鼓槌或罂粟子，前引唐朱贞白《莺粟子》诗中便有“倒排双陆子”句。双陆子数一般各用十五枚，有法库辽墓出土双陆实物及洪遵《谱双》所载文字与插图为证。

（四）骰子

打马用三枚骰子，而双陆一般用二枚。

（五）方法

据李清照《打马图经》和洪遵《谱双》所述，两者打法不同，且前者复杂，后者简易。

既然打马与双陆是不同的博戏，为何被人误作一种，我想问题可能出在引用《事林广记》时疏于甄别。

《事林广记》因系民间日用百科类书，出自坊肆，草率粗疏，校订不细，毛病颇多。日本翻刻的泰定本附有该版增补题记说，“此书因印匠漏失版面，已致有误君子，今再命工修补外，新增添六十余面以广其传”云云，也说明此书存在版面错乱之弊。几种版本中有关双陆、打马的版面即是一例。至顺本卷六《文艺类》收投壶、双陆、打马三种博戏，其中仅有“投壶格范”小标题，而双陆前无小标题，最后一目“打双六例”文末与打马图连排，中间也无打马小标题。后至元本则将“打双陆例”与打马的“下马例”连排。这些都容易使人误解打马图或“下马例”等同属双陆。泰定本虽与后至元本略有不同，然而仍是在双陆下页接排打马图及“本采例”“下马例”等，而且还将“北双陆盘马制度”图排在打马诸条之后，更为混乱。这也许就是使人将打马与双陆混为一谈的原因所在。

草率简单、版面错乱是古代民间类书的常见通病。如明万历二十四年刊本《万书萃宝》卷一七《八谱门》“双陆规局”条曰：“双陆者，先正司马文正公始定新格局，斥侥幸之胜，盖其意欲归之正也。”[70] 其实，“先正司马文正公始定新格局”云云，是洪遵为司马光《投壶格范》

或曰《投壶新格》作的题跋，与双陆无涉。元刊《事林广记》几个版本中所云“司马文正公始定新格局”系指投壶而非双陆，也是明白无误的。而明万历《万书萃宝》的编者却把这个题跋与双陆混在一起，可见其草率粗疏。

四

双陆自公元3世纪曹魏时传入之后，到6世纪北朝时，在帝王公卿中已相当流行。这或许是由于双陆本为“胡戏”，在那里更容易被人接受的缘故。及至唐五代时，有更多的“胡俗”和外来文化传入中原，并逐渐与汉文化相融合。双陆在这一大背景下盛行起来，并成为中国传统文化的组成部分。

在以契丹、女真、蒙古诸族为统治民族的辽金元时期，双陆已经与象棋、围棋等一样，被当作汉族文化组成部分而受到重视和流行起来。

契丹族是北方游牧民族，在建国前后已接触中原文化，但受汉族传统文化影响尚很有限。到圣宗时，辽朝经过几十年的发展，达到鼎盛时期。特别是澶渊之盟的缔结，实现南北和好，加强了辽宋的沟通与联系，为传统文化在北方的传播创造了条件。圣宗以后，儒学受到辽朝统治者的尊崇。科举制度的实施，使儒学有了更广泛的传播。《辽史》卷一〇三《文学传上》：“至景、圣间，则科举聿兴。士有由下僚擢升侍从，骎骎崇儒之美。”就反映了这一事实。辽代双陆的相关记载均出现在圣宗朝以后，也是同汉文化的传播相一致的。

女真与契丹稍异，其基本生活形态是渔猎、畜牧和农耕，而非游牧，比契丹更接近汉族，儒家思想、传统文化在金国得到更深广的传播。

大约从金熙宗完颜亶时起，在女真上层统治者中率先出现汉化趋势。完颜亶自幼曾受业于辽朝降金的汉族文学家韩昉，很早就能“赋诗、染翰”。嗣位后，在汉族士人影响熏陶之下，仿照唐宋制度，设置卫仪，“入则端居九重，出则警跸清道，视旧功大臣浸疏，且非时莫得相见”。平时“雅歌儒服，烹茶焚香，奕棋战象”，“徒失女真之本态”。他称旧功大臣为“无知夷狄”，而旧功大臣则谓他“宛然一汉家少年子也”[71]。海陵王完颜亮的汉文化情结比熙宗还深。他自幼好读书，“嗜习经史”，交结儒生，“见江南衣冠文物朝仪位著而慕之”。至于“学奕、象戏、点茶”，更是无所不好。[72]

由此可见，雅歌儒服、烹茶焚香、弈棋战象等都被视作汉文化的象征。这里虽未言及双陆，然而当时人往往是把象棋、围棋、双陆相提并论的。如前引《长编》云“(辽主)夏月以布易毡帐，藉草围棋、双陆”；洪遵《谱双》云“独象棋、双陆盛行”等。“舶来”的双陆和“土产”的围棋、象棋在辽金人眼中都是汉文化的体现。金世宗曾命西南路招讨都监高通赴任后制止那里双陆的流行，他说：“女直旧风，凡酒食会聚，以骑射为乐。今则奕棋、双陆，宜悉禁止，令习骑射。”[73]也是把双陆、围棋视为汉文化的象征而力主限制的。

到了元代，双陆作为中国传统文化的组成部分而受到当时不同阶层，特别是士人的重视和爱好。

双陆出现在许多形式的文学作品之中，双陆史上的一些故事成为士人乐道的典故和佳话，不仅丰富了文学创作，而且赋予双陆以更多的文化内涵。

由金入元的元曲四大家之一白朴《清平乐·同施景悦赌双陆不胜戏作》有“今日风流磨折，翠裘输与绝袍”句[74]，即指武则天命狄仁杰与张昌宗打双陆，二人赌以絁袍和翠裘，结果张昌宗将翠裘输与狄仁杰的故事。张元翰《金缕曲·双陆》词云：“此博谁名汝，想当年，波罗塞戏，涅槃经语。天竺传来双采好，幺六四三二五。要随喝、随呼随数。从得三郎绯衣了，再曾逢，潘彦知音侣。同入海，亦良苦。”[75]词中“波罗塞戏，涅槃经语”，“天竺传来双采好”，是对双陆传入历史的最概括的描述。“要随喝、随呼随数。从得三郎绯衣了。”应指唐明皇（三郎）与杨贵妃为“采选”戏的故事。唐代采选戏所用骰子（投子）为六面，只有幺（一）点为红色，其余为黑色。明皇与杨贵妃采戏，将败，唯骰子重四（即两枚皆为四点）才能转败为胜。于是明皇连声吆喝，果然成重四。明皇大悦，遂命高力士赐绯（改四点黑色为大红色），风俗因而不易[76]，相沿至明清。不过，采选非双陆，惟二者都用骰子。潘彦携双陆入海，已见前引唐张鷟《朝野佥载》。元谢宗可《双陆》诗中有“曾记唐宫为赐绯”“御前夺取翠裘归”[77]句，也分别用了唐明皇赐绯和狄仁杰胜张昌宗的故事。此外，李孟（道复）、揭傒斯（曼硕）、宋无、任士林（叔实）等都有咏双陆诗[78]。元散曲中也不乏咏双陆的佳作。如张可久《观张氏玉卿双陆》、佚名《喻双陆》等。[79]

元代杂剧、散曲、诗词等不同文学作品中留下的有关双陆的篇章，可使我们对这种已经失传的博戏获得多一点形象认识及对当时人们心态多一些了解。如宋无《双陆》：“金缕纹桑斲局新，红云倒浸一池莲。星环紫极无多点，月印银潢有两弦。”前两句是描述桑木棋盘与双陆棋子，第四句则是指棋盘上新月形的门。谢宗可《双陆》诗“重门据险应输掷，数点争雄莫露机”句，是说战术。白朴《清平乐·同施景悦赌双陆不胜戏作》有“闲寻博弈，饱饭消长日。自笑家储无甔石，百万都教一掷”。反映了这位金朝显宦后人入元后的沮丧心态和潦倒生活。张元翰《金缕曲·双陆》“翻覆输赢须臾耳，算人间万事都如许。且一笑，看君赌”是借题发挥，把双陆之戏比作人间万事。李寿卿撰《月明和尚度柳翠》杂剧是描写月明和尚（佛门第十六尊罗汉）点化杭州名妓柳翠（原为观音菩萨净瓶内的杨柳枝叶，偶污微尘而被罚往人间）返本还元的故事。其中有月明和尚借与柳翠弈棋、双陆、蹴气球并设禅喻劝她消除尘念的情节。月明指着打双陆用的“色数儿”（骰子，色子）说：“二对着五，二双属阴，五单属阳，上下是阴阳相对着；三对四，四双属阴，三单属阳，上下也是阴阳相对着。柳翠也，原来这两块骨头上有阴阳之数。”[80]体现了佛家、易家的思维。

尤其值得重视的是，如果说辽金时期人们仅把双陆视为汉族文化象征的话，那么金末元初之后，人们已把会双陆列入中国各民族士人应具备的才艺。

由金入元的关汉卿是一位深入市井、走进下层、具有多种才艺的伟大元杂剧作家。他在散曲［南吕·一枝花］《汉卿不伏老》中说："我也会围棋，会蹴踘，会打围，会插科，会歌舞，会吹弹，会嚥作，会吟诗，会双陆。"另一版本作："我也会吟诗，会篆籀，会弹丝，会品竹；我也会唱《鹧鸪》，舞《垂手》；会打围，会蹴踘，会围棋，会双陆。"[81]元无名氏《逞风流王焕百花亭》杂剧称赞风流王焕的才艺说："围棋递相，打马投壶，撇兰撷竹，写字吟诗，蹴踘打诨，作画分茶，拈花摘叶，达律知音……九流三教事都通，八万四千门尽晓。端的个天下风流，无出其右。"[82]剧中人物王焕虽是北宋末年人，然而作品反映出的观念却是元人的。其中所谈士人诸般才艺亦即"风流"[83]的标准与前引关汉卿散曲是一致的。

元代士人已把双陆同中国传统的围棋、投壶、蹴踘、书画、歌舞、音律等技艺，乃至契丹、女真、蒙古等北方民族所擅长的"打围"等活动一律作为"天下"亦即中国境内各民族士人"风流"的标准。

五

最后，对本文作一简要的归纳。

双陆源于古印度，于曹魏时传入中国，到南北朝时已在上层统治者中传播开来，被视为"胡戏"。唐朝时有许多"胡俗"和外国文化传入中原，更是双陆盛行的时期。双陆在流行过程中，人们对它做了一些变动和改进，使之更加适应时人的趣味和要求，更为本土化。唐五代时期，双陆已逐渐融合于中国传统文化之中。两宋时期，双陆继续流行。在与两宋同时的辽国和金国，双陆被视为汉文化的象征而受到爱好者的青睐或反对者的抨击和限制。及至金末元初，在人们的心目中，双陆不惟是汉族文化的象征，"会双陆"已作为品评"天下"士人"风流"的标准之一，成了域内各族士人所应具备的文化素质和修养。

双陆自传入后，人们对它的认识经过了这样一个过程：由"胡戏"到被视为汉族文化的象征，到成为品评"天下"士人"风流"的标准之一；从佛门"悉不观作"的应禁之戏，到元杂剧中成为和尚点化俗人的手段。这一过程不仅折射出中国各民族文化的交流与融合，还反映了外来文化传入后融入中国传统文化的轨迹。经过消化和改进的双陆戏，同传入时那种"西域兵戏法"，已有很大不同，并且具备了中国传统文化的内涵。双陆从"胡戏"而变成与围棋、象棋等并列的活动，充分体现了中国传统文化的开放性、包容性及其融会不同文化的能力。

原文刊载《历史研究》2003年第2期；
选自《宋德金集》，中国社会科学出版社2008年版

注释：

1. 述及双陆演变的著作有郭双林、肖梅花著《中华赌博史》（中国社会科学出版社 1995 年版）；张如安著《中国象棋史》（团结出版社 1998 年版）；陈高华、史卫民著《中国风俗通史》元代卷，宋德金著《中国风俗通史》辽金卷（上海文艺出版社 2001 年版）等。

2. 见郭双林、肖梅花：《中华赌博史》，第 37 页；张如安：《中国象棋史》，第 14—15 页。

3. [明] 陶宗仪：《说郛》120 卷本，上海古籍出版社 1988 年影印版。

4. [明] 谢肇淛：《五杂俎》，辽宁教育出版社 2001 年版。

5. [明] 方以智：《通雅》，文渊阁四库全书本。

6. [唐] 李肇：《唐国史补》，收录于《唐五代笔记小说大观》上册，上海古籍出版社 2000 年版，第 197 页。

7. [明] 胡应麟：《少室山房笔丛》，上海书店 2001 年版，第 421 页。

8. 见郭双林、肖梅花：《中国赌博史》，第 39 页。

9. [清] 周亮工：《书影》卷五，古典文学出版社 1957 年版，第 137 页。有的版本径将□补作“明”，是。

10. [宋] 高承：《事物纪原》卷九《续事始》，丛书集成初编本，第 348 页。

11.《谱双》卷五，《说郛》120 卷本。

12. 投子，初用木制，唐时改用骨制作，亦称“骰子”。后来俗称色子。

13. 中华书局二十四史缩印本，1997 年。以下所引《北史》《北齐书》《南史》、新旧《唐书》《元史》同。

14. [唐] 刘餗：《隋唐嘉话》，中华书局 1979 年版，第 52 页。此事又见王谠《唐语林》卷五。

15. [唐] 韩愈：《东雅堂昌黎集注》卷七，文渊阁四库全书本。

16. [清] 董诰等：《全唐文》卷六〇八，中华书局 1987 年影印版，第 6 册，第 6143 页。

17. [唐] 张鷟：《朝野佥载》，中华书局 1979 年版，第 158 页。

18. [宋] 司马光编著，[元] 胡三省注：《资治通鉴》卷二〇六，则天后圣历元年，中华书局 1956 年版，第 6527 页。

19. [宋] 洪迈：《容斋四笔》卷八，商务印书馆 1935 年版，第 75—76 页。

20.《说郛》100 卷本，上海古籍出版社 1988 年影印版。

21. 见周亮工：《书影》卷五，古典文学出版社 1957 年版，第 138 页。雪衣女：据乐史撰《杨太真外传》载，广南进白鹦鹉，洞晓言词，呼为雪衣女（[宋] 乐史：《杨太真外传》，《开元天宝遗事十种》，上海古籍出版社 1985 年版）。

22. [宋] 蔡戡：《定斋集》卷一三，文渊阁四库全书本。

23. [清] 彭定求等：《全唐诗》卷三〇二，中华书局 1960 年版，第 10 册，第 3444 页；《十家宫词》作：“分明闲坐赌樱桃，休却投囊玉腕劳。各把沉香双陆子，局中斗得垒高高。”（中国书店 1990 年版，第 9 页）

24.《全唐文》卷四三六，第 5 册，第 4443 页。

25.《唐五代笔记小说大观》上册，上海古籍出版社 2000 年版，第 825 页。

26.《全唐诗》卷五八三，第 17 册，第 6764 页。

27.《唐五代笔记小说大观》下册，第 1081 页。

28.［清］陈梦雷：《古今图书集成·博物汇编艺术典》卷八〇七《博戏部》，台北鼎文书局 1997 年版。

29. 谢肇淛：《五杂俎》卷六，中华书局 1959 年版，第 172 页。

30. 孔继涵：《长行经》，见郭双林、肖梅花：《中华赌博史》第 39 页引。

31.《全唐诗》卷七七一，第 22 册，第 8752 页。

32.［宋］葛立方：《韵语阳秋》，丛书集成初编本，第 142 页。

33. 参见《谱双》卷三。

34. 田中玉：《十家宫词》，中国书店 1990 年版，第 6 页。

35. 参见鲁迅校录：《唐宋传奇集》，文学古籍刊行社 1956 年版，第 319 页。

36.［宋］江少虞：《宋朝事实类苑》卷六三，上海古籍出版社 1981 年版，第 834 页。

37. 如朱瑞熙、张邦炜等：《辽宋西夏金社会生活史》，中国社会科学出版社 1998 年版，第 290 页。

38.［宋］陈振孙：《直斋书录解题》，丛书集成初编本，第 401 页。

39.《谱双》序。

40.《谱双》序。

41.［宋］吴曾：《能改斋漫录》中华书局 1960 年版。

42. 胡云翼选注：《宋词选》，中华书局 1962 年版，第 384 页。胡注：“这里的柝，疑为槊之误。”

43. 欧阳代发、王兆鹏编著：《刘克庄词新释辑评》，中国书店 2001 年版，第 404 页。

44.［宋］周密：《草窗词补》，丛书集成初编本，第 60 页。

45.［元］脱脱等：《辽史》卷一二《圣宗纪三》，中华书局 2017 年版，第 141 页。

46.［宋］李焘：《续资治通鉴长编》卷八一，大中祥符六年九月乙卯，中华书局 2004 年版，第 1848 页。

47.《辽史》卷一〇九《罗衣轻传》，第 1630 页。

48.［宋］洪皓：《松漠记闻》卷上，丛书集成初编本，第 6 页。

49.［宋］叶隆礼：《契丹国志》卷一九《大实传》，上海古籍出版社 1985 年版，第 184 页。

50. 参见辽宁省博物馆、辽宁铁岭地区文物组发掘小组：《法库叶茂台辽墓记略》，《文物》1975 年第 12 期；冯永谦、温丽和：《法库县文物志》，辽宁民族出版社 1996 年版，第 237 页。

51.［元］脱脱等：《金史》卷七五《卢彦伦传》，中华书局 2022 年版，第 1825 页。

52.［金］元好问：《中州集》，中华书局 1959 年版。第 242 页。

53. 洪皓：《松漠记闻》卷下，第 15 页。

54. 元好问：《续夷坚志》卷一《王确为兄所挞》，中华书局 1986 年版，第 17 页。

55.《金史》卷四五《刑志》，第 1088 页。

56.［明］陆楫编：《古今说海》，巴蜀书社 1988 年版，第 748 页。

57. 参见［宋］陈元靓：《事林广记》，中华书局 1963 年、1999 年影印版。

58. 参见陈高华、史卫民：《中国风俗通史》元代卷，第 435 页。

59. 参见《谱双》卷五。

60. 参见《谱双》卷五。

61. 如史卫民:《元代社会生活史》,中国社会科学出版社 1996 年版,第 376 页;朱瑞熙、张邦炜等:《辽宋西夏金社会生活史》,第 290 页。

62.［宋］李清照著,徐培均笺注:《李清照集笺注》,上海古籍出版社 2002 年版,第 341 页。

63.《书影》卷五,第 143 页。

64. 清翁同龢抄本,见郭双林、肖梅花:《中华赌博史》,第 90 页。

65. 尚秉和:《历代社会风俗事物考》,岳麓书社 1991 年版,第 392 页。

66.《李清照集笺注》,第 373 页。

67.《李清照集笺注》,第 341 页。

68.《李清照集笺注》,第 353 页。

69.《李清照集笺注》,第 376 页。

70. 参见吴蕙芳:《万宝全书:明清时期的民间生活实录》,台湾政治大学丛书,2001 年版,第 572 页。

71. 以上见［宋］李心传:《建炎以来系年要录》卷一一七,绍兴七年十一月丁未,中华书局 1988 年版,第 1886 页;［宋］徐梦莘:《三朝北盟会编》炎兴下帙六六,上海古籍出版社 1987 年版,第 1197 页。

72. 参见［宋］宇文懋昭撰,崔文印校证:《大金国志校证》卷一三《海陵炀王上》,中华书局 1986 年版,第 185 页。

73.《金史》卷八〇《阿离补传附子方传》,第 1926 页。

74.［元］白朴:《天籁集》卷下,石莲盦汇刻九金人集本。

75. 唐圭璋编:《全金元词》下册,中华书局 1992 年版,第 720 页。

76. 参见乐史:《杨太真外传》;［清］赵翼:《陔余丛考》卷三三,河北人民出版社 1990 年版,第 585 页。

77.［清］顾嗣立编:《元诗选》初集,中华书局 1987 年版,第 2 册,第 1508 页。

78. 李孟:《双陆》,揭傒斯:《赋双陆》,任士林:《看双陆》,分别见《诗渊》,第 2 册,第 1319,1468 页;宋无:《双陆》,见《元诗选》,初集第 2 册,第 1290 页。

79. 参见陈乃乾辑:《元人小令集》,中华书局 1962 年版,第 265,413 页。

80.［明］臧晋叔编:《元曲选》第 4 册,中华书局 1991 年版,第 1346 页。

81.《雍熙乐府》卷一〇《彩笔情词》,引自李汉秋、周维培校注:《关汉卿散曲集》,上海古籍出版社 1990 年版,第 27,32 页。

82.《元曲选》第 4 册,第 1427 页。

83.《辞海》“风流”条,有风俗教化、流风余韵、风度、标格、英俊的、杰出的等多种含义。此处似以风度、标格近之。

契丹之角抵

〔日〕鸟居龙藏

一

周广顺中胡峤记[1]辽上京城内，盛行角抵，其文曰：

> 上京西楼有邑屋市肆，交易无钱而用布。有绫锦。诸工作，宦者、翰林、伎术、教坊、角抵、儒、僧、尼、道士。中国人，并汾幽蓟为多。[2]

以上为同州郃阳县令胡峤于契丹七年，周广顺三年（953）亡归中国时所记。[3]时为辽穆宗应历三年，属辽代初期之末。契丹人之好角抵，乃自古传承之风习。《辽史》即载其事，兹列举如次。《辽史》“太祖本纪”：

> 八年，春正月甲辰，……赐宴一日，随其平生之好使为之。酒酣，或歌或舞，或戏射角抵，各极其意。[4]

又太宗天显四年条：

> 四年，春正月壬申朔，宴群臣及诸国使，观俳优角抵戏。
>
> 七年……六月……庚辰，观角抵戏。[5]

兹就上文所见，可知契丹人间角抵之盛行。又每于节日及宴会之际举行，与现今蒙古各旗王公蓄养力士，以便于节日及宴会时斗技者，殆同出一辙。[6]蒙古人之此种风俗，盖亦辽代以降流传于北方者。尤以东北之地，在辽代以前，已早有此类斗技之存在。[7]

契丹人等之角抵，究以何种方法举行，《画墁录》“角力”一章，记之如次。乃得知当时角抵情形之极佳资料也。

北虏待南使，乐列三百余人，舞者更无回旋，止于顿挫伸缩手足而已。角抵以倒地为负；两人相持终日，欲倒而不可得。又物如小额，通蔽其乳，脱若褫露之，则两手覆面而走，深以为耻也。[8]

自以上文献所见，角抵之胜负，以倒地为决。其两手掩面而走深以为耻一事，殊饶兴味。读此则当日角抵情形，宛在目前也。

宴会仪式时举行之角抵，有如下述形式者：

辽曲宴宋使，酒一行，觱篥起歌；酒三行，手技入；酒四行，琵琶独弹；然后食，入杂剧，进以吹笙、弹筝、歌击、架乐、角抵。王介甫诗"涿州沙上饮盘桓，看舞春风小契丹"，盖纪其事也。至范致能北使，有"鹧鸪天"词，亦云"休舞银貂小契丹，满堂宾客尽关山"，则金元宴宾，或袭为故事，未可定耳。[9]

角抵之举，固属一般契丹人所嗜好者；然亦有蓄养特别力士，而于如上述宴会角抵时，由力士举行之者。现今蒙古王府，各蓄有力士，以备宴会时，使之斗技。[10]

此与辽代当时情形无异。蒙古王府之蓄养雇佣力士，大抵系传承自辽代，经金元以残存于今日之蒙古。此种推测，大致不差。

角抵者，大抵为当时之卫士，然亦有使之与汉人相角者。此于辽兴宗重熙十年十月之文知之：

十月……辛卯，以皇子胡卢斡里生，北宰相驸马撒八宁，迎上至其第宴饮。上命卫士与汉人角抵为乐。[11]

自上所见，契丹之角抵颇为盛行，汉人亦有为之者。然在一般汉人方面，角抵乃自古代即已行之，或为"讲武"，或为"游戏"。盖角抵于汉族间，由来颇古也。[12]

二

兹有颇饶趣味之事实，即 1931 年于辽东京城[13]曾有陶壶出土，此与其他辽代遗物同时发现，如附图所见；乃筑堤太子河畔时，掘取城内泥土而发现者。陶壶为白色，以黑墨描绘人物花鸟。八角形，高 17.4 厘，上边宽部 16.9 厘，底部 10.6 厘。[14]陶壶既与其他辽代遗物同时发现，当属辽代之物也。

此壶如图所见，为八角形。上边八面绘有花鸟，正中八面分别绘有小儿游戏。余细察其游戏，显为角抵也。此为研究角抵史上，甚有价值之资料。此壶之存在于契丹东京城内，殊耐人寻味。角抵既系当时盛行之风习，其所有该陶壶之契丹人，朝夕观摩，常有无穷之旨趣。

首自此壶之图画观之，竖立有柱八根，上张八角形之帐幕。壶之八角绘有深黑粗线，以之作柱；八角帐幕顶，四面绘花，四面绘鸟。以壶底为土台，作铺砂土状，四周饰以花朵。此外，正中八面绘有角抵情形，有裁判与力士之别。

今试观裁判与力士之举动。就第一图中央与左方之小儿，各自拱手蹲立练力，以待角抵之开始。胸部悬有兜肚。第二图中央二面，各皆举手，运练足力，身上胸部穿无袖短衣及兜肚。[15]此力士之服饰，殊堪注意。此情形为角抵将要开始互相扭搏之准备之际也。

第三图之中央右方与右侧二人，各手持花一朵；是为两力士之裁判；大抵某力士胜时，则以花予之。此与日本古代所为者相似[16]。裁判所持之花似为莲花，然茎部有叶，则又较似牡丹花。第三图之中央左方及左侧之力士，行将角抵，而尚未互相揪扭；胸部之兜肚为黑色，想与第一图中央及左侧之力士者相同。

第四图中央及左侧之图，为角抵开始，力士互相紧张拼命角斗之际。其中以中央之角抵，较为清晰；左面之力士正以两手揪扭。而以一足撩其他力士，使之倒地。此图表现当时角抵之情形，至为逼真也。然此种角抵，设一方不能使对手倒地时，则再行扯搏，如左侧图所见。其两力士之衣服与第二图中央二人相同，大概为前者之继续。

以上壶面所绘之小儿角抵，自角抵之力士裁判，以至角斗时之细情，皆可一览无遗。然此壶画师所绘之小儿角抵，系当时风尚之一。北宋汉人间，有所谓“小儿角抵”，其事见《东京梦华录》卷五“京瓦伎艺”：

> 崇观以来，在京瓦肆伎艺，张廷叟、孟子书主张。小唱、李师师、徐婆惜、封宜奴、孙三四等，诚其角者嘌唱弟子张十七、王京奴、左小四、安娘、毛团等。教坊减罢并温习张翠盖、张成，弟子薛子大、薛子小、俏枝儿、杨总惜、周寿、奴称心等。般杂剧枝头傀儡任小三，每日五更头回小杂剧，差晚看不及矣。悬丝傀儡张金线、李外宁。药发傀儡张臻妙，温奴哥、真个强、没勃脐。小掉刀筋骨上索杂手伎浑身眼李宗正、张哥。毬杖踢弄孙宽、孙十五、曾无党、高恕、李孝详。讲史李慥、杨中立、张十一、徐明、赵世亨、贾九。小说王颜喜、盖中宝、刘名广。散乐张真奴。舞旋杨望京。小儿相扑杂剧掉刀蛮牌董十五、赵七、曹保义、朱婆儿……[17]

上文所谓“小儿相扑”者，即“小儿角抵”也。当时北宋军头司之角抵，[18]与辽阳东京城内发现陶壶之“小儿角抵”，其情形大抵相同，又如“京瓦伎艺”所载小儿游戏所为之角抵，实饶兴味也。“小儿相扑”固属小儿游戏之角抵，然由此以观当日大人之角抵，似亦无不可。是以此壶之图画为参考当时角抵之良好资料。况此壶乃发现于辽之东京城内，更为研究契丹角抵之唯一参照也。

第一图　　第二图　　第三图　　第四图

原文刊载《燕京学报》第 29 期，1941 年

注释：

1.［元］脱脱等:《辽史》卷三七《地理志》“上京道”条引，中华书局 2017 年版，第 499 页。

2.［宋］叶隆礼撰《契丹国志》卷二五《胡峤陷北记》所载，则曰：“又行三日，遂至上京，所谓西楼也。西楼有邑屋市肆，交易无钱，而用布，有绫、锦诸工作，宦者、翰林、伎术、教坊、角抵、秀才、僧尼、道士等，皆中国人，而并、汾、幽、蓟之人尤多。”（上海古籍出版社 1985 年版，第 238 页）此与《辽史》所引，稍有出入。其以上京作西楼，则又全误矣。按西楼非上京，乃位于其西，《辽史》卷三七《地理志》“上京道”条载，“祖州，天城军，上，节度。本辽右八部世没里地。太祖秋猎多于此，始置西楼。后因建城，号祖州。”（第 500 页）此西楼在辽上京都城以西四十华里蒙卓克乌拉 Monchok Ola 之麓，迄今遗址犹存，该山上有太祖陵，民国十九年（1930 年）十月二十七、八日，余与妻喜美子至该处调查。

3.《辽史》卷三七《地理志》“上京道”，第 499 页；《契丹国志》卷二五《胡峤陷北记》，第 237 页。

4.《辽史》卷一《太祖纪上》，第 9 页。

5.《辽史》卷三《太宗纪上》，第 36 页。

6. 1908 年 6 月 30 日，余与妻喜美子调查内外蒙古旅行际，于内蒙古阿鲁科尔沁王府内，请该王公举行蒙古角抵，以资研究。当时之详情，载 1911 年刊之拙著《蒙古旅行》。

7. 鸭绿江北岸有辑安县。该县之洞沟尚残存三国时代高句丽之古坟甚多，古坟内部石壁，绘有角抵。自此考之，则高句丽于三国时代已有角抵之存在矣。至于朝鲜，今尚有角抵之举。日本方面，自古即有，今亦流行未断。名之为“相扑（Sumau）”。此种斗技，于远东方面，恐以日本最为盛行。勘察加半岛北部，及沿伯令海峡之地，朱克齐 Chukchee 及科尔雅克 Koryka 民族间，亦有角抵之举。（“伯令海峡”今译为“白令海峡”，“朱克齐”今译为“楚科齐”。——编者注）参照 W. Bogoras, The Chukchee（*The Jesup North Pacific Expedition*, Vol. Ⅶ）；W. Jochelson, The Koryak（*The Jesup North Pacific Expedition*, Vol. Ⅵ, 1905—1908）。

8.［清］厉鹗：《辽史拾遗》卷一五“曲宴宋国使乐次：酒九行、歌、角抵”条下引张舜民《画墁录》，丛书集成初编本。

9.［清］嵇璜等：《钦定续文献通考》卷一七下引盛德《渌水亭杂识》，上海古籍出版社 2000 年版，第 7663 页。

10. 兹记 1908 年 6 月 30 日，余与妻喜美子于内蒙古阿鲁科尔沁王府内所见之角抵情形，以供参考。蒙古之角抵乃于王府大典或节日举行，然今日已不如畴昔之隆重盛大；且蒙古各旗对之有减衰之趋势。角抵之力士，非任何人可为，乃选蒙古人中，体健力强者充之。若届大典或节日时，则招之至王府斗技，此与日本王朝时代及德川时代诸侯所蓄养之力士相同。6 月 30 日所见之角抵：于王府园前为王公设一帐幕，其左右设臣下之帐幕。王公帐幕前为角抵之所，普通民人则围聚观之。角抵之处无特别设备，仅于生有青草之地上举行。力士分别东西伫候。行将扭搏之力士，各于东西走出，相对蹲立。是时东方对西方者唱歌谣，其声甚美；西方者亦报之，酬答数次。歌谣既止，东西方之力士各高举双手，合掌跳跃，角抵行将开始矣。角抵无裁判者，惟东西力士各有随侍一人，各提醒之曰：“今日之角抵关系至巨，幸出全力，以定胜负。”力士较常人体格为佳。是日须穿一定之服装，足登皮制长靴，币帛（hatak）、镜、佛护符则垂悬于背。角抵举行之先，两力士各张其肱股，腰部练力；其后扭搏，以手捉对方之带子或肩，虽赖腕力，然多以脚部斗胜。即以皮靴自两足间向外揪之，互相蹴踢，其声呼然。可知其角斗之烈。蒙古之角抵，力士互相蹴踢之法至为普遍，以连倒对手三次决胜负。胜者意气扬然，高举双手，合掌向王公礼拜，然后归座；负者羞惭，急归原座。

今日蒙古之角抵已如上述。元代初期之角抵，甚为勇猛，以致一方骨折。读那珂通世博士译注之《成吉思汗实录》卷四，载成吉思汗时之角抵，不哩孛古与别勒古台对搏，一方之力士被足拨倒，因骨折而死。自此观之，蒙古人昔日角抵之勇猛活泼，于此可见矣。

日本古代之角抵，亦有与《成吉思汗实录》所载者类似。《日本书纪》卷六“垂仁天皇”条载：“……朕闻当麻蹶速（Tajima-nokuehaya）者，天下之力士也。若有比此人耶。……于是野见宿祢自出云至，则当麻蹶速与野见宿祢令捔力。二人相对立，各举足相蹶，则蹶折当麻蹶速之肋骨，亦蹈折其腰而杀之。……”是知古代日本与蒙古之角抵无异。又“蹶速（kue-haya）”之名，乃角抵时迅速蹴蹶之意。现今日本之角抵，已变为极发达之游戏，扭搏之术，凡 48 种之多。

11.《辽史》卷一九《兴宗纪二》，第 258 页。

12. 汉族之角抵，由来甚古，《文选》西京赋注：“两两相当角力，技艺射御，故名角抵。”《隋书》亦曰：“都邑百姓，每至正月十五，作角抵戏，戴兽面，男为女服，柳彧请禁断之。”《礼月令》：“孟冬之月，天子乃命将帅讲武，习射御角力。”《三才图会》：“角抵，今相扑也。《史记》秦二世在甘泉宫，作乐角抵。战国时讲武，以为戏乐，诗角其材力，以相抵斗，两两相当也。汉武帝好之云云。”《侯鲭一脔》：“《史记》李斯传，觳牴。汉哀帝纪，手搏。《南史》王敬则脱朝服，袒以纠髻臂，拍张。《唐书》穆宗纪，角抵。《元史》盖苗传，力戏。”魏杨炫《洛阳伽蓝记》：“角抵戏。”清张潮《虞初新志》：“抵戏。”宋马端临《文献通考》：“角力戏壮士裸袒相博，而角胜负。每群戏既毕，左右留太鼓而引之。”清李斗《扬州画舫录》：“两人裸体相扑，借以觅食之摆架子。”《资治通鉴纲目》：“初作角抵戏，鱼龙曼延之属，集贤角抵戏，《史记》秦二世作觳抵俳优之观。应劭曰：战国时，稍增讲武之礼，以为戏乐。秦更名角抵戏，角，角材也。

抵，抵触也。颜师古曰：抵，当也，非为抵触。文颖曰：角抵，谓两两相当，角力抵技艺射御。"《事物纪源》："今相扑也。汉武古事，在甘泉宫，作乐角抵。注曰：战国时，增讲武为戏乐，相夸，角共材力，以相抵斗，两两相当也。汉武帝好之。"白居易《六帖》曰："角抵之戏，汉武始作相当角力也，误也。"以上诸书，为征引中国角抵文献之大概。据此考之，则汉族于古代已有此技之存在矣。

13. 辽之东京城，为辽五京之一。现在辽阳城北。《辽史》卷三八《地理志》"东京道"条："……太祖建国，攻渤海，拔忽汗城，俘其王大諲譔，以为东丹王国，立太子图欲为人皇王，以主之。神册四年，葺辽阳故城，以渤海汉户建东平郡，为防御州。天显三年，迁东丹国民居之，升为南京，城名天福。高三丈，有楼橹，幅员三十里，八门。……宫城在东北隅，高三丈，具敌楼，南为三门，壮以楼观，四隅有角楼，相去各二里。宫墙北有让国皇帝御容殿。大内建二殿，不置宫嫔，唯以内省使副判官守之。大东丹国新建南京碑铭，在宫门之南。外城谓之汉城，分南北市，中为看楼，晨集南市，夕集北市。街西有金德寺、大悲寺、驸马寺、铁幡寺在焉。赵头陀寺、留守衙、户部司、军巡院，归化营军千余人，河朔亡命，皆籍于此。……天显十三年，改南京为东京府，曰辽阳，户四万六百四，辖州府军城八十七，统县九。"余曾调查发掘此古城，颇有心得。

14. 长度计量单位应为"厘米"。——编者注

15. 陶壶画第二图力士之衣服，与现今蒙古角抵力士之衣服相类似。

16. 日本王朝时代之际，常人于赠送礼物上附有花朵；其后遂演变而对赠送之钱币，称之曰"花"。又赏颁演技俳优，亦称为"花"。此于其初赠送生花，后则专指服饰金钱之类。又"花"亦称"缠头"。时至今日，舞台上犹沿习未衰。日本古代相扑，不取入场票费，而仅收观客之"缠头"。此特呼之为"花相扑（hana-zumau）"。由此可明赠花与角抵获胜力士之意义。本文内陶壶上绘图所见，小儿所持之花，是否如此，殊可研究也。

17. 此文为《东京梦华录》卷五"京瓦伎艺"条。《东京梦华录》为宋孟元老撰，有绍兴丁卯岁（南宋高宗绍兴十七年，1147）除日序文，记有北宋末北宋都城（开封府）之景况。自其序文，著者从先人宦游南北，北宋徽宗崇宁癸未十三年（1103，即辽天祚帝乾统元年）卜居京师。其时天下太平，文物极盛，辇毂之下，繁华豪奢。靖康丙午（1126，金天会四年）之翌年，离京师南下，避居江左，乃缅怀当日盛时而记，为得北宋京师黄金时代情形之最佳文献。又，此引文系根据秀水金氏梅花草堂影印宋善本，与他木刻本文字上颇有出入，兹不一一指出。

18.《东京梦华录》（同影印本）卷四"军头司"条："军头司每旬休按，阅内等子相扑手剑、棒手格斗。"《都城纪胜》"瓦舍众伎"条："相扑争交，谓之角抵之戏，别有使拳，自为一家，与相扑，曲折相反，而与军头司大士相近也。"此书为南宋时人灌园耐得翁著，端平乙未（1235）元日序，记有北宋理宗时京师之状况。由此可见，南宋虽南渡而都临安，然与北宋开封府，同有"小儿相扑"之戏也。

金代马球散论

杨 军

马球游戏最初起源于古波斯，大约在唐初传入中国，此后历五代、宋、辽、金、元，久盛不衰。女真建国前，马球已经传入女真人中，太祖时，女真完颜部已经有自己的球场，“斡塞伐高丽，太祖卧而得梦，亟起曰：‘今日捷音必至。’乃为具于毬场以待”[1]，说明这种风俗早已在女真人中流行。《金史》卷七三《按答海传》：“御毬场分朋击毬，连胜三算，宗工旧老咸异之”，说明在建国初，女真人已将打马球看成是非常重要的活动。《松漠纪闻》卷一载太祖“第八子曰邢王，为燕京留守，打毬坠马死”，可见女真人对马球的迷恋。据《金史》卷三五《礼志八》，“射柳、击毬之戏，亦辽俗也，金因尚之”，马球当是辽代自契丹人中传入女真人中的。

女真人的马球游戏规则大体上沿袭了唐宋旧制，但也与前代存在小的差异。按《金史》卷三五《礼志八》：“击毬，各乘所常习马，持鞠杖。杖长数尺，其端如偃月。分其众为两队，共争击一毬。先于毬场南立双桓，置板，下开一孔为门，而加纲为囊，能夺得鞠击入纲囊者为胜。”所谓的“常习马”，《金史》卷一二〇《乌林答晖传》与卷一三二《徒单贞传》称为“击毬马”，就是经过特殊训练的、专门用于马球游戏的马。《旧五代史》卷三六《明宗纪》的“打球马”、《新五代史》卷六七《吴越世家》的“打球御马”、《宋史》卷二四七《宗室列传》的“击球马”，说的都是这种马。女真人所使球杖为偃月形，这也是自唐以下历代所承袭的形制，阎宽《温汤御毬赋》“珠毬忽掷，月杖争击”[2]与蔡孚《打毬篇》“奔星乱下花场里，初月飞来画杖头”[3]都可以证明这一点。但金代的球杖要缠以牛皮，这却是前代的记载中所没有的。宣宗时曾有过“工部下开封市白牯取皮制御用鞠杖”[4]的事。金代女真人所用球“状小如拳，以轻韧木枵其中而朱之”[5]，宋人则称之为“朱漆毬”[6]，当与金人形制相同。唐人马球制作方式虽不甚详，但唐太宗曾“焚此毬以自诫”[7]，大约也是木制的。阎宽称其为“珠毬”，韩愈称其为“神珠”[8]，显然很醒目、很耀眼，可能也是漆过的。所以说，马球的形制自唐至金一直未变。打马球还有特定的衣着，辽穆宗于应历三年三月庚寅“如应州击鞠”，丁酉日，后汉“遣使进毬衣及马”[9]。《金史》卷三五《礼志八》载皇帝在祭天结束之后，“回辇至幄次，更衣，行射柳、击毬之戏”，可能女真人在打马球时也有专用的着装。《宋史》卷一二一《礼志》中载有宋人打马球时的服饰，辽、金是否与此相同却不得而知。

唐代球门的形制已不可考，但据《宋史》卷一二一《礼志》，“树木东西为毬门，高丈余，首刻金士龙，上下施石莲花坐，加以采缋”，显然与上述《金史》卷三五《礼志八》所载女真人的球门设置不同。不知两者何为古制。唐代的马球，参赛双方的人数不一定是相等的，曾有一次比赛是“嗣虢王邕、驸马杨慎交、武秀等四人敌吐蕃十人”[10]，但从《金史》卷三五《礼志八》“分其众为两队”与《宋史》卷一二一《礼志二四》的“左右分朋”来看，金代马球与宋人一样，都是采取人数相等的队制进行比赛，这反映着马球游戏在发展过程中规则的不断完善。宋朝廷打马球时要礼仪性地奏乐。“教坊设龟兹部鼓乐于两廊，鼓各五，又于东西毬门下各设鼓五”，“帝击毬，教坊作乐奏鼓”[11]，教坊还专门设有“打毬乐队”[12]。从王建《宫词》“内人唱好龟兹急”[13]来看，唐人打马球也奏龟兹鼓乐，宋人是继承了唐人的旧俗。《辽史》卷五四《乐志》散乐之中有“筑毬”，参之《宋史》卷一四二《乐志》教坊中设有“筑毬军三十二”人，辽代的“筑毬”乐当是打马球时所奏之乐，只是契丹人似乎已不将之用于打马球之时了。女真人的马球游戏没有奏乐的记载。女真人在重五祭天礼之后，先是射柳，而后是打马球。从射柳“必伐鼓以助其气”来看，随后进行的马球比赛中当也击鼓助兴，是保留了古俗鼓乐中的“鼓”，却将“乐”取消了。唐代韩愈诗中描写打马球的场面时有“击鼓腾腾树赤旗”[14]的句子，宋代陆游的诗句中也提到“红旗植球门”[15]，与《宋史》卷一二一《礼志》相参证，可知唐、宋人打马球时都在球场边立有红旗，这一习惯女真人也取消了。相对来讲，女真人保留了马球游戏的主要方面，却将一些与此相关的仪式性习惯或者说装饰性风俗都取消了，这也从一个侧面反映出女真人文化追求实用、不尚虚华的特点。

马球所需场地较大。韩愈诗有“筑场千步平如削”[16]，陆游诗有“打球筑场一千步”[17]，都证明唐、宋两代的马球场为千步见方。金人球场大小不详，可能也在千步上下。为便于击球，球场要“平如削”；为防止跑马踏坏球场和比赛时减少灰尘，球场还要硬，宋孝宗与诸将在雨中打球，只是“布沙除地”[18]，起防滑的作用，而不担心球场泥泞，陆游在形容马球场时有“马蹄经雨不沾尘”[19]的诗句，证明马球场在雨过后马上就可以使用，都反映出球场地面之硬。为达到平、硬的标准，唐宋球场的修建都相当讲究。最奢华的则是以油浇筑的球场，如唐“武崇训、杨慎交洒油以筑毬场”[20]，宋陆游诗中也提到“油筑球场”[21]。但辽人球场的风格却与此迥异，《辽史》卷六八《游幸表》中总是将打马球与射猎相提并论，打马球往往就在射猎的地点进行，说明不可能建有讲究的球场，大约是在野外选平坦空旷处进行。但辽代的球场也不全在野外，《辽史》卷四〇《地理志》载南京析津府皇城中有“毬场”，这当是与唐宋两代相同风格的球场。金代虽然没有油筑球场的记载，但从《金史》卷一二〇《乌古论元忠传》所载的“河间修筑毬场扰民”来看，其球场的建筑也必定相当讲究，是受唐宋影响而不是仿效辽人，从这一点看，球场大小当也沿袭唐宋旧制。大定四年（1164），因为天旱“放毬场役夫”[22]，证明球场有专人负责养护。为了方便皇帝观看球赛，球场边一般都建有殿堂楼观等建筑物。《金史》卷七六《宗本传》：“于是使人召宗本等击鞠，海陵先登楼”，上京的皇武殿与中都的广武殿、常武殿都被称为“击毬习射之所”，都可以证明这一点。

金代马球相当普及，表现之一就是各京府州都有球场。《金史》卷六《世宗纪上》载世宗于大定六年（1166）三月“至西京。庚午，朝谒太祖庙。壬申，击毬”；卷六四《后妃传》称世宗为东京留守时也曾“击毬”，可见金的京路各有球场；卷八六《独吉义传》称其为“武胜军节度使”时，“日与官属击毬游宴”，可证普通府州也建有球场。由于球场宽阔并且修建得讲究，又有附设的殿堂楼观，所以除用来打马球外，还经常用于其他大型活动。金代每年重五举行的祭天仪式及其后的射柳活动都是在球场中进行的。球场也被用作“校射之所”[23]或“习射之所”[24]。“斡塞伐高丽，太祖卧而得梦，亟起曰：‘今日捷音必至。’乃为具于毬场以待”，说明这里也作为举行受捷、阅兵等仪式的场所。

金宋虽然都盛行马球之戏，但基于南北不同的文化背景，双方对马球的社会功能的认识是不一样的。宋代也有个别君主把打马球看成是提倡军事训练的方法，最典型的莫过于宋孝宗。岳珂《桯史》记载：“隆兴初，孝宗锐意复古，戒燕安之鸩，躬御鞍马，以习劳事，仿陶侃运甓之意。时召诸将击鞠殿中。”但是，大多数人对这种观念是不以为然的。刘光祖的言论比较有代表性：“陛下躬擐甲胄，间驭毬马，一旦有警，岂能亲董六师以督战乎？夫人主自将，危道也。臣恐毬马之事，敌人闻之，适以贻笑，不足以示武。”[25]宋的南郊仪仗中有毬仗，也因此受到攻击，有的大臣认为，“毬杖非古，盖唐世尚之，以资玩乐”，“既不足以昭文物，又不足以备军容”[26]，要求取消。在宋人的观念中，马球始终不过是“以资玩乐”的东西，“不足以示武”。所以，当周必大劝宋帝“固知陛下不忘阅武，然太祖二百年天下，属在圣躬，愿自爱”的时候，“上改容”并说：“卿言甚忠。”[27]金代前期与中期的女真诸帝则显然将提倡马球视为加强武备的方法。《金史》中没有女真族大臣劝谏皇帝停止打马球的记载，司天马贵中曾劝金世宗：“陛下为天下主，守宗庙社稷之重，围猎击毬皆危事也。前日皇太子坠马，可以为戒，臣愿一切罢之。”其想法与周必大相似，但得到的反应却截然不同，金世宗批驳道：“祖宗以武定天下，岂以承平遽忘之邪。皇统尝罢此事，当时之人皆以为非，朕所亲见，故示天下以习武耳。”[28]两朝皇帝对相同内容的劝谏持不同态度，反映出在金宋不同的文化氛围中对马球的社会功能的不同认识，也反映着女真文化传统与汉族文化传统之间的差异。

正是因为女真人将打马球看作提倡军事训练的方法，所以，除汉化较深的熙宗外，金前期的几位皇帝都对马球大加提倡。海陵、世宗、章宗都曾举行大规模的马球比赛，“纵百姓观”[29]。在此期间，女真进士科还要求中举者加试弓箭与击毬[30]，一方面说明在女真人的观念中，马球不是娱乐，而与弓箭一样，是加强武备的方法；另一方面，也反映出女真人已经把这种从外族引入的文化因素看成是本民族文化的重要组成部分了。正是因为女真人认为马球与武备有关而不只是娱乐，所以，宋人当中流行的“蹴鞠”，或者说“步打毬”，乃至用驴、骡等进行的球戏，因与武备无关，在金代始终未曾出现。

自金宣宗以后，情况发生了变化。由于女真人的汉化，女真人与汉族在观念上日益趋同，马球在女真人的眼中也仅仅是娱乐活动了。宣宗兴定三年（1219）六月，“定防秋将校击毬饮宴之罚”[31]，马球不再与弓箭并列被视作加强武备的内容，而是与饮宴相连，被当成无益的娱乐活动并加以禁止，因此而妨碍公务的人将要受到处罚。而有的女真族官员干脆就在自己的辖区里“耕鞠场种禾”[32]。擅长打马球也不再被认为是优点，而是作为纨绔子弟的标志。刘祁《归潜志》卷六“南渡之后，为将帅者多出于世家，皆膏粱乳臭子。若完颜白撒，止以能打毬称。又，完颜讹可，亦以能打毬，号杖子元帅”，与《金史》卷七三《按答海传》“御毬场分朋击毬，连胜三算，宗工旧老咸异之”对照，足见金初与金末对马球态度的截然不同。

原文刊载《黑龙江社会科学》2009 年第 3 期

注释：

1.［元］脱脱等：《金史》卷二三《五行志》，中华书局 2022 年版，第 574 页。
2.［清］陈梦雷：《古今图书集成》，台北鼎文书局 1977 年版，第 143 册，第 8397 页。
3.《古今图书集成》，第 143 册，第 8398 页。
4.《金史》卷一〇〇《术虎筠寿传》，第 2348 页。
5.《金史》卷三五《礼志八》，第 882 页。
6.［元］脱脱等：《宋史》卷一二一《礼志二四》，中华书局 1977 年版，第 2842 页。
7.［唐］封演撰，赵贞信校注：《封氏闻见记校注》卷六，中华书局 2005 年版，第 53 页。
8.［唐］韩愈：《汴泗交流赠张仆射》，《全唐诗》，中华书局 1960 年版，第 10 册，第 3786 页。
9.［元］脱脱等：《辽史》卷六《穆宗纪上》，中华书局 2017 年版，第 79 页。
10. 封演撰，赵贞信校注：《封氏闻见记校注》卷六，第 53 页。
11.《宋史》卷一二一《礼志二四》，第 2842 页。
12.《宋史》卷一四二《乐志一七》，第 3350 页。
13.［唐］王建：《宫词》，《全唐诗》，第 10 册，第 3440 页。
14. 韩愈：《汴泗交流赠张仆射》，《全唐诗》，第 10 册，第 3786 页。
15.［宋］陆游：《陆放翁全集》，北京中国书店 1986 年版，第 286 页。
16. 韩愈：《汴泗交流赠张仆射》，《全唐诗》，第 10 册，第 3786 页。
17. 陆游：《陆放翁全集》，第 418 页。
18.［宋］岳珂：《桯史》，中华书局 1981 年版，第 15 页。

19. 陆游:《陆放翁全集》，第 103 页。

20. [宋] 司马光:《资治通鉴》，中华书局 1956 年版，第 6624 页。

21. 陆游:《陆放翁全集》，第 231 页。

22.《金史》卷六《世宗纪上》，第 150 页。

23.《金史》卷二四《地理志上》，第 591 页。

24.《金史》卷二四《地理志上》，第 614 页。

25.《宋史》卷三九七《刘光祖传》，第 12097 页。

26.《宋史》卷一四五《仪卫志三》，第 3402 页。

27.《宋史》卷三九一《周必大传》，第 11968 页。

28.《金史》卷一三一《马贵中传》，第 2970 页。

29. 据《金史》本纪，海陵王贞元二年（1154）“常武殿击鞠，令百姓纵观”、世宗大定六年（1166）“击毬，百姓纵观”、章宗明昌元年（1190）“击毬，纵百姓观”、承安三年（1198）“击毬，纵百姓观”、泰和元年（1201）“击毬于临武殿，令都民纵观”。

30. 据《金史》卷一二《章宗纪》，金于泰和七年“诏策论进士免试弓箭、击毬”，可见在此之前女真族的策论进士一直要加试弓箭与马球。

31.《金史》卷一五《宣宗纪中》，第 374 页。

32.《金史》卷一一五《赤盏尉忻传》，第 2674 页。

后 记

辽夏金社会史研究涉及范围甚广，方面甚多，且随着学科发展仍会不断有新的领域进入到社会史研究者的视野。但是，编选一部读本，却不可能做到面面俱到。本书选文范围，限于7个专题之内，其他方面的论文则一概未加考虑。读者若对社会史的研究对象感兴趣，须不断追踪学术研究前沿。

本书所选的论文，时间跨度很大，作者写作风格又各有特点，因而在技术规范上差异极大。编者在编选过程中，对行文格式和注释作了统一调整。正文中的书名文字，统一加了书名号，引文和注释重新进行了核对，且大部分依照了新版资料，有些文字或标点已径直改动，也有些地方因笔误而未作改动，但以“编者注”的形式作了说明。

由于篇幅限制和版权问题，一些优秀作品未能选入，颇为遗憾。所选入的作品，仍有未能联系到版权所有人的情况，也希望版权所有人见书后主动与我们联系。

本书的选编工作，体现了集体合作的精神。主编主要负责确定选文、撰写前言以及对全书进行统稿、审校。各篇的导读，主要由西北大学李海波、王军营、王振华、崔丽芳；河南大学田志光；内蒙古大学高建国；辽宁师范大学刘晓飞等完成。在选编过程中，复旦大学陈晓伟参与了选文和审校工作；我的博士研究生姜宇、陈岑、杨珂涵、李源等，不同程度地参与了选文工作；硕士研究生石鹏、申楚悦、李婷婷，还有西北大学相关研究方向的硕士研究生康博恒、马鑫宇、曾诗婕、刘欣雨等，也不同程度地参与了录校工作。在此，特致以谢忱！

王善军

2023年5月12日